«RIVELAZIONI»

CHRISTIANE DESROCHES NOBLECOURT

RAMSETE II
FIGLIO DEL SOLE

SPERLING & KUPFER EDITORI
MILANO

Traduzione di Maria Magrini
A cura di Guado - Milano
Ramsès II, la Véritable Histoire

ISBN 88-200-2442-X
95-I-97

III EDIZIONE

Le cartine, i disegni e l'indice sono stati curati da Elisabeth David.
Le illustrazioni sono state fornite dall'autrice.

Si segnala che la presente edizione si differenzia da quella originale per alcuni circoscritti interventi di sintesi.

Ai maestri degli studi ramessidi,
Sir Alan Gardiner,
Charles Kuentz,
Jaroslav Cěrný,
Kenneth Kitchen

Indice

Perché scrivere ancora su Ramsete?

Questo libro, basato sulla verità storica quale ci è finora nota, non si propone di evocare la vita quotidiana del popolo d'Egitto ai tempi di Ramsete, compito in cui l'immaginazione tende troppo spesso a travestire la realtà. Il mio intento è solo quello di delineare, per quanto possibile, il fenomeno Ramsete, affascinante per alcuni, irritante per altri infastiditi dal linguaggio enfatico delle lodi ditirambiche indirizzate al sovrano dai testi antichi.

Come mi sono spesso impegnata a sfatare la «vendetta di Tutankhamon», le deliranti rivelazioni su una certa «scienza misteriosa dei faraoni», o sul «segreto delle piramidi», così ora vorrei presentare la figura di Ramsete con il maggiore rigore scientifico possibile, descrivendolo a grandi linee come recentemente alcuni miei colleghi lo hanno evocato, sia nei brevi saggi di Nicolas Grimal[1] o Claude Vandersleyen,[2] sia in monografie più complete. Fra queste ultime citerò anzitutto quella di Kenneth A. Kitchen,[3] che poteva ben permettersi un'opera di tale portata dopo essersi dedicato a raccogliere in otto volumi un'impressionante quantità di documenti sul re e i predecessori più vicini.[4] Riguardo alla cronologia del suo regno, ancora piuttosto discussa, ho adottato quella stabilita da Kitchen. Mi sembra la migliore anche perché coincide abbastanza con le vicende dei sovrani degli stati confinanti con l'Egitto ramesside.

Perché allora, mi domanderete, scrivere ancora una volta la sua storia? Perché il caso, o lo svolgersi degli eventi, spesso mi ha fatto imbattere in testimonianze e documenti riguardanti il grande sovrano. Per quasi trent'anni ho visitato e rivisitato i suoi templi, cercando di coglierne il significato più profondo. Quando, negli anni intorno al 1954, l'Egitto progettava di costruire la Diga Alta, il Sadd el-Ali, per creare l'immenso lago Nasser destinato a contenere le acque della piena annuale del Nilo, i templi di diverse epoche che costellavano le rive della Nubia egiziana rischiavano di sparire. Per più di vent'anni lavorai per contribuire all'opera di salvataggio e mi trovai a studiare in particolare quelli che Ramsete aveva consacrato fra la prima e la seconda cateratta del Nilo. Da allora mi si presentarono diversi interrogativi. Perché, in questa regione scarsamente popolata, da cui gli uomini validi partivano per andare a guadagnarsi la vita nelle grandi metropoli egiziane, il faraone aveva fatto erigere o scavare, su una lunghezza di circa 390 chilometri, sette imponenti «dimore divine»? Parlo dei templi di Beit el-Uali, Gerf Hussein, Uadi es-Sebua, Derr, Meha e Ibshek (i due templi rupestri di Abu Simbel) e Aksha (Sudan del Nord). Scoprire il motivo di queste costruzioni, nei tempi remoti in cui i templi non erano edificati per i fedeli, ma per rafforzare sapientemente la «macchina divina», costituisce un problema arduo e degno di essere chiarito.

Mi si presentava la rara occasione di studiare da vicino questi antichi santuari quasi abbandonati che dopo la costruzione della prima diga, all'inizio del secolo, non erano più stati visitati da nessuno, neppure dagli egittologi.

I templi, che si trovavano in origine a 120 metri sul livello del mare, furono spostati più a ovest, sulle rive nubiane risparmiate, a 180 metri di quota. Con i miei colleghi francesi del Cnrs[5] e gli egiziani del Cedae,[6] decidemmo di continuare l'indagine sul grande faraone e sul messaggio che voleva lasciare ai posteri con il suo splendido *Tempio di Milioni di Anni*: il Ramesseo.[7] Le rovine circostanti mi hanno inoltre consentito di ricostruire il primo mammisi indipendente dal tempio, costruito da Ramsete per sua madre Tuy e per Nefertari, la grande sposa reale.

La Valle delle Regine, che durante la XVIII Dinastia era stata una necropoli principesca, divenne l'estrema dimora delle più alte dame della famiglia ramesside e di alcuni principi. Qui ebbi la fortuna di scoprire la tomba di Tuy, madre del faraone. Poi fu la volta della tomba dello stesso Ramsete II, nella Valle dei Re, che era già stata saccheggiata in tempi più antichi.

Nel 1975 una nuova occasione mi riavvicinò a Ramsete: il ministro francese della Cultura, Michel Guy, d'accordo con il collega egiziano, mi incaricò di organizzare a Parigi una mostra su un faraone, utilizzando solo i documenti conservati al Museo del Cairo. Pensai immediatamente a Ramsete, figlio di Seti, di cui era facile ripercorrere la vita. Un monarca che regnò per sessantasette anni effettivi, più quelli di coreggenza a fianco del padre. Nel corso delle trenta dinastie egizie, non c'è un altro re di cui si possa ripercorrere la vita praticamente anno per anno. Forse era l'occasione per dare qualche risposta a tanti interrogativi accumulatisi nel tempo. E forse affrontare il problema dell'Esodo, oggetto di tante fantasie...

Mentre ero impegnata al Museo del Cairo per i preparativi della mostra (che poi fu portata anche in Canada e negli Stati Uniti), le condizioni allarmanti della mummia del grande faraone mi spinsero a intraprendere i passi necessari per far «curare» a Parigi la prestigiosa reliquia. Per sette mesi Ramsete fu auscultato e poi curato al Musée de l'Homme, e liberato da una temibile *Daedalea Biennis*. E le innumerevoli analisi compiute ci rivelarono segreti che nessun testo antico avrebbe potuto rivelare.

Volto della statua crollata di Ramsete nel palmeto di Mit-Rahine.

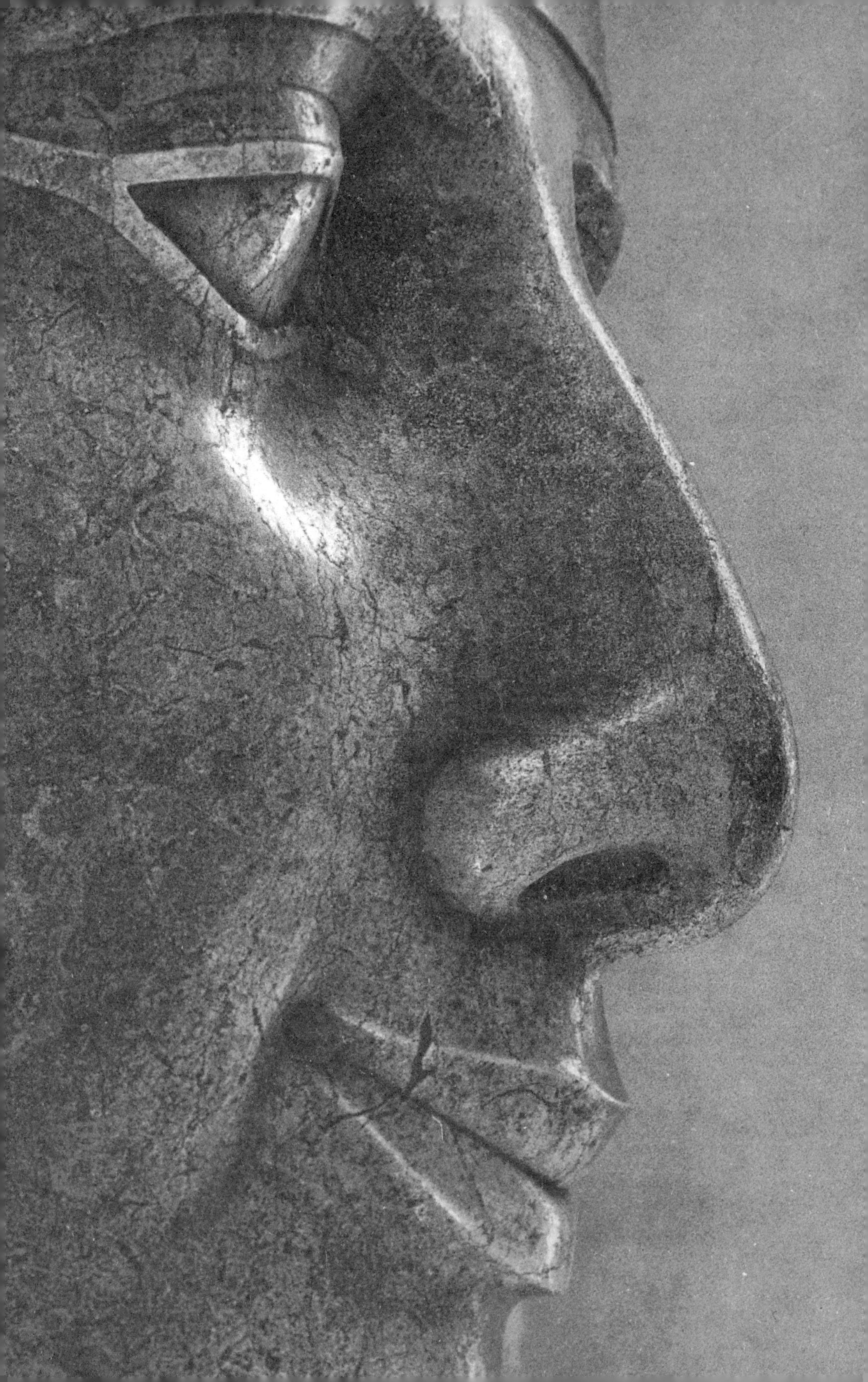

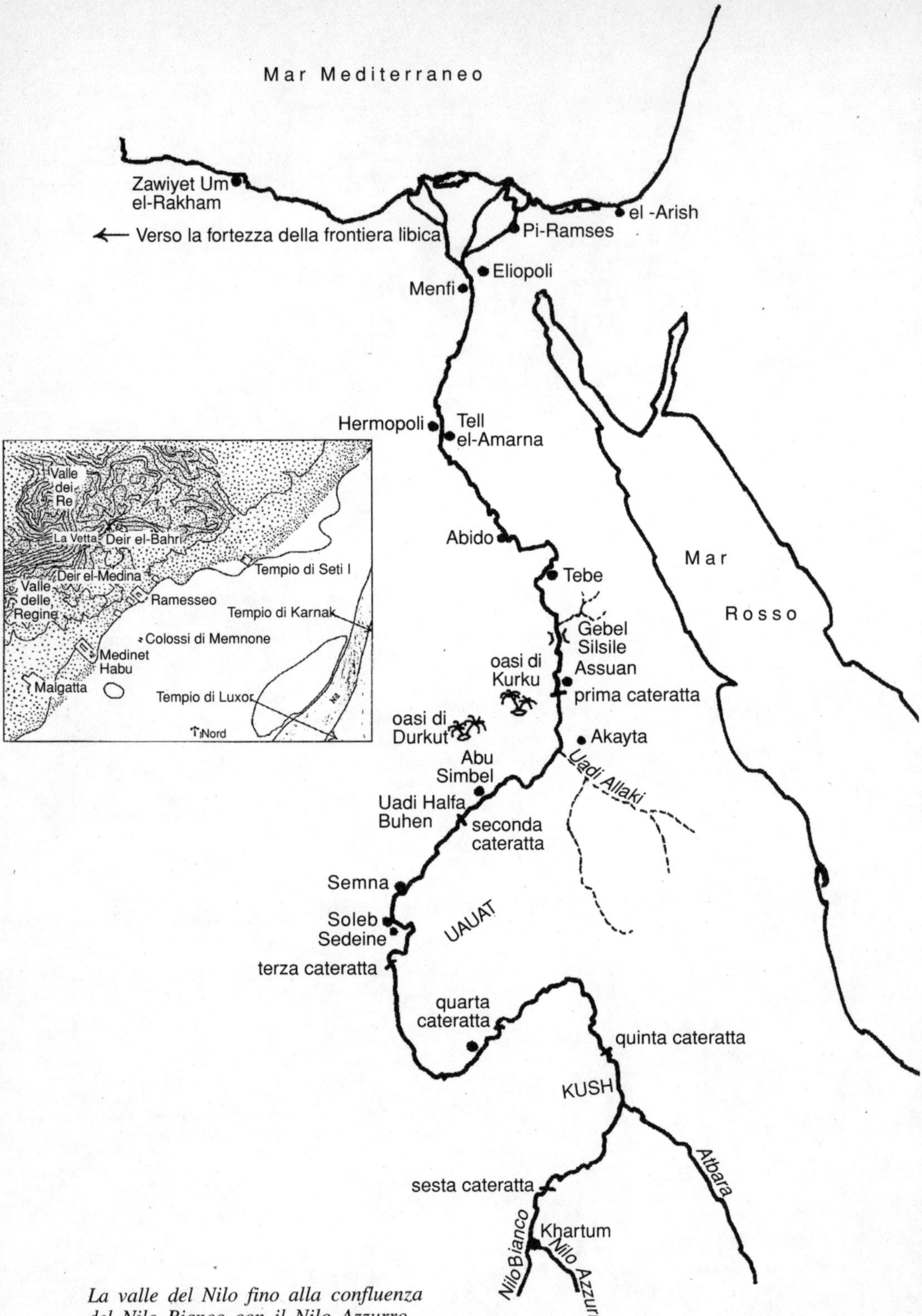

La valle del Nilo fino alla confluenza del Nilo Bianco con il Nilo Azzurro

1

L'ultimo miracolo di Ramsete

Luglio 1213 a.C.: giorno di Capodanno

Il quattordicesimo giubileo* del faraone era stato già celebrato. Il sovrano, che aveva compiuto novant'anni, da tempo non lasciava più il palazzo di Pi-Ramses, l'incantevole Residenza del Nord. Nel corso della sua lunga vita aveva visto morire molti dei suoi figli mentre la sua vecchiaia pareva non aver fine. Ora faceva fatica a ricordarne i nomi fino a confondere Meryatum, morto quando il regale genitore aveva compiuto settantun anni, con il principe Ramsete, valoroso generale deceduto quattro anni dopo. Aveva già settantotto anni quando perse il principe ereditario Sethirkhopshef, figlio primogenito della grande sposa reale Nefertari, che aveva conquistato il «Bell'Occidente». L'ultima prova era stata tuttavia la morte del suo favorito, il dodicesimo principe ereditario, il saggio e pio Khaemuaset gran sacerdote di Ptah a Menfi. A quell'epoca Ramsete, che aveva ottant'anni, sedeva da cinquantacinque sul trono d'Egitto.

Quando fu designato alla successione il tredicesimo principe ereditario, Merenptah figlio di Isisnofret, la seconda grande sposa reale, gli alti dignitari decisero di affrettare il ritmo dei giubilei rigeneratori e celebrarli ogni due anni, per dare al faraone la possibilità di recuperare una parte del giovanile vigore. Così nei successivi dieci anni si solennizzarono ben cinque feste *Sed* (dalla decima alla quattordicesima) che furono organizzate dal visir del Sud, Neferrenpet, assistito da Hori, probabilmente uno dei nipoti di Ramsete.

L'annuncio quindi del nuovo anno era vissuto in tutto il paese con vivissima speranza. Stava per terminare la stagione calda, *Shemu*, quattro

* Giubileo: si designa così la solenne cerimonia di conferma del potere del faraone che, teoricamente, aveva luogo dopo trent'anni di regno.

mesi durante i quali la terra d'Egitto si era progressivamente inaridita. Si attendeva con ansia l'arrivo dell'acqua fresca e pura della grande inondazione, che doveva verificarsi dopo i cinque giorni finali dell'ultimo mese della stagione, quelli «supplementari» che i greci in seguito chiamarono «epagomeni».[1]

Una grande ansia accompagnava i momenti in cui i membri della futura famiglia osirica stavano per nascere dal seno di Nut, la volta celeste: in questo periodo poteva accadere di tutto. Si raccomandava perciò di restare al riparo ognuno nella propria casa. Le frecce devastatrici di Sekhmet, l'imprevedibile dea dal corpo soave ma dalla temibile testa di leonessa, dedita ad amori tumultuosi, potevano provocare la peste. E l'aria maligna, la malaria, era in agguato.

Ma l'Egitto confidava in un'inondazione abbondante, in questo inizio del sessantasettesimo anno del regno del grande Ramsete. Come al solito, il visir aveva regolarmente informato il Palazzo Reale sul regime del Nilo fin dal principio di maggio, quando il fiume era in magra e le acque presentavano il livello più basso. L'aumento del livello era attentamente sorvegliato in più punti del paese, ma soprattutto a partire dal Gebel Silsile, dove il Nilo entrava in Egitto dopo aver attraversato la Nubia. Accanto alle grandi stele delle cappelle ramessidi scavate nella falesia occidentale, molte offerte erano state gettate nelle acque del fiume, per renderle propizie alla vita del paese.

L'inondazione dilaga

La vigilia del giorno tanto atteso, la *Notte di Ra*, era stata solennemente celebrata. Ogni edificio, ogni casa sulla terra rispondeva allo scintillio delle stelle con una miriade di lampade accese davanti alle porte. Poi, in questo giorno che apre il primo mese della stagione *Akhet*, poco dopo il 18 luglio del 1213, l'onda di piena irruppe nel soffocante calore estivo temperato dai benefici venti etesii che, arrivando dal Nord, increspavano la superficie del fiume e ne rallentavano il corso verso il mare.

Da lontano, simile a un mormorio, si udiva il suono delle arpe che dal profondo dei templi accoglievano la rinascita del mondo: più presente, il coro dei canti di gioia aleggiava su tutto il paese. Nelle città e nei villaggi si abbattevano le dighe di terra che ostruivano i canali essiccati affinché l'acqua viva vi potesse fluire. Nei campi dilagavano le rossastre acque ferruginose del lontano Atbara etiopico.

Già la terra d'Egitto diveniva un mare su cui vogavano miriadi di barche fiorite e ornate di bandierine. Era il giorno di Capodanno, ognuno aveva indossato i suoi abiti estivi più belli[2] e correva ad attingere l'acqua novella per berla o conservarla in anfore che spesso venivano spedite al di là dei confini come talismano e pegno di fecondità. Si beveva anche molto

Campo allagato dalle acque dell'inondazione.

A nord di Karnak, durante l'inondazione: il poggio del tempio di Medamud emerge come la «collina primordiale».

Scena di festa. (Museo del Cairo)

«vino novello» del Delta, o del Faiyum, e anche il nettare più raro dell'isola di Sehel presso Assuan, perché l'arrivo dell'inondazione coincideva con la vendemmia. Così si festeggiava il giorno d'inizio del primo mese dell'anno, sacro a Thot, quello dell'ebbrezza (*Tekh*).

Sui tetti dei templi, prima dell'alba, i sacerdoti avevano collocato la statuetta del dio, tolta dal suo naos rivestito d'oro ed esposta a est perché il bacio del sole nascente la riempisse di energia divina. L'astro sorgeva appunto nella zona del cielo in cui la stella *Sothis* (Sirio) tornava a essere visibile dopo settanta giorni di eclissi. Questa stella, nota anche a noi come la più brillante della costellazione del Cane Maggiore, era rappresentata in forma di piccola cagna con la coda «anellata». Da epoche protostoriche fino alla dominazione romana, si offrivano immagini come questa in dono per Capodanno, nei giorni più caldi d'estate. Di qui il termine di canicola, dal latino *canicula*, piccola cagna.

Tuttavia, nelle stanze più segrete della reggia, erano riuniti i medici (*Sinu*), proprio quelli che tante volte il faraone aveva mandato al capezzale di principi asiatici bramosi di ottenere le cure dei brillanti specialisti egiziani. Ora si stringevano intorno al monarca, impotenti davanti alla sua agonia. Il grande faraone, che il popolo da tanto tempo chiamava con affettuosa familiarità *Sesu*,[3] era in fin di vita. Quel faraone che per il paese e per i popoli stranieri a cui aveva saputo ispirare timore e rispetto, aveva incarnato *il Glorioso Sole d'Egitto, la Montagna d'oro e di elettro, l'Alimento dell'Egitto, l'Eletto di Ra nella barca del Sole, il Dio perfetto figlio di Amon, l'Immagine perfetta di Ra, la Stella del cielo, il Sole dei principi, il Sole di tutti i paesi, il Toro possente, il Protettore dell'Egitto, Colui che piega i paesi stranieri, il Grande vittorioso, Signore delle Due Terre...*

Il re è morto...

Privato delle ultime forze, perduto il controllo dei sette gloriosi orifizi della testa (due occhi, due orecchie, due narici, la bocca), piegato da implacabili dolori, il re dell'Alto e Basso Egitto Usermaatra Setepenra, Figlio del Sole, Ramsete Meriamon stava per esalare l'ultimo respiro, proprio nel diciannovesimo giorno del primo mese della stagione dell'inondazione, quello successivo al Capodanno tradizionale.

Appena la notizia si diffuse, le grida di lutto soverchiarono i canti di gioia. Il figlio del dio sulla terra, l'eroe invincibile, immagine della potenza, garanzia della fecondità del paese, colui che aveva assicurato all'Egitto lunghi anni di pace, il Grande Falco si era dunque involato! La carne divina andava a raggiungere la forza primordiale da cui era sorta!

Intorno al morente si erano raccolti gli ultimi figli che le grandi spose reali gli avevano dato, quelli delle spose di rango inferiore e numerosi nipoti, guidati dal tredicesimo dei principi ereditari, Merenptah, destinato a

Barca che naviga sulle acque dell'inondazione.

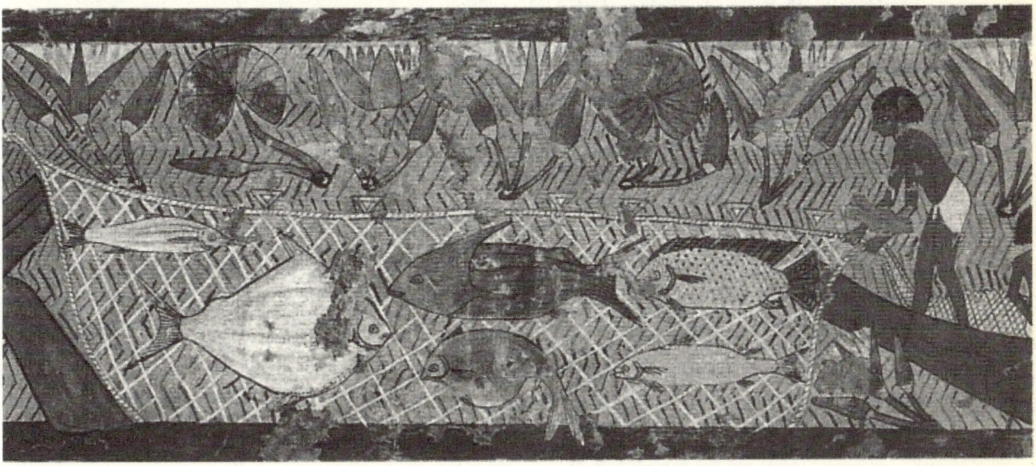

Scena di «pesca miracolosa» durante l'inondazione. (Dipinto tebano)

Vascello cabinato di un alto funzionario. (Tomba tebana di Menenna)

succedergli sul trono, figlio della grande sposa reale Isisnofret. Bentanat, sorella di Merenptah, già avanti con gli anni, era arrivata qualche giorno prima dalla dimora delle dame reali, situata a el-Faiyum. La accompagnava Enutmira, una delle ultime principesse reali, divenuta anche lei grande sposa reale.

Fra gli alti funzionari della reggia accorsi al capezzale del re ben pochi avevano conosciuto la giovinezza del sovrano, tranne il vecchio sommo sacerdote di Amon, Bakenkhonsu. Il gran visir Pasar, che un giorno lontano aveva deposto sull'augusta fronte del nuovo faraone, nel rito dell'incoronazione, le due tiare della regalità, simbolo delle due dee tutelari Nekhbet l'avvoltoio e Uagit il cobra, non era più nel mondo dei vivi.

L'eccezionale longevità di Ramsete veniva a rafforzare la sua gloriosa leggenda. Solo frugando nei più profondi archivi delle Case della Vita si sarebbero potuti ritrovare i documenti che registravano il centenario di Pepi II, della VI Dinastia. Ramsete IV, su una stele dedicatoria di Abido, esprimeva il desiderio di conoscere «un regno lungo come quello del re Ramsete, il Grande Dio, nei suoi sessantasette anni».

Viva il re!

La morte di un faraone poteva provocare una rottura di equilibri di cui era indispensabile evitare le incontrollabili conseguenze. Quindi il principe Merenptah, che era già sui cinquant'anni e aveva alle spalle una lunga reggenza al fianco del padre, fu immediatamente fatto salire al trono, in attesa delle sacre cerimonie dell'incoronazione che dovevano aver luogo dopo il lungo periodo di lutto e i fastosi funerali. La sera stessa del decesso il corpo del re era stato affidato ai sacerdoti mummificatori affinché la salma, dopo settanta giorni di preparazione e trasformata in Osiride, potesse intraprendere il viaggio nell'oltretomba verso l'eternità. Stava per iniziare il periodo del lutto silenzioso. Alle grida delle donne piangenti, i gemiti degli uomini raggomitolati con la testa piegata sulle ginocchia, seguivano i penosi momenti di prostrazione. Merenptah, i principi e i dignitari si erano lasciati crescere la barba per dare al volto un aspetto volontariamente trascurato.

Gli imbalsamatori

Per subire la prima purificazione Ramsete fu trasportato in una cappella presso il tempio di Ptah, la *Tenda di Purificazione*, dove fra un coro di sacerdoti che salmodiavano incantesimi il corpo fu asperso di acqua vivificatrice.[4] Poi fu portato nel «Luogo Puro», Uabet, dove in gran segreto, sotto la responsabilità del Superiore dei Misteri che rappresentava Anubi,[5] capo

Donne e bambini durante le lamentazioni di lutto.

Defunto trattato con il natron ed essiccato prima della mummificazione.
(Scena tratta da un sarcofago)

del Padiglione divino e divino imbalsamatore, gli operatori chiamati *Ut* dovevano prelevare dalla salma, dopo averla lavata con acqua mista a natron, il cervello e le viscere, crimine sacrilego ma necessario. Praticarono un'incisione sul fianco sinistro della salma con un coltello di silice, di ossidiana o di «pietra di Etiopia», per estrarre gli organi che furono lavati e imbalsamati. Il cuore fu rimesso nel torace, come pure i reni, perché «Dio sonda cuore e reni». Del resto il cuore, dimora della coscienza, doveva presentarsi alla prova nel giorno del giudizio, come tutti i sudditi del faraone. Quanto alle viscere, dovevano essere mummificate e deposte in piccoli sarcofaghi d'oro, fatti a immagine del defunto. In seguito dovevano essere conservate in vasi di alabastro, in cui ogni organo sarebbe stato identificato con uno dei quattro figli di Horo: Hapi, Amset, Duamutef e Kebesenof.[6] Le loro teste scolpite nell'alabastro, ma con i tratti di Ramsete, facevano da coperchi. I corpi di questi vasi, secondo il rituale, erano posti sotto la protezione delle quattro entità femminili, Iside, Nefti, Neith e Selqet, collegate ai quattro punti cardinali. I vasi furono chiusi e riposti in un cofano, pure di alabastro, che portava agli angoli le immagini delle quattro dee, scolpite a tuttotondo. È verosimile che il cofano venisse poi collocato in una piccola cappella di legno dorato, ai cui angoli si ritrovavano le figure delle quattro dee. Tutto questo, essenziale per la ricomposizione psichica del sovrano, doveva accompagnarlo nella tomba insieme con il «mobilio funebre».

Ora bisognava immergere il corpo in un bagno di natron,[7] per far sparire le parti grasse e putrescibili, poi lavarlo con il miglior vino di palma. Una volta asciugato e liberato delle impurità, andava trasferito nel *Per-Nefer*, o *Casa del ringiovanimento*, dove gli specialisti dovevano effettuare la mummificazione avvolgendolo in preziose bende di lino finissimo, tessuto nei laboratori del grande harem delle dame reali di Mi-Ur, nel Faiyum, non lontano dal lago Moeris. Per farlo si erano ispirati all'opera di Iside che aveva confezionato le preziose corde usate da Nefti per fabbricare la rete apotropaica, che venne considerata artigianato sacro nato da una sorta di magia universale. I sacerdoti avvolgitori avevano già provveduto a ridargli le curve essenziali, sparite insieme con le materie grasse, infilando sotto la pelle cuscinetti di lino profumati. Avevano rimodellato le labbra e posto sulle palpebre chiuse degli occhi finti. Il naso, in cui le cartilagini erano state rovinate dal passaggio del ferro ricurvo usato per estrarre il cervello, fu interamente riempito di granelli di pepe,[8] mentre il sacerdote-lettore, reggendo il papiro in cui era scritto il rituale, continuava a recitare formule propiziatorie. Il cuore era stato avvolto con un impasto di foglie di tabacco tritate finemente mescolate a resine odorose e un anello d'oro lo teneva saldamente attaccato alla sommità sinistra del torace. Fra le piante di cui era stato riempito, i mazzetti di camomilla (probabilmente mescolati a una quantità di piccoli amuleti d'oro e terracotta verniciata in turchese) emanavano il loro sottile profumo protettore.[9]

Ciondolo con il nome di Ramsete tratto dal «tesoro funerario» di suo figlio Khaemuaset.

Due braccialetti d'oro e di lapislazzuli con il nome di Ramsete. (Museo del Cairo)

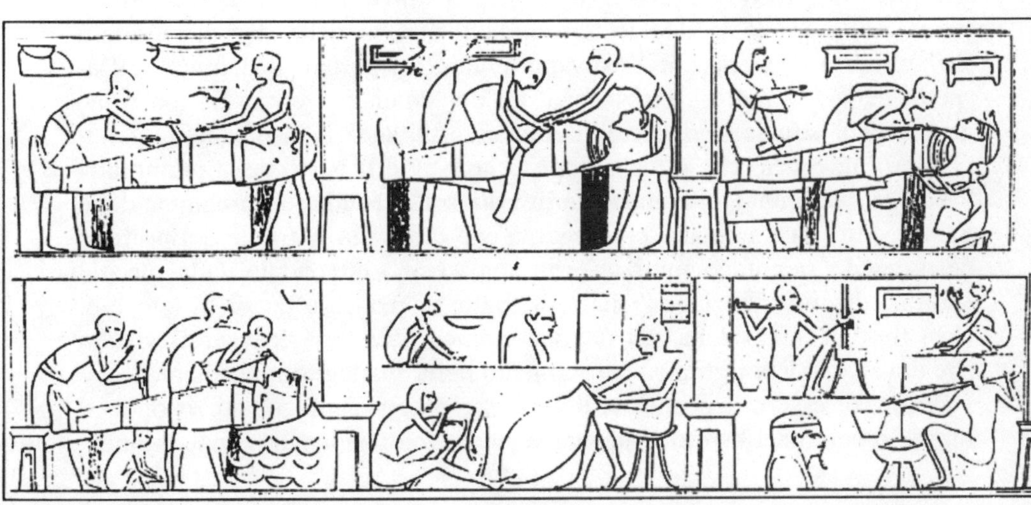

Esecuzione della maschera funebre di una mummia sulla quale si stende il sudario.

Infine, come Osiride ferito a morte dal Maligno e privato del membro genitale che il pesce siluro aveva inghiottito, in una scena drammaticamente mimata la salma subì l'ablazione del pene che fu mummificato e ricollocato al suo posto, in previsione del futuro risveglio.

Ramsete mummificato

Le botteghe degli orefici avevano lavorato intensamente a creare il corredo funerario: lunghe collane ornate di scarabei che simboleggiavano l'alba della resurrezione, barche divine, dee tutelari ai due lati dell'occhio Ugiat che evocava la pienezza ritrovata, immagini di Osiride con lo scettro della regalità, pendagli a forma di piloni di templi che incorniciavano le immagini di Iside e di Nefti nell'atto di preparare la rianimazione del misterioso pilastro *Ged*. Tutto era pronto, insieme con una quantità di amuleti e di grandi immagini di geni alati ritagliate in lastre d'oro e destinate a essere infilate fra le bende, esattamente nei punti da dove erano stati estratti gli organi.

A ogni gesto i cerimonieri recitavano la preghiera rituale. Una cintura d'oro e perle multicolore tratteneva sull'addome la leggendaria daga dall'elsa ornata da due teste di falco, come appariva sul grande colosso di Menfi. Le estremità dei piedi e delle mani erano protette da puntali d'oro.

Le dita erano ornate di anelli, decorati con i motivi dell'occhio sacro, del loto da cui sorge il sole e dello scarabeo. Quest'ultimo era montato su un perno, in modo che la faccia interna si potesse usare come sigillo, con una formula apotropaica o con il nome e l'immagine del faraone.

I lunghi capelli serici, straordinariamente morbidi, bianchi per l'età ma leggermente tinti con l'henné, non erano stati alterati dalla calvizie. Un nastro piatto di oro fino circondava la testa. Tuttavia non era stato possibile fissare sulla fronte le due forme animali simboli delle dee primordiali, l'avvoltoio e il cobra, che dovevano aiutare a riportare il defunto[10] all'aspetto della sua radiosa giovinezza. Le due immagini erano troppo sporgenti perché si potesse deporre direttamente sul sudario la pesante maschera d'oro massiccio che doveva coprire la testa e il busto della mummia.[11] Perciò le due immagini erano state inserite sotto il sudario, su ognuna delle gambe. Ma i due animali della regalità che ornavano la fronte del primo e del secondo sarcofago mummiforme apparivano circondate dalla piccola «corona di giustificazione»[12] fatta di foglie di persea e petali di loto blu. Così fin dall'inizio della sua odissea ctonica, Ramsete riceveva il viatico che doveva assicurargli il riconoscimento della sua legittimità solare.

Prima di essere deposto nei diversi sarcofaghi confezionati secondo il rituale, il corpo nel lenzuolo funebre venne avvolto da lunghe bende di lino.[13]

Barca funeraria di Tutankhamon munita di cabina. (Museo del Cairo)

Interno della cabina di Cheope.
(Museo della Barca)

Le donne piangenti circondano la cabina funebre che naviga verso la necropoli.

Sarcofaghi e cappelle

A questo punto i membri della famiglia furono convocati per la «deposizione nei sarcofaghi». Le dame reali circondarono il collo e le spalle del sovrano con ghirlande di fiori intrecciati a foglie di persea, che si sarebbero seccate e conservate per secoli, finché non fossero entrate a contatto con l'aria. Dopo la posa della maschera d'oro la mummia fu deposta in un primo sarcofago, pure d'oro massiccio, che fu a sua volta introdotto in un secondo sarcofago di legno placcato d'oro e incrostato di pasta di vetro che imitava turchesi, lapislazzuli e cornaline. Infine il tutto fu collocato in un terzo sarcofago di legno dorato, ornato da grandi ali protettrici da cui doveva emanare il «soffio della vita». Ramsete era finalmente pronto per essere accolto nella necropoli reale dove dormivano i suoi predecessori fin dall'inizio del Nuovo Regno.

Già prima che terminassero le pratiche di mummificazione Merenptah, il nuovo faraone, si era recato provvisoriamente a Tebe nella residenza creata da Ramsete entro la cinta del tempio giubilare, il Ramesseo, dove tante volte erano stati celebrati i riti annuali di riconferma del potere regale.[14] Doveva assicurarsi che le imponenti cerimonie funebri organizzate dal visir del Sud, Neferrenpet allora sindaco di Tebe, si svolgessero con il fasto previsto dall'antico rituale.

Ramsete lascia la sua capitale

A est del Delta, sulle rive delle Acque di Ra all'altezza di Pi-Ramses, era all'ancora il grande vascello funerario lungo sessanta cubiti, fabbricato espressamente per le esequie del sovrano. Questo vascello-catafalco, in cui era stato montato il baldacchino che doveva proteggere i sarcofaghi, era ornato di alti steli di papiro per evocare la palude primordiale a cui i «mani» di Ramsete erano avviati. Intorno all'ultima grande vedova le prefiche inginocchiate o in piedi, levando le braccia al cielo, offrivano lungo tutto il percorso dal Delta a Tebe l'immagine straziante del dolore. Il battello reale di Merenptah risaliva la corrente in testa al corteo. Dietro di lui, il rimorchiatore destinato ad alare il vascello funebre era munito di una larga vela orizzontale a due pennoni, intessuta di decorazioni multicolore, che aiutava ad affrontare le acque del terzo mese di piena (ottobre 1213 a.C.), appesantite dalle alluvioni che raddoppiavano la forza della corrente.

Sulle altre imbarcazioni del corteo erano stati caricati gli innumerevoli mobili funebri. Vi avevano preso posto anche i membri della famiglia reale, i sacerdoti e gli alti dignitari.

Lungo il tragitto, cittadini e contadini delle zone rivierasche si erano radunati sulle sponde, affascinati dal fasto del corteo. Le grida delle donne piangenti rispondevano ai canti funebri degli equipaggi con le tradizionali litanie.

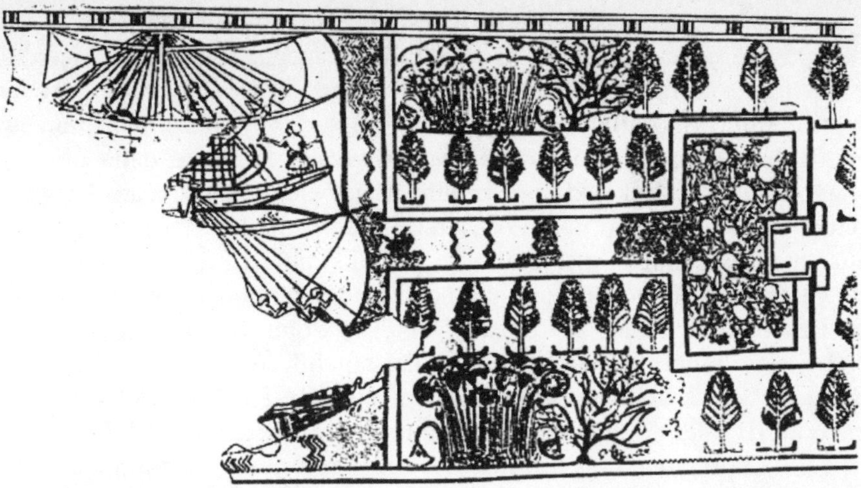

Corteo fluviale davanti al porto di Karnak. (Tomba tebana di Neferhotep)

Corteo funebre che si dirige verso la necropoli. (Dipinto tebano)

Sfilata del mobilio e delle suppellettili funebri. (Tomba di Ramose)

Il corteo fece scalo per due giorni all'altezza di Abido, santuario di Osiride, per sollecitare l'indulgenza del dio-martire. Il sommo sacerdote Unennefer e suo figlio Hori erano saliti a bordo del vascello reale per scortare il defunto fino alla Valle dei Re. Più a sud, all'altezza dell'immenso tempio di Amon, sul molo dove già arrivavano le acque della piena, il sommo sacerdote Bakenkhonsu e tutto il suo clero raggruppato intorno a Merenptah, accolsero il defunto sovrano. Senza dubbio nel grande cortile antistante la sala ipostila si svolse un primo simulacro del giudizio divino e il verdetto pronunciato sul sovrano dai suoi potenti contemporanei gli aprì l'accesso al mondo dei giusti. Quindi la flotta, ancora più imponente perché accresciuta dalle imbarcazioni dei notabili tebani, solcò l'immensa distesa di acque in piena lasciandosi alle spalle i colossi del tempio di Amenofi III («di Memnone») e raggiunse l'imbarcadero del Ramesseo. Era questa la regione dell'Imentet, dove il soggiorno dei defunti sprofonda nel misterioso insondabile dominio della grande Hathor. Nel tempio giubilare furono ripetuti i riti funerari più arcaici, ritmati da canti e danze, che evocavano gli inevitabili pellegrinaggi alle città sante... quindi, la sacralità del luogo diffuse per l'ultima volta le sue onde benefiche sul sovrano, le cui immagini ornavano i pilastri dei due vasti cortili, rappresentandolo nelle vesti sia di Osiride sia di sole nascente.

Verso la necropoli reale

Infine, all'alba del giorno prescritto, il corteo funebre partì per raggiungere le tombe degli avi del faraone. Poiché le acque ricoprivano la terra d'Egitto fino al limite delle sabbie, il viaggio proseguì per via fluviale in modo da approdare nel punto più vicino alla lunga strada che s'inoltra nel Gebel. Ci vollero parecchie ore per scaricare non soltanto i pesanti sarcofaghi, i loro catafalchi e la treggia, ma anche tutto il corredo funerario che l'accompagnava: i vasi canopi, il mobilio (seggi, cofani, carri, grandi letti dalla foggia animale), i vasi di alabastro colmi di unguenti, gioielli, strumenti e vesti, archi e faretre, grandi anfore con i migliori vini delle cantine reali,[15] statuette rituali decorate o bitumate e diversi assortimenti di 365 figurine (le statuette *shabti*) che rappresentavano, per ciascun giorno dell'anno, il re mummificato ma adorno di corone diverse destinate a integrarlo meglio nel mondo osirico dove sarebbe riapparso, al termine di un anno, come novello Horo. Questi preziosi elementi furono affidati ai grandi del regno, amici e servitori del re, che se li caricarono sulle spalle.

La treggia era trainata da buoi e preceduta da giovani sacerdoti che spargevano latte. A lenti passi seguivano i dolenti, raggruppati intorno ai due visir dal cranio rasato, e i *Nove amici del rito*, appoggiati ad alti bastoni e con la testa cinta da bende bianche da lutto. Venivano poi i portatori di alti fusti di papiro e le donne piangenti con i capelli sciolti e le vesti co-

La strada che porta alla Valle dei Re. (Foto M. Kurz)

Porta di una delle cappelle funebri di Tutankhamon. (Museo del Cairo)

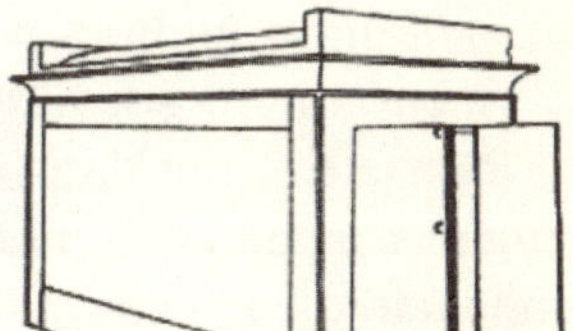

Cappelle funebri che ospitano i sarcofaghi del re:
a. cappella del Nord,
b. cappella del Sud,
c. cappella dei giubilei.

sparse della polvere delle strade che si gettavano sulla testa. Infine il lungo corteo raggiunse l'incrocio da cui partiva la valle dell'Ovest, dove Nebmaatra, il terzo Amenofi, si era fatto preparare la sua «dimora di eternità». Sulle due pareti del valico roccioso Pasar aveva fatto scolpire due bassorilievi quando, giovane visir del Sud, sorvegliava la costruzione della tomba del suo signore. Su un lato era rappresentata la vacca Hathor, patrona dell'Occidente, che stringeva fra le corna il disco solare dominato da due piume di struzzo. Sull'altro si vedeva una scena analoga, ma Pasar era inginocchiato davanti all'immagine di Hathor che teneva fra le corna il disco solare sormontato da due alte penne di falco, emblema di Sothis (Sirio). Una delle due immagini di Hathor doveva accogliere nel suo seno il defunto re, nel cuore della necropoli occidentale. L'altra lo avrebbe condotto fino al suo risveglio cosmico, a est di Tebe, annunciato dalla risplendente stella dell'anno solare.

Qui i buoi furono staccati perché i Grandi della Corte stessi potessero tirare il catafalco, sulla sua treggia, fino all'entrata della necropoli.

La tomba del re

La pianta della tomba,[16] progettata poco dopo l'incoronazione del sovrano, assomigliava molto a quella di Amenofi II, che presentava a grandi linee l'aspetto di una squadra. Invece quella adottata da Seti I, padre del defunto Ramsete, e poi da Merenptah, suo successore, aveva la tipica forma a siringa* scavata nella montagna su un unico asse. Perché Ramsete aveva abbandonato questo «asse solare»?

L'imponente sarcofago di alabastro era stato introdotto alla fine dei lavori. Le pareti della siringa, coperte di dipinti in cui il sovrano era in perpetuo dialogo con le figure delle divinità ctoniche, brillavano di vividi colori al passaggio dei portatori di torce che illuminavano il trasporto del tesoro funerario. Si trattava di una specie di arredamento che accompagnava colui che stava per unirsi alla Grande Dea, accolto dalle sue viscere. La lunga successione di corridoi conduceva a una prima sala con quattro pilastri, la *Sala del Carro*. La decorazione alle pareti evocava le diverse tappe del cammino del sole, a cui il defunto era considerato simile, durante le dodici ore della notte. La sala era fiancheggiata da due vani laterali: qui gli officianti collocarono i carri del re, uno dei quali interamente placcato d'oro, su cui il Re-Sole, prefigurazione di Apollo, doveva cacciare le nubi malefiche e percorrere vittorioso le regioni dove si deve combattere il Maligno.

Poi riprendevano i corridoi, sulle cui pareti raffinati dipinti evocavano il misterioso cerimoniale dell'*Apertura degli occhi e della bocca* della mum-

* Siringa: dal greco *Syrinx*, «flauto di canna». Nome dato dai greci alle tombe dei faraoni a Tebe.

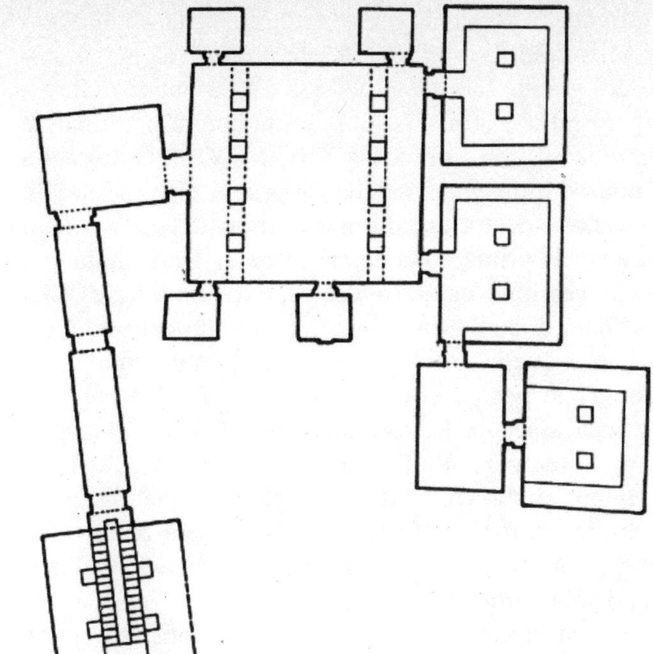
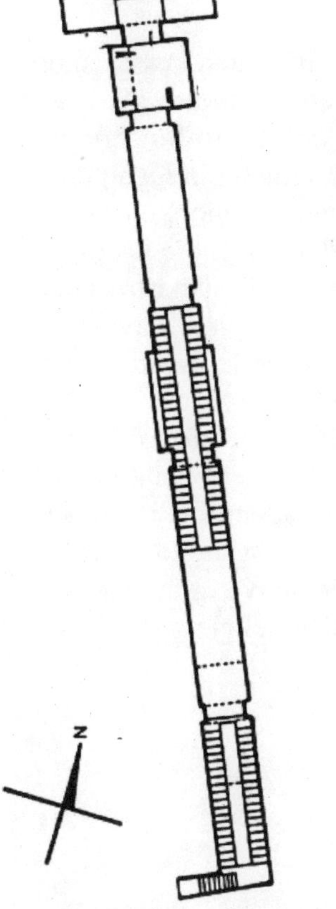
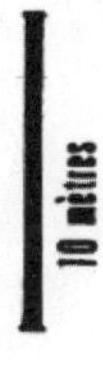

Illustrazione del mito della «Vacca del Cielo».
(Tomba di Seti I)

Sacerdote-lettore e strumenti necessari per la «apertura della bocca e degli occhi».
(Tomba tebana)

Pianta della tomba di Ramsete II.
(Disegno di F. Babled)

mia e le statue del re defunto. In fondo si apriva un'ampia sala rettangolare, la *Sala della Verità*, fulcro della straordinaria rete protettiva che circondava la spoglia mortale del grande faraone. Subito dopo, la pianta della siringa presentava un angolo retto e attraverso una porta aperta nella parete la *Sala della Verità* comunicava con l'immensa *Sala dell'Oro*, cuore della tomba, sorretta da otto pilastri e fiancheggiata da tre gruppi di vani laterali. Sulla parete del primo vano a destra era dipinto il mito del *Libro della vacca celeste*, che appare per la prima volta nella tomba di Tutankhamon e può essere considerato la versione egiziana del diluvio universale. Una vacca, con il ventre costellato di stelle (immagine della volta celeste) è affiancata da una piccola barca, quella di Ra, il Sole. Gli uomini hanno complottato contro il creatore, che per punirli manda sulla terra Hathor, trasformata in leonessa furiosa assetata del loro sangue. Affinché l'umanità non sia completamente distrutta, però, Ra fa spargere sulla terra della birra colorata di ocra rossa: Hathor si ubriaca e tutto si placa. Tuttavia, disgustato dagli uomini, il demiurgo ritorna nel firmamento sul dorso della figlia Nut, la vacca stellata, e dichiara: «Non avevo ordinato che facessero il male, è il loro cuore che ha disobbedito alle mie parole».[17]

Il secondo vano è ornato sul fondo da una nicchia che contiene la parte inferiore di una statua (senza dubbio Osiride).

Tali locali erano stracolmi di mobili e suppellettili rituali, vasi canopi che contenevano le viscere, statuette di geni destinati a scortare gli avatar del defunto, diverse imbarcazioni e tutti gli oggetti del tesoro funebre: unguenti, abiti, gioielli, offerte alimentari, statuette del faraone in legno dorato o bitumato, immagini del grande cane nero di Anubi, simbolo e organizzatore del passaggio verso l'eternità sotto l'egida del suo signore Osiride.

Al centro della *Sala dell'Oro*, nel grande sarcofago di alabastro erano stati collocati gli altri sarcofaghi, mentre la mummia, in piedi davanti all'entrata, stava per essere sottoposta a un ultimo rito che le avrebbe restituito l'uso dei sensi: l'*Apertura degli occhi e della bocca*.[18]

Questo rituale sarebbe stato compiuto dal successore al trono. Merenptah, vestito di pelle di ghepardo con sandali bianchi e acconciato con il *kheperesh* coperto di pelle, probabilmente di struzzo, adempiva il rito servendosi di numerosi utensili disposti vicino a lui su uno sgabello. L'ultimo gesto, che concludeva questo «addio al morto», necessitava di un'accetta a forma di coscia di vacca, che nella regione occidentale del cielo rappresentava l'Orsa Maggiore.

Merenptah, tredicesimo figlio e successore di Ramsete II. (Museo del Cairo)

Il cuore della Valle dei Re. (Foto Lemaître)

2

La strana odissea di una mummia reale

L'addio al faraone

Malgrado i gemiti della grande vedova che si aggrappava alle gambe di Ramsete, quel «bel viaggiatore partito per le terre dell'eternità», supplicandolo «di non abbandonarla», i sacerdoti s'impadronirono della mummia e le posero sulla testa e le spalle la maschera d'oro. Quindi ridiscesero nella siringa e l'adagiarono nei sarcofaghi, rimisero uno dopo l'altro i coperchi e per ultima la pesante lastra. Una sottile tenda di lino trasparente tempestata di rosette d'oro e sostenuta da quattro paletti placcati d'oro ricopriva l'insieme, sopra il quale dovevano essere edificate le quattro cappelle divine.[1] Nella *Sala dell'Oro*, contro le pareti istoriate con i capitoli dei libri sacri, il *Libro dell'Amduat* (o *Libro di ciò che si trova nell'Altro Mondo*) e il *Libro delle porte*, opera post-amarniana, erano stati provvisoriamente deposti dei pannelli di legno dorato, ricoperti di testi e figure funerarie. Vi apparivano l'arcaica cappella della Madre primordiale del sud, Nekhbet l'avvoltoio, e la cappella raffigurata in forma dell'antichissimo santuario di Uagit il cobra, Madre primordiale del nord. Queste due entità dovevano accompagnare il defunto durante tutto il suo periplo ctonico ed erano presenti su tutto l'apparato funebre. Un'altra cappella presentava l'aspetto del gran padiglione della festa *Sed*,[2] il rito dei grandi giubilei ripresi a partire dall'anno 30 del regno, e doveva contribuire alla rigenerazione e al perpetuo rinnovamento del defunto.

Il corteo, ridotto a pochi officianti, uscì dalla siringa, evitando il profondo pozzo scavato non lontano dall'entrata con un duplice scopo: evocare la palude che il candidato all'eternità doveva attraversare, ma anche ricevere le acque delle piogge diluviali, rare ma devastanti. Nel lungo corridoio i sacerdoti rividero, rappresentate sulle pareti, le diverse fasi della cerimonia dell'*Apertura degli occhi e della bocca*, e vicino all'uscita si fermarono qualche istante davanti alle *Litanie di Ra il Sole*, per salmodiarne qualche passo.

Il banchetto funebre

All'esterno, nella valle, era stata alzata una grande tenda con numerosi seggi e tavoli dove i membri dell'augusta assemblea potevano partecipare al banchetto funebre. Ornati di ghirlande di fiori freschi che avevano un rapporto simbolico con i riti della sopravvivenza, ricevevano in dono profumati fiori di loto e bevevano vini inebrianti che provocavano un'estasi divina e assicuravano la comunione con il defunto. I riti, che evocavano la terribile ma anche affascinante dea della morte e dell'amore, Hathor, si concludevano con canti e danze, spesso lascive. Un simbolismo più discreto e più poetico era raffigurato su alcune parti del mobilio funebre, dove la grande vedova era rappresentata nel ruolo svolto da Iside dopo la morte del suo sposo Osiride. Ridestandolo dal letargo, la dea gli rendeva la virilità perché potesse fecondarla rendendola madre del nuovo sole. Nel senso più profondo di questi riti, Hathor e Iside non erano che i due diversi aspetti di uno stesso possente simbolo.

Lasciando la necropoli, il corteo passò davanti all'entrata della grande cripta collettiva (Kher-en-Ahau)[3] dove Ramsete aveva fatto scavare innumerevoli cappellette rupestri dedicate ai suoi numerosi figli, fra cui Imenherkhepeshef, Ramsete e altri.

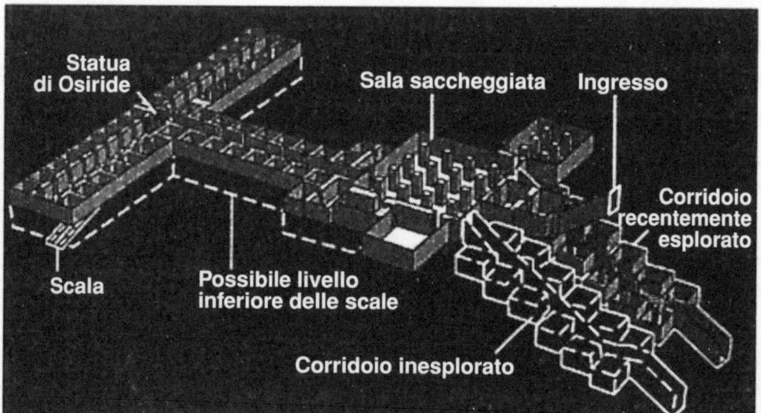

Tomba o cenotafio di figli di Ramsete: prima fase degli scavi intrapresi da K. Weeks (fine del 1995).

Statua di Osiride che domina il primo livello della struttura, in fase di sgombero. (Da K. Weeks)

Il lungo periodo di pace che l'Egitto poté godere dopo il trattato con gli ittiti, nel ventunesimo anno del regno di Ramsete, non si ripeté più sotto i successori del grande faraone. Durante la XX Dinastia il terzo Ramsete[4] riuscì a salvare il regno da un'invasione ancora più temibile di quella della coalizione organizzata da Muvattali. D'altra parte il paese, infestato da una subdola infiltrazione di elementi libici e indebolito da una serie di cattive inondazioni, che influirono negativamente sui raccolti, conobbe un'eclissi del potere centrale e gravi carenze amministrative che provocarono miseria e corruzione.

Il saccheggio della tomba

Soprattutto nella regione tebana, dove le autorità locali avrebbero dovuto tenere a freno la malavita e controllare la carestia, si cominciarono a violare e saccheggiare le tombe reali, vere caverne ricolme di tesori. Quella di Ramsete II subì un primo tentativo di violazione nell'anno 29 del regno di Ramsete III e poi razzie selvagge prima del regno di Ramsete IX.[5] Uguale destino ebbero i preziosi arredi del tempio giubilare, il Ramesseo.

Nella *Grande Prateria* nessuna tomba fu risparmiata dalla devastazione, tranne la piccola «riserva» dedicata a Tutankhamon. Le mummie reali furono completamente spogliate e private delle maschere d'oro e dei gioielli. I saccheggiatori vuotarono i bei vasi di alabastro per recuperare i preziosi unguenti, saccheggiarono le tombe... e alcuni confessarono persino di aver gustato i deliziosi vini dei faraoni!

Allora i sacerdoti e il sindaco di Tebe decisero di riunire la maggior parte delle spoglie regali in due delle più belle tombe della Valle dei Re, quella di Seti I e quella di Amenofi II, di cui era più facile sorvegliare gli accessi.[6] Così la maggior parte delle salme dei faraoni della XVIII, XIX e XX Dinastia, orribilmente maltrattate, circondate da poveri resti del fastoso arredamento funebre,[7] ebbero una seconda sepoltura, ma senza alcuna cerimonia: i tempi erano troppo cambiati! Sotto il regno dei re-sacerdoti della XXI Dinastia, due secoli dopo, le mummie quasi denudate furono avvolte in un modesto sudario di lino piuttosto grossolano, e i preziosi gioielli rubati furono sostituiti da ghirlande di foglie e fiori, soprattutto di persea e loto blu. I «salvatori» riutilizzarono i sarcofaghi meno deteriorati: la mummia di Ramsete II fu deposta in quello, ben conservato ma privato del rivestimento d'oro, che senza dubbio aveva accolto il corpo di suo nonno, Ramsete I. Questo «salvataggio» fu eseguito nell'anno 6 dell'Era della Rinascita, il quindicesimo giorno del terzo mese della stagione *Peret* (inverno-primavera), probabilmente sotto la responsabilità del gran sacerdote Herihor durante il regno fantoccio di Ramsete IX, intorno all'anno 1090 a.C.

Poco dopo, a causa di una sorveglianza senza dubbio carente, alcuni intrusi penetrarono un'altra volta nella tomba di Seti I sperando di trovare qualche resto del tesoro, e la mummia di Ramsete II fu nuovamente depredata. Il gran sacerdote di Amon, Pinegiem I la fece nuovamente riparare sopra il torace nell'anno 10, data tracciata sul sudario. Fu probabilmente in questo momento che i sacerdoti infilarono nelle mani del sarcofago mummiforme i poveri scettri di legno di palma, la frusta e l'uncino di Osiride, modesta allusione alle originarie preziose insegne della regalità, in oro e pasta di lapislazzuli.

Il nascondiglio regale

Era chiaro dunque che la siringa di Seti I non era più un luogo sicuro, mentre la tomba di Amenofi II fu risparmiata e riportata alla luce solo nel 1898 da Victor Loret. Era necessario trovare un nascondiglio segreto lontano dalla necropoli reale per mettere al riparo le tristi reliquie. Fu scelta una delle grandi conche che fiancheggiavano le falde orientali del monte dominato dalla Santa Cima, la vetta piramidale di fronte alla pianura tebana. Qui si trovava l'ipogeo[8] dell'oscura regina Inhapi, molto probabilmente già saccheggiato, dove si era già messa al riparo la mummia di Amenofi I, il suo sposo divinizzato, patrono della necropoli. Per evitare che la nuova sede fosse rintracciata da eventuali saccheggiatori, le autorità decisero di seguire la strada più rapida, ma più pericolosa, passando sulla cresta della montagna invece di percorrere la via lunga e troppo esposta che sbucava nella pianura e quindi fiancheggiava Deir el-Bahari. La pericolosa traslazione richiese tre notti: un'iscrizione segnata sulle cosce del sarcofago mummiforme dove giaceva Ramsete precisa che avvenne nell'anno 10, quarto mese della stagione *Peret*, il diciassettesimo giorno del regno del faraone Siamon (979-960 a.C.). Ramsete e gli altri resti furono scortati da alti sacerdoti che fecero coincidere l'avvenimento con le esequie del gran sacerdote di Amon, Pinegiem, sepolto nello stesso luogo con i propri arredi funebri. Sulla testa del sarcofago di Ramsete fu iscritto un nuovo verbale, in cui è detto che i riti furono compiuti da un altro gruppo di sacerdoti nell'anno 10, lo stesso quarto mese, ma il ventesimo giorno.

Questo nascondiglio non aveva nulla in comune con i fantastici palazzi sotterranei dalle pareti istoriate di immagini divine e di raffigurazioni mitiche che evocavano gli avatar del *Figlio del Sole* durante le sue vicende ctoniche. I sacerdoti calarono dapprima i sarcofaghi in un pozzo profondo dodici metri e largo due. Poi s'inoltrarono in un corridoio del diametro di 1,40 metri per 1,80, sempre scavato nel calcare tebano. Dopo aver percorso 7 metri e mezzo svoltarono ad angolo retto in un altro corridoio di 60

Strada della Cresta tebana in direzione del nascondiglio reale. (Foto M. Kurz)

Entrata del pozzo del nascondiglio ed estrazione dei primi sarcofaghi reali. (Archivi G. Maspero)

metri per arrivare a cinque gradini e scendere in una cripta oblunga di 8 metri, priva di qualsiasi decorazione. Si pensi alle difficoltà che dovettero incontrare per introdurre e trasportare gli ingombranti sarcofaghi.

Dopo 2830 anni

Le prove affrontate da Ramsete per guadagnarsi l'immortalità cessarono provvisoriamente per un periodo di 2830 anni. Ma ripresero alla fine del XIX secolo per colpa di nuovi rapinatori dei tesori sepolti nelle antiche tombe ipogee dei nobili tebani.

Trentasei anni dopo la sensazionale decifrazione dei geroglifici compiuta da Champollion nel 1822, Auguste Mariette, divenuto in Egitto Mariette Pacha,[9] istituiva il primo servizio di protezione dei monumenti faraonici. Gli ispettori del Servizio delle Antichità s'impegnarono a controllare e arginare i furti alle venerabili necropoli. Ma prima ancora che Maspero succedesse a Mariette, fra il 1871 e il 1874 la regione tebana continuò a fornire agli antiquari e ai collezionisti innumerevoli oggetti e papiri provenienti dai tesori funebri[10] della XXI Dinastia. Il 6 luglio 1881 un'inchiesta affidata agli ispettori H. Brugsch e Ahmed Bey Kamal portò alla scoperta di una banda di rapinatori, organizzata da una famiglia di Gurna (Tebe occidentale). Fu così ritrovato il celebre «nascondiglio di Deir el-Bahari» da dove i criminali attingevano le reliquie da vendere.

Fu senza dubbio in questo periodo che i ladri prelevarono i magnifici vasi di terracotta verniciata di un blu intenso e decorati a inchiostro nero con motivi floreali e cartigli di Ramsete II, che i sacerdoti avevano deposto accanto alla spoglia del faraone. Avevano forma di situla* e contenevano ancora bende che erano servite alla mummificazione del sovrano. Comparvero sul mercato dell'antiquariato poco tempo dopo la scoperta del nascondiglio. Sono gli unici resti prestigiosi del corredo funerario del gran re e dal 1906 sono conservati al Museo del Louvre.[11]

La scoperta del nascondiglio di Deir el-Bahari destò un'intensa emozione. Bisognava agire rapidamente per evitare eventuali interventi degli abitanti della zona, antichi beduini che da generazioni si erano installati sulle tombe circostanti. Dal Cairo furono mandati dei rinforzi.[12] L'estrazione dei sarcofaghi, spesso enormi, fu compiuta in quarantott'ore, ma in pieno giorno. Il trasporto a Luxor avvenne l'11 luglio. Tre giorni dopo arrivò il battello mandato da Maspero che, effettuato il carico, ripartì immediatamente per il Cairo.

La notizia della scoperta si diffuse come un fulmine. Tra Luxor e Kuft,

* Situla: vaso rituale dal collo alto e largo, dal fondo ovoidale, munito di un'ansa.

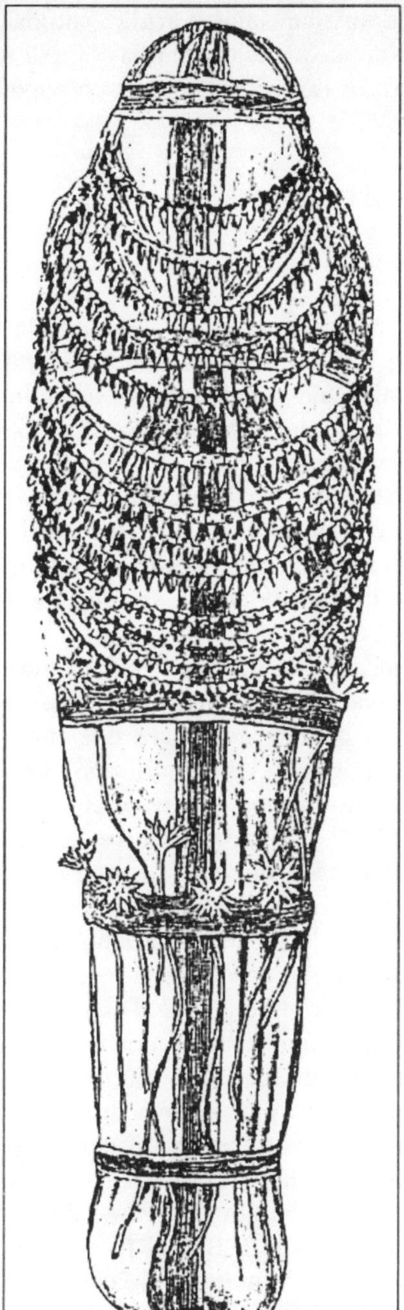

Disegno della mummia di Ramsete rivestita del nuovo sudario, ornato di fiori sotto la XXI Dinastia.

La mummia spogliata e martoriata dai saccheggiatori, così come apparve al Khedive d'Egitto nel 1886.
(Museo del Cairo)

mentre il battello discendeva il fiume, i fellahin manifestarono il loro cordoglio schierandosi sulle rive del Nilo. Le donne lanciavano grida di dolore e si spargevano la polvere sui capelli; gli uomini sparavano in aria colpi di fucile. Con questa scorta d'onore Ramsete ritrovava l'omaggio del suo popolo.

Ramsete al Cairo

Insieme con le spoglie mortali dei grandi del suo tempo, la mummia di Ramsete fu deposta nel Museo di Bulaq.[13] Il ministro dei Lavori Pubblici dell'epoca, Ismail Pacha Eyub, fece allestire una grande sala per accoglierli. Un altro ministro, Mahmud Pacha Fahmy, nel 1882 fece confezionare dodici vetrine per proteggere le mummie meglio conservate. Infine il colonnello Scott Moncrieff trovò i fondi necessari per «rivestire parte delle pareti a cui le mummie erano addossate con pannelli di legno». Questi ritardi nella sistemazione provvisoria avevano già danneggiato le mummie regali che fino a quel momento, a parte i guasti dovuti ai saccheggiatori, non avevano subito aggressioni climatiche o microbiche, grazie al clima estremamente secco delle montagne tebane. Ormai Ramsete giaceva vicino al Nilo, in una umidità estremamente nociva durante il periodo della piena.

Qualche anno dopo l'augusta mummia dovette affrontare un altro rischio. Il Khedive d'Egitto, Mohammed Pacha Tewfik, volle assicurarsi dell'identità esatta delle mummie, soprattutto di quella di Ramsete II, per la quale cominciò allora la «spogliazione». Il 1° giugno 1896 (= 28 shaaban 1303 dell'Egira) alle nove del mattino ebbe inizio la cerimonia, alla presenza di diciassette ministri e alti dignitari del regno. La dirigeva Gaston Maspero, assistito da Émile Brugsch e da Urbain Bouriant. Non ci volle più di un quarto d'ora, scrisse Maspero, per asportare la benda di lino rossastro e il sudario. I tessuti con cui i sacerdoti della XX Dinastia avevano avvolto la mummia erano alquanto grossolani, ma su quello che copriva il torace il nome del re, scritto per ordine di Herihor, confermava senza alcun dubbio l'identità del corpo. Il poco che restava delle bende originarie risparmiate dai ladri era di un lino così fine che Maspero lo paragonò alla «trasparentissima mussolina dell'India, soffice, morbida e tenera al tatto». Quando nel 1907 Pierre Loti visitò l'attuale Museo del Cairo, dove erano stati trasferiti gli oggetti del Museo di Bulaq, fu introdotto di notte al primo piano dove erano state deposte le mummie reali. Davanti alla mummia di Ramsete, alla fioca luce della lanterna tenuta da Maspero, si sentì raccontare da quest'ultimo che, nel momento in cui davanti al Khedive era apparsa l'illustre figura, «l'emozione fu tale che i dignitari e i ministri barcollarono, si urtarono come un gregge di pecore e il faraone fu rovesciato!» E Loti aggiungeva: «Del resto ha fatto molto parlare di sé, il grande Sesostri, dopo il suo insediamento al museo. Un giorno, d'improvviso, con un gesto brusco, in mezzo ai guardiani che fuggivano urlando di paura ha alzato la mano che è ancora levata e non ha voluto più abbassarsi. Poco dopo, fra i capelli di un bianco giallastro e sulle membra è comparsa una fauna cadaverica formicolante, che ha richiesto un bagno completo al mercurio».[14]

A quell'epoca le mummie erano al riparo da sguardi indiscreti perché la visita era vietata al pubblico. Poi un giorno, nel 1935, non si sa per quale ragione, dopo la partenza di Pierre Lacau, direttore del Servizio delle Antichità, le mummie furono trasferite nel salone della casa che l'alto dignitario aveva appena lasciato. Là le trovò il canonico É. Drioton, suo successore, addossate alla parete del salone, in quella casa dove lui stesso doveva abitare.

Il canonico si premurò di farle trasportare nel mausoleo, a quel tempo ancora vuoto, che era stato preparato per ricevere il corpo di Saad Zaghlul. In seguito le spoglie dei faraoni tornarono al Museo del Cairo, in una sala vietata al pubblico, dove i rari ospiti d'onore o qualche egittologo potevano vederle solo sollevando le tende violette che difendevano le vetrine.

Ramsete ha bisogno di cure

Nuovo dramma. Una ventina di anni fa le autorità del Museo del Cairo decisero di esporre ancora le mummie reali. L'umidità emanata dai visitatori aggravava le condizioni climatiche di questa pericolosa sistemazione sotto una lastra di vetro e nelle vecchie vetrine che non erano a tenuta stagna. Cominciarono poi ad arrivare le richieste di radiografare il corpo, la testa e soprattutto la dentatura, senza le precauzioni adatte a un tale lavoro scientifico. Le mummie rischiavano di subire un fatale deterioramento: l'odore emanato dalla mummia di Ramsete non ricordava per nulla i profumi di resina e unguenti di un tempo. Mentre mi trovavo al Cairo per preparare la mostra su Ramsete il Grande (Parigi 1976), cercai di sollecitare qualche indagine sulle cause di questo fenomeno. Sul posto mancavano allora i mezzi necessari e le autorità egiziane mi consigliarono di tentare di far curare Ramsete a Parigi. Si decise allora di chiedere aiuto a L. Balout, amministratore del Musée de l'Homme, e al professor J. Dorst, direttore del Muséum d'histoire naturelle. Ma per realizzare una tale operazione e condurre fuori dell'Egitto uno dei suoi faraoni perché «consultasse i medici in Francia» fu innanzitutto necessario il consenso dei due presidenti, Anuar el-Sadat e Valéry Giscard d'Estaing, in modo che il governo francese ne assumesse la responsabilità. Chiesi e ottenni che fosse messo a nostra disposizione un aereo militare francese.

Gli alti funzionari inviati ad accogliere ufficialmente Ramsete al suo arrivo al Bourget-Dugny: Alice Saunier-Seïté, ministro delle Università, il generale al comando della guardia militare del presidente Giscard d'Estaing, l'ambasciatore d'Egitto S.E. Hafez Ismaël, il comandante della base militare del Bourget-Dugny.

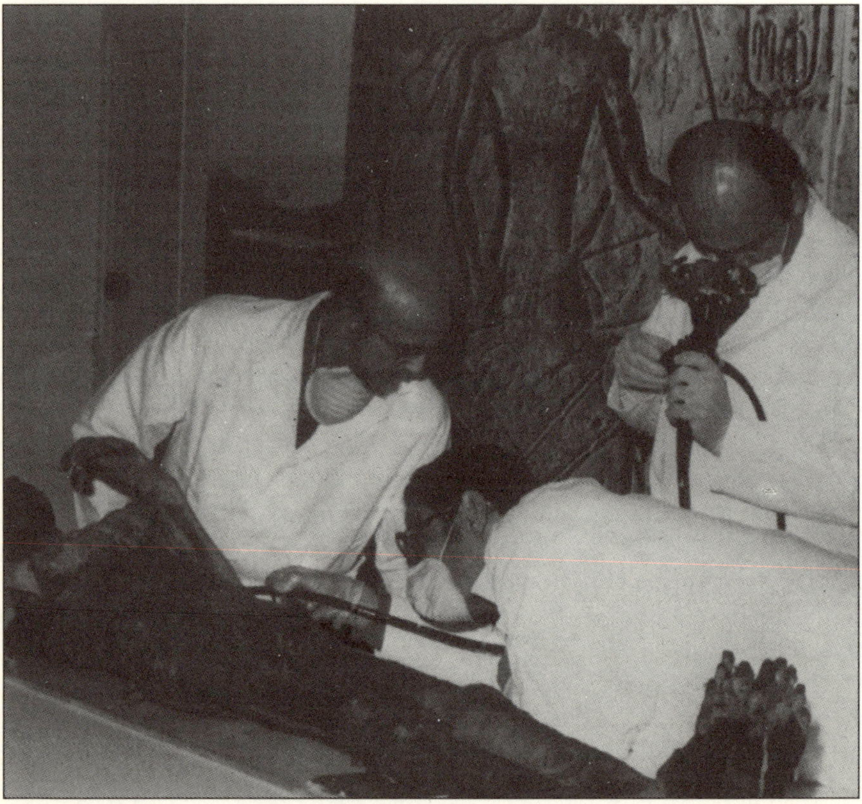

La mummia di Ramsete subisce un'endoscopia dopo il suo arrivo al Musée de l'Homme.

Il 26 settembre 1976 Ramsete lasciava il Museo del Cairo su un autocarro, sotto la custodia di soldati comandati da un generale di nome... Ramsete! La grande arteria stradale che portava all'aeroporto era l'interminabile Viale... Ramsete! Il vento quel giorno soffiava a 150 chilometri all'ora, creando condizioni poco favorevoli a un volo che avrebbe dovuto evitare dannose scosse all'augusto passeggero. Ma al momento del decollo il vento cadde bruscamente e io ne approfittai per chiedere al pilota di far passare il faraone sopra le piramidi. Così, 3190 anni dopo la sua morte, Ramsete uscito dalle tenebre della tomba sorvolava la sola delle Sette Meraviglie del mondo che si sia conservata fino ai giorni nostri! Alle cinque del pomeriggio l'augusto ospite atterrava alla base aerea del Bourget a Dugny dove lo aspettava un picchetto d'onore presidenziale degno del suo rango.

Ramsete a Parigi

Al cospetto del ministro delle Università, Alice Saunier-Seïté, in rappresentanza del presidente della repubblica e di altre autorità fra cui l'ambasciatore d'Egitto, la guardia repubblicana rese omaggio all'illustre salma. La Francia riceveva con il dovuto rispetto, e la dovuta discrezione, il più antico e più illustre sovrano venuto a farsi curare a Parigi.

Lungo la strada seguita dal convoglio per portare l'augusta spoglia al Musée de l'Homme, mi trovavo al fianco di Ramsete e non potei resistere alla tentazione di fare il giro dell'obelisco in Place de la Concorde. Questo monolito di granito rosa è appunto una delle due «guglie» di pietra erette per ordine di Ramsete II davanti al tempio di Luxor. Carico di storia e di forza simbolica, il monumento fu donato alla Francia da Mehmet Ali: Jean-François Champollion aveva veramente restituito all'Egitto tremila anni del suo passato.

Il faraone e i suoi centodieci medici curanti

Per sette mesi Ramsete fu ospite di Parigi e del Musée de l'Homme, fra il Trocadero e la Torre Eiffel. In suo onore era stata allestita una sala speciale asettica e sterilizzata. Per individuare l'agente che l'aveva aggredito e progettare il salvataggio, il direttore del museo Balout aveva riunito centodieci collaboratori, di cui sessantatré ricercatori scientifici.[15] Nell'ambito delle misure di sicurezza prescritte dal governo egiziano, si

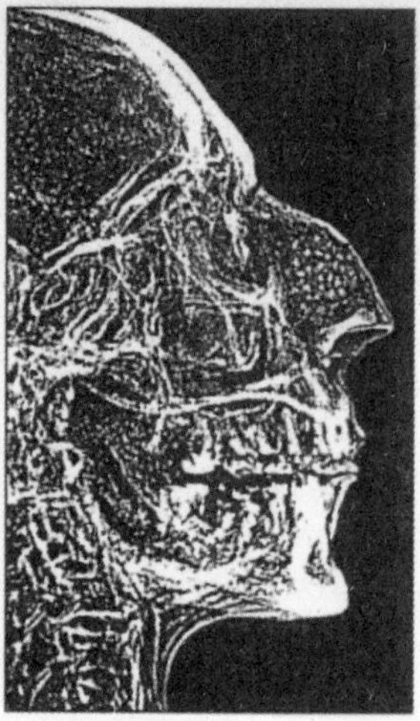

a

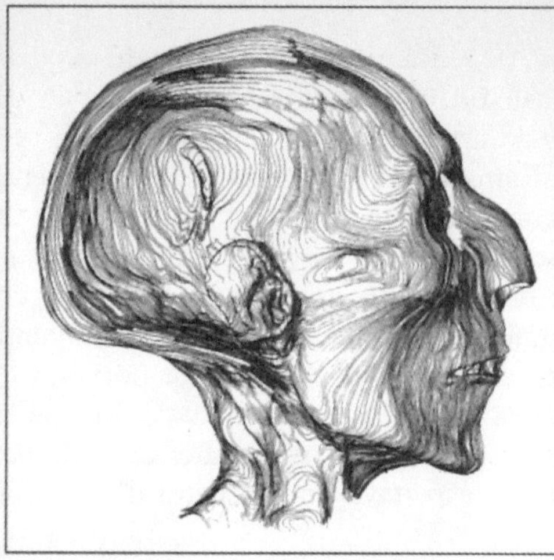

b

c

d

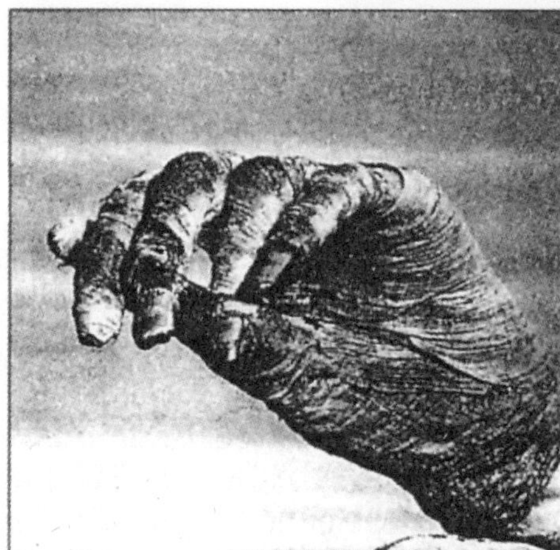

e

a. Radiografia della testa reale, che permette di distinguere i granelli di pepe introdotti nel naso. (Radiogr. dottor Massard)
b. Curve di livello fotogrammetrico del profilo di Ramsete. (Foto IGN)
c. Al pantografo, ricostruzione del volto di Ramsete grazie alle curve di livello. (Foto IGN)
d. La mano della mummia danneggiata dai rapinatori.
e. Ricostruzione della mano.

Seduta di radiologia al Musée de l'Homme.

utilizzarono i metodi più sofisticati per interrogare questo prezioso testimone della più remota antichità. Si apprese che la sua statura doveva raggiungere pressappoco 1,75 metri e il decesso doveva essere avvenuto intorno agli ottantacinque anni, mentre in base alle testimonianze storiche si soleva collocare la sua morte intorno ai novant'anni. Ramsete era di pelle bianca, di tipologia mediterranea simile a quella dei berberi africani.

Al momento della mummificazione il busto era stato riempito di diverse sostanze disinfettanti. Sulle pareti interne del torace si rinvenne una miscela di foglie di *Nicotiana L.* finemente tritate, accanto a depositi di nicotina certamente contemporanei alla mummificazione, ma che presentano un problema perché pare che questo vegetale fosse ancora sconosciuto in Egitto. Nella gabbia toracica si rinvennero anche centinaia di migliaia di pollini della famiglia della camomilla, insieme con salvia e ranuncoli mescolati a gomma adragante, foglie di tiglio e platano e persino polline di cotone selvatico, tutte piante del Delta. Per mezzo di prospezioni endoscopiche si riconobbero nella cavità addominale dei frammenti di tessuti fatti con fili blu e oro, colori simbolici dei faraoni. Il collo portava ancora tracce di peluria proveniente dai bulbi di un narciso dal profumo inebriante.

La radiografia delle mascelle e l'esame dei premolari permisero di confutare le affrettate osservazioni fatte al momento della scoperta: il re aveva veramente subito lesioni dentali importanti e in vecchiaia era stato colpito da una para-odontolisi. Grazie alla xerografia, fu possibile osservare nella testa di Ramsete i vasi sanguigni quasi ostruiti. Questo ci consente di immaginare in che modo penoso dovesse muoversi negli ultimi vent'anni di regno, appoggiato all'alto bastone, colpito da una diffusa spondilartrite anchilosante.

Nel laboratorio del Musée de l'Homme avevo fatto appendere alla parete una foto ingrandita del re sul suo carro, scolpita nel tempio di Abu Simbel. Il confronto fra il profilo della mummia, con il naso prominente e il mento corto e sporgente, e quello di Ramsete a trent'anni ritratto nella Nubia egiziana, a più di 1350 chilometri di distanza e dopo oltre 3200 anni, è stata veramente un'esperienza suggestiva.

Un'altra indicazione interessante. Ramsete era stato mummificato nell'Egitto del Nord, nei pressi della capitale Pi-Ramses. I granelli di sabbia, di origine desertica ma anche marina, ancora aderenti ai capelli completano le informazioni già acquisite sui luoghi dove avvenne il processo di mummificazione. Doveva essere il Delta in una località lontana dal Nilo poiché non si rinvennero pollini di piante acquatiche e vicina alle campagne, come rivelano i pollini di cereali. Invece, tracce di frammenti di quarzo, presente tra i minerali pesanti dell'Alto Egitto, indicano la regione di Tebe, sulla riva sinistra del fiume, dove i sacerdoti cercarono di rimediare ai danni arrecati dai saccheggiatori di tombe.

I capelli bianchi di Ramsete, miracolosamente rimasti serici. (Foto Tassigny)

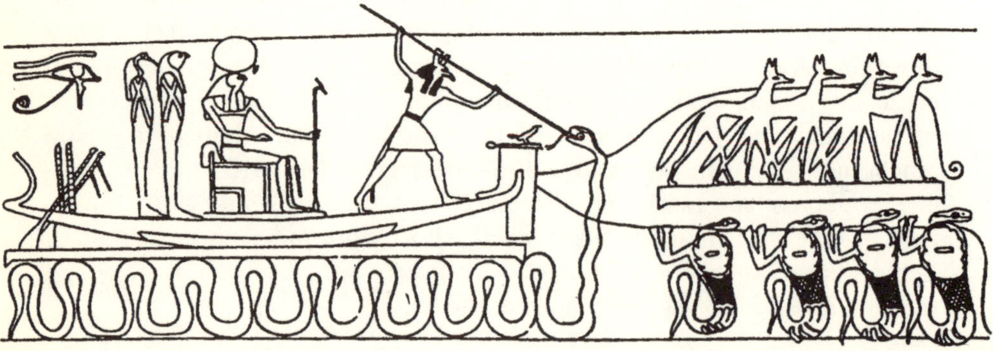

Seth protegge la Barca del Sole opponendosi al serpente Apofis. (Papiro funerario, Museo del Cairo)

Una rivelazione importante e inattesa

Rivolgiamo ora l'attenzione alle ricerche condotte sulla splendida capigliatura del re, ancora morbida e setosa, che dopo essere stata delicatamente spazzolata riprese l'aspetto naturale con larghe onde inanellate. Subito dopo aver tolto le bende, Maspero aveva constatato che i capelli del sovrano, divenuti bianchi, erano stati tinti con l'henné e questo resta un fatto incontestabile. Un altro motivo sembra sia all'origine della pigmentazione rossastra che esiste ancora sui capelli alla base del cranio: forse era quello il loro colore naturale che in quel punto resiste più a lungo. Nel caso che il glorioso faraone presentasse davvero una chioma rossa (forse ereditata dai suoi progenitori), questa scoperta sarebbe di eccezionale interesse. Nell'antico Egitto quelli che sfortunatamente erano dotati di questa caratteristica, con i peli del colore delle sabbie sterili e dei fulvi animali del deserto, erano considerati esseri diabolici, esseri «tifoniani» sacri al Tifone degli antichi, il dio Seth. Erano chiamati con disprezzo «forme rosse». Nel famoso *Libro dei Sogni*, i loro erano analizzati in un capitolo speciale, come sogni dei compagni di Seth. Così, all'inzio della XIX Dinastia, due faraoni ricevettero il nome di Seti, ossia quello di Seth. Va ricordato che Ramsete II si attribuiva la forma divina del dio, dal quale dichiarava discendenti i suoi antenati. Arrivò persino ad associarlo al Baal degli asiatici. E si noti che nel mito solare, Seth appare non solo come l'immagine della perturbazione necessaria allo svolgersi delle stagioni, all'equilibrio delle forze cosmiche, ma, soprattutto, come l'alleato dell'astro, nella cui barca sale per meglio difenderlo dal Maligno. In realtà il demonio, il solo che sia veramente riconosciuto come spirito del male, non è Seth ma Apofis, il pericoloso serpente. E allora non è soltanto un male necessario, il Caino, il Caliban, ma si pone come l'aspetto dinamico del divino, che riversa i suoi benefici sull'Egitto.

Ci si consenta una piccola anticipazione sull'ulteriore svolgersi della sua storia. Tenendo presenti le conclusioni dei tredici specialisti che hanno ritenuto di poter confermare con quasi totale sicurezza che Ramsete avesse per natura i capelli rossi, si riconosce subito l'importanza di questa inattesa rivelazione, che illumina le scelte e l'atteggiamento talvolta provocatorio del re. Valorizzare una particolarità fisica che avrebbe potuto distruggere un altro più debole di lui, mutare un aspetto nefasto in strumento di successo, quale vittoria! Lungi dal tentare di mascherare ciò che in altre epoche sarebbe stato un grave handicap, Ramsete convinse il popolo a vedere in quella chioma fiammeggiante la prova della sua origine sethiana, espressione divina presentata come benefattrice dei suoi padri!

Evitando di chiarirlo espressamente nei testi, Ramsete manovrò in modo che la sua fulva chioma apparisse una benedizione speciale, elargita da Seth, una delle emanazioni necessarie del sole.

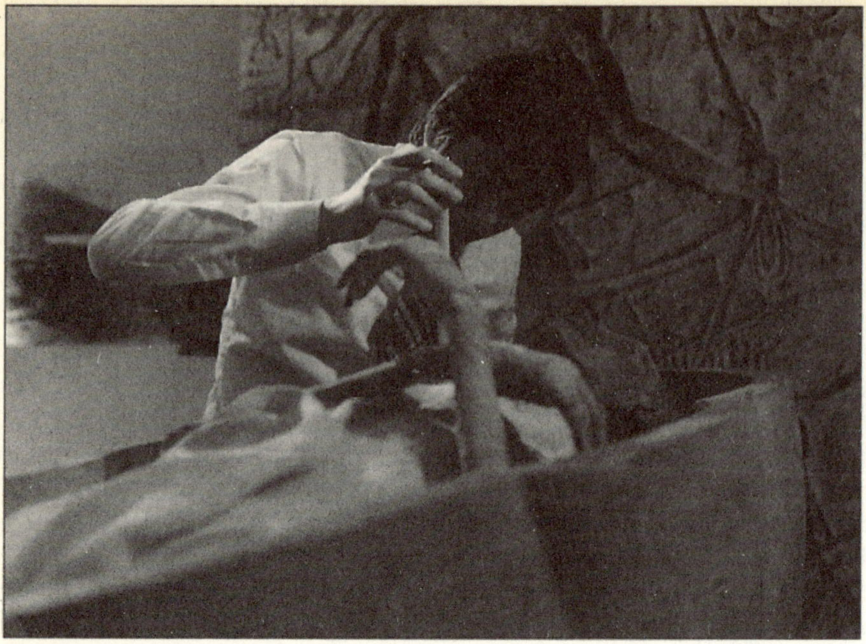

L'ingegnere de Tassigny rileva le ultime misure sulla mummia. (Foto CEA)

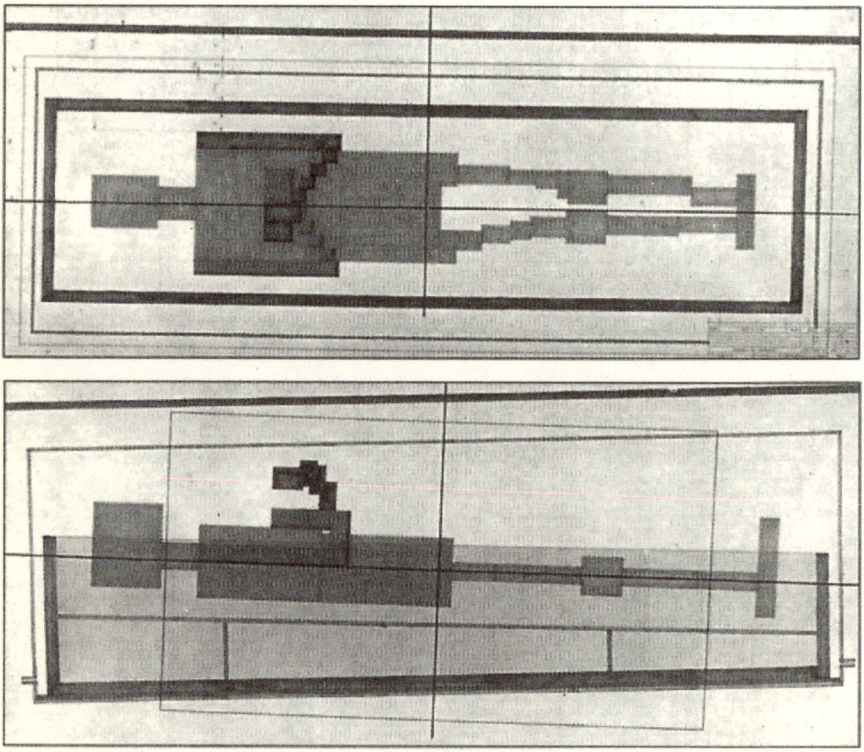

Questo schema è servito per stabilire la densità regolare dell'irradiazione su tutti i punti del corpo della mummia. (Foto Tassigny CEA)

Il male della mummia

Ricevendo dal governo egiziano l'autorizzazione a «curare» Ramsete a Parigi, avevamo promesso di evitare qualsiasi pubblicità e di non tentare alcun esperimento sulla preziosa reliquia. Ogni ricerca doveva essere fatta dall'esterno. Pertanto la tela grossolana su cui la mummia era stata deposta dopo l'arrivo al Cairo fu tagliata in diversi pezzi che vennero affidati agli specialisti.

Alla fine fu un ingegnere chimico di origine egiziana, praticante presso il laboratorio di crittogamia del Museo di Storia Naturale, M.J. Mouchacca, che individuò non un microbo ma un fungo, la *Daedalea Biennis*, che proliferava sul corpo del faraone. Lo riconobbe «fra una sessantina di specie dotate di un'attività fungoide recente e intensa».

Base militare del Bourget-Dugny: la mummia irradiata nella cassa di vetro e nell'imballaggio, ricoperti dal drappo ricamato con le piante araldiche del faraone.
(Ch. Desroches Noblecourt e André Noblecourt)

Il prezioso carico s'imbarca sull'aereo Transal.

La cura

Questo ci consentì di programmare il trattamento. Si scartò subito l'uso di gas o di prodotti chimici capaci di aggredire la mummia. Restava l'irradiazione gamma. Dopo numerosi esperimenti su altre mummie conservate al Musée de l'Homme, compiuti dal Centro di studi nucleari di Grenoble, si decise per la radio-sterilizzazione.

Le spoglie di Ramsete furono nuovamente collocate nel sarcofago restaurato dove le avevano deposte i sacerdoti della XXI Dinastia. Quindi furono sistemate in una cassa di vetro a tenuta stagna espressamente fabbricata e irradiate da specialisti del commissariato per l'Energia Atomica, Centro di studi nucleari di Saclay.

Alla vigilia dell'operazione il presidente Giscard d'Estaing, accompagnato dal ministro delle Università Alice Saunier-Seïté, venne a rendere omaggio al faraone e a congratularsi con tutti quelli che avevano contribuito a salvare l'illustre ospite.

Il faraone ritornò al Cairo su un aereo militare francese, un Transal. Fui incaricata di scortarlo, accompagnata da L. Balout, direttore del Musée de l'Homme, e dall'ingegnere de Tassigny, autore dei calcoli relativi all'irradiazione ottimale della mummia. Avevo fatto tessere dai tappezzieri del

Museo del Louvre un magnifico drappo per coprire la grande cassa che conteneva la mummia nella sua custodia di vetro: un velluto blu lapislazzulo foderato da una faglia di seta color oro, i due colori della regalità faraonica. Alla testa e ai piedi erano state ricamate in filo d'oro le due piante araldiche dell'antico Egitto, il giglio di palude e il papiro, simboli delle due madri primordiali che dovevano vegliare sul faraone fino alla sua rinascita nell'eternità.

Ramsete, guarito, ha ripreso posto fra i suoi al centro del vecchio museo, in attesa che sia allestito il previsto cenotafio in cui riposerà, circondato da quasi tutti i faraoni delle tre dinastie che contribuirono alla grandezza e alla gloria del Nuovo Regno.

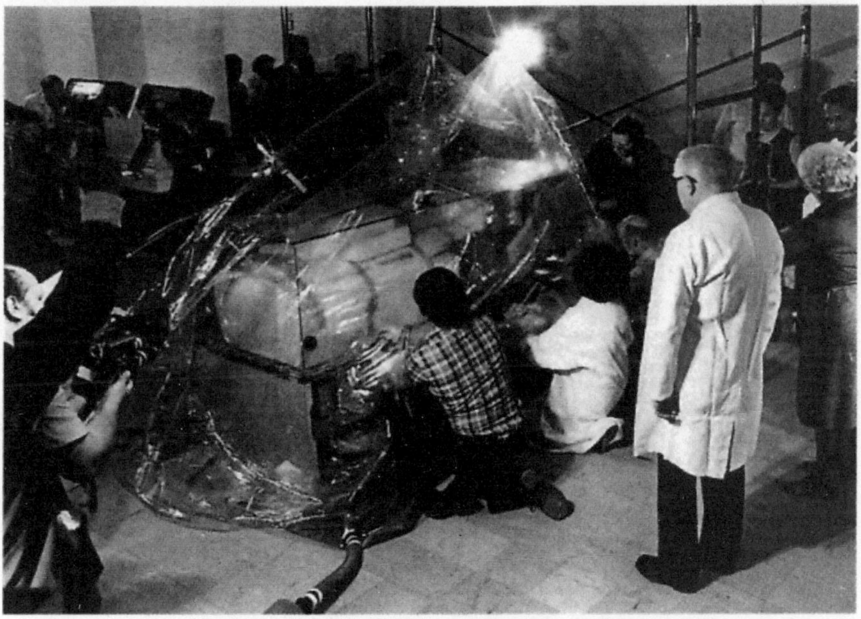

Museo del Cairo: attraverso la bolla, si preleva l'imballaggio della mummia.
(Foto Museo del Cairo)

Volto della regina Hatshepsut. (Metropolitan Museum, New York)

Il generale Horemheb ricompensato per ordine di Tutankhamon. Divenuto faraone, Horemheb fece figurare sulla sua fronte l'ureo reale.
(Tomba civile di Horemheb-Saqqara)

3

Nascita di una dinastia

I sovrani della XVIII Dinastia

TUTANKHAMON (ca. 1340-1331 a.C.), ultimo erede dei sovrani della XVIII Dinastia che avevano dato potenza e splendore all'Egitto, era appena scomparso. Certo nessuno di loro fu all'altezza dei grandi faraoni dell'inizio del Nuovo Regno, i principi del Sud che avevano cacciato dal paese gli invasori hyksos: Sekenenra, Kamose, Iahmes (1550-1525). Dopo di loro si distingue il glorioso Thutmose, terzo con questo nome (1479-1425), che in diciassette campagne asiatiche assicurò all'Egitto un potere incontestato e una sicura difesa contro le invasioni provenienti dall'Est.

Durante i periodi di tregua fra una campagna e l'altra la regina Hatshepsut (1479-1457) fece ricostruire le zone distrutte, rese al suo paese la gioia di vivere e ristabilì pacifici rapporti commerciali con gli stati vicini. Dopo quell'implacabile guerriero che fu il «re atleta» Amenofi II, venuta meno la necessità di conquiste difensive, si ebbe il «secolo d'oro» con Amenofi Nebmaatra (1386-1349). Il suo regno è considerato ancora oggi un periodo di potenza e fasto senza eguali, arricchito da un'arte di sottile bellezza e dalla ricerca di una spiritualità che tenta di liberarsi dal peso di dogmi troppo ingombranti.

È raro tuttavia trovare negli storici moderni un omaggio alle grandi dame reali che ebbero invece un ruolo di primo piano. Ma i faraoni non le dimenticarono. Iahmes fece erigere per sua madre Iahotep una splendida stele ad Abido, esaltandone l'azione svolta come reggente durante le battaglie contro gli hyksos. Le conferì addirittura la prima decorazione militare concessa a una donna: le tre mosche al valore.[1]

In seguito i contemporanei di Hatshepsut non le rimproverarono mai, come ha fatto qualche egittologo ai giorni nostri, di essere stata un'usurpatrice, una matrigna per Thutmose. Occupando il trono di faraone a cui aveva diritto (era figlia del re e della grande sposa reale, quindi principessa ereditaria) accanto al piccolo Thutmose, figlio di una concubina, seppe comportarsi come saggia reggente, preparandolo così alle responsabilità del futuro governo.

Infine, il periodo di Amenofi III non sarebbe stato quello che fu senza la presenza della sua sposa Tiyi, che svolse un'azione straordinariamente efficace nel campo delle arti e del pensiero della sua epoca,[2] e un'influenza decisiva sulla «riforma» che segnò profondamente il regno di suo figlio Amenofi IV Akhenaton (1356-1340).

L'opera di Akhenaton, tendente ad abbandonare l'interpretazione politeista del concetto del divino per arrivare a una verità «cosmica», avrebbe potuto non essere violentemente combattuta e repressa se fosse stata accompagnata da un'azione politica fattuale e dalla preoccupazione di salvaguardare la sicurezza delle frontiere e le antiche alleanze con i paesi vicini.

La fine di una dinastia

Dopo il regno di colui che fu chiamato «il grande eretico», e persino «lo scellerato», la stirpe degli amenofidi era praticamente estinta. Un principe Thutmose, primogenito di Amenofi III, era morto giovane. Il secondogenito, Akhenaton, si era appena spento. Quanto al terzo principe ereditario, il re-fantasma Smenkara, si può solo ipotizzare un regno o un eventuale coreggenza di due anni, forse tra il 1342 e il 1340.

Infine il quarto rampollo, allevato nella città di Akhetaton (Tell el-Amarna) fondata dal riformatore, era noto all'epoca con il nome di Tut-ankh-aton e fu costretto a salire al trono quando aveva appena dieci anni (1340-1331). I suoi tutori, il visir Ay e il generale Horemheb, dovettero ristabilire rapporti più... diplomatici con i sacerdoti di Amon, profondamente frustrati dall'abiura del dio dinastico imposta da Amenofi IV Akhenaton. I templi eretici furono rapidamente chiusi e poi demoliti e, a quanto dicono i testi, il piccolo re «ricevette la corona nell'Eliopoli del sud» (Hermonthis o Erment, a sud di Tebe) e prese il nome di Tut-ankh-amon.[3] Dopo dieci anni di un regno spesso esercitato per interposta persona, gli succedette il vecchio visir Ay (1331-1327), senza alcuna gloria e come per assicurare una breve transizione.

Due statue dell'architetto Amenhotep figlio di Hapu e due statue del visir Pa-Ramessu, dissepolte nel tempio di Karnak. (Archivi G. Maspero)

Un generale diventa faraone

Salì al potere il generale Horemheb (1327-1295).[4] Quali diritti aveva alla corona? Il suo incontestabile valore che garantiva sicurezza a un Egitto rimasto privo di una guida coraggiosa. Sotto il regno di Tutankhamon il generale, di stanza a Menfi a capo di guarnigioni un tempo attive, aveva represso qualche rivolta a Canaan, sulla frontiera orientale, rispondendo agli appelli di antichi alleati del faraone che chiedevano aiuto. Poteva anche far valere un legame dinastico di relativa elasticità poiché aveva sposato una certa Mutnegemet, molto probabilmente sorella della bellissima Nefertiti. Quest'ultima, molto amata da Amenofi IV Akhenaton, era di rango reale per via del matrimonio con il secondogenito di Tiyi. Ignoriamo ancora tutto delle sue origini, ma senza dubbio era egiziana perché la sua nutrice Ti, gran dama di corte, era la sposa del capo della cavalleria del re, divenuto poi il visir Ay successore di Tutankhamon.

Il faraone Horemheb, generale e amministratore per vocazione, ristabilì l'ordine e la sicurezza in un Egitto pericolosamente vicino al crollo. Il suo celebre editto contro gli approfittatori[5] sottolinea senza mezzi termini la diffusione della negligenza e della corruzione nel paese e il disprezzo delle leggi.

Sotto il controllo di un buon sovrano l'Egitto riacquistò la stima e il rispetto dei paesi stranieri. Horemheb aveva scelto i dignitari e i collaboratori con il criterio più rigoroso. Fra loro aveva subito notato il più brillante, un giovane militare di nome Pa-Ramessu, che divenne ben presto generale in capo delle truppe. Era figlio di un tale Seti, originario, come si vedrà,[6] e il suo nome lo indica, della zona orientale del Delta, uno dei feudi del dio Seth.

Era la regione dove era stata fondata la città di Avari, divenuta capitale degli invasori hyksos. Si trovava sulle Acque di Ra (il ramo più orientale del Delta), in direzione della roccaforte di Tjaru (Silé: el-Qantara?), sulle Vie di Horo,[7] punto di partenza della strada costiera che attraversava il paese di Canaan. Seth vi era venerato come il Baal degli asiatici. La popolazione evidentemente mista annoverava elementi autoctoni, ma anche di origine hyksos, da molto tempo integrati con gli indigeni, forse anch'essi originari di Canaan e di paesi più lontani. Dare a un figlio il nome di Seth significava probabilmente voler sottolineare le sue radici locali, ricordandone insieme i legami familiari.

Pa-Ramessu doveva essere un po' più giovane di Horemheb e percorse tutti i gradi della carriera militare al fianco del suo faraone. Lo troviamo sovrintendente delle scuderie reali, poi promosso nel corso scelto dei carristi. Quando divenne capitano dei carristi, Horemheb gli affidò uno degli incarichi più ambiti: ambasciatore del faraone presso gli stati stranieri. Nominato generale, ebbe il comando della fortezza di Tjaru,[8] posto di frontiera da cui passavano tutte le spedizioni militari dirette verso l'Oriente. La

Pa-Ramessu nel suo abbigliamento da visir. (Museo del Cairo)

La regina Sat-Ra, nonna di Ramsete II, nella tomba della Valle delle Regine.

nuova carica di sovrintendente delle Bocche del Nilo gli assegnava anche la responsabilità di provvedere alla sicurezza della regione settentrionale del paese, all'Est come all'Ovest.

Il visir Pa-Ramessu

La gestione di tutte queste responsabilità spinse Horemheb a designarlo visir al suo fianco,[9] conferendogli inoltre il titolo di deputato di tutto il paese, al Nord e al Sud. Questo probabilmente significò per lui dover sorvegliare i molteplici lavori di trasformazione e ristrutturazione architettonica del tempio di Karnak. Infatti, per non attirarsi l'ostilità dell'alto clero di Amon, Horemheb aveva fatto smantellare il grande tempio e tutte le cappelle a est di Karnak erette da Amenofi IV agli inizi del suo regno in onore di Aton.

Una gran parte dei loro elementi[10] fu posta al riparo, sembra per ordine di Pa-Ramessu, sul nono pilone costruito sotto il regno di Horemheb. Il generale ricevette dal sovrano il permesso di collocare ai piedi della torre orientale del pilone le due statue che lo rappresentano accovacciato, con l'ampia veste di visir. Infine fu nominato principe ereditario di tutto il paese e destinato a succedere al faraone, perché Horemheb non aveva figli e Pa-Ramessu ne aveva uno, Seti, che forse a quell'epoca era già secondo visir.[11]

L'investitura fu festeggiata con gran pompa. Il nuovo principe ricevette l'anello a sigillo che era l'insegna del titolo. Le danze e i canti lo accompagnarono fino alla sua dimora. Suo figlio Seti,[12] che portava il nome del nonno, era probabilmente già sposato con Tuy, figlia di Raia, luogotenente dei carristi, e di una cantante di Amon, Ruia. La giovane coppia aveva già una figlioletta, Thiya e, a quanto risulta da certe iscrizioni sulle pareti del tempio di Karnak, forse un figlio che morì giovane.[13] Comunque, ebbero in seguito un altro figlio maschio, che secondo la tradizione ricevette il nome del nonno, Ramsete. Senza dubbio a partire da questo momento Pa-Ramessu si fece chiamare semplicemente Ramessu, sopprimendo l'articolo *Pa* che gli dava un aspetto troppo plebeo.

Ramsete I sale al trono

Nel 1295 Ramsete, figlio di Seti e di Tuy, doveva aver compiuto cinque anni quando il faraone Horemheb morì. Assisté sicuramente all'incorona-

Valle dei Re: entrata della tomba di Ramsete I. (Foto M. Kurz)

Valle delle Regine: la grotta sacra domina la valle.

zione del nonno, Ramsete I Menpetira, che regnò sulla Terra del Sud e del Nord e fu il fondatore della dinastia dei Ramessidi, la XIX.

Per meglio integrarsi nella tradizione faraonica, Menpetira scelse nella necropoli reale a ovest di Tebe (la *Grande Prateria*, Ta-sekhet-at, ai piedi della Santa Cima, che oggi chiamiamo Valle dei Re) il luogo dove far scavare il suo ipogeo. Pensava che gli artigiani della corporazione della *Sede della Verità*[14] (la Set-Maat, l'attuale Deir el-Medina) creata dal fondatore della XVIII Dinastia, avrebbero così avuto tutto il tempo necessario per allestirgli una profonda siringa funebre. Inoltre stabilì che anche la sua regina avesse una tomba rupestre, in una necropoli destinata a ricevere le regine della nuova dinastia.

Probabilmente il principe Seti fu incaricato di trovare il posto adatto. Scelse un vasto uadi aperto verso la pianura tebana occidentale, a sud della Valle dei Re: la Set-Neferu, oggi Valle delle Regine. Il luogo era già stato utilizzato per ricevere le sepolture di qualche dignitario e qualche principe della dinastia precedente ed era dominato dalla Santa Grotta, dedicata alla dea Hathor nel cui seno erano accolti tutti i defunti.

In seguito il nuovo faraone intraprese la realizzazione di un progetto già lungamente accarezzato: continuare l'opera architettonica di Amenofi III Nebmaatra a Karnak, celebrando così agli occhi dei sacerdoti di Amon il ritorno al dogma amoniano. Davanti al pilone di Amenofi (il terzo pilone ai nostri giorni), già ai tempi di Horemheb era stato costruito al centro del grande cortile un lungo portico di dodici alte colonne con capitelli papiriformi aperti, affini a quelle attribuite a Tutankhamon, a Luxor. Ramsete fece terminare il colonnato, che fu fiancheggiato da una serie di elementi più bassi con capitelli papiriformi chiusi. Il progetto, portato avanti dal figlio Seti e dal nipote Ramsete II, prevedeva un'immensa sala che doveva evocare una foresta di papiri come si può vedere ancora oggi nel grande tempio di Karnak. La decorazione non era ancora compiuta, ma sulle pareti già istoriate per ordine di Horemheb il nuovo faraone fece sostituire il suo nome a quello dell'antico signore.[15]

Il principe Seti, Stella della Terra

A quell'epoca Menfi era la capitale militare del paese. Qui Horemheb, il generale divenuto faraone, aveva riorganizzato le forze armate e l'amministrazione dello stato. Seti svolgeva il ruolo di coreggente al fianco del padre, e si compiaceva di proclamarlo: «Finché egli era Ra-il-Sole alla sua alba raggiante, io ero al suo fianco come una stella della terra».[16] Riuscì anche a imporre la sua autorità sulle antiche regioni vassalle di Kharu, Giahy e Fenku che nei tempi della decadenza avevano mancato di lealtà

Interno della tomba di Ramsete I nella Valle dei Re: all'estrema destra, grande sarcofago in pietra del re. (Archivi A. Piankoff)

Tomba di Ramsete I: particolare del serpente Mehen e simbolo delle dodici ore della notte, che il serpente deve ingoiare. (Foto Diradour)

verso l'Egitto. Era necessario inoltre occuparsi delle entrate fiscali, perché i sindaci delle città straniere assoggettate dovevano pagare tributi alla Corona e al grande tempio di Amon, come facevano le altre città egiziane a ogni Capodanno, dedicando allo stato anche una parte del loro lavoro.[17]

Si può anche supporre che il principe Seti abbia fatto partecipare il figlio, che aveva allora sette anni, a questa incursione nei paesi dell'Asia affacciati sul Mediterraneo, fino alla Fenicia (i Fenkhu). I prigionieri fatti a Canaan, sempre accompagnati dalle donne e dai bambini, vennero ad aumentare il personale del tempio di Buhen nella Bassa Nubia egiziana, presso la seconda cateratta. La spedizione fu condotta da Seti, che in questa occasione fece erigere due stele commemorative,[18] nel secondo anno del regno di Ramsete I che risiedeva allora a Menfi per sorvegliare la fondazione della nuova capitale, Pi-Ramses (*dominio di Ramsete*).

Ramsete I nella Valle dei Re

Ramsete I morì poco dopo aver confermato il figlio come coreggente: aveva regnato solo due anni,[19] ma in realtà aveva lungamente condiviso con Horemheb la gestione del potere. Fu sepolto nel cuore della necropoli, il «Sedile di Maat», in una tomba ancora incompiuta dove già figuravano gli estratti di una nuova raccolta di testi funerari, il *Libro delle porte*. Probabilmente aveva collaborato alla sua redazione durante il regno di Horemheb. Questa decorazione a colori vivaci su un fondo grigio azzurro possiede ancora oggi una sobria eleganza.

Satra, sua sposa, lo avrebbe seguito poco dopo nel regno di Osiride. La sua piccola tomba rupestre nella Valle delle Regine fu frettolosamente ornata di numerose raffigurazioni a contorno nero ravvivate da tocchi rossi.

Era nata l'era dei Ramessidi.

Nomi e appellativi di Ramsete I e di Seti I in mezzo alle stelle. Particolare della decorazione sul soffitto di una sala riservata a Ramsete I, nel tempio giubilare di suo figlio a Gurna. (Foto Fathy Ibrahim)

Volto del sarcofago di Ramsete I nel quale fu ricollocato Ramsete II. (Museo del Cairo)

Seti I sale sul suo carro. (Karnak, foto A. Bellod)

4

La coreggenza del principe Ramsete sotto il regno di Seti I, 1294-1279 a.C.

L'esempio del padre

TUTTI gli egittologi sono d'accordo nel riconoscere al brillante principe Seti, incoronato all'età di circa trent'anni, la concezione di progetti grandiosi e la capacità di realizzarli. Bisognava innanzitutto accattivarsi il favore delle diverse caste sacerdotali capaci di equilibrare il prestigio dei sacerdoti dell'Amon tebano. Così, al momento dell'incoronazione, Seti unì al suo nome l'epiteto *amato da Tah*, che lo ricollegava a Menfi. Proclamava anche di essere *l'immagine di Ra sulla Terra*, la luminosa forma divina adorata a Eliopoli, senza tuttavia trascurare il titolo di *Toro Possente che appare a Tebe*, preso da uno dei suoi modelli, quel grande conquistatore che era stato Thutmose III.

Ma non dimenticava le splendide realizzazioni architettoniche di Amenofi, il faraone di Tiyi, il re del secolo d'oro. Chiamò a sé i migliori artisti, si affidò a famosi architetti eredi di un'arte ancestrale della costruzione e s'impegnò a superare l'opera dei suoi predecessori. Si occupò innanzitutto della fondazione di Abido, poi continuò la costruzione della grande sala ipostila di Karnak. Nella Valle dei Re, la sua tomba è l'ipogeo più profondo e sontuoso di tutta la valle. Il suo regno doveva essere quello del «rinascimento» sotto tutti i punti di vista: la maggior parte delle iscrizioni datate è puntualmente preceduta da questa citazione.

Ossessionato dalla gloria del suo grande «antenato» Thutmose III, progettò innanzitutto di riconquistare la provincia siriaca di Amurru che era andata perduta nell'epoca amarniana. Infine, come presagio favorevole al suo regno e alla fondazione della sua dinastia, non poteva perdere l'occasione di dare risalto a quel rinnovamento dell'Egitto che era rappresentato dalla celebrazione di un periodo sothiaco. Tale fausto evento si era verifi-

Il fanciullo Ramsete, già coronato, coreggente di suo padre.

cato intorno al 1314-1313 con la morte di Horemheb e l'avvento al trono di Ramsete I.

Questo fenomeno si presentava soltanto quando venivano a coincidere il calendario solare relativo ai templi e ai lavori agricoli (comprendente i 365 giorni e sei ore che separavano le piene del fiume) e il calendario amministrativo, in cui le sei ore non erano contabilizzate e perciò perdeva un giorno ogni quattro anni. Perché i due cicli coincidessero si dovevano aspettare 1460 anni (ossia 365 x 4). Sorgeva allora un miracoloso giorno di Capodanno, perché i due calendari venivano celebrati il giorno che segnava l'inizio del mese con cui si apriva la prima stagione dell'anno.[1] La stella Sothis e il sole comparivano all'alba, quasi nello stesso momento, annunciando l'imminenza della piena.

Seti seppe certamente trarre profitto da questo avvenimento, che lo toccava da vicino. Questa atmosfera di dinamica attività circondò la prima giovinezza di Ramsete. Una preziosa piccola stele conservata al Louvre ce lo mostra seduto su un cuscino, con un dito accostato alla bocca e la ciocca di capelli tipica dell'infanzia. Porta già un lungo perizoma pieghettato come i raggi del sole e rialzato sulla schiena, alla moda amarniana. La fronte è cinta dalla benda reale sormontata dall'ureo. Davanti a lui è inciso il nome di incoronazione, Usermaatra, che sembra indicare il rango di sovrano fin dall'infanzia. Un'altra piccola stele di schisto verde, sempre al Louvre, ci informa che l'autore, precettore di sua maestà, istruì il regale fanciullo «fin dall'uovo».

Questo precettore era un giovane di grande valore, un tale Thia figlio di Amonuasu, che fu promosso scriba della tavola del Signore delle Due Terre. Era dunque amministratore degli approvvigionamenti della reggia. Divenne poi responsabile del *Tempio di Milioni di Anni*[2] del sovrano e in seguito ebbe l'onore di essere il genero di Seti I e quindi cognato del futuro re, poiché sposò la principessa Thiya. La sua famiglia doveva essere molto vicina al defunto Horemheb, dato che i due monumenti funebri, l'uno costruito da quest'ultimo quando aveva il grado di generale e l'altro dalla coppia principesca, si trovano l'uno accanto all'altro sulla piana di Saqqara.[3]

La geografia fu certamente il campo in cui il piccolo scolaro dovette eccellere. Alti funzionari, ufficiali di cavalleria, visir, tutti parlavano al faraone suo padre delle spedizioni militari allestite per il Vicino Oriente. Fin da bambino gli erano familiari le città delle provicine di Canaan, di Kharu e di Giahy, di Upi (Siria del Sud), le roccaforti da riconquistare nella regione di Amurru. Sapeva che i guerrieri hurriti, abitanti nella regione di Mitanni, erano stati sconfitti da Thutmose III Menkheperra durante l'ottava campagna asiatica. Né ignorava che era necessario reprimere i tumulti nella Galilea. Un giorno sentì persino il visir Nebamon alludere alla grande spedizione che doveva ristrutturare le roccaforti e i pozzi egiziani lungo la grande via commerciale della costa fenicia, attraverso Tiro, Sidone, Biblos, Simira... Infine aveva già udito pronunciare il nome dei più temibili nemi-

Il padre e la madre di Tuy, suoceri di Seti I. (Da Gaballa)

Thia, scriba reale, precettore di Ramsete, mentre adora la tri-unità: Ptah-Horakhty-Amon.

La regina Tuy, come «porta-insegna». (Collezione privata USA

La madre reale Tuy, seguita da suo genero Thia e da sua figlia Thiya. (Museo di Toronto)

ci, gli ittiti. Alla reggia si parlava di una lotta lunga e aspra: il piccolo principe già sognava di partecipare alle spedizioni punitive organizzate dal faraone.

E ben presto si presentò l'occasione. Si apprende dai testi che, tanto per cominciare, un primo titolo onorifico gli era stato concesso all'età di dieci anni: comandante in capo dell'esercito. Verso i dodici anni sembra abbia accompagnato il padre in un'azione repressiva contro i libici, a ovest del Delta. Poco dopo Seti prese con sé il figlio in una spedizione contro gli ittiti, che erano scesi dall'Anatolia in Siria. Si offriva l'opportunità di riprendere l'Amurru e la città di Qadesh che era già stata conquistata da Thutmose III Menkheperra.

Il giovane principe rimase abbagliato davanti alla presa d'assalto della rocca di Qadesh e fu commosso all'inaugurazione di una stele eretta nella città conquistata. Ma questa vittoria era solo temporanea. La potenza degli ittiti si rafforzò sotto il giovane monarca Muvattali, principe di Hatti, che poco dopo riconquistò la rocca integrandola di nuovo nell'impero ittita. Un'intesa transitoria metteva fine al conflitto.

Tuttavia il fanciullo impetuoso dal mento volitivo ereditato dalla madre Tuy non dimenticò questo scacco, anche se il padre in compenso si era assicurato basi stabili per i rapporti commerciali e il prestigio del paese nelle regioni interne e soprattutto costiere, fino ad arrivare a Tiro, nella Fenicia del Sud.

Infanzia di un fanciullo eccezionale

Talvolta è difficile comprendere e ricostruire antiche vicende i cui documenti sono fortemente impregnati di enfasi e colore mitico. Oggi si giudica spesso Ramsete come un principe dominato dall'orgoglio e da un'ambizione che arriva alla megalomania. Ma si deve tenere conto di due fattori essenziali. Innanzitutto bisogna considerare le tendenze dell'epoca e l'eloquenza troppo benevola degli antichi egizi. In secondo luogo si deve valutare l'uomo Ramsete e il programma che concepì e si impegnò a realizzare per tutta la vita, facendo di se stesso un personaggio al di sopra della norma, un essere eccezionale nato per vincere. Un dominatore, anche se di recente origine dinastica, malvisto da Horo e discendente da Seth, e tuttavia figlio del Sole sulla Terra, prediletto da Amon. Insomma, l'uomo del miracolo.

È importante quindi considerare l'infanzia di questo giovane principe dotato di talenti eccezionali e, ancora giovanissimo, capace di assecondare il padre. In questo spirito è stata incisa, per ordine dello stesso Ramsete, la famosa iscrizione dedicatoria di Abido[4] posta sull'entrata del tempio fondato da Seti nella zona osirica della città santa.

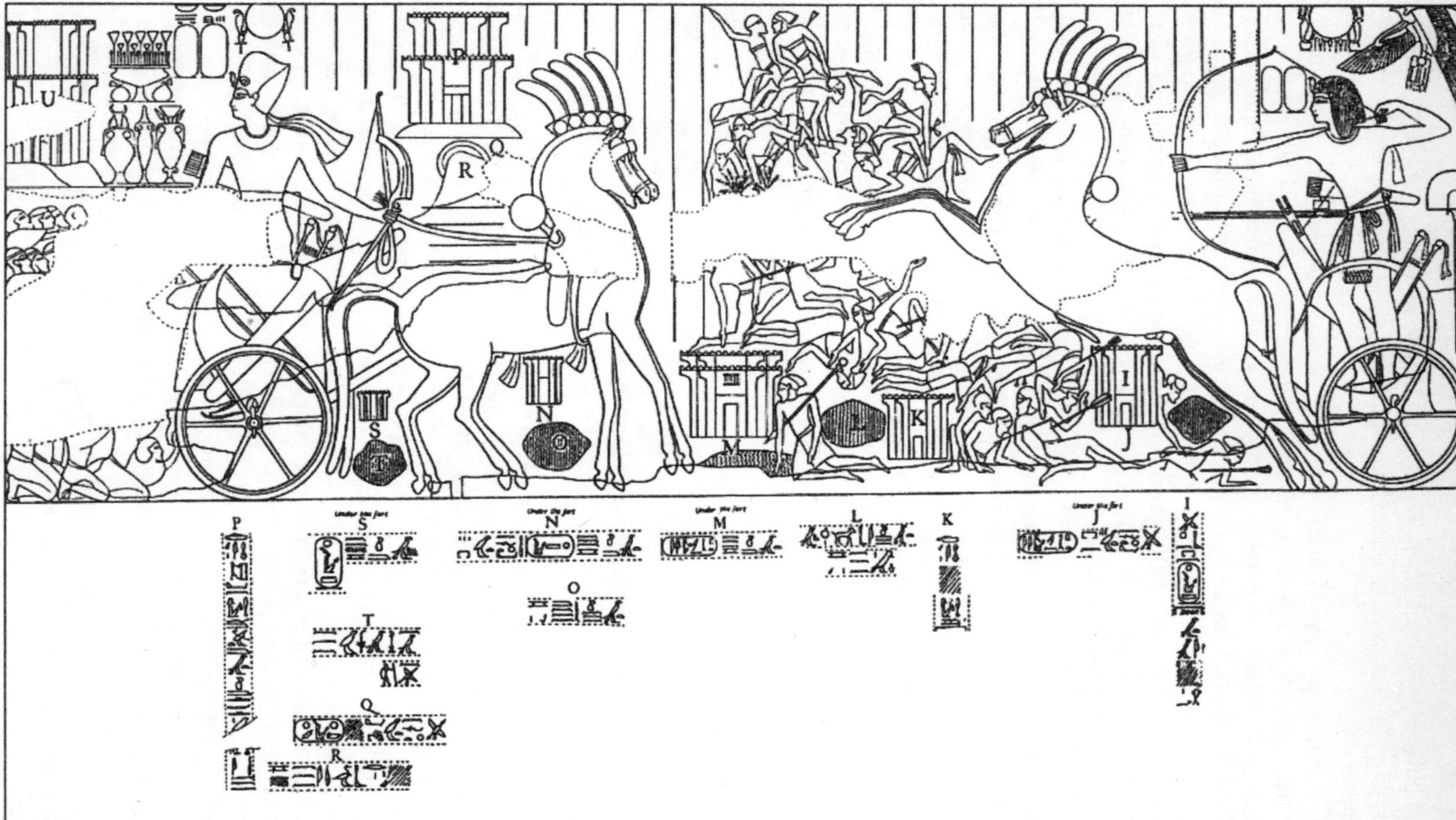

Seti I parte alla riconquista delle roccaforti lungo la strada militare della Palestina. (Da A. Gardiner)

Analizzando questo documento, così importante per la storia della coreggenza[5] e per lo stesso Ramsete,[6] si capisce che molto probabilmente Seti volle potenziare il prestigio della nascente dinastia valorizzando le capacità e l'importanza del principe ereditario. L'evento riferito ebbe certamente luogo, anche se Ramsete non doveva essere in così giovane età.

Senza dubbio l'effettiva precocità del figlio spinse Seti ad affidargli ufficialmente alcune responsabilità, in modo che nessuno potesse contestargli il diritto alla corona. Si ispirava probabilmente all'esempio di Horemheb, che aveva designato Pa-Ramessu *principe ereditario dell'intero paese.*

La coreggenza

Il fatto dovette verificarsi durante il periodo di pace successivo all'accordo concluso con Muvattali, probabilmente fra il settimo e l'ottavo anno di regno. Il principe Ramsete doveva aver già compiuto quindici anni. Il faraone davanti ai grandi del regno e ai rappresentanti del popolo, riuniti forse nel grande cortile del tempio di Menfi, lo presentò solennemente come re.

Commentando l'avvenimento con enfatica insistenza, Ramsete pone in risalto la propria legittimità: «Io sono nato da Ra... e mio padre Menmaatra (ossia Seti I) mi allevò. L'Onnipotente stesso mi fece crescere, da quando ero bambino finché sono arrivato a regnare. Mi ha fatto dono del paese quando ero ancora nell'uovo. I grandi si prosternarono (annusarono la terra) davanti a me quando fui posto, in quanto primogenito, come principe ereditario sul trono di Geb. Quando mio padre si presentò in pubblico, ero un bambino nelle sue braccia e indicandomi dichiarò: 'Incoronatelo come re, che io possa contemplare il suo vigore (nefru: splendore raggiante?), mentre vivo al suo fianco'. [Allora si avvicinarono] i ciambellani, per porre sulla mia testa la duplice corona.[7] Così egli parlò riguardo a me quando era sulla terra: 'Lasciatelo organizzare questo paese! Lasciatelo amministrare! Lasciate che si mostri al popolo!' Così egli parlava, perché l'amore che gli ispiravo era nelle sue viscere. Mi accordò un personale di casa proveniente dall'harem regale, come per la reggia: scelse per me delle spose... e delle concubine...»

Perché giustificarsi?

Attraverso talune affermazioni poco verosimili del racconto di Ramsete si coglie l'intenzione di presentare l'avvenimento come una prova atta a

Seti I accompagnato dal fanciullo Ramsete davanti alla lista dei nomi degli «antenati reali». (Abido, foto IGN)

Seti I e il fanciullo Ramsete durante il culto divino. (Abido, foto IGN)

sanzionare fin dalle origini il suo autentico rango di principe ereditario. E questo mi parrebbe eccessivo, se nell'ambiente non fossero circolati dubbi in proposito.

È evidente che il tenore dell'iscrizione si ispirava al testo dell'incoronazione di Hatshepsut, che figura nel tempio giubilare della regina a Deir el-Bahari e afferma che era stata designata da suo padre davanti ai dignitari. Tuttavia si rileva una differenza essenziale.[8] Se Thutmose, per incoronare sua figlia, aveva atteso che fosse diventata un'affascinante fanciulla del tutto sbocciata, non ne fece però la sua coreggente. Invece Ramsete si presenta come un inverosimile fenomeno di precocità, ma insisto sul fatto «che fu posto sul trono di Geb in quanto primogenito, principe ereditario», come se volesse dimostrare che ne aveva ricevuto le prerogative senza che gli fossero state date fin dall'inizio. Davanti all'immensa lista dei nomi dei faraoni, gli «antenati», in Abido, il piccolo era presentato a fianco del padre, mentre rende loro omaggio.

Questa insistenza di Ramsete nel giustificare la propria legittimità si ritrova anche nel terzo anno del suo regno. Sulla stele di Kuban fa dire ai suoi cortigiani: «Quando tu eri ancora nell'uovo, formulavi già dei progetti in qualità di principe ereditario. Eri informato dei problemi delle Due Terre fin da quando eri molto giovane e portavi ancora su un lato la ciocca di capelli dell'infanzia. Eri il capo dell'esercito quando eri appena un fanciullo di dieci anni».

Il grande egittologo americano di Chicago, James Henry Breasted, basandosi su un rilievo del muro esterno dell'ipostilo di Karnak, aveva avanzato un'ipotesi inquietante. Sul rilievo, dietro il carro di Seti compare la figurina di un piccolo principe, scalpellata e sostituita da quella del fanciullo Ramsete. Secondo Breasted, quella sostituzione poteva essere la prova che Ramsete aveva assassinato il fratello maggiore per prenderne il posto.[9] Ma questa ipotesi non regge se si pensa alla scena del tempio giubilare di Seti a Gurna, in cui l'incoronazione di Ramsete per mano di Amon alla presenza del padre Seti I dimostra che fra padre e figlio vi era un accordo perfetto.

Forse l'argomento potrebbe riguardare un altro candidato al trono, estraneo alla famiglia di Ramsete, discendente dimenticato degli ultimi re della XVIII Dinastia. Comunque, il fatto che la sua figura sia stata scalpellata ed eliminata dimostra la vittoria definitiva dei Ramessidi.[10]

Resta però il fatto che il giovane Ramsete in questa occasione «ricevette certamente le corone» e il suo «nome di incoronazione». Da questo momento, i testi si riferiranno al principe coreggente attribuendogli il suo nome di incoronazione, che ogni sovrano riceve in quell'occasione. Un'iscrizione lasciata sul Sinai, nelle miniere di turchese, da Ashahebsed, coppiere di Seti I, ne è un buon esempio: «Sii tu lodato, o sovrano ricco di truppe e di carri, Menmaatra Seti, e tuo figlio regale User-Maat-Ra[11] (potente è l'ordine cosmico di Ra), amato da Hathor... Ramsete».[12]

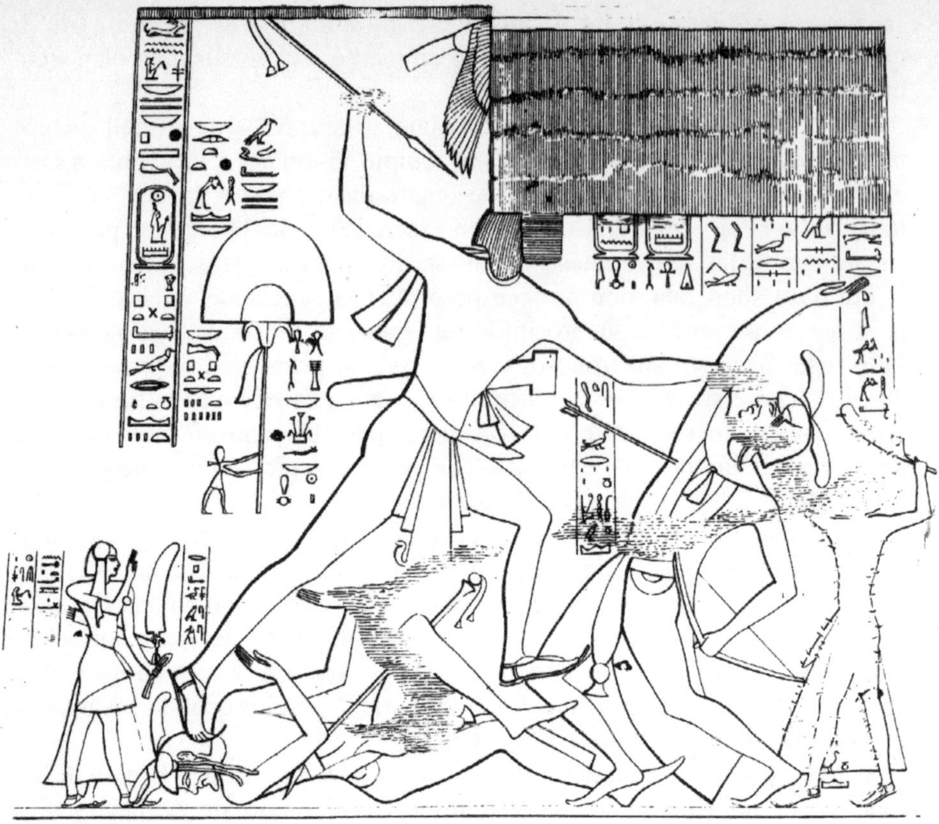

Seti I abbatte il capo libico. L'immagine del principe Ramsete, a sinistra, è stata reincisa sulle tracce di una figura anteriore. (Da J.H. Breasted, Karnak)

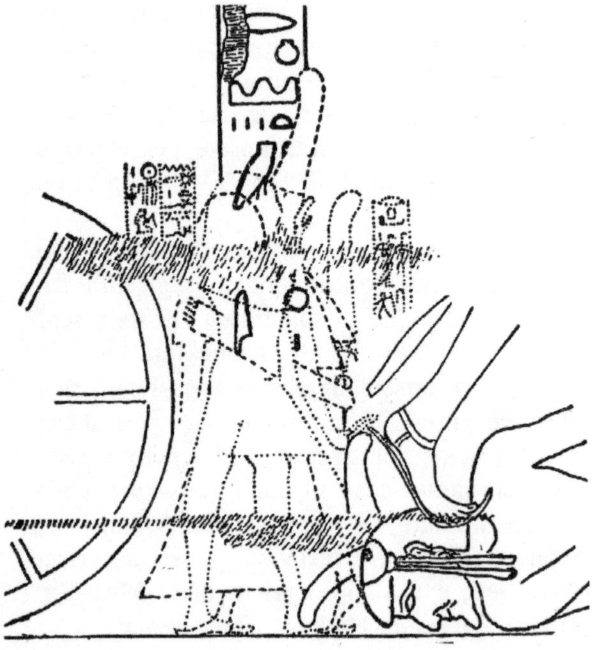

Tracciato delle due immagini sovrapposte che figurano dietro Seti I. (Da J.H. Breasted, Karnak)

Il mondo del coreggente

Il palazzo del coreggente fu senza dubbio costruito nella città di Menfi e alcune nobili dame furono messe al servizio delle due prime grandi spose reali di Ramsete, certamente scelte da Seti e Tuy con l'aiuto del sovrintendente dell'harem, Hormin.[13]

Non abbiamo alcun documento sulle due spose, nulla ci consente di indovinarne l'origine. Sappiamo che una si chiamava Nefertari e l'altra Isisnofret: due autentici nomi egiziani. La prima, la cui bellezza e il cui fascino furono celebrati da Ramsete, doveva essere di salute fragile. Tenne il primo posto nel cuore del re, ma pare che sia morta intorno all'anno 24 o 25 del regno. La seconda invece, Isisnofret, era ancora in vita dopo l'anno 40.

Ben presto entrambe donarono a Ramsete il primo figlio. Nefertari diede alla luce un maschio, subito chiamato Imenherunemef (Amon è alla sua destra) mentre Isisnofret ebbe una bambina Bentanat (Figlia della dea Anat). Come mai la piccina fu dedicata a una dea asiatica? Forse Isisnofret era una principessa siriaca di nascita, allevata nell'harem reale? Nessun indizio ci permette di rispondere. Comunque, le divinità asiatiche erano penetrate profondamente nel costume egizio dopo le spedizioni militari in terra di Canaan o nell'Amurru, tanto più che molti stranieri si erano insediati nel paese. Gli egizi erano patrioti ma non xenofobi. Nella sua adolescenza, e poi per tutta la vita, Ramsete fu circondato da una corte in cui c'erano numerose personalità di origine straniera. Pasar,[14] figlio del gran sacerdote Nebneteru, giovane ciambellano di Seti e capo dei Segreti delle Due Dame, ossia custode delle corone reali, era certamente presente all'incoronazione del principe coreggente. Vicino al principe stava Imenemipet,[15] suo amico d'infanzia. Invece Ashahebsed, il coppiere che nell'anno 8 incise le lodi dei due sovrani sulle montagne del Sinai, non era di origine egiziana e tuttavia fu promosso all'altissima carica di ambasciatore reale presso tutti i paesi stranieri. Anche il generale Uriya, nativo della Siria del Nord, diede a sua figlia il nome cananeo di Yupa. E il capo dei pittori del tempio di Karnak, Didia, discendeva da Pedubal, che era venuto da Canaan in Egitto sei generazioni prima.[16]

L'azione del coreggente

Ben presto, nell'ottavo anno del regno, Ramsete dovette prendere visione dei rapporti inviati a suo padre da Imenemipet, viceré di Nubia. Si trattava di una rivolta che si preparava nel paese di Kush (l'odierno Sudan), sulla terra di Irem, a ovest della terza cateratta. Durante l'inverno del

Ramsete allattato da Anuket. L'immagine fa allusione alla sua essenza divina.
(Tempio di Beit el-Uali)

Seth e Horo incoronano il giovane coreggente Ramsete.
(Piccolo Tempio di Abu Simbel)

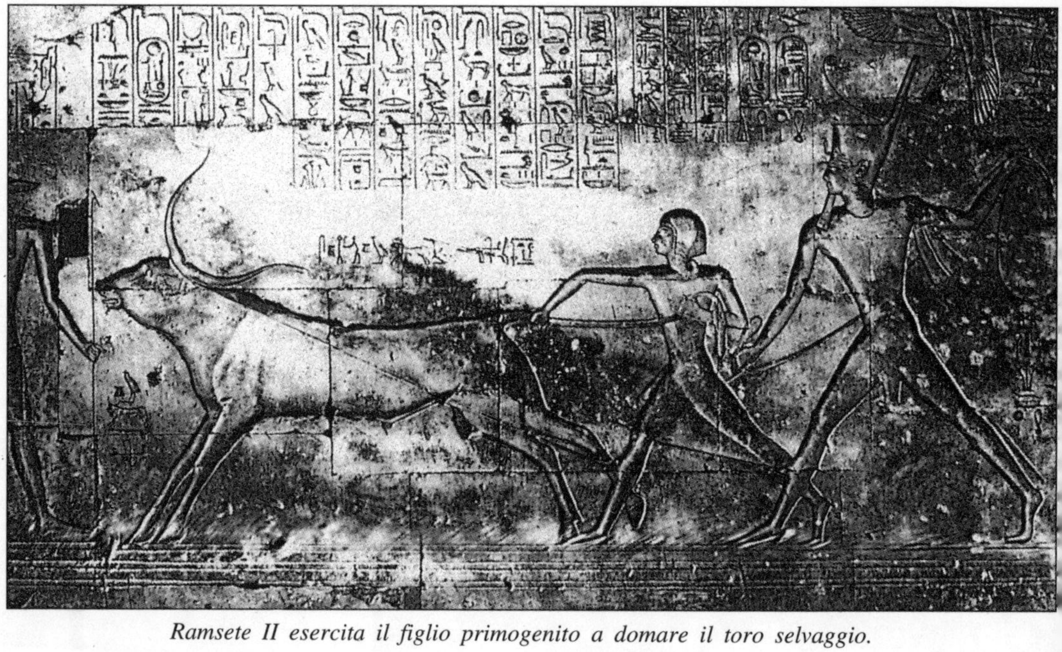

Ramsete II esercita il figlio primogenito a domare il toro selvaggio.

1287 a.C. Seti progettò una manovra strategica che consentì a un distaccamento di carri accompagnati dalla fanteria di reprimere in sette giorni la ribellione. Ramsete vide arrivare a Tebe, da dove erano partiti gli ordini, quasi un migliaio di prigionieri insieme con un ricco bottino di prodotti africani. Per tutto l'anno nono del suo regno Seti sorvegliò personalmente la costruzione del tempio ad Abido. Per accrescere le riserve d'oro, necessarie ai lavori del santuario, migliorò le condizioni dei minatori facendo scavare un profondo pozzo nel deserto fra Edfu e il Mar Rosso, negli uadi Miya e Abbad, e lo speos (tempio ipogeo) di Redesiya.

Al principe coreggente era affidata la responsabilità del suo vasto programma architettonico, che includeva il palazzo di Pi-Ramses a est del Delta, i santuari che voleva erigere in tutto l'Egitto, nonché i monumenti tebani. Sulla riva destra, a Karnak, era in costruzione la grande sala ipostila dedicata ad Amon, e sulla riva sinistra, a Gurna, il suo *Tempio di Milioni di Anni* nel quale un locale (a sud) era riservato alla memoria del primo Ramsete. Si noti che il nipote, con la complicità del padre, non trascurò di far raffigurare sulle pareti la propria incoronazione davanti ad Amon. Al fianco di Pasar, recentemente nominato visir del Sud, seguì attentamente la preparazione della grande siringa riservata a suo padre. I lavori architettonici includevano ovviamente l'opera di reperimento dei materiali necessari alla decorazione. Per questo era necessario controllare sia le cave di Assuan che fornivano il granito per le statue, gli obelischi e il loro trasporto fluviale, sia il recupero dell'oro lavorato con il quale rivestire una statua del padre.

Tale impegno procurò al giovane principe, che doveva avere fra i diciassette e i diciotto anni, l'occasione di conoscere la corporazione degli artigiani tebani, spesso uomini di grande talento anche se le loro opere restavano quasi sempre anonime. Tuttavia nell'epoca ramesside emergono alcuni nomi, rivelati soprattutto dagli scavi che hanno portato alla luce il villaggio degli artigiani delle tombe reali tebane, la Seth-Maat odierna Deir el-Medina.[17] Sempre assistito da Pasar, che ora aveva anche l'incarico di provvedere al fastoso arredamento e ai tesori funebri ed era responsabile della tomba reale, e quindi anche della corporazione degli artigiani che vi lavoravano, Ramsete Usermaatra ebbe l'occasione di vedere all'opera Sennegiem e, nella sua giovinezza, quello che più tardi doveva divenire il brillante capo della squadra, Neferhotep.

La Valle dei Re

Sotto la direzione di Sennegiem, gli artigiani lavoravano alle sepolture di Seti I e di Tuy. I progetti presentati al faraone non avevano nulla in co-

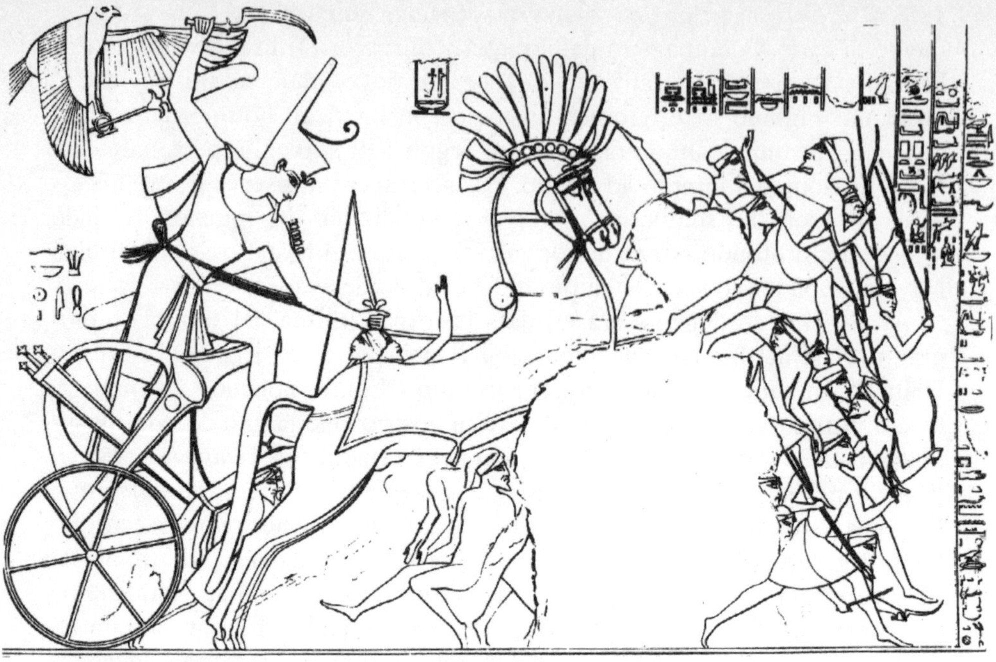

Il coreggente Ramsete insegue i beduini shasu. (Tempio di Beit el-Uali)

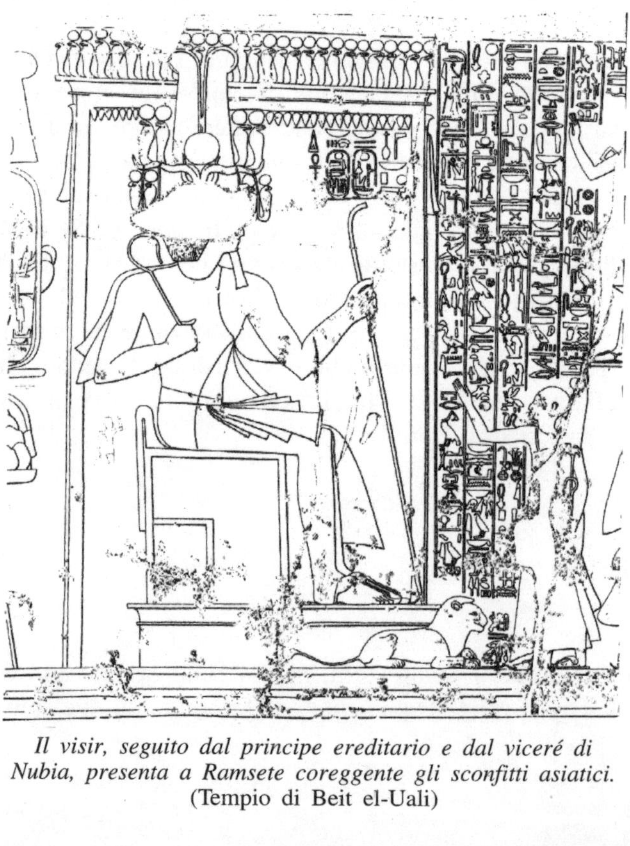

Il visir, seguito dal principe ereditario e dal viceré di Nubia, presenta a Ramsete coreggente gli sconfitti asiatici. (Tempio di Beit el-Uali)

mune con quelli delle tombe della famiglia reale degli inizi della dinastia. Per Seti, un'immensa siringa lunga quasi cento metri[18] penetrava nelle rocce calcaree della Valle dei Re. Scene tratte dai libri funebri avrebbero evocato le tappe del sole che rinnova le proprie energie durante le ore notturne, mentre i geni avrebbero popolato le vie misteriose che in cento meandri conducevano alla rinascita. Il lungo serpente *Mehen*, dal corpo ondulato, compariva sui pilastri mentre il faraone restava in perpetuo dialogo con gli dei. Su una delle pareti del lungo corridoio dovevano essere raffigurate tutte le tappe dell'*Apertura degli occhi e della bocca* della mummia.

Ramsete controllava le scene, raffigurate su papiro, che sarebbero state riprodotte sulle pareti. Gli spaccapietre, i quali utilizzavano spesso scalpelli di selce che dovevano essere tagliati quotidianamente, avevano appena terminato lo scavo del corridoio e delle camere e lasciavano libero il campo al *Kadgia*[19] incaricato di ricoprire le pareti con uno strato di gesso fine. Ramsete rimase stupito nel vedere che non restava alcuna traccia della fuliggine prodotta dalle torce usate per illuminare il lavoro sotterraneo. I pittori-disegnatori Pashed e Baki gli mostrarono che mettendo del sale intorno alle fiamme il fumo spariva. Sul liscio strato di gesso lo scriba delle immagini[20] doveva tracciare i disegni. Lo scultore[21] (*colui che porta lo scalpello*) interveniva poi per riprodurre le scene e i testi in finissimi rilievi, che in seguito venivano colorati.

Uno dei disegni rappresentava una maestosa vacca ritta sulle quattro zampe, sotto il cui ventre passavano barche e piccoli personaggi. Nebneteru, padre di Pasar, futuro sommo sacerdote di Amon, aveva spiegato al principe che si trattava del *Libro della vacca celeste*: l'umanità aveva rischiato di perire per la sua empietà (versione nilotica del diluvio universale) e infine era stata salvata dalla clemenza divina.

Veniva poi l'immagine di quattro personaggi di tipi e costumi diversi che rappresentavano quattro etnie, fra cui quella egizia. Un primo esempio di questo antropocentrismo era apparso nella tomba di Ramose a Tebe, al tempo della coreggenza di Amenofi III e Amenofi IV. In questa scena l'egiziano, l'africano, l'asiatico e il libico, a fianco a fianco, rendevano omaggio al più giovane dei due re.[22] Ramsete sapeva che questo era stato uno dei temi principali incoraggiati dal faraone riformatore, che i sacerdoti di Amon volevano far dimenticare. Segretamente sedotto dall'«avventura amarniana», insisté perché questa scena facesse parte della decorazione. Infine un terzo soggetto appassionava già il giovane principe: lo svolgersi del tempo segnato dagli astri e dalle costellazioni raffigurate sotto il corpo disteso di Nut, la volta celeste fatta donna. Un'immensa composizione (soffitto astronomico) doveva dominare la *Sala dell'Oro* che avrebbe ricevuto la mummia del re per l'eternità.

Si prevedeva che la tomba di Seti sarebbe stata portata a termine entro i prossimi tre anni.[23]

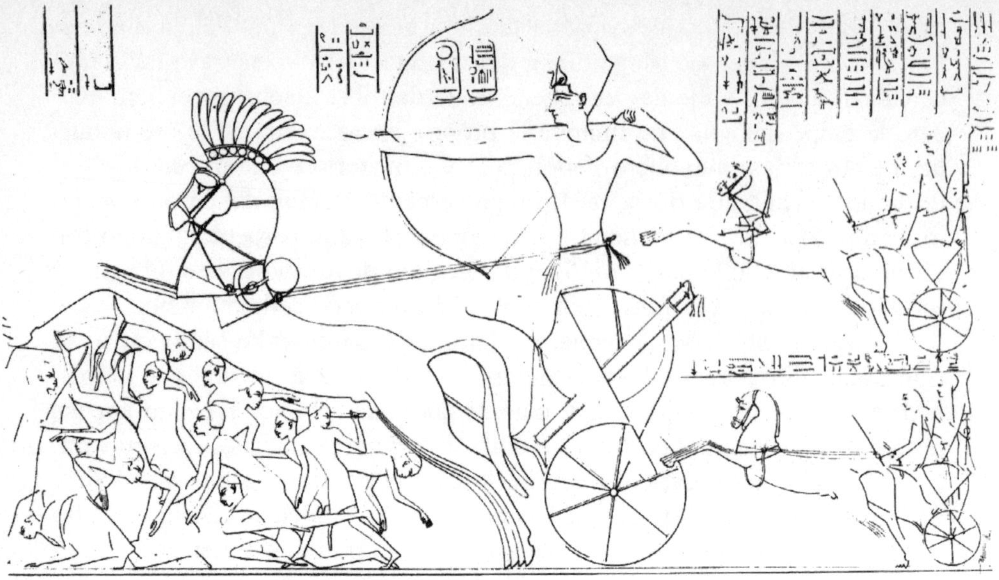

Ramsete, scortato da due principi, insegue i ribelli dell'Alta Nubia.

Ritorno di un ferito al villaggio dei ribelli. (Tempio di Beit el-Uali)

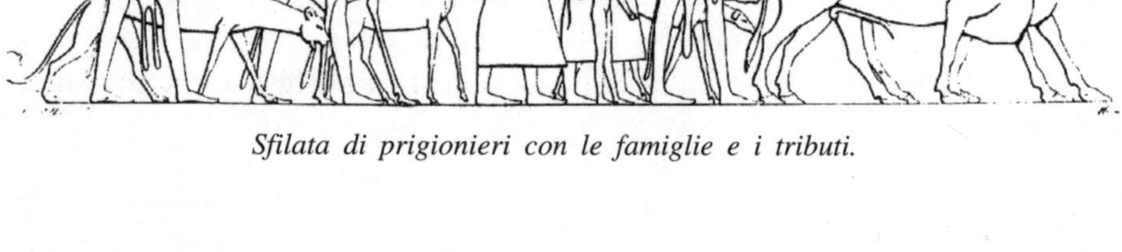

Sfilata di prigionieri con le famiglie e i tributi.

La Valle delle Regine

Più a sud, Ramsete non mancò di visitare la Valle delle Regine dove era stata sepolta la prima sposa reale della dinastia, la sua nonna paterna. Doveva ispezionare gli scavi appena iniziati della tomba destinata alla sua venerata madre Tuy. Si era scelto un posto in fondo alla terrazza rocciosa che declinava in direzione della Santa Grotta, dominando tutta la valle.

Il progetto della tomba, geometrico e armonioso, su due livelli, prevedeva una coppia di sale sotterranee, raggiungibili mediante due scale successive. La seconda, molto vasta, a quattro pilastri ricavati nella roccia, doveva ricevere il corpo della regina. Le immagini religiose, molto variate, e i sacri testi erano tratti dal *Libro dei Morti*. Ramsete sapeva che sua madre era molto vicina alla bella e radiosa Nefertari, sua moglie e madre del suo primo figlio Imenherunemef. Così approfittò di questa occasione per scegliere, a fianco della tomba materna, il posto da riservare all'amata sposa.

Tornato a Menfi dopo un lungo soggiorno a sud del paese, il giovane principe ritrovò una famiglia fiorente. Isisnofret, già madre di Bentanat e di un piccolo Ramsete, aveva dato alla luce un altro vigoroso maschietto che, a ricordo del suo recente soggiorno a Tebe e forse di un antico prozio,[24] chiamò Kha-em-Uaset, *che appare in Tebe*. Una delle figlie di Nefertari, Merytamon, benché tanto giovane mostrava già la bellezza e l'eleganza della madre. Ramsete aveva compiuto i vent'anni ed era pieno di ammirazione per i costruttori dei grandi templi e i decoratori tebani. Intanto Seti portava avanti il suo programma: non contento di includervi il progetto della più grande sala ipostila che esista in Egitto, ordinò di costruirne una nel tempio del Gebel Barkal, santuario di Amon di Napata (Sudan cushita).[25]

Ramsete non dimenticò la regione delle Acque di Ra, ramo orientale nel Delta del Nilo, presso il lago dove un tempo Iahmes aveva ricacciato gli hyksos. Seti vi aveva fatto ingrandire il piccolo palazzo di suo padre e Ramsete collaborò all'opera. La città di Menfi, patria dei ceramisti più esperti, possedeva i famosi laboratori dove i due sovrani fecero fabbricare le tegole e le piastrelle a vivaci colori fra cui dominava il blu turchese[26] che incorniciavano le porte e le finestre del palazzo e rivestivano il pavimento sotto il baldacchino dove il faraone dava udienza.

Il giovane principe guerriero

La pace fra l'Egitto e i suoi possedimenti oltre confine, temporaneamente ristabilita, ricominciava ad apparire precaria. I rapporti dei messag-

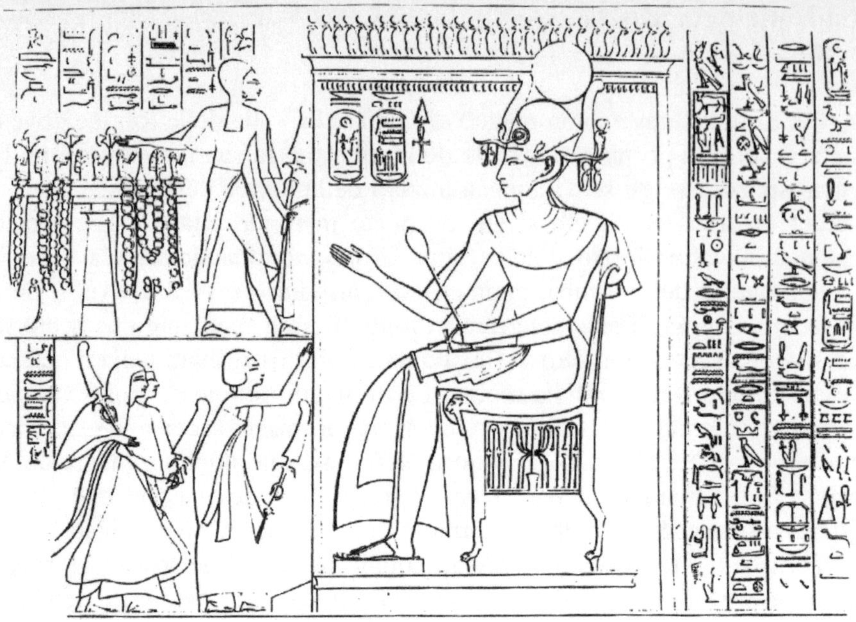

Imenherunemef, figlio primogenito di Ramsete, il visir e il viceré Imenemipet presentano tributi a Ramsete coreggente.

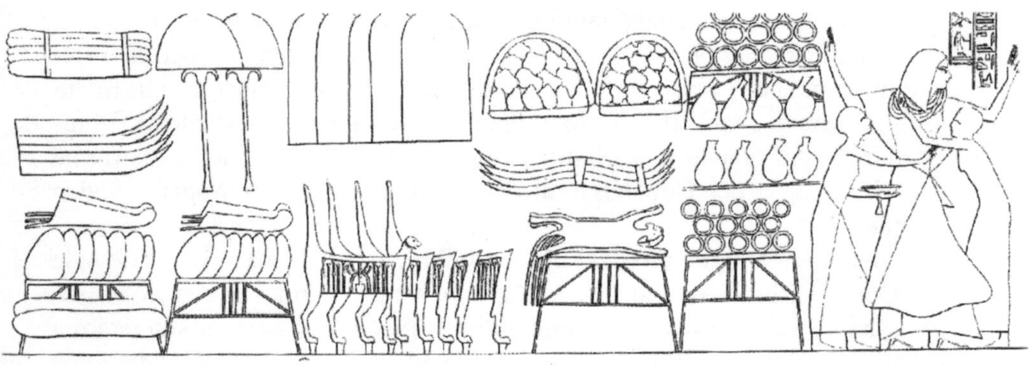

Decorazione con il viceré di Nubia circondato dai prodotti di Nubia da lui raccolti.

Ufficiali egiziani che portano gioielli e introducono prigionieri dell'Alta Nubia e animali come tributo. (Tempio di Beit el-Uali)

geri parlavano di tentativi di sommosse, tanto al sud che all'est. Era opportuno intervenire rapidamente. Senza dubbio Seti incaricò il figlio, che aveva allora ventidue anni, di condurre una piccola spedizione punitiva a Canaan e nella regione circostante, oggetto di incursioni da parte dei beduini *shasu*. E intorno all'anno 13-14 del suo regno lo nominò rappresentante ufficiale per ricevere i tributi dei paesi di Uauat e di Kush (Bassa e Alta Nubia).

L'attività del giovane coreggente aveva acquisito una tale importanza che fu autorizzato a commemorare questa nomina sulle pareti di un tempio rupestre scavato nella falesia nubiana, sessanta chilometri a sud di Assuan, oggi chiamato Beit el-Uali.[27] Qui Ramsete compare nel ruolo di faraone a pieno diritto. Nel cortile esterno la parete nord reca bassorilievi che raffigurano la campagna asiatica e quella libica. Vi compare Ramsete in tutto l'impeto della giovinezza, mentre dal suo carro di guerra rovescia un nemico terrorizzato dal suo leone di battaglia. In lontananza si vede una roccaforte asiatica attaccata dagli egiziani.

La scena più vivace e ricca di particolari è il lungo bassorilievo, un tempo policromo, che presenta sulla parete sud lo svolgersi dell'azione condotta nell'Alta Nubia. Dapprima l'attacco contro una tribù africana inseguita dalle truppe egiziane al comando di Ramsete ritto sul carro. Per la prima volta è accompagnato da due dei figli. Il maggiore Imenherunemef figlio di Nefertari, aveva circa cinque anni, e l'altro, Khaemuaset, un anno di meno. Ciascuno dei due ragazzini sta sul proprio carro ed è accompagnato da uno scudiero. La carica al galoppo sbaraglia i ribelli. Si vede un ferito trasportato al riparo. Uomini e bambini si precipitano verso il villaggio dove le donne stanno preparando il pasto all'aperto.

Viene poi l'interminabile sfilata dei tributi, portati o condotti dai vassalli: animali africani, leoni, giraffe, ghepardi, gazzelle, scimmie... e prodotti pregiati, zanne di elefante, piume di struzzo, legno di ebano, pelli di animali, spezie, ogni sorta di pietre semipreziose. Infine l'oro in sacchetti, l'oro in anelli o in gioielli... La sfilata è aperta dal visir Pasar e dai due piccoli principi, prosternati davanti a Ramsete assiso in trono in tutta la sua grandezza e maestà.

Questa campagna di Nubia è realmente avvenuta in quell'epoca? O si deve vedere nella scena un richiamo alla spedizione punitiva dell'ottavo anno nel paese di Irem (Kush)? Gli abitanti in fuga, chiaramente sudanesi, confermerebbero questa ipotesi. Nell'ottavo anno del regno, data a cui risale il suo matrimonio, il principe evidentemente non poteva vantare dei figli, ma nel momento in cui la scena fu composta avrebbe mescolato i due periodi, ossia l'anno 8 della spedizione in Nubia e l'anno 13-14 in cui i piccoli principi avevano rispettivamente cinque e quattro anni. Lo stesso si può forse dire delle scene sulla parete nord, che potrebbero essere solo un ricordo delle spedizioni asiatiche e libiche durante le quali il giovane Ramsete accompagnò suo padre.[28]

Ritratto di Sennegiem, capo dei decoratori tebani di Seti I. (Sarcofago al Museo del Cairo)

Seti I riceve dalle mani di Thot l'immagine delle due dee tutelari destinate ad assicurargli la sopravvivenza. (Tempio di Abido)

L'ascesa al potere

Il primo dei sette principali santuari edificati in Nubia da Ramsete ci tramanda questo brano di storia. Possiamo considerarlo il manifesto dell'imminente presa di potere del principe, nel momento del declino di Seti I, probabilmente cagionevole di salute. Sul fondo del tempio rupestre, scavato originariamente nella roccia, Ramsete compare da solo nell'atto di rendere omaggio agli dei, a cui porge l'offerta regale e suprema di Maat, l'equilibrio e il dinamismo in ogni cosa, preoccupazione costante del faraone che deve assicurarne la presenza e l'efficacia.

Perché nessuno ignori la sua essenza divina, lo si vede comparire a due riprese come fanciullo-re, ma coronato dal *kheperesh* del regno, allattato da Iside e da Anuket, la dea selvaggia che regna sulle cateratte.

Fra il quattordicesimo e il quindicesimo anno di regno Seti I morì improvvisamente, all'età di circa cinquant'anni. Si era verso la fine del terzo mese di *Shemu* (il sommo calore dell'estate). Ramsete aveva appena compiuto venticinque anni.

Volto reale coperto dalla barba naturale: Ramsete in lutto per suo padre. (Tomba tebana)

Il visir Pasar che partecipò alla consacrazione e pose sul capo del suo signore la Duplice Corona (lo pshent*).*

5

La consacrazione

La cerimonia

Il giovane principe doveva ora affermarsi come il degno erede di una famiglia di valorosi soldati. L'ultima tappa verso il possesso assoluto del potere consisteva nel superare le prove della consacrazione e conoscere i misteri dell'investitura suprema.

L'indomani della morte paterna, il ventisettesimo giorno del terzo mese di estate, la sua ascesa al trono era stata immediatamente proclamata sin dall'alba. Ora doveva aspettare i settanta giorni di preparazione per la grandiosa cerimonia dell'inumazione del suo predecessore nel «Sedile di Maat» che doveva aver luogo all'inizio del secondo mese dell'inondazione, ossia verso la metà dell'agosto 1279 a.C.[1]

La nascita del personaggio

Tutto era pronto a Menfi e a Eliopoli per colui che, già insediato sul trono, si preparava all'iniziazione per divenire a pieno diritto il detentore della Duplice Corona. Le cerimonie dell'incoronazione avrebbero determinato il vero inizio dei suoi anni di regno.

Poco prima dell'incoronazione Ramsete sentì la necessità di far consacrare un lungo testo per riaffermare solennemente i suoi diritti alla successione sul trono di Horo. Voleva forse mascherare qualche contrasto emerso nel momento in cui il padre lo aveva nominato coreggente?[2] O voleva solo far dimenticare l'origine militare della sua famiglia, nata in una zona di frontiera da un'etnia quasi impura? Un fatto è certo: il nome di Seti, due volte portato dai suoi immediati predecessori, non era più comparso nell'onomastica reale egizia dall'inizio dell'era faraonica. Ispirato a un aspetto particolare della divinità, rappresentato da Seth, questo nome era stato usato per la prima volta nella storia egiziana[3] a partire da Amenofi III,[4] all'inizio dell'epoca amarniana. Del resto la capigliatura fulva lo includeva inevitabilmente nella categoria degli esseri sethiani. Inoltre vantava fra gli antenati alti funzionari legati alla cerchia dei riformatori di Amarna: un suo prozio, Khaemuaset,[5] aveva sposato la dama Taemuagisy, sorella del viceré della Nubia Huy che era stato compagno di infanzia di Tutankhamon.[6]

Dopo Horemheb, i nuovi signori del paese non avevano dimostrato una vera animosità contro i tempi amarniani. Il coreggente Ramsete aveva fatto utilizzare nel tempio rupestre di Beit el-Uali la tecnica del «rilievo inciso» cara agli scultori amarniani, per conferire alle immagini scolpite il gioco di ombre e luci che rendeva più reali le scene raffigurate.[7]

Divenire faraone

Il giovane principe sapeva quanto fosse necessario mantenere l'equilibrio fra il potere della casta sacerdotale di Amon, nel suo feudo di Karnak, e i culti dedicati agli altri aspetti della divinità. Tutto dipendeva dalla credibilità che avrebbe saputo ispirare ai suoi sudditi. Doveva creare la propria leggenda e superare con qualche gesto miracoloso la fama dei suoi predecessori. E il momento era favorevole. Il periodo sothiaco, che sopravveniva ogni 1460 anni, era iniziato nel 1313 a.C.[8] e aveva già consentito a Seti I di appoggiarsi a un *Rinnovamento delle nascite*[9] per rafforzare il suo potere. Ora, fra l'anno 1313,[10] in cui i due calendari si erano trovati a coincidere, e la data dell'incoronazione di Ramsete nel 1279 correvano solo trentaquattro anni. Poiché il calendario civile perdeva un giorno ogni quattro anni, all'epoca dell'incoronazione i due sistemi si scostavano solo di qualche giorno, una settimana al massimo. Ramsete poteva presentarsi come il faraone sotto il cui regno l'Egitto avrebbe goduto di questo avvenimento eccezionale.

Del resto, poco prima della morte del padre, in una breve battaglia navale aveva respinto l'invasione degli *shardani*, alleati dei libici, quei «guerrieri del mare»[11] che tentarono di invadere il Delta. Aveva fatto dei prigionieri e li aveva affidati ai suoi ufficiali perché li trasformassero rapidamente in valenti mercenari fedeli al loro nuovo signore.

Così Usermaatra attendeva i giorni dell'iniziazione, quando «il cielo vibrerà, la terra tremerà allorché egli prenderà possesso del regno di Ra». Sulle pareti dei templi che risalgono al Nuovo Regno sono rimaste solo poche

Il re (Seti I) trasportato sulla portantina verso il luogo della cerimonia. (Abido)

La «Salita reale» verso il santuario.

«Purificazione reale» (battesimo) del sovrano. (Frammenti della cappella di Hatshepsut, Karnak)

testimonianze dell'inizio e delle fasi essenziali della cerimonia, cioè la purificazione del principe e l'imposizione delle corone da parte delle divinità tutelari. Le fonti scritte relative a queste cerimonie dovevano restare segrete.

Lo svolgimento del percorso iniziatico veniva certamente ripetuto durante la *Confermazione del potere regale*, che si celebrava ogni anno a Capodanno nei *Templi di Milioni di Anni*, almeno a partire dagli inizi del Nuovo Regno. Un papiro che menziona questo rituale è conservato al Museo di Brooklyn[12] a New York.

La purificazione del principe

Al primo chiarore dell'alba i sacerdoti cerimoniali entrarono nella reggia a svegliare Ramsete e lo portarono in palanchino davanti al pilone del tempio,[13] dove si sarebbe svolta la fase preliminare delle cerimonie, con il rituale del *Battesimo del faraone*. Il rito doveva compiersi davanti a un gruppo di alti funzionari. Pare che la regina non fosse presente.

Quattro sacerdoti, di cui uno con la maschera del falco Horo, un altro con quella dell'ibis di Thot, un terzo con quella di Seth (con un animale non ancora identificato, simile a un oripteropo, o talvolta con una testa d'asino) e infine l'ultimo che personificava Dun-auy (Colui dalle ali spiegate) affiancarono il re a sud e a nord, a est e a ovest. Da un'ampolla d'oro gli versarono sulla testa e sulle spalle la libagione sacra, raffigurata con un getto discontinuo formato dai segni *ankh* e *uas* che esprimono l'irradiazione solare (Horo gli lava il viso, Seth lo asciuga). Così purificato, Ramsete avrebbe ricevuto in nove riprese l'unzione con gli oli santi, tutela contro ogni attacco del male, che provenivano dai venerabili santuari dell'Alto e del Basso Egitto e conferivano alle carni del faraone la protezione magica di Iside.

Il primo unguento doveva dare alla pelle regale un aspetto divino.

I due successivi identificavano il re con il dio solare assiso su un palco a gradini.

Il quarto e il quinto evocavano le due barche solari che, di giorno e di notte, trasportano l'astro della vita.

Il sesto serviva ad assimilare il faraone ad Atum... eccetera.

Infine il nono unguento era destinato al perizoma reale, insegna della sua funzione.[14]

Questi unguenti, che contenevano polvere di minerali essenziali,[15] coprivano interamente il corpo del principe e lo impregnavano delle energie scaturite dalla materia primordiale.

La fase dell'allattamento

Cominciò poi una seconda fase del rito, l'allattamento, di cui talvolta si trova traccia nelle scene rinvenute sulle pareti dei templi. Il faraone, inten-

Incoronazione di Ramsete II, protetto dalle due madri tutelari. Lo pshent *è consegnato qui da Horo e Thot.* (Karnak)

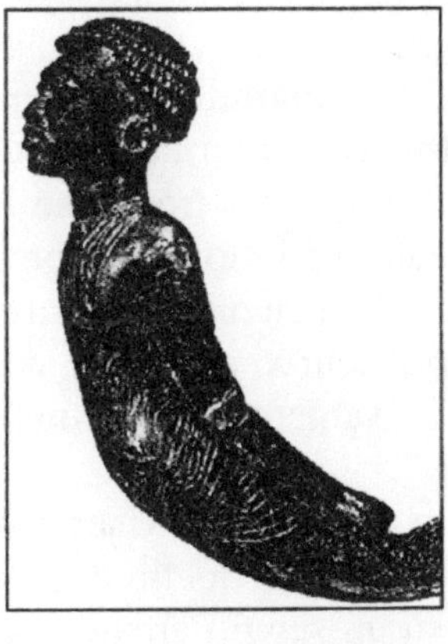

Bastoni con le estremità inferiori ornate dalle immagini simboliche del Male che il faraone deve «trascinare nella polvere». (Tesoro di Tutankhamon, Il Cairo)

Piramidion dell'obelisco di Hatshepsut con l'immagine di Amon che pone sul capo della regina il kheperesh, *insegna della funzione (iaut) di Atum.* (Tempio di Karnak)

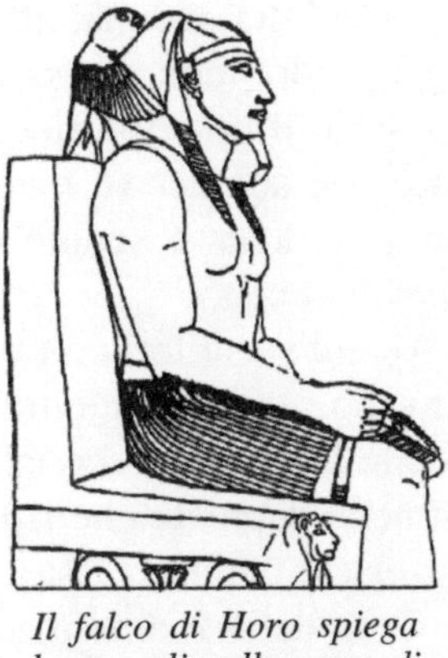

Il falco di Horo spiega le sue ali sulla nuca di Chefren. (Museo del Cairo)

zionalmente raffigurato di piccola statura ma abbigliato da sovrano, veniva allattato da una divinità femminile. Era la conferma dell'essenza divina di Ramsete, che riceveva così *l'acqua di vita divina.*[16] Da quel momento spariva in lui ogni traccia di origine umana.

L'abbigliamento e l'imposizione delle corone

Nel sacrario del tempio il cerimoniere prendeva in mano una lunga stola di lino rosso che portava, tracciate in inchiostro, trenta immagini di corone bianche e trenta di corone rosse. La decorazione era completata dalla figura del dio Ptah, signore di Menfi e dei giubilei regali. Le frange dovevano essere annodate sessanta volte, poi avvolte intorno al collo di Ramsete. Quindi si ponevano nelle mani del re due scettri: l'*ankh* e l'*uas*, segni solari che servivano anche a indicare il latte divino ed erano carichi di simbolismo, in quanto già utilizzati da Amenofi IV per rappresentare l'azione solare.[17] Usermaatra riceveva ancora sul capo due ornamenti (il diadema *seshed*, a cui era fissato l'ureo, e la benda *shesep*) e la pesante collana, il *meankh*, quello che dona la vita. Sulla stola di lino rosso venivano infine fissati diversi amuleti.

Poi Ramsete ricevette i sandali di pelle bianca e soprattutto il bastone dei paesi stranieri che, nelle processioni rituali, doveva confermare il suo dominio sulle forze del male. Questo ci ricorda le scene apotropaiche in cui le immagini di diverse etnie che avevano aggredito l'Egitto sono dominate dal faraone che le minaccia con la sua lancia. Vi si riconoscono africani e asiatici. Due bastoni con le estremità inferiori ricurve e scolpite con le figure di questi due tipi etnici erano stati effettivamente riposti nella tomba di Tutankhamon.[18]

Quindi gli officianti passarono all'abbigliamento del faraone. Usermaatra, a torso nudo, fu rivestito del perizoma pieghettato, come quello di Narmer,[19] il primo faraone dell'epoca storica. Assiso su un seggio arcaico posto su un'alta pedana, affiancato da Horo e Thot (o Seth), rappresentati da due sacerdoti che gli porgevano la corona bianca del Sud e la corona rossa del Nord, il principe ricevette lo *pshent*, formato dall'unione delle due corone.[20] Le due dee (o madri) primordiali Nekhbet e Uagit erano evocate da due sacerdotesse sedute ai suoi fianchi che gli tenevano in equilibrio lo *pshent* sul capo.[21]

Alcuni sacerdoti con il cappuccio a testa di falco e di cane, che personificavano i geni delle città di Pe[22] e di Nekhen[23] avanzarono con gesti ritmati delle braccia ad accogliere il re. Evocavano così i suoi lontani antenati. Poi nelle cappelle che riproducevano una l'arcaico santuario di Nekhbet, il *Per-ur* (la Grande Casa), e l'altra quello di Uagit e del Nord, il *Per-neser* (la Casa della Fiamma) o *Per-nu*, al futuro faraone furono mostrate e poi fatte indossare delle acconciature liturgiche. C'era la corona *atef* di Ra, or-

Amon-Atum e Seshat inscrivono i nomi di incoronazione di Ramsete sui frutti dell'albero ished *Ramesseo*. (Disegno di Sabri)

nata di piume di struzzo; il diadema *seshed*; la corona *henu*; la corona-parrucca *ibes*; i copri-parrucca di lino tra cui il *nemes*.

Infine Amon pose sulla testa del nuovo iniziato il *kheperesh* di pelle di struzzo, chiamato impropriamente «casco di guerra», che in seguito il faraone porterà quotidianamente a testimonianza della funzione di Atum conferitagli per esercitare il potere regale.[24] Amon assiso sul trono incoronò dunque il re inginocchiato che gli voltava le spalle affinché il dio potesse posargli la mano sulla nuca. Da questo momento il faraone, trasfigurato dai riti, si trovò fuori del tempo. Gli venne detto: «La terra ti è data nella sua larghezza e nella sua lunghezza: nessuno la divide con te».

Attribuzione dei nomi rituali

Era venuto il momento di attribuire al principe i cinque grandi nomi rituali che avrebbero dovuto caratterizzare il programma del suo regno. Erano stati stabiliti da Samut[25] lo scriba reale della *Casa della vita*.

Eccoli:

a) il «nome di bandiera», iscritto sopra l'immagine delle mura della reggia, dominata dal falco di Horo. Fu scelto l'epiteto *Toro possente amato da Maat*;

b) poi, sotto la protezione delle due dee tutelari fu chiamato: *Colui che protegge l'Egitto e sottomette i paesi stranieri*;

c) poi ebbe il titolo di «Horo d'oro»: egli sarà *Ricco di anni grande di vittorie*.

Gli ultimi due nomi erano iscritti ciascuno su un cartiglio ovale, che si riferiva all'orbita del sole:

d) il primo cartiglio, preceduto dal titolo *Re del Sud e del Nord*, era semplicemente la ripetizione del nome che gli era stato attribuito quando era stato incoronato coreggente al fianco del padre: *Usermaatra, Potente è la Maat* (fattore di coesione, energia indispensabile per l'armonia universale) *del Sole*. A questo titolo, qualche anno dopo, Ramsete aggiungerà *Setepenra, Scelto dal Sole*;[26]

e) il secondo cartiglio conteneva il nome di nascita *Rameses*, che sua madre aveva pronunciato al momento di darlo alla luce. Molto più tardi il sovrano lo farà scrivere *Ra-mes-su*.

Il sommo sacerdote gli ricordò che i cinque nomi canonici, essenziali per esprimere l'intera personalità ultraterrena del re, erano stati riuniti per la prima volta sotto Pepi II, alla fine dell'Antico Regno. Questo grande nome doveva da allora essergli attribuito per decreto nelle diverse province del Regno.

Questa liturgia sacra avrà esaltato Ramsete, che si sarà sentito impercettibilmente passare in un altro mondo. In quel momento gli venne trasmessa l'eredità millenaria.

Ramsete si arrampica ritualmente sui rami dell'albero ished.

Particolare di Ramsete che spinge davanti a sé la sua offerta. (Museo del Cairo)

Il rituale prevedeva l'unzione con il laudano e la consegna di amuleti apotropaici che gli vennero appesi al collo, al canto degli inni a Horo. Quindi l'atto più importante, la comunione.

Il successore di Seti doveva inghiottire un'immagine simbolica, commestibile, modellata in mollica di pane, che evocava il segno geroglifico della funzione (*iaut*) e che gli era stata precedentemente applicata sulla mano con gomma-resina umettata di saliva. Ora doveva dichiarare che il potere di governo gli apparteneva:

> Emblema *iaut* impresso sulla mano.
> Emblema *iaut* di mollica masticata.
> Non ne darà ad altro uomo!
> E quando gli sarà offerto l'emblema *iaut* di pace dirà quattro volte:
> «L'emblema *iaut* di Horo è suo!»
> Il potere di governo è suo!
> «È confermato da *iaut*, quando lo mangia.»[27]

Per rievocare il regno precedente era stata modellata una specie di focaccia fatta di limo della zona inondata dei campi, mescolato con diversi elementi minerali. Al collo di Ramsete furono appese le insegne regali che indicavano il potere conferitogli: immagini di un falco, di un'ape[28] e degli scettri. Poi vennero offerte sette immagini divine della *Casa della vita* modellate in argilla con la loro forma animale, dalla cui bocca usciva una fiamma.

Scesa la notte gli venne imposta una specie di incubazione che doveva introdurlo nella nuova esistenza, quella del regno. Fu fatto coricare su un letto allestito nel sacrario e quattro sigilli di legno, due con il nome di Geb,[29] uno a immagine di Neith,[30] l'ultimo con il nome di Maat, furono «posti sotto la testa del re quando era coricato». Usermaatra era già entrato in una semiletargia.

Al suo «risveglio» Ramsete si trovò circondato da una strana atmosfera magica. Innanzitutto il nuovo sovrano fu posto «su un trono misterioso costruito su una pietra», naturalmente un emblema propiziatorio. Doveva tenere con una mano la focaccia di limo e con l'altra probabilmente una rondine. Poi il cerimoniere portò il falco di Horo. La rondine aveva il compito di maledire chi volesse minacciare Horo, mentre il falco doveva annunciargli che la sua eredità era stata trasmessa: «Tu dirai a Horo che il faraone è qui, impegnato a consolidare la sua posizione».

Restava un ultimo rito: quello della distruzione di tutte le forze nocive, simboleggiata dalla decapitazione di due serie di sette piante. Prima di reciderne il vertice il re doveva annusarle. Ora si poteva vestire il faraone con un manto di lino rosso, ricoperto di amuleti propiziatori.

Festa di Opet: sacerdoti, suonatrici di sistri, un arpista e acrobati sacri.
(Cappella di Hatshepsut, Karnak)

Sfilata dei buoi grassi per la festa. (Luxor, cortile di Ramsete II, archivi Maspero)

Ramsete tornò quindi nella *Casa della vita* a ricevere l'offerta di nove uccelli vivi di specie diverse, mentre al collo gli vennero appesi un falco d'oro, un avvoltoio di pasta di vetro smaltata e un gatto di turchese. Fra gli uccelli vivi c'erano di sicuro il falco, l'avvoltoio, il nibbio, l'oca del Nilo (*Chenalopex*), un uccello *mesyt*, la rondine, la gru, tutti segni propiziatori. Nel momento stabilito, dietro la nuca del re si aprirono prima le ali del falco e poi quelle dell'avvoltoio. Al Museo del Cairo è conservata la celebre statua di Chefren che immortala questa cerimonia.

L'albero ished *e la longevità del faraone*

L'imponente scena dell'incoronazione che si svolgeva nel segreto del tempio era il rituale più importante di tutta la vita di un sovrano e doveva essere ripetuta a grandi linee ogni Capodanno, per rinnovarne l'efficacia. Per Ramsete la prima tappa dovette svolgersi a Menfi, mentre la liturgia ebbe luogo a Eliopoli, in uno dei cortili sacri dove il bell'albero *ished* (la persea) riceveva tutte le cure. Gli egizi sapevano che lungo le rive dei canali i frutti della persea maturavano poco prima dell'arrivo della piena, come augurio di felicità per l'anno nuovo. Faceva parte del rituale che i nomi e i titoli dei faraoni venissero scritti sui frutti dell'albero sacro.[31] Ramsete sedeva sul trono arcaico davanti alla persea, i cui frutti per quell'anno erano di una grossezza eccezionale. Dietro di lui si era materializzata l'immagine di Atum, l'autodemiurgo che gli garantiva la perpetuità del suo potere sulla Terra. Armato di un calamo,[32] il *Signore delle origini*,[33] con nobile gesto tracciò su uno dei frutti il nome di incoronazione: Usermaatra Setepenra.[34] Di fronte al re, Seshet, *Signora delle scritture e sovrana dei libri*, seguita da Thot, l'intelligenza divina, compì il medesimo rito su un altro frutto, mentre reggeva con l'altra mano il segno dei giubilei promessi per «milioni di anni». Questa scena fu rappresentata su una parete della sala astronomica del reale *Tempio di Milioni di Anni* nel Ramesseo. Ramsete la fece riprodurre, con qualche variante, nel suo tempio rupestre di Abu Simbel. Il faraone vi compare inginocchiato davanti all'albero sacro mentre riceve la benedizione di Horakhty e il segno delle feste *Sed* (feste giubilari). Dietro di lui Thot scrive il nome di Usermaatra sui frutti della persea.[35]

Uscita dal sacro recinto, la festa dilagava in tutto l'Egitto. Il re si prestò senza dubbio ai riti celebrati in pubblico che prefiguravano le fatiche di Ercole, domando il toro selvaggio, inseguendo i crudeli struzzi, trafiggendo con le frecce bersagli lontani e difficili, e così via. Poi sfilò sul carro placcato d'oro, simile al sole, in mezzo al suo popolo felice per la clemenza del sovrano che aveva concesso la grazia a numerosi condannati.

Festa di Opet: sul canale parallelo al Nilo, fra Karnak e Luxor. La barca del re accompagna le barche divine. Sul registro inferiore sfilata di soldati. (Luxor, epoca di Tutankhamon)

Tappa della grande festa di Opet fra Karnak e Luxor: uscita della barca di Khonsu portata dai sacerdoti. Nel registro inferiore le piccole botteghe della festa. (Tempio di Luxor)

La grande festa di Opet

Dopo i quindici giorni in cui si celebrava l'anno nuovo, ossia dopo l'arrivo dell'inondazione, l'atmosfera ritornava di festa. In questo periodo l'attività era molto rallentata dall'ondata di piena sui campi e a Tebe si celebrava la festa di *Opet*, che durava ventitré giorni e quell'anno cadeva nel mese di settembre.[36]

Lungo le rive del Nilo si assisteva allora al passaggio della barca sacra che trasportava l'immagine di Amon. Un vascello di incredibile ricchezza seguito dalle due imbarcazioni della dea Mut e di Khonsu, il dio figlio. La processione si svolgeva fra il santuario di Karnak e quello di Luxor, dove il Signore di Tebe avrebbe celebrato nel tempio, in più di undici giorni, le sue nozze con Mut, la divinità a lui associata, e il rinnovamento del suo *ka*.

Le barche divine erano collocate su grandi imbarcazioni fluviali e percorrevano il canale parallelo al Nilo, più vicino al tempio di Karnak, scortate su una distanza di tre chilometri da due ali di fedeli e di truppe reali.[37] Su entrambe le rive si danzava e si cantava. Le bancarelle traboccavano di frutti, fiori e bevande. Infine le sacre navicelle, portate da sacerdoti su portantine, venivano deposte nelle loro cappelle, davanti al pilone di Amenofi III, dove terminava il grande colonnato eretto sotto Tutankhamon e portato a compimento da Horemheb.[38]

Poiché il gran sacerdote di Amon era da poco deceduto, Ramsete decise di dirigere di persona la sacra cerimonia indossando lui stesso la pelle sacerdotale di ghepardo. Fatto unico negli annali d'Egitto, la leggenda scritta che accompagna la raffigurazione di questa scena gli dà il titolo di *Primo profeta di Amon, re del Sud e del Nord, Ramsete Usermaatra*.[39]

Il giovane e impetuoso sovrano durante i primi trent'anni del suo regno si dedicò a un'attività intensa e ininterrotta. Durante i misteri delle nozze divine nel sacrario del tempio di Luxor (*Ipet-resyt* = l'harem del Sud) si era fatto aprire le sale segrete degli archivi della *Casa della vita* nel tempio di Amon,[40] per conoscere i misteri della divina irradiazione di Tebe, «poggio originale della creazione, dominio di Amon-Ra». Apprese così che l'occhio divino destro era l'Eliopoli del Sud (Hermontis) e l'occhio divino sinistro era l'Eliopoli del Nord. Questo tentativo di sincratismo segnò una nuova tappa nel programma tracciato dal sovrano.[41]

Il re costruttore

Il faraone, accompagnato dalla diletta sposa Nefertari, benedetta dagli dei per avergli dato il figlio primogenito, si preparava a celebrare la festa

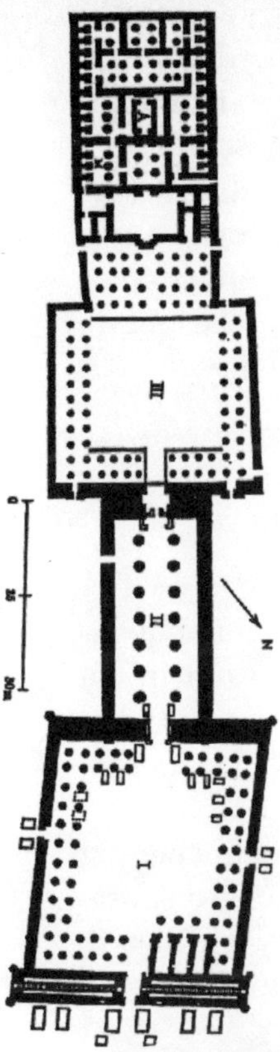

Pianta del tempio di Amenofi III ingrandito da Ramsete II. Luxor (il cortile anteriore).

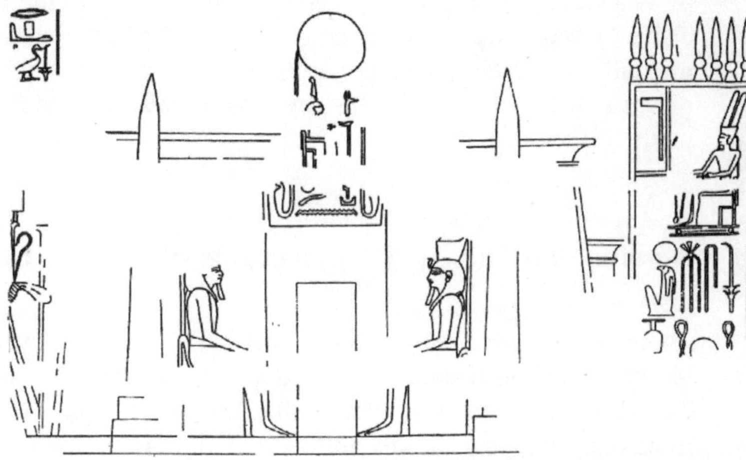

Prima tappa della facciata del pilone di Ramsete II a Luxor (facciata sud del primo pilone). (Disegno di Sabri)

Seconda tappa della decorazione della facciata del pilone di Ramsete a Luxor: il re ha fatto aggiungere due gruppi di statue in piedi, a sinistra e a destra degli obelischi. (Cortile di Ramsete, Luxor, foto Fathy Ibrahim)

di Min per garantire un copioso raccolto. Convocò gli architetti e ordinò loro di tracciare il progetto di un immenso cortile con porticati ricchi di statue, che avrebbe dovuto inglobare le cappelle delle barche davanti al tempio di Luxor. Un imponente pilone[42] doveva chiudere il sacro recinto, il cui sagrato sarebbe stato ornato di statue colossali e di due obelischi.[43]

Tracciava così il progetto del suo futuro tempio giubilare, sulla riva sinistra di Tebe. Scelse un terreno contiguo al piccolo edificio che poco prima della morte del padre aveva dedicato alla madre Tuy, che ora si compiaceva di far chiamare Mut-Tuy, suggerendo così abilmente che questa madre discendeva da Amon.

Nomina di un nuovo gran sacerdote di Amon a Karnak

Amon, aspetto celato della divinità (*Imen = il nascosto*), di cui si doveva ufficialmente restaurare tutto il potere; soprattutto nella misura in cui esso doveva essere controllato dalla Corona. Bisognava procedere alla nomina di un nuovo gran sacerdote, dopo la morte di Nebneteru[44] che Ramsete aveva sostituito durante la festa di *Opet*.

Amon stesso doveva scegliere il suo nuovo servitore, naturalmente per mezzo del suo oracolo. Alla fine il preferito fu Nebunenef. L'eletto si preparò dunque a lasciare le funzioni di gran sacerdote di Onuris a This e di Hathor a Dendera per stabilirsi a Karnak, dove in seguito portò avanti con grande abilità la politica di Ramsete.

Ora le barche sacre dovevano tornare a Karnak. Presero la via di terra, passando per una serie di cappelle dove, sollevate le tendine, offrivano alla folla lo spettacolo delle statuette placcate d'oro e decorate di pietre preziose. Sacerdoti dal cranio rasato, in lunghe vesti di lino bianco, reggevano su portantine le sacre navicelle, mentre i cavalli dei principi caracollavano nel corteo. Nefertari accompagnava sempre il faraone. I figli del re, sui loro piccoli cocchi personali, erano affidati agli aurighi sotto il controllo dello scudiero reale Imenemipet, fedelissimo al faraone, che in seguito sarebbe stato nominato sovrintendente delle scuderie.

Nuove costruzioni

Non potendo percorrere personalmente tutto il suo dominio, Usermaatra incaricò il viceré di Nubia, Iuny, di avviare al sud un nuovo programma di costruzioni. Riconfermava la nuova Residenza dei viceré ad Aniba (Miam) nella Bassa Nubia, che sarebbe rimasta il grande emporio delle ricchezze arrivate dall'Africa, ma l'autorità del faraone doveva essere più intensamente segnata al sud, nell'Alta Nubia (la Nubia sudanese, chiamata dagli egizi «il vile paese di Kush»). La nuova capitale di Amara, recentemente fondata da Imenemipet per ordine di Seti, conobbe una rapida fioritura. A nord della seconda cateratta Iuny doveva scegliere dove scavare due grotte sacre che documentassero l'opera cosmica dei signori del paese, superando il messaggio dei templi di Soleb e Sedeinga, nel Sudan, dove ancora aleggiava il ricordo di Amenofi Nebmaatra e della sua sublime Tiyi.

Iuny scelse due poggi rocciosi: quello di Meha e, poco più a nord, quello di Ibshek, modesto luogo di culto di Hathor.

L'ultima visita a Tebe fu ancora per il tempio di Karnak: i lavori intrapresi da Seti Menmaatra erano stati interrotti dopo la morte del re e le cerimonie dell'incoronazione. Ramsete li fece riprendere al più presto affinché l'immenso ipostilo potesse consentire lo svolgersi del fastoso culto di Amon.

Primi atti del regno

Prima di lasciare Tebe, il faraone riunì i dignitari più importanti: il capo del Tesoro, collettore supremo dei tributi e controllore delle entrate, gli alti funzionari scelti fra gli amici di gioventù, alcuni dei quali erano persino di origine asiatica. Affidò a Pasar, suo visir, l'incarico di tenerlo informato sulle risorse del paese e sugli innumerevoli funzionari che lavoravano nell'amministrazione. Infine gli confermò uno dei suoi doveri essenziali: fornire al sovrano un rapporto giornaliero sulla gestione e sulle condizioni del fiume.

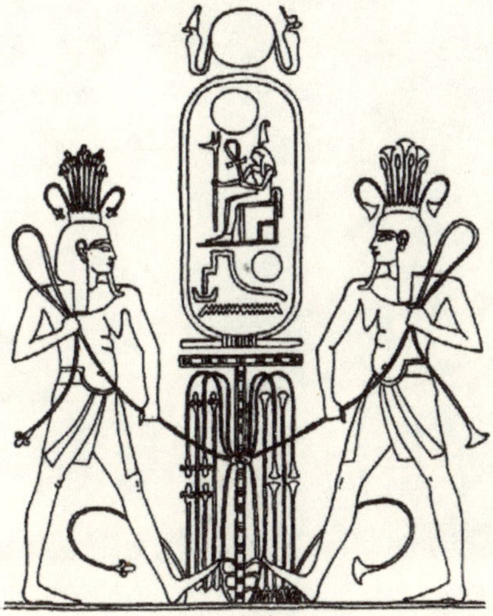

Sema-Tauy di Ramsete II, che orna i fianchi dei troni del re. Facciata del Gran Tempio di Abu Simbel. I geni dell'Inondazione riuniscono le due piante araldiche assicurando ogni anno il rinnovamento del paese e del faraone.

Statua di Ramsete con l'acconciatura reale: il kheperesh. (Museo di Torino)

6

I primi quattro anni di regno

Dopo essere stato consacrato a Menfi, feudo di Ptah, e incoronato a Tebe dallo stesso Amon, ed essendogli stata confermata la funzione di Atum dallo stesso dio a Eliopoli, ora Ramsete doveva riaffermare la sua presenza sul trono di Horus nell'augusto dominio di Osiride ad Abido, nel prestigioso edificio voluto dal padre e ancora in costruzione.

La nomina del gran sacerdote di Amon

Si dovevano inoltre portare a termine le sale dei santuari dedicati al fondatore della dinastia, Ramsete Menpetira. Sulla via del ritorno al nord, Abido costituiva una tappa importante: il faraone doveva annunciare personalmente al nuovo gran sacerdote di Amon, Nebunenef, il responso dell'oracolo che lo designava come alleato del faraone nel potente dominio tebano. Il ventitreesimo giorno del terzo mese della stagione dell'Inondazione, Ramsete Usermaatra, sempre accompagnato da Nefertari, dalla famiglia reale, dai principali membri della corte e dal Consiglio dei Trenta, parlando dalla «finestra di apparizione» del Palazzo Reale contiguo a ogni grande tempio, annunciò la felice scelta del dio. L'evento, che segnava per Nebunenef il punto culminante della carriera, fu riprodotto fedelmente nella sua tomba.[1]

> (righe da 6 a 16) Sua Maestà gli disse: «Tu sei ormai gran sacerdote di Amon. I suoi tesori e i suoi granai sono sotto il tuo sigillo. Sei il capo del suo tempio e l'amministrazione è sotto la tua autorità. I beni (il tempio) di Hathor, Signora di Dendera, saranno a partire da ora

«Ro Setau», montagna occidentale di Abido che evoca il luogo dove il sole al tramonto penetra nel dominio di Osiride. (Foto A. Ware)

Ramsete, accompagnato da Nefertari, procede alla nomina di Nebunenef a gran sacerdote di Amon a Karnak. (Tomba di Nebunenef, Tebe ovest).

sotto l'autorità di tuo figlio,[2] così come le funzioni dei tuoi antenati...

...Avevo posto davanti (ad Amon) tutto il personale della corte, il capo dei Soldati; gli furono egualmente nominati i profeti degli dei e i dignitari della sua casa, che stavano davanti alla sua faccia.

Nessuno lo soddisfece, finché non gli dissi il tuo nome. Servilo bene, perché ti ha desiderato. So che ne sei capace... Amon è un dio potente, che non ha eguali, che sonda i cuori, che esplora le anime, lui è l'intelligenza che conosce il fondo del cuore».

(righe 22-23) Poi Sua Maestà gli consegnò i due anelli con sigillo d'oro e il bastone di elettro poiché diveniva gran sacerdote di Amon e direttore della Doppia Casa dell'argento e dell'oro, direttore del Doppio Granaio, direttore dei lavori, capo di tutte le corporazioni di mestieri a Tebe. Si fece partire un araldo reale per annunciare al paese intero che la Casa di Amon gli veniva consegnata e che tutto il personale era nelle mani di Nebunenef.[3]

I monumenti di Abido

Nel passare per gli edifici dedicati a Osiride verso la Scala (millenaria) del Grande Dio, presso la quale da tempo immemorabile si accumulavano le stele dei fedeli, Ramsete decise che non esisteva luogo più propizio per lasciare ai posteri le tracce della sua storia: quella di un essere fuori del comune, di cui si sforzava di modellare l'immagine. Stabilì dunque di mettere in bocca a suo padre le affermazioni e le lodi che compaiono nell'iscrizione dedicatoria di cui abbiamo già parlato.[4] Ordinò quindi che l'edificio voluto da Seti fosse portato a termine e fosse assicurato il servizio del culto.

Ma non trascurò di fondare in questo luogo di venerazione un proprio tempio, che doveva essere costruito interamente in calcare, mentre altrove i monumenti di Ramsete sono in arenaria. Inoltre i rilievi furono trattati nello stile classico, e non in «rilievo inciso» (dove l'artista scavava nelle figure e poi modellava e intagliava i particolari sul fondo già scavato), come nelle altre sue costruzioni.

Un nuovo passo nella ricerca di legittimità, fu il restauro delle antichissime sepolture dei primi re, di cui pare che nessun discendente si fosse preso cura. Molto più tardi, il suo esempio fu seguito dal suo dodicesimo figlio, Khaemuaset, che con l'anima di un archeologo si dedicò agli antichi monumenti malridotti della necropoli di Saqqara e di Giza. Inoltre sulle pareti del tempio di Seti si fece raffigurare come fanciullo davanti all'elenco impressionante degli antenati della Corona, per insistere ulteriormente sul suo diritto al trono.

Ramsete I davanti alla grande offerta funeraria per il suo rinnovamento annuale, al momento del ritorno dell'Inondazione che è evocata nel registro inferiore. (Metropolitan Museum, New York)

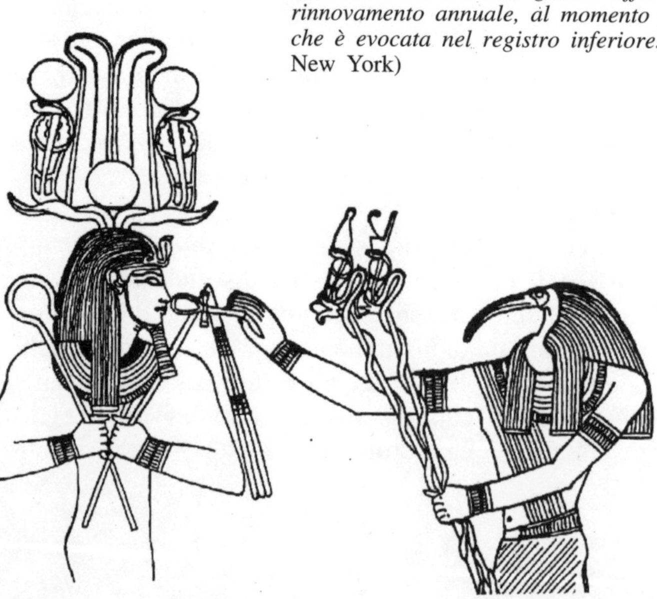

Thot presenta alla mummia di Seti I l'immagine delle due dee tutelari come auspicio per la sua rinascita. (Tempio di Seti ad Abido)

I lavori a Pi-Ramses

Tornato a Pi-Ramses, dove proseguivano i lavori di ampliamento, il faraone riunì gli architetti e ordinò di erigere il cuore della città con quattro maestosi edifici. A nord dell'antica rocca meridionale di Avari, già occupata dagli hyksos, restavano il tempio di Seth e le tracce del tempio di Seti, che doveva essere ingrandito. Non lontano di là si trovava il porto della futura capitale, alla confluenza del braccio del Nilo chiamato Acque di Ra a ovest, con le Acque di Avari a est, che attraversano il lago della Residenza a cui era legato il ricordo della battaglia navale fra il liberatore e gli invasori. Così Pi-Ramses era circondata dalle acque. Nel centro della nuova città, alle quattro estremità di due grandi arterie che si incrociavano, ordinò la costruzione del suo palazzo e di tre santuari: a nord il tempio di Ptah, affiancato all'edificio consacrato a Sekhmet; a est il complesso per il culto di Amon; di fronte, a ovest, il tempio di Ra, il più importante. Infine, a sud, su un vasto terreno doveva sorgere il grande palazzo. Lungo tutto il perimetro erano previste delle caserme. Responsabile del programma pare fosse il capo dei lavori May, che era stato anche un ufficiale di alto rango e continuò la sua carriera lavorando per Ramsete a Eliopoli e poi per il suo tredicesimo figlio Merenptah. Doveva dunque essere molto giovane quando fu scelto da Ramsete per il suo talento. Era un capo molto coscienzioso e accompagnò gli operai nelle cave di granito di Assuan, da dove provengono per la maggior parte gli obelischi di Pi-Ramses. Fu meno rispettoso quando prelevò diversi blocchi del rivestimento della piramide di Chefren a Giza per utilizzarli nei monumenti della nuova capitale.

Aveva anche il compito di ingrandire gli splendidi giardini di Ramsete creando nuovi frutteti, dove meli e peri, originari del Medio Oriente, furono lungamente ammirati e cantati dai poeti.

Un inno al Nilo

Alla fine di questo primo anno di regno si aspettava il ritorno dell'inondazione. Era il momento di consacrare un grande inno al Nilo[5] per assicurarsi una piena abbondante. Una grande stele fu scolpita nella parete rocciosa del Gebel Silsile nel punto in cui l'ondata di piena proveniente dalla Nubia sembra aprirsi la via verso l'Alto Egitto. Il luogo si trova a nord di Assuan, in un punto in cui il fiume si restringe ed è fiancheggiato da cave di arenaria. Era l'anno 1, il terzo mese dell'estate, il decimo giorno[6] (un mese prima di luglio). In questa occasione furono gettate nel fiume ricche offerte di statuette, papiri e viveri.[7]

May, architetto di Ramsete, che lavorò soprattutto a Pi-Ramses. (Museo del Cairo)

Mery e suo figlio Unennefer, grandi sacerdoti di Osiride ad Abido. (Museo del Cairo)

Altri monumenti a Tebe

Il faraone riceveva regolarmente i rapporti di Pasar e poteva seguire i progressi degli scavi nella roccia della Valle dei Re per l'allestimento della sua tomba, nel luogo che aveva scelto al momento dei funerali del padre. Nell'anno 2, con rito solenne, si era dato il primo colpo di scalpello nel fine calcare, con un prezioso bulino d'argento.[8] Anche i lavori del tempio di Luxor volgevano alla fine. Le cave di granito di Assuan avevano fornito la bella pietra rosa per le statue colossali del re da porre fra le colonne, dove le immagini di Ramsete, alte sette metri, dominavano le figure di Nefertari, e più tardi delle figlie maggiori del sovrano.

La decorazione parietale era già molto avanzata e le scene religiose ornavano la facciata interna del primo pilone. Pare che il rapporto riguardante questa parte del tempio sia stato redatto verso il 1277 a.C. Gli obelischi, fra cui quello che Mehmet Ali donò alla Francia, stavano per essere innalzati davanti ai moli,[9] ma la facciata esterna del pilone, rivolta in direzione di Karnak da dove arrivava annualmente la grande festa di *Opet*, non era ancora decorata.[10] Si doveva ripristinare la grande strada che collegava il tempio di Karnak alla nuova facciata di Luxor e completare la serie delle sfingi che fiancheggiavano questa maestosa via processionale, già tracciata sotto Tutankhamon.

L'Egitto era stato trasformato in un grande cantiere. In tutti i centri importanti si alzavano le impalcature di legno, con gli elementi legati da corde di *halfa*, e il rumore dei magli scandiva la squadratura dei blocchi di pietra, prima che fossero trainati con tregge su rampe di sabbia lungo i muri in costruzione...

Nel deserto di Kuban, un pozzo per i minatori

Una delle notizie più importanti fu quella trasmessa dal capo del Tesoro Nebit (nominato nell'anno 2), che riguardava le miniere d'oro. L'Egitto stava attraversando un periodo di opulenza e le miniere d'oro situate presso l'Uadi Hammamat, fra Edfu e il Mar Rosso, fornivano grandi quantità del prezioso metallo, grazie al miglioramento delle risorse idriche dovuto a Seti I, che aveva fatto scavare un pozzo in questa zona desertica. In seguito lo stesso Seti aveva tentato invano di far cercare l'acqua in Bassa Nubia, nell'Uadi Alachi, sulla strada di altre miniere d'oro. Questo uadi, 120 chilometri a sud di Assuan, era difeso da una roccaforte la cui importanza era già riconosciuta sotto il Medio Regno. Più tardi, sotto Thutmose III, il grande conquistatore aveva fatto costruire un santuario all'Horo di Baki[11]

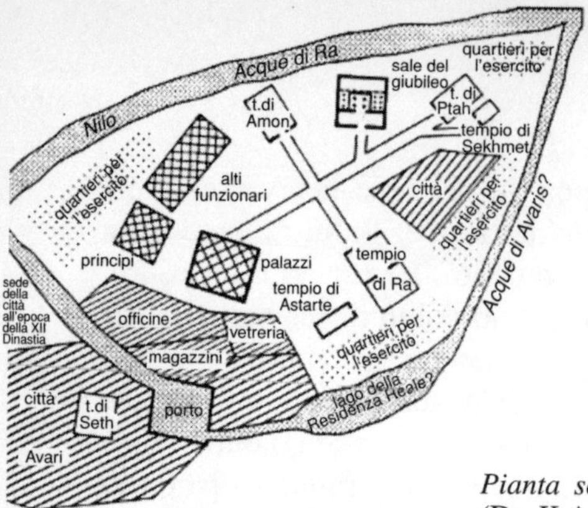

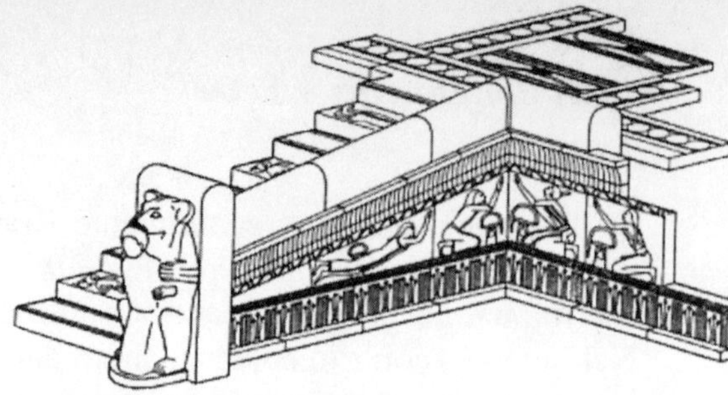

Scalinata che conduce al podio della sala del trono nel palazzo di Pi-Ramses. (Ricostruzione di W. Hayes)

Pianta schematica di Pi-Ramses che indica i quartieri principali. (Da K.A. Kitchen)

Le stele dedicate al Nilo al Gebel Silsile. Al momento della magra si gettavano nel fiume ricche offerte. (Incisione del XIX secolo)

Processione del giorno di Capodanno: i sacerdoti escono dal tempio di Karnak e trasportano il grande vaso di Amon che contiene l'acqua nuova dell'Inondazione. (Tomba tebana)

(Kuban), uno dei quattro aspetti dell'Horo nubiano accanto a quelli di Miam (Aniba), di Buhen (Uadi Halfa) e di Abu Simbel (Meha), dove Ramsete, anch'egli divinizzato, incarnava l'Horo locale.[12] Il tempio era stato eretto sulla riva sinistra del fiume. Ramsete fece costruire un nuovo edificio religioso nella cinta fortificata della riva destra, dove furono poi scoperte le sue rovine.

Dopo aver fatto scavare fino a 120 cubiti di profondità,[13] Seti era stato costretto a sospendere la prospezione. Ora il viceré di Usermaatra gli suggerì di riprendere in considerazione il problema. Una stele di grande interesse,[14] rinvenuta nel diciannovesimo secolo presso il villaggio di Kuban non lontano dall'imponente fortezza di Baki, lungo la pista deserta delle miniere d'oro, ha conservato un testo di primaria importanza. Non solo è la testimonianza di un avvenimento assai significativo per la storia economica del regno, ma è uno degli esempi più lampanti dell'esageratezza degli elogi attribuiti al faraone e del livello che raggiungeva l'adulazione.

La stele di Kuban

Questa fu un'altra occasione di cui il faraone approfittò per riprendere il tema preferito: sottolineare la sua straordinaria precocità e gli elogi che ne facevano i cortigiani. Presentarsi insomma come l'uomo della provvidenza, l'uomo del miracolo. Gli bastò infatti prendere in debita considerazione l'ancor vivo problema relativo alla mancanza di acqua, per giungere immediatamente a una soluzione, scavando a dodici cubiti di profondità, come si racconta nella stele di Kuban.

> (Il potente faraone si presenta)
>
> Il terzo anno, nel primo mese della seconda stagione (*Peret*, l'inverno) il quarto giorno, sotto la maestà di Horo, toro possente, amato da Maat (nato dalle due dee), protezione dell'Egitto che piega i paesi stranieri, l'Horo d'Oro ricco di anni, grande di vittorie, il re dell'Alto e del Basso Egitto Usermaatra Setepenra, il figlio del Sole Ramsete, amato da Amon.
>
> ...Comparendo sul trono di Horo dei viventi, ogni giorno, come Ra suo padre; dio incarnato, signore delle Terre del Sud, Horo di Edfu dal brillante piumaggio, magnifico falco di elettro. Protegge l'Egitto con la sua ala, facendo ombra per gli uomini, come una muraglia di valore e di vittoria... Incarna il Duplice Signore (Horo e Seth), colui per il quale il giorno della nascita fu oggetto di esultanza nel cielo. Gli dei dichiararono: il nostro seme è in lui! E le dee aggiunsero: è nato da noi per esercitare la regalità di Ra... Il toro possente contro Kush-il-vile, colpisce i ri-

Ramsete sotto forma di sfinge presenta il vaso di Amon pieno dell'acqua nuova.
(Museo del Cairo)

Ramsete accompagnato da Nefertari venera il dio Min.
(Tempio di Luxor)

belli fino al paese dei neri. I suoi zoccoli calpestano i trogloditi e le sue corna... Il terrore che egli ispira ha raggiunto Karoy. Il suo nome si diffonde fra i paesi a causa delle sue vittorie... L'oro esce dalla montagna per lui come per suo padre Horo signore di Baki (Kuban) che ispira un grande amore nei paesi del sud come Horo nel paese di Miam[15] e signori di Buhen (Uadi Halfa)[16]...

(Un progetto del faraone)

Quando Sua Maestà era a Menfi (Hetkaptah), compiendo i riti per suo padre e ogni emanazione del sud e del nord, perché ne riceveva forza e vittoria e una lunga vita di milioni di anni... Un giorno dunque, quando Sua Maestà era assisa sul grande trono di elettro, con la corona fiancheggiata dalle due piume e numerava le regioni da cui proveniva l'oro, e tracciava progetti per far scavare pozzi lungo un percorso sprovvisto di acqua, dopo aver inteso dire che c'era molto oro nella regione di Akayta, dove la pista in realtà mancava in realtà completamente di acqua... Dei «lavatori d'oro» che vi si recavano, soltanto la metà ne ritornava: morivano di sete lungo il cammino, insieme con asini che portavano con sé, né all'andata né al ritorno trovavano di che riempire gli otri... ecco perché da questa regione non si riusciva a portare l'oro, a causa della mancanza d'acqua...

(Ramsete convoca i principi della corte)

Sua Maestà diede ordine al portatore del sigillo reale che era al suo fianco: «Chiama i principi della corte, perché Sua Maestà vuole mettersi d'accordo con loro a proposito di questa regione e (decidere) come prendere le misure necessarie». Immediatamente furono introdotti davanti al dio incarnato, con le mani levate in omaggio al suo *ka*, acclamandolo e prostrandosi a terra, davanti alla sua faccia radiosa. Il faraone spiegò loro la natura del paese e ascoltò i loro consigli a proposito dell'apertura di un pozzo lungo il cammino.

(Risposta dei principi della corte)

Essi dissero davanti a Sua Maestà: «Tu sei come Ra in tutto ciò che fai... se desideri una cosa durante la notte, il mattino ben presto essa appare. Siamo stati informati di una quantità di meraviglie, da quando sei stato incoronato re delle Due Terre... Per quanto riguarda tutto ciò che esce dalla tua bocca, è come le parole di Horakhty. La tua lingua è come i due piatti di una bilancia. Le tue due labbra sono più esatte della giusta bilancia di Thot[17]... Qual è il luogo dove tu non sei stato? Non esiste paese che tu non abbia percorso! Tutto passa per le tue orecchie da quando eserciti l'autorità su questa terra... Tu facevi già progetti quando eri nell'uovo nel tuo ruolo di figlio del principe.[18] Gli affari delle Due Terre ti venivano riferiti quando eri bambino e portavi la trec-

Il colosso di Ramsete accompagnato da Nefertari. (Primo cortile del tempio di Luxor)

cia.[19] Nessun monumento veniva eretto che non fosse sotto la tua autorità... Tu eri capo degli eserciti quando eri un fanciullo di dieci anni!... Se tu dici all'acqua: «Esci dalla montagna!» l'onda arriverà rapidamente dopo le tue parole, perché tu sei Ra incarnato e Kheper nella sua vera forma. Tu sei l'immagine vivente sulla terra di tuo padre Atum di Eliopoli. Il gusto (*hu*) è nella tua bocca, l'intelligenza (*sia*) è nel tuo cuore: il seggio della tua lingua è il santuario di Maat, dio risiede sulle tue due labbra... Tu esisti per sempre, tutto sarà fatto secondo i tuoi piani, tutto ciò che tu dici è ascoltato, oh sovrano nostro signore!»

(Intervento del viceré della Nubia)

Per quanto riguarda il paese di Akayta, il viceré del vile paese di Kush disse a Sua Maestà che «questo si è presentato, dopo il tempo del dio. Là si moriva di sete e ognuno dei primi re aveva desiderato scavarvi un pozzo,[20] ma senza successo. Parimenti il re Menmaatra (Seti I) ne fece esperienza e a suo tempo ordinò che si scavasse un pozzo di centoventi cubiti,[21] e fu invano, lungo la strada l'acqua non scaturiva! Invece se tu stesso dici a tuo padre Hapi, il padre degli dei: «Fa' che l'acqua sgorghi dalla montagna», egli farà tutto quello che tu dici, come tutti i progetti che sono a noi presentati, benché non se ne sia sentito parlare (fra noi), perché i tuoi padri, tutti gli dei, ti amano più di qualsiasi altro re che sia esistito prima di Ra!»

(Usermaatra decide lo scavo del pozzo)

Sua Maestà disse ai principi: «Come è vero ciò che avete detto, (ossia) che non si è trovata acqua in questo paese, dopo il tempo del dio! Io aprirò un pozzo qui, che fornirà acqua ogni giorno, come [nella valle del Nilo]...

(Ordine dato al viceré di Nubia)

Sua Maestà disse al capo degli scribi reali... «Fa' che un mese diventi un giorno»... (allora) il capo degli scribi reali scrisse al viceré del vile paese di Kush, secondo ciò che gli era stato indicato... [Forse che l'acqua che è nel paese inferiore lo ascolterà? Allora scavarono il pozzo...]

(Lettera del viceré del vile paese di Kush a Sua Maestà)

Vennero a portare una lettera del viceré del vile paese di Kush che diceva: «Il pozzo è finito; ciò che Sua Maestà ha detto con la sua bocca si è avverato: l'acqua è sgorgata a dodici cubiti[22] e da quattro cubiti di profondità... Mai una cosa simile era stata fatta fin dal tempo del dio... Il capo di Akayta si rallegra di una grande gioia... l'acqua che è nel mondo inferiore lo ascoltò quando egli scavò per trovare l'acqua nella montagna...»

Le rovine di Karnak all'epoca della spedizione di Bonaparte in Egitto. In primo piano il terreno ricopre il lago sacro.

Lo stesso paesaggio ai nostri giorni, dopo lo sgombero delle rovine e del lago sacro.

(Il pozzo viene «battezzato»)

Sua Maestà ordinò di dare un nome a questo pozzo. (Fu chiamato) Il pozzo di Ramsete Meriamon, forte in vittoria.

Bisognerebbe trovare il motivo per cui il faraone desiderò che il suo nome di nascita e non quello dell'incoronazione fosse legato a questo miracolo.

E un altro miracolo! Ma questo è avvenuto ai nostri giorni. Prima che la Nubia fosse inondata dalle acque della grande diga, le diverse nazioni impegnate nell'opera di salvaguardia si divisero fra loro le zone in cui dovevano eseguire i lavori. I nostri colleghi russi scelsero l'Uadi Alachi e la regione di Akayta. Ebbene, le ricerche li portarono a scoprire le vestigia del famoso pozzo, che porta ancora il nome di *Khenemet Ramses Meriamon, ken-nakht*.[23]

Oltre all'intento di arricchire il tesoro di Amon con i proventi delle miniere d'oro della Nubia, il faraone ne aveva senza dubbio un altro. Era suo interesse favorire le forze armate da cui lui stesso proveniva, con la concessione di terre e le ricompense in oro. Si assicurava così la loro fedeltà, considerato che l'esercito era costituito anche da numerosi contingenti di origine straniera come i mercenari libici, gli *shardani* e i fedeli arcieri nubiani.

La prima campagna siriaca

Nell'anno quarto del regno, quando Usermaatra aveva ventinove anni, i suoi informatori (le «orecchie»!) dal Medio Oriente gli riferirono che il re di Amurru, Benteshima, dopo il trattato firmato fra Seti e il re di Hatti Muvattali non temeva più alcuna aggressione da parte dell'Egitto, essendo sicuro dell'appoggio del potente alleato ittita. Era il momento di intraprendere la riconquista di questa provincia e di prepararsi ad attaccare la città di Qadesh, che era appartenuta all'Egitto dai tempi di Thutmose III.

Qadesh, sul fiume Oronte, a nordest di Biblos, era una roccaforte di grande importanza strategica. Usermaatra, alla testa delle truppe, si diresse verso la Siria nell'estate del 1275, per prepararsi ad affrontare gli ittiti[24] dell'Anatolia (o Hatti) che continuavano a minacciare l'Egitto e gli avevano già strappato alcune città siriache già soggette al protettorato del faraone.

Attraversò il paese di Canaan, passò per Gaza, fiancheggiò Ascalona, si lasciò a est Megiddo, nell'interno, arrivò a Tiro, sulla costa mediterranea e si spinse fino a Biblos. Tutte queste città ospitavano guarnigioni egiziane[25] e gli avevano così facilitato le tappe. Senza dubbio piegò ai suoi voleri Irqata, dove l'Eleutheros si getta in mare, e s'inoltrò a est nel territorio di Amurru. Qui sbaragliò facilmente l'esercito del re Benteshima, sorpreso da un attacco così fulmineo, e lo rese vassallo dell'Egitto imponendogli il pagamento di un tributo.

Tornò quindi in Fenicia e a Biblos, non lontano dalla città che aveva fondato al primo passaggio e a cui aveva dato il nome Pi-Ramses (della valle dei Cedri) e pose una stele in onore della spedizione, vicino al Nahr el-Kelb (il fiume del Cane). Fece poi innalzare altre due stele trionfali, di cui una presso Tiro, ma i testi sfortunatamente sono molto deteriorati.

Preparativi per la seconda campagna siriaca

Prima di lasciare l'Amurru, Ramsete installò a Irqata una guarnigione bene addestrata, i *nearini*, destinati a unirsi al suo esercito contro gli ittiti. Sessanta giorni dopo la partenza dall'Egitto passava una seconda volta davanti alla fortezza di Tjaru (el-Qantara) prima di raggiungere la residenza sulle rive verdeggianti delle Acque di Ra. Dedicò i cinque mesi successivi a preparare la grande spedizione contro l'eterno nemico ittita.

Le grandi spose reali, Nefertari e Isisnofret, la regina madre Tuy, così fiera di quel glorioso figlio, le dame di corte e i principini, durante la stagione dell'Inondazione si erano ritirati a el-Faiyum, nel grande harem reale. Alle fresche brezze del lago Karun (Mi-ur) la caccia agli uccelli, la pesca, le lunghe gite in battello, le corse dei cocchi per i giovani principi che si addestravano a tendere l'arco erano i divertimenti preferiti. I fanciulli reali andavano anche a visitare le vigne e i torchi da cui usciva il mosto dorato per dolci vini della loro mensa. Le principessine si addestravano già a filare e tessere nei grandi laboratori reali, diretti dalla regina madre, da cui dovevano uscire gli splendidi tessuti destinati ad abbigliare la famiglia reale e a fornire offerte di preziosi doni ai sovrani stranieri. Qualcuno si preparava anche a unirsi alla grande spedizione che si preannunciava. Ramsete voleva avere al suo fianco alcuni dei suoi per mostrare loro l'indimenticabile spettacolo della sconfitta del nemico.

Il faraone sapeva che l'avversario si era affannato a convocare alleati e vassalli, arruolando così un immenso esercito piuttosto eteroclito, senza molta disciplina, il cui nerbo, il solo bene organizzato, era la cavalleria ittita montata su carri da guerra. Muvattali aveva dato fondo a tutte le sue risorse per mettere insieme quel mosaico di popoli. Le informazioni che arrivavano a Usermaatra parlavano di due formidabili armate, ciascuna di circa ventimila uomini: la cavalleria ittita arrivava a 2500 carri.

Ma di quali forze disponeva il faraone? Poteva in qualche mese essere in grado di affrontare una così formidabile coalizione? Tutto lascia supporre che ne fosse sicuro.

L'esercito egiziano sotto la XIX Dinastia

Gli studiosi che si sono dedicati alla storia dell'esercito egiziano riconoscono che la sua organizzazione è meglio conosciuta della sua tattica.[26]

Certo a quell'epoca Ramsete disponeva di un esercito professionale bene addestrato, i cui soldati inoltre erano dotati di rendite personali. Un ispettore degli scribi militari aveva l'incarico di registrare gli effettivi in presenza di Sua Maestà, «organizzando le nuove generazioni di reclute e incoraggiando ogni uomo a compiere il proprio dovere nell'insieme della truppa».[27] Lo stato maggiore generale che circondava il faraone, capo supremo delle forze armate, era composto da generali in capo, principi di sangue o favoriti e da qualche generale nominato per meriti.

Dopo l'introduzione dell'arco composito e del cavallo in Egitto, alla fine del dominio degli hyksos, gli arcieri e i carri da guerra egiziani seminavano il terrore. La nobiltà forniva gli ufficiali di cavalleria, di cui alcuni portavano elmi e armature. Le reclute dovevano comperarsi il carro ed erano sottoposte a un addestramento rigoroso, sotto gli ordini dei luogotenenti-comandanti di carro e dei sovrintendenti delle Scuderie (le caserme erano chiamate «stalle per cavalli»).

Le quattro divisioni di fanteria

Pare che durante le guerre siriache Seti Menmaatra abbia messo in campo solo tre corpi d'armata: la divisione di Ra, quella di Amon e quella di Seth. Tuttavia già sotto la XVIII Dinastia taluni accenni nel testo che riferisce la battaglia di Megiddo[28] sotto Thutmose III fanno supporre che il re disponesse di quattro divisioni. Ramsete Usermaatra aveva certamente ai suoi ordini quattro divisioni che costituivano il corpo di spedizione organizzato in previsione della battaglia di Qadesh. Le sue quattro divisioni di fanteria comprendevano ciascuna circa 5000 uomini. La divisione fornita dagli abitanti del Nord del Delta era posta sotto il vessillo di Seth. Quella del Sud del Delta portava la bandiera di Ra. La divisione di Ptah era composta da reclute della zona di Menfi. Infine la regione tebana forniva la divisione di Amon e restava acquartierata nell'Alto Egitto, pronta a intervenire soprattutto nell'Alta Nubia (Sudan).

Ogni divisione, comandata da un generale, comprendeva delle compagnie di 250 uomini sotto il comando di un capitano capo dei Comandanti di Compagnia che portava la bandiera del gruppo. Ogni compagnia era divisa in cinque sezioni di 50 uomini, comandate da un capo dei Cinquanta. La chiamata alle armi avveniva mediante arruolamento forzato in ogni provincia aggiungendo un decimo del personale dei templi, cosa che pare fosse molto impopolare.[29]

Sommità centinata della stele di Kuban che riferisce lo scavo miracoloso di un pozzo nell'Uadi Allaki lungo la strada delle miniere d'oro.

Abu Simbel. Carica di Ramsete contro gli asiatici. (Foto Fathy Ibrahim)

Intendenza militare, composizione degli effettivi

L'intendenza era bene organizzata e posta sotto l'autorità di funzionari civili. A ogni divisione era assegnato uno scriba incaricato degli effettivi, e un altro incaricato del vettovagliamento. Erano alti dignitari, assistiti da venti scribi militari, ciascuno dei quali provvedeva ai bisogni di 250 uomini ed era responsabile insieme degli effettivi e del vettovagliamento. Un'iscrizione, redatta da alcuni scribi che ponevano il problema della ripartizione dei viveri[30] fra i soldati di una campagna militare in Siria, ci informa sulla quota dei mercenari stranieri arruolati in una divisione. L'unità tattica si componeva di

> «Soldati (egiziani) che sono davanti a te, in numero di 1900. (Ci sono inoltre) 520 *shardani*,[31] 1600 *qeheqs*,[32] 100 *mashauash*[33] e 880 *neri*. Totale 5000 in tutto, senza contare gli ufficiali».

Si riconosce che accanto ai 1900 soldati egiziani altri 3100 mercenari completavano la divisione, ossia circa i due terzi degli effettivi.

I soldati in azione

La fanteria marciava in ranghi serrati, portando elmi e scudi rettangolari (tranne gli *shardani* che avevano scudi rotondi). Non erano falangi da assalto, poiché non possedevano armature ed erano provvisti solo di daghe, asce e piccoli giavellotti. Gli arcieri invece costituivano un corpo assai più efficiente, diviso in battaglioni. Usavano l'arco composito i cui colpi erano micidiali a 50 o 60 metri e ancora efficaci alla distanza di 175 metri. I campioni potevano raggiungere bersagli a 500 metri!

I carri da guerra erano organizzati in squadroni di 50 veicoli, che comprendevano cinque unità tattiche di dieci carri ciascuna.[34] Ogni carro portava un auriga e un guerriero. L'attacco avveniva per ranghi e traeva la forza dalla rapidità, molto più che dall'armamento.

Arsenale e punti d'appoggio

A Menfi, alla periferia della città, sorgeva un arsenale per la fabbricazione e la riparazione dei carri.[35] All'epoca in cui l'Egitto era minacciato dalla potenza degli ittiti, la via verso l'Est era costellata di una collana di piazzeforti e basi militari, che Seti aveva in parte ricostruito. C'era innanzitutto una fabbrica di armi installata nella fortezza di Tjaru (Sile) all'altezza di el-Qantara, sulla frontiera del Delta orientale. Il comandante era un luogotenente generale dei carristi e messaggero del re nei paesi stranieri (quest'ultimo grado era il più prestigioso dell'esercito).[36]

Tutte le spedizioni verso l'Oriente dovevano inevitabilmente oltrepassare la frontiera in questo punto, e ripassarvi al ritorno. Un po' più a sud, l'Uadi Tumilat costituiva il corridoio per il quale penetravano gli asiatici arrivando dal nord del Sinai. Qui sorgeva la fortezza di Tjeku[37] (in ebraico *Succoth*), quartier generale delle forze di polizia incaricate di controllare le tribù beduine che entravano nel Delta per farvi pascolare i greggi. Dopo le campagne di Seti, il percorso dal Delta a Gaza, per circa 160 chilometri, era dotato di dodici fortini che proteggevano i pozzi. I più importanti erano agli ordini di comandanti di battaglione. Sotto la XVIII Dinastia, lungo la costa a Biblos e a Tiro, erano state stanziate delle guarnigioni egiziane. Alla fine della stessa dinastia, era stata sistemata una guarnigione anche a Gerusalemme per proteggere i monti della Giudea. Anche Beth Shan, a sud del mare di Galilea ricevette una piccola guarnigione per vegliare sul passaggio del Giordano. Le truppe potevano stazionare anche sei anni senza interruzione nella stessa piazzaforte, e questi soggiorni erano considerati un po' come punizioni.

C'erano anche stanziamenti che erano un po' come quartier generali, per esempio Gaza, la cui autorità si estendeva fino alla piana di Asdralon.[38] Anche la valle della Bekaa a nord di Damasco divenne un quartier generale egiziano. Per il rifornimento delle truppe, Giaffa era un centro importante di stoccaggio del grano. Sotto i ramessidi vi fu installato un deposito di carri. Infine la fortezza di Megiddo presiedeva la mietitura nella piana di Asdralon. Naturalmente, durante le campagne militari, i diversi paesi occupati dovevano fornire i viveri per gli uomini, i cavalli e gli altri animali, fra cui il leone del faraone. Tornati in patria, i vari elementi delle divisioni si ritiravano nei rispettivi quartieri e piazzeforti.

Alla vigilia della seconda spedizione in Siria

Nell'anno quinto del regno Usermaatra, ormai trentenne, si preparava ad attraversare il paese di Canaan per affrontare gli ittiti nell'Amurru.

Non per questo trascurava la buona gestione del paese. Su richiesta del visir Pasar conferì a Ramose, il letterato, il grado di scriba della *Sala della Verità* (la Set-Maat, odierna Deir el-Medina). Veniva così rafforzata l'amministrazione delle preziose necropoli reali di Tebe Ovest.

Si accingeva ora ad affrontare una battaglia che oggi è citata come «la prima grande battaglia dell'antichità». I documenti relativi, che sono stati forniti per la maggior parte da Usermaatra stesso, ci hanno conservato informazioni storiche quasi di prima mano. Anche il grande Thutmose si era vantato di avere affrontato un principe di Qadesh, trincerato nella città di Megiddo[39] a nord del Monte Carmelo e a est della piana di Asdralon. In realtà, come ha dimostrato Louis Christophe, «non ci fu veramente una battaglia a Megiddo». Come risultato delle sapienti manovre di Thutmose III, con la fuga dei nemici in pieno scompiglio, la roccaforte fu assediata per sette mesi, ma il principe di Qadesh non fu fatto prigioniero e poté ritirarsi con gli onori militari.

Si può affermare con sicurezza che lo scontro fra l'esercito egiziano e la coalizione organizzata dagli ittiti fu la prima grande battaglia dell'antichità.

Il consiglio di guerra tenuto da Ramsete dopo l'arresto degli emissari ittiti. (Foto Nims)

7

Qadesh I. A proposito della battaglia di Qadesh

Perché Qadesh?

PERCHÉ questo scontro fra l'esercito del faraone e la confederazione ittita aveva tanta importanza?

Lo scontro avrebbe deciso quale dei due sovrani, Muvattali o Usermaatra, avrebbe dato al suo paese l'egemonia su tutta la regione fra il Tigri-Eufrate e il Mediterraneo, insieme con il controllo degli scambi commerciali, facendone così la più grande potenza dell'epoca.

Fin dai tempi della XVIII Dinastia i faraoni, opponendosi ai mitanni, avevano tentato di imporre la loro supremazia sulla valle dell'Oronte e sulla città di Qadesh (l'odierna Tel Nebi Mend), che dominava la via verso l'Eufrate. Prima dell'epoca ramesside, il pericolo dei mitanni era scomparso: si era fatta la pace, rafforzata dai matrimoni dei faraoni (fra cui naturalmente Amenofi III) con le principesse del paese Hanigalbat.[1] La regione allora era amministrata da governatori egiziani, incaricati di mantenere una certa armonia fra i molti principi locali, che in quell'epoca versavano regolarmente i tributi alla Corona.

Questa organizzazione fu turbata quando l'Egitto, sotto il regno di Akhenaton, cominciò a trascurare le posizioni in Asia. Approfittando di questa debolezza gli ittiti manovravano per imporre il loro predominio sul Medio Oriente, una costellazione di piccole città-stato in perpetuo conflitto fra loro. Era facile sottometterle a una a una: «I loro principi venali, privi di una visione politica d'insieme, gelosi dell'indipendenza e delle loro risibili prerogative, preferivano riconoscere la sovranità lontana di un faraone o di un re ittita piuttosto che dover scegliere fra loro un capo a cui avrebbero dovuto sottomettersi».[2]

L'imperatore ittita Supilluliuma, contemporaneo di Horemheb, s'impadronì facilmente della Siria e dell'Amurru, senza che i mitanni potessero opporvisi. Lo fronteggiava solo l'Egitto nella pianura della Bekaa, ma a quell'epoca non avrebbe certamente avuto la forza di affrontare un'avanzata ittita contro le sue frontiere se Supilluliuma non fosse improvvisamente morto. Il punto strategico di scontro fra le due nuove potenze, quella egiziana e quella ittita, si trovava ancora una volta nei pressi della città di Qadesh. Per caso il successore di Supilluliuma, Mursili II, pare nutrisse sentimenti pacifici verso il paese dei faraoni.

I peggiori disordini, fin dall'inizio del regno di Seti I, erano provocati dagli *shasu*, beduini che infestavano la pista vigilata militarmente fra el-Kantara e Gaza. Si erano impadroniti delle roccaforti che dovevano vegliare sulla sicurezza della strada e Seti li ricacciò,[3] ma penetrando nella terra di Canaan dovette affrontare una prima coalizione di principi appoggiati dagli ittiti. Prima che riuscissero a congiungere le forze, Seti ebbe l'abilità di affrontarli separatamente e poté così assicurarsi il dominio su buona parte della Palestina. La divisione di Amon fu mandata a combattere Hamath di Galilea, la divisione di Ra sconfisse il principe di Beth Shan, infine quella di Seth mise in ginocchio Yenoam.

Si può supporre che Seti abbia iniziato alle avventure di queste guerre asiatiche il giovane figlio Ramsete,[4] che probabilmente condusse con sé almeno fino a Tiro, se non addirittura a Ugarit[5] dove, dopo la morte di Akhenaton, pare che il re Niqmat avesse sposato una principessa amarniana.

Seti dovette anche reprimere, con successo, una rivolta degli apiru (di cui si parlerà in seguito), che avevano attaccato la città di Raham, alleata degli egiziani. Gli apiru erano montanari di Yarmut e di Tirka-el.[6] La Palestina e Canaan sembrava non dessero più problemi al faraone, ma ben presto Seti fu costretto a tornare nella valle dell'Oronte. Nel paese di Hatti, Muvattali era succeduto a Mursili II. Marciò contro Seti, che riportò la vittoria a Qadesh e la conquistò per la seconda volta dopo Thutmose III. È noto che Benteshima, re di Amurru, riconobbe la sovranità del faraone, mentre Qadesh fu ben presto ripresa da Muvattali, che imprigionò il vile Benteshima.

All'inizio del regno di Ramsete II, Muvattali, suo coetaneo, era ancora sul trono del paese di Hatti. Dalla capitale, Hattusa (odierna Boghazköy), il re ittita era molto più vicino del faraone egizio alle regioni dove si sarebbero riprese le operazioni militari e poteva farsi un'idea più precisa del terreno dello scontro, il che gli conferiva una notevole superiorità sul nemico.

Durante la prima campagna siriaca di Ramsete, Muvattali non intervenne, forse per far credere al faraone di non avere interessi nella regione. Inoltre gli occorreva tempo per assicurarsi, «con le minacce o con la corruzione» la collaborazione di oltre venti piccoli principati dell'Asia Minore e della Siria settentrionale.

Lo scontro fra le due grandi potenze[7] dovette essere largamente registrato negli archivi dei due paesi. Ma oggi ne conosciamo le vicende solo grazie ai documenti egiziani, poiché nulla è stato ritrovato in Anatolia,

Movimento delle quattro divisioni dell'esercito egiziano prima dell'attacco degli ittiti.

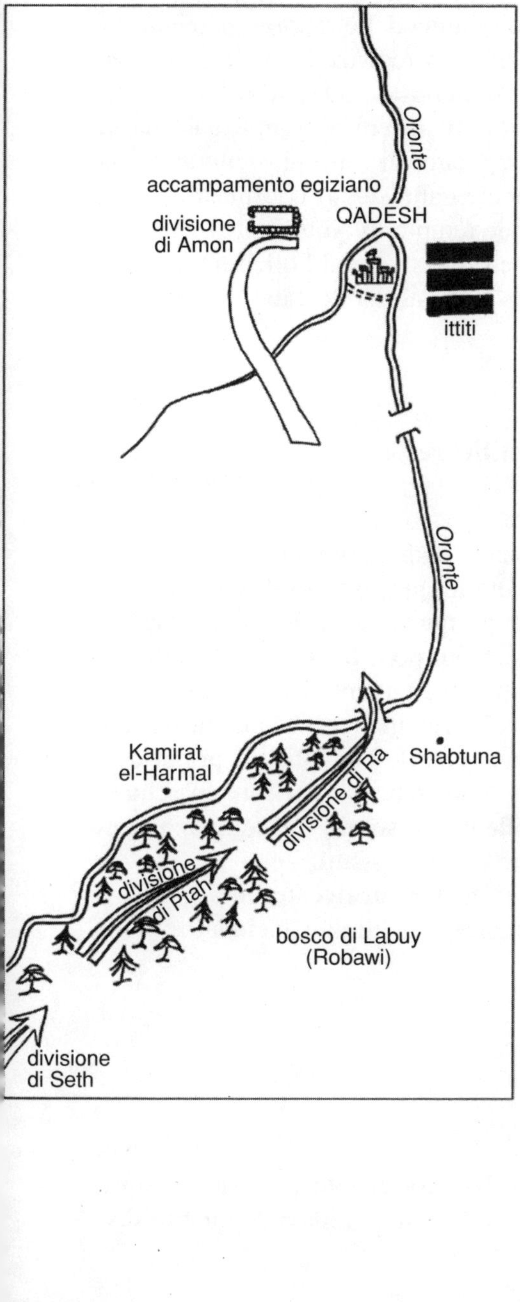

Posizione delle quattro divisioni al momento dell'attacco. (Schizzo di E. David)

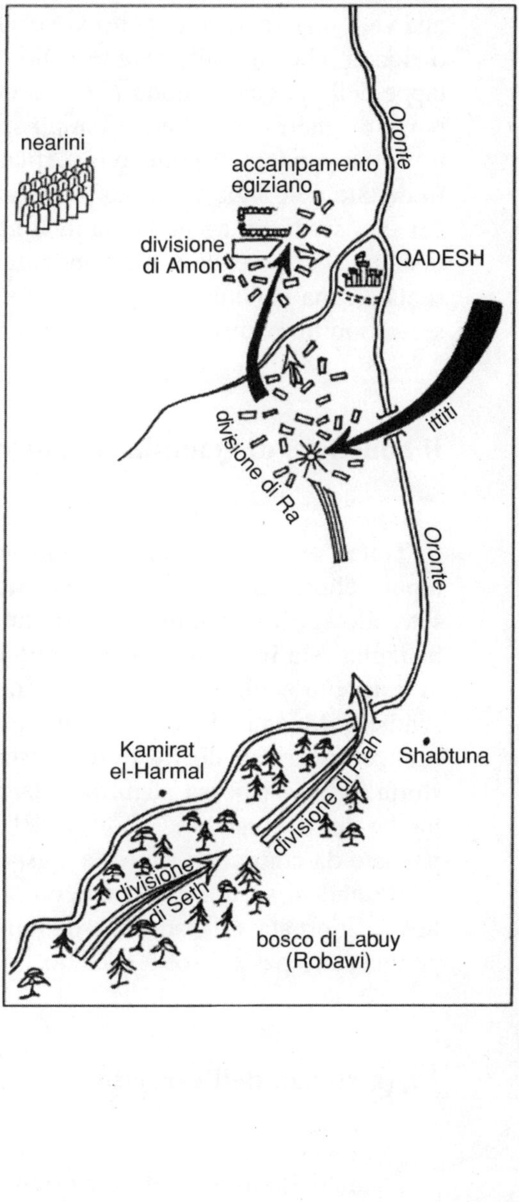

tranne una lettera in cuneiforme di Ramsete a Hattusili III.[8] Ramsete da parte sua ordinò che il bollettino di guerra, rapporto circostanziato in stile militare, fosse comunicato ai principali templi egizi. Si è ritrovato il testo sulle pareti di cinque santuari: ad Abido, a Luxor, nel Ramesseo e in altri due nella Nubia (nel grande tempio di Abu Simbel e in quello di Derr).[9] Il testo del bollettino[10] è illustrato con bassorilievi che evocano su vaste superfici le fasi principali della battaglia. La grande composizione, animata dalla mischia dei combattenti e dalle azioni eroiche di Ramsete, costituisce una vera innovazione rispetto al vecchio sistema delle rappresentazioni tradizionali, che fin dalle origini sono ripartite in registri decorativi in cui le tappe dell'azione vengono per così dire scomposte.[11] Questo originale rapporto di guerra nei quattro templi metropolitani era accompagnato da un testo indipendente, molto più particolareggiato, di tono più letterario, che fu dettato nell'anno 9, molto probabilmente dallo stesso Usermaatra, a uno dei suoi scribi, di nome Pentaur. Il grande tempio di Abu Simbel, che contiene una delle versioni più condensate e suggestive del bollettino non presenta alcuna versione del poema. Il testo tracciato da Pentaur è invece conservato in tre papiri giunti fino a noi.[12]

Il bollettino di Qadesh, rapporto militare

Tutta l'angoscia di un capo abbandonato, disperato ma deciso a vincere, e poi l'ebbrezza della vittoria, si ritrovano in questo testo dettato da Ramsete allo scriba Pentaur, quattro anni dopo questa eccezionale giornata di battaglia. Ma immediatamente dopo il suo ritorno il faraone aveva ordinato ai testimoni oculari dello scontro, fra i quali certamente i suoi coppieri e lo scudiero Menna, di annotare gli episodi principali per comunicarli agli scultori incaricati di illustrare questa memorabile battaglia, la prima della storia in cui si possa seguire la tattica impiegata e conoscere lo schieramento dei due eserciti.[13] Il testo del bollettino è sobrio e laconico, accompagnato da commenti riferiti a episodi realmente vissuti.

Basandosi su questi documenti si può tentare di ricostruire a grandi linee la giornata di Qadesh e di reintrodurvi gli infelici incidenti che nel poema sono passati sotto silenzio.

La partenza dell'esercito

Quando Ramsete, sul carro trainato dai suoi cavalli preferiti, *Vittoria-in-Tebe* e *Mut-è-soddisfatta*, lasciò la sua capitale, guidava le quattro divi-

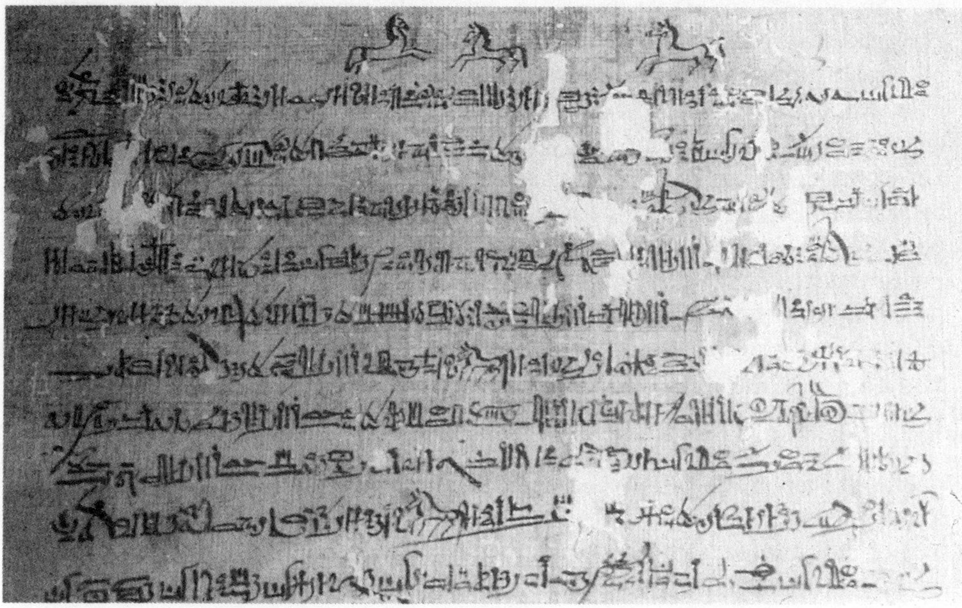

Frammento del poema di Pentaur, in scrittura ieratica, ornato dallo schizzo dei cavalli.

L'anello con i cavalli, che realizzava il voto fatto da Ramsete di fornire loro ogni giorno il cibo.
(Museo del Louvre)

sioni verso l'Amurru. Era preceduto dai suoi ufficiali superiori raggruppati intorno alla grande asta a testa d'ariete, insegna della prima divisione, che era solidamente fissata su un primo carro. Gli uomini delle divisioni marciavano immediatamente al suo seguito. Il faraone era circondato dai coppieri, che formavano la scorta insieme con gli *shardani*, la guardia personale. Anche il visir (quello del Nord?), il cui nome non è citato in nessun testo, era presente, insieme con gli alti ufficiali, rimasti anch'essi anonimi. I membri della famiglia reale che facevano parte della spedizione erano certamente i figli maggiori, i cui nomi compaiono sui diversi quadri del bollettino. Al momento dell'attacco contro l'accampamento è citato il nome di una sposa reale: Mutnofret. Sarebbe forse un errore dello scriba, al posto di Isisnofret, la seconda grande sposa reale? Sembra piuttosto che questa Mutnofret facesse parte dell'«harem di viaggio» essendo la preferita fra le spose di rango inferiore, perché il testo precisa che «bisogna mettere al riparo i figli reali e quelli di Mutnofret».

Dietro la divisione di Amon marciava quella di Ra (o Pa-Ra), quindi quella di Ptah. Infine la divisione di Sutek (o Seth) chiudeva la lunga colonna guerriera.

Dai dati minuziosamente annotati si apprende che l'esercito impiegò un mese per raggiungere la periferia della città di Qadesh: dal nono giorno del secondo mese d'estate dell'anno 5 (maggio-giugno) al nono giorno del terzo mese della stessa estate, ossia giugno-luglio 1274. L'intendenza militare assegnata a ogni divisione era incaricata di provvedere ai rifornimenti di base e al materiale di bivacco, che era caricato su grossi carri trainati da bovini (bufali?) e da asini.

Ogni divisione aveva ricevuto i suoi piani di battaglia e prima della partenza da Pi-Ramses era stata informata sulle diverse tappe della marcia. Gaza fu certamente una delle prime. Ramsete risalì la costa fenicia, forse oltre Tiro, verso Biblos. Di lì si mise in contatto con le forze nearine[14] che aveva installato qualche mese prima, in previsione del suo ritorno. Senza dubbio le mandò verso la foce dell'Eleutheros, più a nord, perché risalissero il fiume in direzione di Qadesh, non lontano dalla sorgente. Il congiungimento dei due eserciti avvenne nel giorno indicato. Abbandonando la costa, l'esercito dovette dirigersi fra il Libano e l'Antilibano, nella depressione della Bekaa, per giungere non lontano da Damasco e dalla base amministrativa fondata da Ramsete e chiamata Pi-Ramses-della-valle-dei-Cedri, nell'Amurru. Si lasciava così alle spalle i vassalli di Canaan.[15] La divisione di Amon raggiunse le ultime alture sulla riva dell'Oronte, e alla vigilia della battaglia passò la notte nel luogo che oggi porta il nome di Kamirat el-Harmal.

Sotto la tenda di Ramsete, all'interno dell'accampamento della divisione di Amon, Ramsete riunisce d'urgenza il visir e gli ufficiali. Nel registro inferiore, gli emissari ittiti vengono bastonati sotto la sorveglianza di shardani *e fanti egiziani.* (Disegno di Clère e Fouad)

8

Qadesh II. La battaglia davanti alla rocca

Lo stratagemma nemico

La mattina dopo Ramsete, in abbigliamento da guerra, «vestito della panoplia di Montu», guidò la sua divisione attraverso il lungo bosco di Labuy, dove un tempo Amenofi III, il re atleta, veniva a cacciare le gazzelle. Voleva passare al più presto il guado dell'Oronte, a sud della città di Shabtuna,[1] per avanzare lungo la riva destra del fiume.

Gli esploratori avvistarono degli uomini che parevano nascondersi: li catturarono e constatarono che si trattava di due beduini della tribù degli *shasu*. I due si presentarono come delegati del loro gruppo, che faceva parte della coalizione ittita, ma bramava sfuggire all'oppressione di Muvattali.

Ramsete non capì che si trattava di una trappola. Eppure il suo grande modello, Thutmose III, si era già servito di uno stratagemma per attaccare la città di Joppe (Jaffa).[2]

La manovra era stata escogitata da Muvattali, che era alla testa di un esercito di circa 20.000 uomini, compresi 2500 carristi. Queste forze erano concentrate molto vicino al faraone, a nordest di Qadesh, nascoste dietro la rocca.

Usermaatra dovette immediatamente concepire un piano di battaglia: piombare sulla fortezza, resa più vulnerabile dall'assenza di Muvattali e prenderla di sorpresa, poiché le forze ittite stanziate ad Aleppo non potevano difenderla.

Accecato da questa inebriante speranza, Ramsete dimenticò ogni prudenza. Senza dubbio omise di consultare i consiglieri, cosa che non mancava mai di fare prima di prendere una decisione importante. Voleva attaccare con la sua divisione, lasciando alle altre la cura di raggiungerlo dopo l'assalto vittorioso contro la roccaforte. Partì quindi con la sola divisione di Amon per varcare al più presto il guado di Shabtuna e marciando lungo la riva sinistra dell'Oronte raggiungere i sobborghi nord occidentali di Qadesh.

Si allestisce l'accampamento reale

Arrivati al bivacco scelto dal faraone, gli egiziani sotto la guida degli ufficiali e degli scribi dell'intendenza si accinsero a organizzare l'accampamento e ad allestire la tenda regale, ornata delle raffigurazioni dei paesi stranieri in ginocchio davanti al re. Un immenso terreno rettangolare fu immediatamente delimitato mediante una leggera palizzata fatta di scudi alti circa due cubiti, eretti lungo tutto il perimetro. L'entrata era fiancheggiata da una coppia di montanti dominati da due statuette di leoni accucciati, che l'intendenza aveva avuto cura di caricare fra i bagagli del re, perché bisognava sempre assicurarsi la forza dei simboli.[3]

Questa entrata si apriva su un passaggio centrale che attraversava la zona in cui bivaccavano uomini, bestie e materiale e conduceva direttamente alla tenda reale. Era una grande tenda rettangolare dal tetto arrotondato, fiancheggiata da altre tre tende più piccole destinate ai principi reali.

La vita al campo presentava una grande animazione, che sembrò trasformarsi bruscamente in tragedia a oriente della scena. Osserviamo per il momento la parte occidentale del grande recinto, dove gli uomini della divisione di Amon si credevano al sicuro. L'entrata era sorvegliata da guardie armate di picche. Vicino a loro i cavalli, alcuni davanti alle mangiatoie, altri in attesa fra le file di carri. Più in alto gli asini da soma brucavano l'erba. Il personale che si occupava delle salmerie contemplava la presenza di garzoni, che prestavano assistenza ai soldati impegnati in diverse mansioni, come badare alle bestie, ispezionare i carri, preparare i pasti o magari curare qualche ferito.

Al centro un grande leone accucciato, con la lingua sporgente, raffigurava «il leone vivente di Sua Maestà, che sbrana i nemici».[4] Davanti a lui il domatore completava l'addestramento. Ma dal lato opposto un'improvvisa agitazione turbò i personaggi: uomini in armi accorrevano protendendo gli scudi, altri affrontavano i carri ittiti che erano penetrati nel campo dalla palizzata orientale. Alcuni erano caduti dai carri ed erano vittime dei soldati egiziani. Ecco, un ufficiale reale, sul carro, alzare e sollevare un braccio come per dare un ordine. Era preceduto da altri due carri montati da principi, che fuggivano al galoppo verso ovest. Su una versione del bollettino che figura nel Ramesseo si legge:

> «L'arrivo del flabellifero del faraone per dire ai figli reali e a quelli di Mutnofret: 'Non uscite dalla porta occidentale del campo e tenetevi lontano dalla battaglia!'»

L'accampamento della divisione di Amon allestito a ovest della città di Qadesh. Gli scudi posti in piedi limitano il terreno. L'entrata sinistra è ornata di due piccole sfingi. Tutta la parte sinistra dell'accampamento illustra la vita dei soldati e degli animali in tempo di riposo (ivi compreso l'addestramento del leone di Sua Maestà).

A destra, nel riquadro, la grande tenda del re e tre piccole tende di principi. L'attacco ittita accerchia la tenda reale. In alto a destra gli emissari del faraone ordinano di evacuare la famiglia reale.

A lato del campo si ritrova la figura dello stesso

> «flabellifero alla destra del re, lo scriba reale, [gran] comandante dell'armata, [il primo carrista] di Sua Maestà, Parerunemef».

Che cosa sta succedendo?

Le conseguenze dello stratagemma nemico

I due *shasu*, abilissimi a non destare sospetti, avevano spinto Ramsete alla catastrofe, nella sua impetuosità, nella sua bramosia di rubare una vittoria. Il nemico, concentrato a nordest di Qadesh, in agguato dietro la roccaforte e la folta vegetazione, si accingeva ad attaccare su due fronti, da una parte l'accampamento, dall'altra la divisione di Ra che aveva appena passato il guado di Shabtuna e stava per congiungersi con quella di Amon.

Mentre si stava allestendo l'accampamento, Ramsete assiso sullo sgabello di campagna placcato d'oro, fu informato che due esploratori nemici in ricognizione erano appena stati catturati. Trascinati davanti al faraone, bastonati a sangue, finirono per rivelare la tragica verità.

> «Apparteniamo al paese di Hatti: è lui che ci ha mandati per spiare il luogo dove si trova Sua Maestà.» Allora Sua Maestà disse loro: «Dov'è lui, il vinto di Hatti? Ho sentito che si trovava nella terra di Aleppo, a nord di Tunip». Ma quelli dissero a Sua Maestà: «Vedi! Il vile capo di Hatti è venuto con numerosi paesi stranieri che sono con lui: quelli che ha condotto con sé come alleati (seguono i nomi di tutti quelli che sono citati nel poema). Sono accompagnati dalla fanteria e dai carri che portano le armi da guerra, e sono più numerosi della sabbia sulla riva del fiume. Vedi! Si tengono equipaggiati e pronti a combattere dietro Qadesh l'antica!»

La reazione di Usermaatra fu ancora una volta immediata. La rapidità di cui diede prova in una situazione così drammatica rivela la sua presenza di spirito e l'indiscutibile valore. Convocò immediatamente lo stato maggiore.

> Vedete in che situazione si trovano i governatori dei paesi stranieri e i capi delle terre del faraone. Ogni giorno venivano a dire a Sua Maestà: «Il vile capo di Hatti è nella terra di Aleppo ed è fuggito quando ha sentito che Sua Maestà arrivava. Ma vedete! Ho appreso in questo momento, da questi due esploratori del vinto di Qadesh, che il vile vinto di Hatti è venuto con numerosi paesi stranieri che sono con lui, uomini e

Gli egiziani bastonano gli emissari ittiti.

Il carro da guerra reale e lo scudiero Menenna.

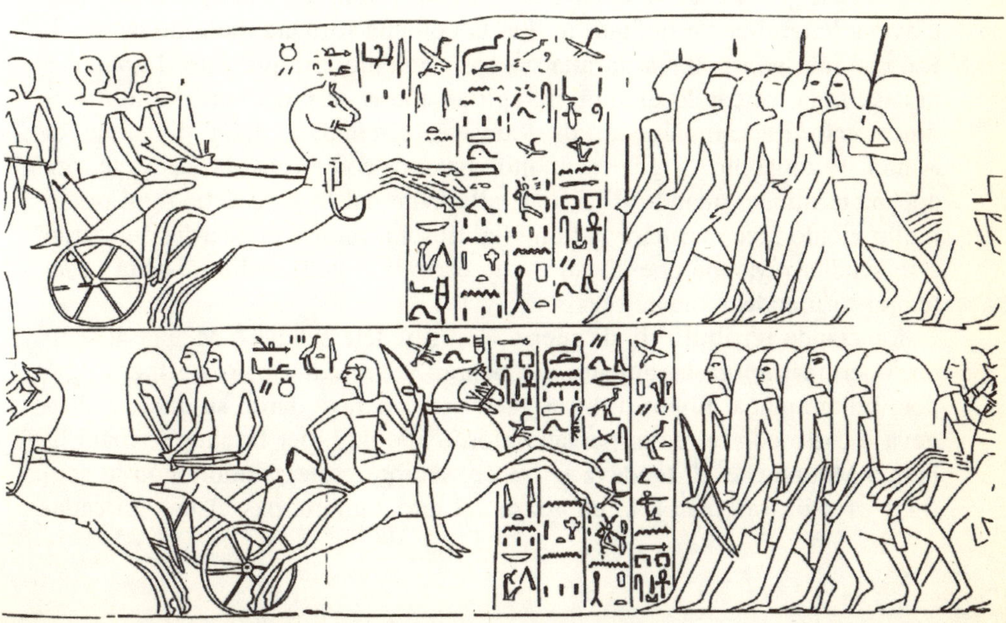

Il visir e un messaggero egiziano corrono ad avvertire la divisione di Ptah per affrettarne l'arrivo.

cavalli numerosi come (i granelli di) sabbia. E vedete! Si tengono pronti dietro Qadesh l'antica, mentre i miei governatori dei paesi stranieri e i nostri capi che hanno autorità sulle terre del faraone non sono stati capaci di dirci che erano arrivati!»

Ma evidentemente non è più il momento di lamentarsi del servizio informazioni. Spedisce d'urgenza a Shabtuna il visir che accompagnava il principe Parerunemef, *Primo valoroso dell'esercito, sovrintendente delle Scuderie*, con l'ordine che la divisione di Ptah acceleri la marcia. Questa divisione probabilmente era ancora ingolfata nel bosco di Labuy, mentre quella di Seth era la più lontana. Quanto alla divisione di Ra, Ramsete credeva che fosse pronta a congiungersi con quella di Amon, nei pressi dell'accampamento.

Nel frattempo Muvattali scatenava l'offensiva, tenendo davanti a sé circa 10.000 fanti e mandando 2500 carri con tre guerrieri ciascuno (un conducente, uno scudiero e un arciere) in direzione dell'Oronte. Dovevano attraversare il guado più vicino a Qadesh e scontrarsi con gli egiziani sulla riva occidentale del fiume.

Aveva inizio così la grande battaglia di Qadesh che durò solo un giorno e che Ramsete glorificò come un evento di capitale importanza. È l'operazione militare su cui siamo meglio informati[5] fra tutte quelle avvenute prima della battaglia di Maratona (490 a.C.).

La mischia

Ramsete ignorava che la cavalleria di Muvattali aveva passato l'Oronte e aveva letteralmente tagliato in due la colonna formata dalla divisione di Ra, che non si aspettava un attacco così violento e imprevisto. I soldati e la cavalleria, cercando di sfuggire agli assalitori, si precipitavano in disordine verso l'accampamento di Ramsete, circondato dalla divisione di Amon. Il consiglio di guerra, molto ristretto, convocato da Ramsete, era appena terminato quando il faraone, allarmato dal fragore delle armi ormai molto vicino fece evacuare la famiglia, riuscì a riunire la guardia del corpo e lo scudiero Menna che allestì il suo carro e si gettò nella mischia in un tempo sorprendentemente breve.

Lanciando terribili urla di guerra, con il fedele scudiero Menna al fianco, Usermaatra, ora veramente Setepenra (*Scelto dal dio Ra*), superò ogni possibilità umana. Ebbro di furia guerriera, lanciava dardo su dardo e dirigeva il carro con le redini passate intorno alle reni, per lasciare le mani libere a Menna che gli tendeva le frecce, sempre proteggendolo con lo scudo. I cavalli, trascinati dall'ebbrezza del loro signore, passavano sui cada-

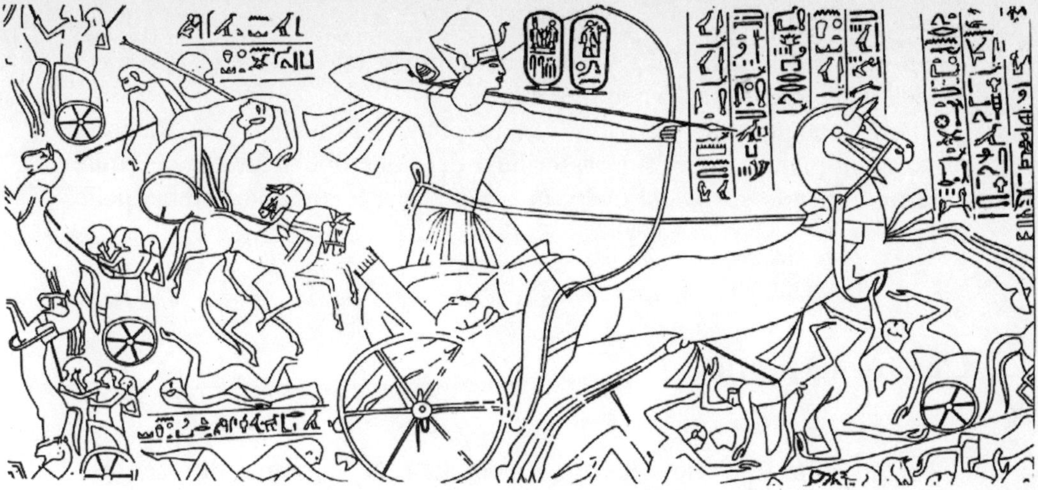

La carica di Ramsete, solo nella mischia.

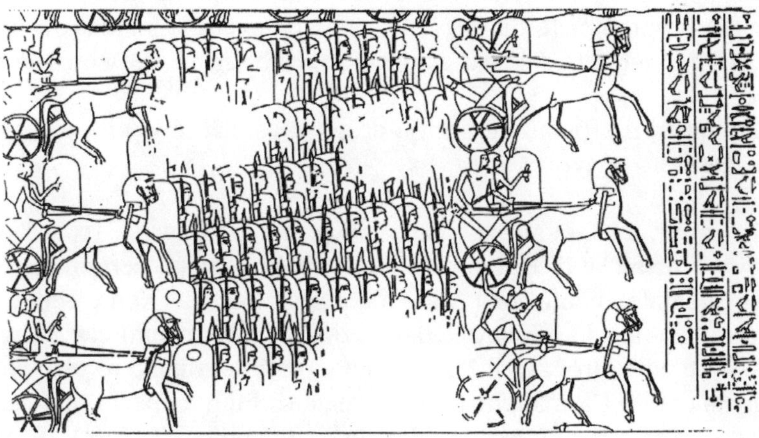

Arrivo dei nearini.

Scontro dei carri da guerra egiziani e ittiti.

veri rovesciando i carri ittiti. «Non è un uomo, è un demone!» urlavano i nemici, come paralizzati o colpiti a morte.

Effettivamente nelle iscrizioni che presentano l'immagine di Ramsete sul carro in piena azione, sui bassorilievi del bollettino si legge: «È come l'uragano quando sorge dal cielo, la sua potenza è come la fiamma nelle stoppie».

L'arrivo dei nearini

Per sei volte Ramsete si lanciò al contrattacco. Sul punto di essere sopraffatto vide all'improvviso i ranghi nemici diradarsi. A est, in direzione dell'accampamento, era comparso lo splendido corpo dei nearini, in base a quanto già programmato dal re. La falange compatta di soldati formata da guerrieri bene addestrati stava arrivando fiancheggiata dai carri pronti all'attacco.

Ecco come gli ufficiali egiziani li descrissero, nel testo che accompagna la scena del loro arrivo:

> I nearini del faraone venivano dal paese di Amurru. Trovarono che le truppe nemiche di Hatti erano penetrate nel campo del faraone sul lato occidentale, mentre Sua Maestà era seduta sola... Non essendo il suo esercito con lui, lo squadrone dei carri, i soldati, intanto che l'armata di Amon, in cui si trovava il faraone, non aveva terminato di piantare l'accampamento e l'armata di Ra e l'armata di Ptah erano in marcia... non erano ancora arrivate uscendo dal bosco di Robawi (Labuy). E i nearini si gettarono sulle truppe del vile sconfitto di Hatti mentre penetravano nel campo del faraone, i servitori di Sua Maestà li uccisero e non permisero a nessuno di sfuggire alla morte, il loro cuore era confortato dalla forza del faraone, il loro eccellente signore, lui che sta dietro di loro come una montagna di rame e come un muro di ferro, eternamente e per sempre.

Stringendo in una morsa la cavalleria che accerchiava Ramsete, liberarono il focoso faraone ormai sul punto di essere sconfitto.

Allora la cavalleria egiziana, spalleggiata dai nearini, si gettò all'inseguimento del nemico che fuggiva a nordest della roccaforte. Il faraone riunì gli elementi della divisione di Ra a cui si era congiunta la divisione di Ptah guidata dal visir e le due cavallerie nemiche si affrontarono.

I rilievi che illustrano le tappe principali del bollettino ci descrivono lo svolgersi degli eventi riservando la parte inferiore alla raffigurazione dell'accampamento egiziano e del consiglio di guerra. Nel registro superiore,

La roccaforte di Qadesh circondata da due bracci dell'Oronte, collegati da un canale.

Uno dei fratellı del re ittita perisce annegato, il principe di Aleppo «vomita».

Il re degli ittiti ordina alle sue truppe di sospendere il combattimento.

intorno al faraone e alla rocca di Qadesh, infuria la mischia fra mucchi di uomini e cavalli abbattuti e carri in frantumi.

Poi si assiste all'ultima fase della battaglia: la carica vittoriosa della cavalleria guidata da Usermaatra contro i carri ittiti respinti a sud di Qadesh, non lontano dal guado che gli ittiti, poco tempo prima, avevano attraversato nell'altro senso.

La carica della cavalleria egiziana

Ora Ramsete dominava la situazione. I carri ittiti attraversavano il guado in pieno disordine. Carri, cavalli e guerrieri erano travolti dalla corrente e molti annegavano. «Gli ittiti si gettano nel fiume come coccodrilli.»

I bassorilievi ci raccontano particolari presi dal vivo, spesso tragici, talvolta umoristici. Visibili a tutti sui piloni di Luxor o sulle pareti dei templi di Karnak, non possono aver registrato informazioni menzognere.

Sulla grande parete nord dell'atrio ipostilo nel tempio di Ramsete ad Abu Simbel compare la figura di un fratello di Muvattali, Pa-tjar, morto annegato nell'Oronte, e la scena del «vile capo» della città di Aleppo, tenuto per i piedi con la testa in basso, per fargli vomitare l'acqua ingoiata.

Questi aneddoti sono resi con straordinaria vivacità. Gli artisti hanno voluto rendere gli spettatori partecipi dell'ebbrezza disperata del combattimento, nonché dei particolari della vita quotidiana. Il risultato è un capolavoro che deve molto a quella «liberazione» delle arti imposta da Akhenaton, quando lanciò il nuovo stile sulle pareti dei santuari di Karnak dedicati ad Aton, il globo solare, a oriente del perimetro sacro ad Amon.

Dopo questa carica folgorante in direzione del fiume, le sorti della giornata cambiarono definitivamente. Ma Ramsete non avrebbe potuto resistere a lungo se non fossero arrivati i nearini, come del resto era stato programmato. Non possiamo quindi rimproverargli una totale imprudenza nella gestione strategica della battaglia.

D'altra parte, c'è da domandarsi perché Muvattali, per tutta la durata dello scontro, sia restato ostinatamente vicino alla fanteria, sulla riva sinistra a est di Qadesh, senza partecipare personalmente all'attacco e soprattutto senza lanciare nella mischia la poderosa fanteria, nel momento in cui la cavalleria veniva respinta verso l'Oronte. Questo abile diplomatico, che eccelleva nei negoziati condotti in genere per arrivare a un trattato, voleva forse evitare un'inutile carneficina? Era abbattuto per la morte dei fratelli e dei fedeli caduti sul campo? O era già colpito dalla malattia che doveva ben presto distruggerlo nel fiore dell'età?

Le migliaia di guerrieri ittiti che Muvattali non volle lanciare nella battaglia.

Carrı da guerra ittiti che non partecipano alla battaglia e sfilata di una parte dell'intendenza ittita.

La fine della battaglia

I rilievi che illustrano il bollettino mostrano Ramsete ritto sul suo carro, a sudest di Qadesh. L'auriga stringe le redini dei due cavalli. Lo circondano i lancieri, il cui capo brandisce il caratteristico scudo a forma di violino.[6] Davanti ai cavalli si scorgono altri guerrieri delle truppe confederate, quasi tutti originari della vicina Anatolia, come si è potuto riconoscere dai nomi delle terre da cui provenivano. Gli uomini che portano i grandi scudi dalla sommità arrotondata, analoghi a quelli degli egiziani, devono essere originari di paesi già vassalli del faraone.

Muvattali, impugnando con una mano le redini dei cavalli come per tenere fermo il carro, si volge verso la rocca e leva l'altra mano per far cessare il combattimento. Forse aveva deciso che le truppe rientrassero nella città prima che le armate del faraone tentassero di impadronirsene? O era disperato per aver perduto nella mischia tanti dei suoi?

I testi che circondano la figura del capo ittita, scortato dai 18.000 guerrieri *teher*, che rinuncia a lanciare nella mischia, ci confermano lo stato d'animo di Muvattali.

> Il grande vile sconfitto di Hatti si tiene al centro della cavalleria, con la faccia voltata indietro, fremendo di orrore e sconfitta. Non è mai uscito a combattere, per paura di Sua Maestà, quando ha visto che sbaragliava le truppe di Hatti come pure tutti i paesi stranieri che erano venuti con lui. Sua Maestà li ha dispersi in un momento, Sua Maestà era come un falco divino. Lui (l'ittita) rende omaggio al dio incarnato dicendo: «Egli è come Seth al culmine della sua gloria, Baal in persona».

L'esercito ittita riceve dunque l'ordine di ritirarsi nella città di Qadesh. Questa piazzaforte era circondata da due bracci dell'Oronte, congiunti da un piccolo canale. Due ponti levatoi, uno a sud e l'altro a est, consentivano l'accesso alla città. I soldati confederati si precipitarono nell'interno al seguito di Muvattali e i ponti levatoi furono ritirati.

La sera della battaglia

Ramsete è stato talvolta accusato di eccessiva millanteria a proposito del successo di Qadesh. Se, da una parte, il poema sottolinea eccessivamente la solitudine totale di Ramsete nella battaglia, le informazioni ufficiali del bollettino ristabiliscono la verità. I disegnatori seguirono rigorosamente gli ordini ricevuti di coordinare le illustrazioni del bollettino nei di-

La sera della battaglia Ramsete fa contare i nemici morti (gli scribi registrano tutte le mani sinistre tagliate). I principi reali conducono i prigionieri. Il visir e gli ufficiali osannano il faraone.

versi templi. L'arrivo dei nearini e, nel corso del combattimento, il registro che raffigura lo scontro fra le due cavallerie nemiche mostrano deliberatamente che Ramsete non si trovò solo nella battaglia. Inoltre è visibile l'intenzione di mostrare che la piazzaforte non era stata investita: fra gli ittiti armati di lance in cima alle torri superiori, sventola liberamente lo stendardo nemico, che non è stato trafitto dalle frecce egiziane, come vedremo in occasione della presa di Tunip, nell'anno 8.

La divisione di Ptah, che era appena arrivata sul campo di battaglia, fu raggiunta, seppure tardivamente, dalla divisione di Seth e non partecipò al combattimento. Bisognava raccogliere i feriti, radunare i carri, strigliare i cavalli, recuperare i morti egiziani[7] e contare i nemici abbattuti. Per quest'ultimo computo, secondo il costume, a ogni cadavere nemico si tagliava una mano, che veniva coscienziosamente registrata dagli scribi. Queste mani formavano diversi macabri cumuli davanti al faraone. Inoltre i figli e alcuni ufficiali superiori gli presentavano i capi dei vinti, i *maryan* di diversi paesi, ossia la classe superiore dei carristi più valorosi.[8] Il sovrano era assiso sul cuscino del suo carro a ricevere le testimonianze della vittoria. Sul registro inferiore il figlio maggiore, ora chiamato per la prima volta Imenherkhepeshef,[9] gli conduce il gruppo dei prigionieri più importanti, con le braccia legate. Nel registro mediano le lodi rivolte al re sono illustrate dal visir (sempre anonimo!) e dai tre generali di divisione che alzano le braccia al cielo acclamandolo. Il registro superiore raffigura due principi che conducono una fila di altri prigionieri legati con corde e un gruppo di cavalli ittiti.

Pare che la condanna all'anonimato abbia colpito gli ufficiali superiori del visir a causa della loro imprevidenza e della loro assenza durante la battaglia. I figli del re sono rappresentati e nominati. Riconosciamo Parerunemef, Ramsete, Khaemuaset, Meriamon, Seti, Merenptah e un altro ancora il cui nome è illeggibile, senza dimenticare Imenherunemef divenuto Imenherkhepeshef.

L'aspro rimprovero rivolto ai soldati nello pseudopoema è stato sicuramente pronunciato durante questa cerimonia alla fine degli scontri. A esso faceva riscontro la lode tributata al fido scudiero Menna. Né Usermaatra trascurò i suoi due valorosi cavalli *Vittoria-in-Tebe* e *Mut-è-soddisfatta*: spesso in seguito dovette recarsi nelle loro scuderie a Pi-Ramses per porgere con le proprie mani il fieno più odoroso. Anzi, la loro immagine degna della riconoscenza reale attraversò i secoli... e le frontiere. Un giorno il viceré d'Egitto Mehemet Ali fece dono a Carlo X di un prezioso anello d'oro, rinvenuto negli scavi della necropoli dei tori Api a Saqqara. Il suo castone è costituito da due minuscoli cavalli a tuttotondo[10] davanti alla mangiatoia. Il voto di Ramsete, cesellato dai suoi orafi migliori, si era così materializzato al suo dito. Ora esposto al Museo del Louvre.

La triade tebana: Amon, Mut e Khonsu. Sotto i loro piedi, la corrente del Nilo indica il rapporto del dio con l'Inondazione. (Grande Tempio di Karnak, foto A. Bellod)

«La pace vale più della guerra» (Muvattali)

Anche se il testo del poema fa pensare che il faraone volesse riprendere lo scontro il giorno dopo, questa ipotesi pare sia da scartare.

La presa di Qadesh dovette sembrargli altamente improbabile, poiché non disponeva più delle quattro divisioni intatte, e sicuramente anche i nearini avevano subito delle perdite. I 20.000 difensori della cittadella avrebbero costretto gli aggressori a un lungo assedio. D'altra parte è comprensibile che l'ittita, probabilmente alquanto sconcertato, abbia tentato l'arma della diplomazia. Il poema riferisce il messaggio inviato da Muvattali a Ramsete e la decisione quasi immediata presa dal faraone, dopo aver consultato il consiglio degli ufficiali superiori. Restio a commettere altre imprudenze, Ramsete ritenne che il gesto di Muvattali gli consentisse di porre fine a uno scontro rischioso senza perdere la faccia. Approfittò dunque della via d'uscita che gli veniva offerta e annunciò il suo «ripiegamento strategico» verso sud.

Il ritorno in Egitto

Come c'era da aspettarsi, i messaggeri reali furono inviati in fretta alla capitale e Ramsete e le truppe, che portavano alcuni prigionieri ma... ben poco bottino, conobbero il trionfo dei valorosi, all'inizio del sesto anno di regno e alla fine del quarto mese (luglio 1274 a.C.).

Si cantarono le loro lodi e non si parlò troppo delle prede di guerra, che contavano essenzialmente cavalli e armi presi ai nemici uccisi, mentre si evitava di alludere alle perdite di materiale che era andato distrutto quando l'accampamento di Ramsete era stato attaccato.

Usermaatra Setepenra aveva imparato la lezione. Aveva compreso quanto fossero deboli le alleanze strette con i principi del Medio Oriente. Sapeva anche che gli aggressivi vicini avrebbero analizzato e giudicato il suo ritorno, vedendo che Qadesh e l'Amurru restavano in mano agli ittiti.

Infatti, dopo la partenza dell'esercito egiziano, Muvattali aveva completamente ripristinato il suo dominio sull'Amurru. Fu allora che il suo capo Benteshima fu esiliato nella capitale ittita Hattusa e sostituito nel principato da un certo Shapilli. Infine Muvattali riprese Damasco e la sua provincia.

Ora a Pi-Ramses, Usermaatra Setepenra si doveva impegnare a riorganizzare le divisioni e soprattutto il servizio di ricognizione, dopo essere stato così amaramente colpito dallo stratagemma ittita.

Ramsete fa bruciare dell'incenso per Ptah. (Karnak, foto Bellod)

9

Ramsete e il linguaggio dei templi I. La fondazione del Ramesseo

Conseguenze immediate di Qadesh

IMENHERKHEPESHEF, figlio maggiore del sovrano, aveva fatto buona prova durante lo scontro di Qadesh. Ramsete sapeva di potergli affidare compiti di grande responsabilità, mentre lui stesso si recava nel sud del paese. Del resto il principe era molto legato a due dei più fedeli ed energici servitori del faraone.

Anzitutto il visir Pasar, che probabilmente era rimasto nella capitale del Nord per amministrare gli affari di stato, sostituendo in un certo qual modo il suo confratello a cui era affidata la parte nord del paese, ma aveva accompagnato il faraone nella spedizione dell'anno 5 contro l'Amurru. Anzi, in questa occasione aveva dimostrato ben poco discernimento quando i primi emissari di Muvattali avevano rifilato a Ramsete le loro informazioni false. Inoltre il principe aveva al suo fianco Imeneminet,[1] di provata lealtà e intelligenza a cui il faraone aveva affidato la direzione dei servizi speciali che dovevano controllare le manovre ostili all'Egitto nei paesi stranieri. Cominciava già a organizzare una rete di informazioni sulla situazione reale delle province vassalle, al di là dei confini orientali del Delta.

La frontiera orientale era stata rafforzata con truppe fresche stanziate al di là di el-Arish,[2] lungo la costa, in direzione di Gaza e Raphia, sulla linea delle piazzeforti.[3] Questo per il momento dissuadeva gli *shasu*, beduini predoni, dal tentare razzie. Queste misure furono accompagnate da una cauta epurazione nei quadri superiori dell'esercito. Si provvide insieme a rimodernare i sistemi di addestramento delle truppe, nonché degli ufficiali carristi, per instaurare una disciplina più rigorosa. Il principe Imenherkhepeshef, incaricato di mettere in pratica le riforme, era certamente affiancato dal generale Uriya, il cui figlio aveva partecipato alla battaglia di Qadesh al suo fianco.

Comunque, Ramsete sapeva che durante la sua assenza dalla capitale la regina madre Tuy, Mut-Tuy, come amava chiamarla, sarebbe stata la migliore reggente... ufficiosa. Nessuno poteva rivaleggiare con lei per saggezza e spirito pratico, qualità di cui aveva già dato prova durante le due precedenti spedizioni siriache.

Verso i templi del Sud

Ramsete decise dunque di recarsi nelle terre del Sud[4] per prendere contatto diretto con i notabili delle province, ai quali doveva essere narrata l'epopea di Qadesh perché nessuno dubitasse delle straordinarie imprese del Signore d'Egitto. C'erano anche i grandi lavori progettati fin dall'inizio del regno. Il tempio, con la sua architettura e la sua decorazione, doveva far rivivere i grandi momenti della storia, ma anche esprimere le forze cosmiche da cui dipende l'equilibrio del mondo.

Bisognava innanzitutto eternare la miracolosa battaglia da gigante che aveva combattuto, quasi solo, contro l'avversario più potente fra i paesi dell'Oriente e del Settentrione. L'impatto magico dei bassorilievi avrebbe tramandato la sua fama di invincibilità. E sarebbe stato gradito alle entità divine da cui si aspettava protezione.

La tri-unità dopo Amenofi IV

Ma di quali entità divine si trattava? Il suo grande, segreto ispiratore, Amenofi IV, a quanto pare ne riconosceva una sola, quella che aveva ravvisato nel cuore del disco solare. Questa immagine, ripetuta sulle pareti dei suoi templi e delle tombe amarniane,[5] rappresentava il sole nell'atto di elargire i raggi, che terminavano in piccole mani da cui uscivano luce, calore e vita per la terra. Ma quante speculazioni segrete all'interno dei santuari, dove i sacerdoti filosofi e i saggi di Hermopoli,[6] discepoli di Thot, si dedicavano alle ricerche!

Chi volesse tracciare una sintesi delle dottrine religiose che Usermaatra intendeva diffondere potrebbe succintamente riferirsi ai termini di un papiro attualmente conservato a Leyda.[7] Si tratta di un testo di epoca postamarniana, dell'inizio della XIX Dinastia, che è un'interessante testimonianza del sincratismo dell'epoca. Le varie entità divine erano in realtà aspetti di

Veduta aerea del Ramesseo, presa nel 1913 prima della sistemazione della regione. Si osserverà l'importanza degli annessi che circondano le rovine del tempio giubilare di Ramsete II.

un'unica divinità, la tri-unità, Amon, Ra, Ptah, tre dei con un'unica volontà. In un brano del capitolo 300 dell'inno ad Amon il redattore tenta di analizzare questo concetto.

> Tre sono tutti gli dei: Amon, Ra, Ptah. Non hanno eguali. Celato è il nome (= il principio) in quanto Amon: la faccia è Ra; il suo corpo è Ptah.
>
> Le loro città sulla terra sono costruite per sempre: Tebe, Eliopoli e Menfi, fino all'eternità.
>
> Quando dal cielo viene inviato un messaggio divino, è ascoltato a Eliopoli, è ripetuto a Menfi, al giovanile-di-volto (= Ptah); è trascritto in una lettera con la scrittura di Thot, (è spedito) alla città di Amon che possiede i loro beni. A Tebe si risponde: «Andate, dicono gli dei, questo appartiene all'enneade (?): tutto ciò che esce dalla sua bocca è Amon». Gli dei sono consacrati grazie a lui, secondo quello che ha ordinato. Un messaggio divino è inviato? Può sopprimere o far vivere. Per tutti, la vita o la morte dipendono da lui... Amon, Ra [e Ptah], tutti, insieme tre.

Il testo naturalmente non manca di qualche oscurità; l'unica cosa chiara è che mette in rilievo il dogma della tri-unità, con sufficiente fermezza perché lo si consideri indiscutibile. Questo aspetto della nuova religione di Amon, dopo la riforma di Amenofi IV,[8] sarà in seguito precisato da Ramsete a proposito di Amon.

> (capitolo 40 dell'inno)... plasmando da sé, lui di cui nessuno conosce le forme, elaborando le proprie immagini, creando se stesso, congiungendo il suo seme al suo corpo per creare il suo uovo nel più profondo di se stesso. Divenendo una forma, immagine delle nascite...

Il ritorno di Seth

A questa trinità Ramsete aggiungerà l'immagine di Seth, il dio delle sue origini, quello che assieme a Horo dominava il primo dei grandi nomi del faraone, quello che i re del passato avevano invocato nel momento del pericolo. Seti lo aveva posto alla testa della quarta divisione del suo esercito. Ramsete poteva contare sulla divisione di Seth, sorta nella nuova capitale Pi-Ramses-la-vittoriosa. Il prestigio del suo tempio più antico, a sud della città, s'integrava con lo splendore dei santuari di Amon, di Ra e di Ptah, che sorgevano negli altri tre punti cardinali della metropoli.

Il concetto di Amon (*Imen, il Nascosto*) era ora largamente commentato e investiva progressivamente le altre forme divine. Si trovava Amon-Atum impegnato a scrivere il nome del sovrano sui frutti dell'albero *ished*, nel *Tempio di Milioni di Anni* di Ramsete (il Ramesseo). S'incontrava Amon-Min, signore della forza procreatrice della terra, o Amon-Nilo sulla parete della sala ipostila di Karnak, imperante sulle acque dell'inondazione. Il corno di ariete di Amon accanto al volto del faraone indicava la sua divinizzazione sulla terra...

Amon non aveva forse risposto all'appello disperato di Ramsete davanti alla rocca di Qadesh, nel momento più tragico della sua vita? Intensificando il culto della tri-unità Ramsete potenziava lo spirito universalistico del suo programma e sminuiva la potenza di cui un clero unico poteva disporre. Amon riuniva in sé il prestigio di diverse teologie: ognuno poteva riconoscere in lui il «suo» dio, soprattutto quelli che non avevano accesso ai templi. Ramsete stesso raccomandò più tardi al sommo sacerdote Bakenkhonsu di risparmiare uno spazio sulla facciata orientale del grande tempio di Karnak per introdurvi *Amon-che-ascolta-le-preghiere*. Si ricordi che nello stesso luogo Hatshepsut, l'innovatrice, aveva già fatto rappresentare in un magnifico blocco di alabastro la propria immagine accanto a quella di Amon.

Il programma architettonico

Usermaatra Setepenra sapeva che sarebbero occorsi due cicli di inondazione perché le riforme introdotte per «modernizzare» l'esercito ottenessero risultati tangibili. Allora sarebbe partito alla riconquista delle terre perdute. Aveva quindi tutto il tempo per realizzare ciò che gli stava particolarmente a cuore: il programma di architettura simbolica. Prima di arrivare al dominio di Amon, si era fermato ad Abido, vicino al suo tempio quasi giunto a termine e aveva ordinato che il bollettino della battaglia figurasse sulle pareti esterne a nord e a ovest.

Giunto nella bella regione tebana ritrovò l'ambiente della giovinezza quando, in compagnia di Pasar, visitava i cantieri della riva sinistra e l'ambiente di Karnak quando era stata solennizzata la nomina del sommo sacerdote di Amon, Nebunenef. Ma da allora era stato consacrato definitivamente figlio del dio, e inoltre si presentava come l'eroe di Qadesh.

Nella Casa di Amon scelse il muro esterno meridionale della sala ipostila per farvi scolpire la raffigurazione del bollettino. (Questo tema fu in seguito sostituito da altre scene di guerra.) A Luxor, all'esterno dei cortili e sul lato nord delle torri del pilone, fece raffigurare in tre riprese le fasi principali del bollettino, che venivano così presentate all'ammirazione delle folle.

Il tempio prediletto: il Ramesseo

Infine, attraversato il fiume, il sovrano si fermava nel suo *Tempio di Milioni di Anni*, il Ramesseo, così chiamato da Champollion, ma che ai tempi in cui Diodoro Siculo visitò l'Egitto era noto come la *Tomba di Osimandias.*[9] Era il santuario più caro al cuore di Ramsete insieme con quelli di Abu Simbel. Lo aveva chiamato il *Castello di Usermaatra Setepenra che si unisce a Tebe nel dominio di Amon.*[10]

La costruzione era quasi del tutto terminata.[11] Non così la decorazione. Intorno sorgevano numerosi magazzini dove cominciavano ad accumularsi i tesori del tempio. Sui lati nord, ovest e sud, immensi granai dal tetto a volta accoglievano le riserve di grano da distribuire come retribuzione ai sacerdoti e agli operai della necropoli, nonché il materiale necessario per arricchire l'arredamento rituale e gli oggetti di culto, e una grande quantità di doni offerti alla Corona nel giorno di Capodanno. Accanto si trovavano alcune abitazioni dei sacerdoti, uffici amministrativi, laboratori, la biblioteca, la *Casa della vita* che comprendeva un vasto scriptorium. Nell'angolo sudovest, all'aria aperta, era allestito un laboratorio per intagliare i vasi sa-

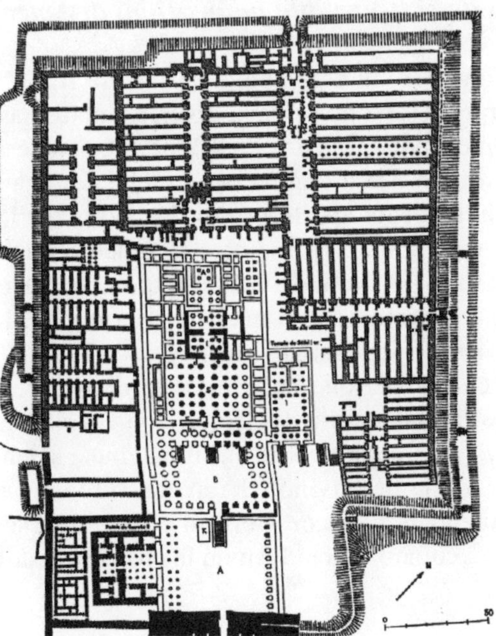

Pianta del tempio e dei suoi annessi. In basso, a sinistra, le tracce di un palazzo locale di Ramsete. A destra della sala ipostila, il mammisi *della regina Tuy.*

cri e le statue destinate alla cerimonia dell'*Apertura degli occhi e della bocca*. Le strade lastricate consentivano una comoda circolazione. Infine nell'angolo sudest era stata costruita la palazzina del re, per ospitarlo durante il rito annuale di rigenerazione. Su tre lati nord, ovest e sud il recinto era limitato da una doppia fila di sfingi dal corpo di leone: a ovest le sfingi avevano testa umana e tenevano fra le zampe, come a proteggerla, una statuetta del faraone in piedi. A nord e a sud dovevano avere teste di animali. La costruzione rispettava le tre parti tradizionali del tempio che era preceduto da un immenso pilone con due torri trapezoidali. Ma la prima parte comportava due cortili, invece di uno solo. La seconda parte era essenzialmente costituita dalla sala ipostila e la terza da un insieme di sale che circondavano il sacrario. Ramsete aveva studiato personalmente il piano della costruzione, ma aveva chiesto che si attendesse il suo arrivo per decidere l'insieme della decorazione parietale.

Così, nel secondo cortile scelse il registro inferiore della parete orientale per la raffigurazione della battaglia di Qadesh. Chiese invece che si soprassedesse alla decorazione della parte interna occidentale del pilone perché, accanto a una nuova illustrazione degli eventi di Qadesh, si riservava di farvi scolpire le sue future campagne siriache a Canaan e in Amurru.

Ramsete si ispira alle innovazioni di Amenofi IV

Una delle ragioni per cui era venuto a Tebe era il suo vivo interesse per l'avventura amarniana, che presentava diversi aspetti e aveva lasciato tracce profonde, come abbiamo visto, nell'interpretazione dell'immagine di Amon. D'altra parte vi era il dogma osirico che dominava tutti i riti funebri, sempre più largamente aperti a tutto il popolo egiziano. Le numerose contraddizioni che gli si erano presentate alla mente, anche prima della sua coreggenza, andavano risolvendosi nei colloqui con i sacerdoti-filosofi delle *Case della vita*, soprattutto con quelli di Hermopoli, la cui saggezza lo aveva illuminato sull'esperienza di Amenofi IV.

Era persuaso che la nozione della divinità di Aton, il disco solare, era presente in Egitto fin dalla notte dei tempi: non era stata inventata da Amenofi IV, che aveva solo voluto darne un'immagine... scientifica. Sapeva pure che le diverse forme del divino, che avevano sempre popolato i templi, tendevano solo a rendere più accessibile ai comuni mortali l'infinita varietà del potere creatore, come l'inno ad Amon la professava dopo l'«eresia».

Osiride visto da Amenofi IV

Usermaatra Setepenra aveva pienamente compreso la posizione di Amenofi IV. Come si poteva attribuire al riformatore l'intento di ripudiare

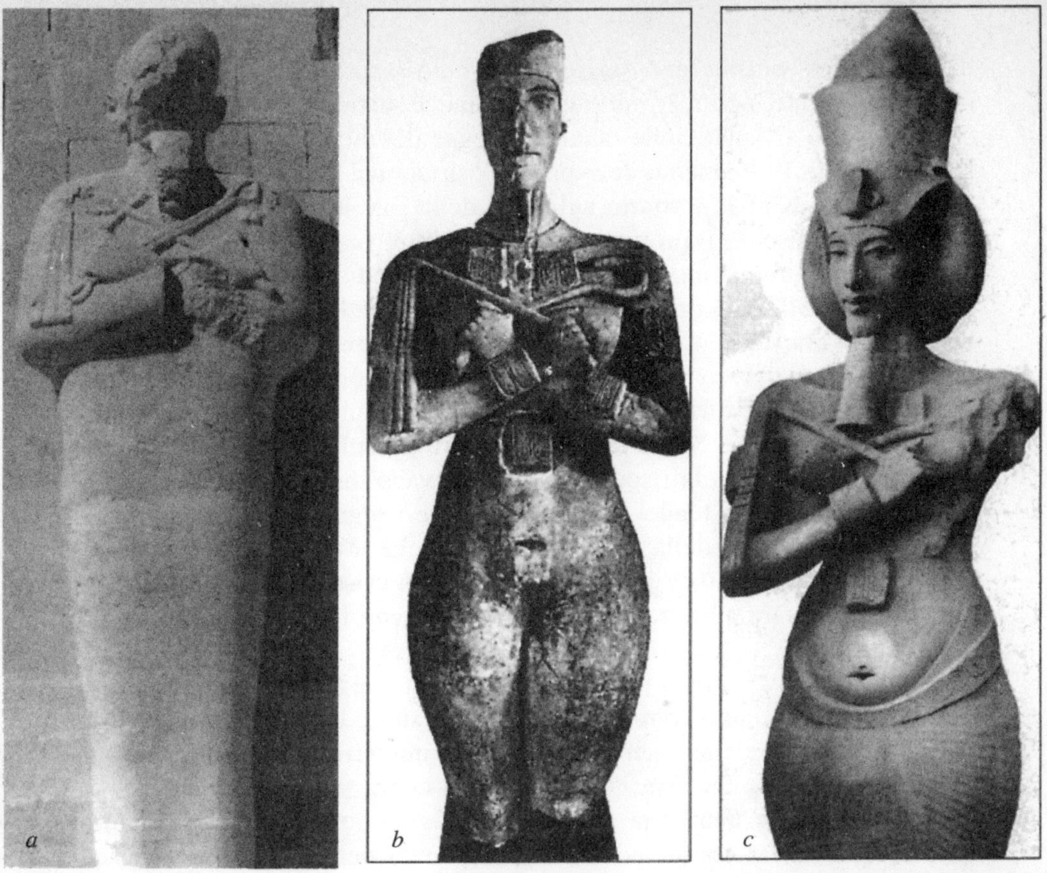

a. Uno dei pilastri osirici di Hatshepsut a Deir el-Bahri. Tiene fra le mani gli scettri osirici e i segni solari.

b. Statua di Amenofi IV nudo e privato dell'organo genitale, nell'atteggiamento osirico, Karnak est. (Museo del Cairo)

c. Statua di Amenofi IV nell'atteggiamento osirico ma in costume dei viventi (perizoma reale e gambe nude). (Museo del Cairo)

Akhenaton e Nefertiti distribuiscono ricompense. Al di sopra di essi il disco solare; i suoi raggi terminano con piccole mani che reggono i segni solari ☥ *e* [illegible].

il mito osirico, quando egli stesso si era fatto rappresentare nell'atteggiamento di Osiride, con le gambe unite (dunque statico) e le braccia incrociate sul petto, tenendo nelle mani le insegne del dio, l'uncino e la frusta? Ne aveva fatto l'ornamento dei «pilastri osirici» del suo grande tempio ad Aton, a est di Karnak, proprio agli inizi della sua «eresia». E aveva fatto preparare in tal senso il proprio apparato funebre, vasca, sarcofago destinato a ricevere la mummia «osirica», dotato delle indispensabili statuette funebri, le *shaubti*, così tipicamente conformi ai rituali classici il cui primo beneficiario era stato lo stesso Osiride, il dio martire. L'esistenza di questi famosi «pilastri osirici» del re eretico che aveva promosso il culto di Aton escludendo tutti gli altri era apparsa dapprima a Ramsete come un'inverosimile contraddizione. Si era informato, aveva consultato gli archivi segreti e infine aveva trovato la risposta. Non esistevano due verità fondamentali e opposte, quella che tendeva ad approfondire i segreti della vita e quella che sondava i misteri della morte. Non erano che le due facce di un fenomeno unico e continuo. Vita e morte, l'una non esisteva senza l'altra, una era complementare all'altra e in essa si fondevano tutte le manifestazioni del divino.

L'animazione creatrice, positiva, e l'elemento negativo, sterile e inerte, si alternano in un moto continuo, illustrati dal succedersi del giorno e della notte, della luce e delle tenebre, il cui corso ininterrotto costituisce l'eternità. Ecco la realtà che Amenofi-Akhenaton aveva voluto affermare. Sperava di far sparire una certa ambiguità, un'ignoranza mantenuta dai miti che, destinati a far comprendere le grandi leggi della natura, le avevano spesso confuse e allontanate dal senso originale. Bisognava essere un vero sapiente per scorgere, attraverso la poetica leggenda osirica, tutta la verità cosmica che celava.

I pilastri osirici

Nei templi i famosi pilastri osirici, composti da un pilastro quadrato sul davanti del quale il re compariva chiuso nella guaina funebre di Osiride, erano comparsi fin dal Medio Regno. La statua del re era irrigidita nella postura del dio morto e mummificato, e tuttavia era in piedi e teneva in mano lo scettro di Osiride. Per interpretare l'intero significato di questa immagine, in rapporto con le cerimonie giubilari di Capodanno celebrate nei *Templi di Milioni di Anni*, bisognava dimostrare che era il simbolo delle forze in letargo «da cui doveva sorgere un novello vigore». Amenofi IV decideva dunque di sottolineare i due aspetti successivi incarnati dal faraone durante le cerimonie di *Confermazione del potere regale*. E nello stesso tempo, in modo crudamente realistico, rivelava il vero mistero dei miti osirici celebrati in gran segreto nel tempio del dio ad Abido.[12] Questo mistero era stato sempre accuratamente mascherato sotto il sudario del dio martire,

Secondo cortile del Ramesseo, circondato da pilastri osirici classici. In fondo, la sala ipostila.

a

b

ı. Abbozzo di pilastro osirico ːlassico al Ramesseo. (Foto Fathy Ibrahim)

ɔ. Il primo cortile è ornato di ɔilastri osirici solari. Al Ramesseo sono molto deteriorati, na si possono contemplare ıell'atrio ipostilo di Abu-Simbel. l perizoma reale è spesso più ɔoluminoso. Queste immagini amessidi possono essere ıffiancate da membri della amiglia reale.

che l'ultima ferita aveva privato della sua virilità. Scomponendo il dramma nelle due fasi essenziali, Amenofi IV ebbe l'audacia di far scolpire, per evocare la fase negativa, la propria effigie denudata ed evirata, sollevando così il velo che un clero preoccupato di conservare il mito segreto aveva sempre gelosamente mantenuto. Poi, alternandosi con questa provocante immagine, privata del sudario e portando lo pshent osirico, l'effigie del re compariva con il suo rinnovato vigore sul secondo tipo di pilastri a torso nudo, con il perizoma del dio vivente e con le diverse acconciature che evocavano tutti gli ornamenti solari.

Lo scandalo dovette senza dubbio turbare profondamente il clero di Amon, così conformista in materia di liturgia, ma l'offesa recata alle prerogative della potente Abido non fu mai perdonata dai sacerdoti di Osiride. E presto o tardi doveva portare alla sconfitta di Akhenaton. Tuttavia l'idea era penetrata e da allora parve sempre meno plausibile il concetto di una opposizione fra Ra e Osiride. L'interpretazione avanzata da Amenofi IV rispondeva infatti a un celebre passo del *Libro dei Morti*:[13] «Quanto a Osiride, è il passato, quanto a Ra, è il domani».

La «riforma» vista da Ramsete

Questa audace riforma, tradotta nell'architettura, non era rimasta oscura a Ramsete. Ordinando la costruzione del Ramesseo sulla riva sinistra di Tebe, con i suoi uomini di fiducia, Nebunenef sommo sacerdote di Karnak,[14] Unennefer, sommo sacerdote di Osiride ad Abido, e il letterato della provincia, lo scriba Ramose, molto vicino al visir Pasar, progettava di riprendere in modo più discreto, senza troppo urtare i sentimenti del clero, questa clamorosa dimostrazione dei riti di rigenerazione. Ramose gli aveva allora suggerito di prendere come modello il motivo che aveva già dovuto ispirare Amenofi IV e che l'architetto Senenmut, questo precursore della riforma, aveva realizzato per la regina Hatshepsut: l'immagine mummiforme della regina, nella sua grande galleria di pilastri osirici a Deir el-Bahari, teneva effettivamente nelle mani non solo gli scettri osirici, uncino *Ekha* e frustino *Nekhakha*, ma anche i due *segni solari*, *ankh* segno della vita e *uas* soffio e forza solare, che Amenofi IV a sua volta porrà nelle minuscole mani terminali dei raggi di Aton. Tuttavia Ramsete preferì utilizzare le due immagini concepite da Amenofi IV, meno intellettuali e più esplicite, mitigando però il realismo amarniano.

Fece dunque aggiungere un secondo cortile al piano inizialmente previsto per il suo tempio. Uno di essi doveva essere circondato da un peristilio ornato di pilastri osirici tradizionali, in cui l'immagine del sovrano compariva all'inizio della cerimonia di rigenerazione, ossia avviluppata nel sudario. L'altro, simile come architettura, era ugualmente circondato da pilastri, ma in questi l'immagine del re, con i piedi ancora uniti, era vestita del pe-

Soffitto e capitelli della navata centrale della sala ipostila, al Ramesseo. (Foto Fathy Ibrahim)

rizoma dei viventi e portava l'acconciatura solare. Queste figure del re rinnovato erano affiancate da statuette di principi reali. Quando Ramsete approdò con la nave davanti al molo del tempio e oltrepassò il grande portale del pilone del Ramesseo, poté contemplare le proprie immagini «solarizzate», come poteva ammirarle la folla all'uscita del santuario. Dopo avere osservato l'immenso colosso accanto al montante sud del portale, in fondo al cortile, e avere ispezionato i preparativi per l'erezione del colosso a nord,[15] passò nel secondo cortile e quindi nella grande sala a colonne papiriformi, dove ritrovò l'immagine regale mummificata davanti a ogni pilastro. Come le precedenti, queste statue erano alte sedici cubiti, l'altezza dell'inondazione ottimale. Ritroveremo queste dimensioni ad Abu Simbel, soprattutto nei pilastri osirici dell'atrio ipostilo.

Il tempio egizio rifletteva l'immagine del mondo in cui il demiurgo aveva collocato l'uomo. La casa del dio, situata al vertice della creazione, doveva materializzare i concetti più sublimi. Ispirandosi ai progetti dei suoi predecessori (per esempio la colonnata di Luxor, in un complesso di costruzioni che non fu mai portato a termine) e all'immensa sala ipostila di Karnak, aveva deciso di dare un senso completo alla grande sala centrale del tempio personale.[16]

Il simbolo principale della sala ipostila

Ogni ritorno dell'inondazione segnava l'inizio di un nuovo anno, formato da tre stagioni di quattro mesi ciascuna. Da millenni questo ciclo era stato diviso in dodici mesi di trenta giorni (più cinque giorni e un quarto supplementari). Ogni mese contava tre «settimane» di dieci giorni ciascuna, le trentasei decadi delle tre stagioni.

Ramsete volle dunque che la sua sala ipostila rappresentasse la struttura del ciclo completo, in cui le dodici colonne papiriformi[17] con i capitelli aperti a forma di calice simboleggiavano i dodici mesi. Sul fianco di ogni colonna il re compariva in tutta la sua maestà, portando offerte a un'entità divina. Era scortato dall'immagine del suo *ka*, genio che evocava il suo potenziale divino e portava sulla testa l'«insegna» con il «nome di Horo» del faraone. Le dodici colonne erano fiancheggiate, a est e a ovest, da diciotto colonne più piccole, sempre papiriformi ma con capitelli chiusi. Così l'anno era scortato dalle trentasei decadi. Questo ciclo solare culminava naturalmente nella celebrazione del giorno di Capodanno, rappresentata in rilievo nella sala successiva.

La sala astronomica

Di fronte alla colonna centrale, una grande porta a cornicione, dominata da un lungo fregio di segni che evocavano l'eternità solare,[18] metteva in

Centro del soffitto astronomico, da Sothis e Orione, alla sommità, fino alla scimmia di Thot sul pilastro Ged, *che rappresenta l'arrivo dell'inondazione il giorno di Capodanno.*

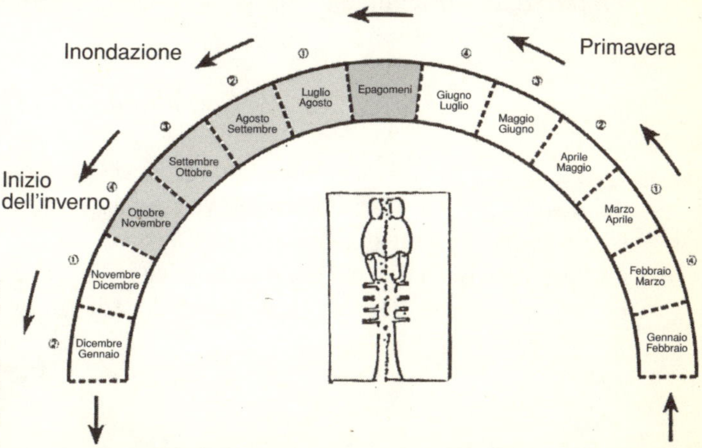

Seguendo la linea che indica i mesi dell'anno sul soffitto del Ramesseo, si raggiunge nello stesso ordine la successione dei segni zodiacali, che dominano il nartece della basilica di Santa Maddalena di Vézelay.

comunicazione la sala ipostila con un'altra sala rettangolare ornata di otto colonne a capitelli papiriformi chiusi. Si potrebbe chiamarla «astronomica» in quanto la parte di soffitto sostenuta dalle quattro colonne a nord è ornata di simboli delle costellazioni e dominata da un vero e proprio calendario lineare. Le figurazioni si svolgono da est a ovest, iniziando a est dalla parete che divide la sala astronomica dall'ipostila, accanto a un grande lucernario orizzontale destinato a far passare una luce radente sulle decorazioni.

Il calendario

Il faraone aveva dato disposizioni formali: il calendario doveva essere disposto in modo tale che l'indicazione del giorno di Capodanno occupasse il centro del soffitto[19] e segnasse l'inizio della prima stagione, *Akhet*, formata dai quattro mesi nei quali l'inondazione allagava tutte le terre arabili, fino alle sabbie del deserto libico e di quello siriaco. Veniva poi la seconda stagione, *Peret*, i quattro mesi in cui il coltivatore aveva il tempo di preparare la terra emersa dall'acqua, di seminare e di iniziare i raccolti. La terza parte dell'anno era costituita da *Shemu*, in cui terminava il raccolto dei prodotti agricoli prima che arrivassero i violenti calori estivi e si celebravano la vendemmia e l'annuncio del nuovo anno.

Nel Ramesseo il tracciato del calendario iniziava dunque con gli ultimi due mesi dell'inverno-primavera e terminava con i primi due mesi della stessa stagione. Il giorno di Capodanno figurava esattamente al centro del calendario, fra il quarto mese della stagione *Shemu* e il primo mese di *Akhet*. Immediatamente sotto, l'asse del giorno di Capodanno era inquadrata dalle immagini di Orione e di Sothis, la stella miracolosa che riappare all'alba nella sezione orientale dell'orizzonte, dopo essere rimasta invisibile per settanta giorni.[20] Nello stesso tempo, accanto all'astro, sorge il sole. Questa ricomparsa della stella Sothis (intorno al 18 luglio) è seguita subito dopo dall'arrivo dell'inondazione.

Sempre seguendo l'asse nord-sud del calendario, nella parte bassa del soffitto, era rappresentata l'immagine del cinocefalo di Thot, signore del tempo, seduto frontalmente sul pilastro *Ged*[21] e rivolto verso sud.[22]

Il Capodanno

È appunto da sud che arriva la tanto desiderata onda di piena, annunciata dalla stella Sothis. Con questa nuova immagine scientifico-simbolica Ramsete ribadiva la dottrina che voleva eternare nel suo tempio.[23] Si trattava di un vero e proprio meccanismo celeste dagli ingranaggi abilmente studiati: i dodici mesi, le tre stagioni, le trentasei decadi vibravano nell'arenaria solare

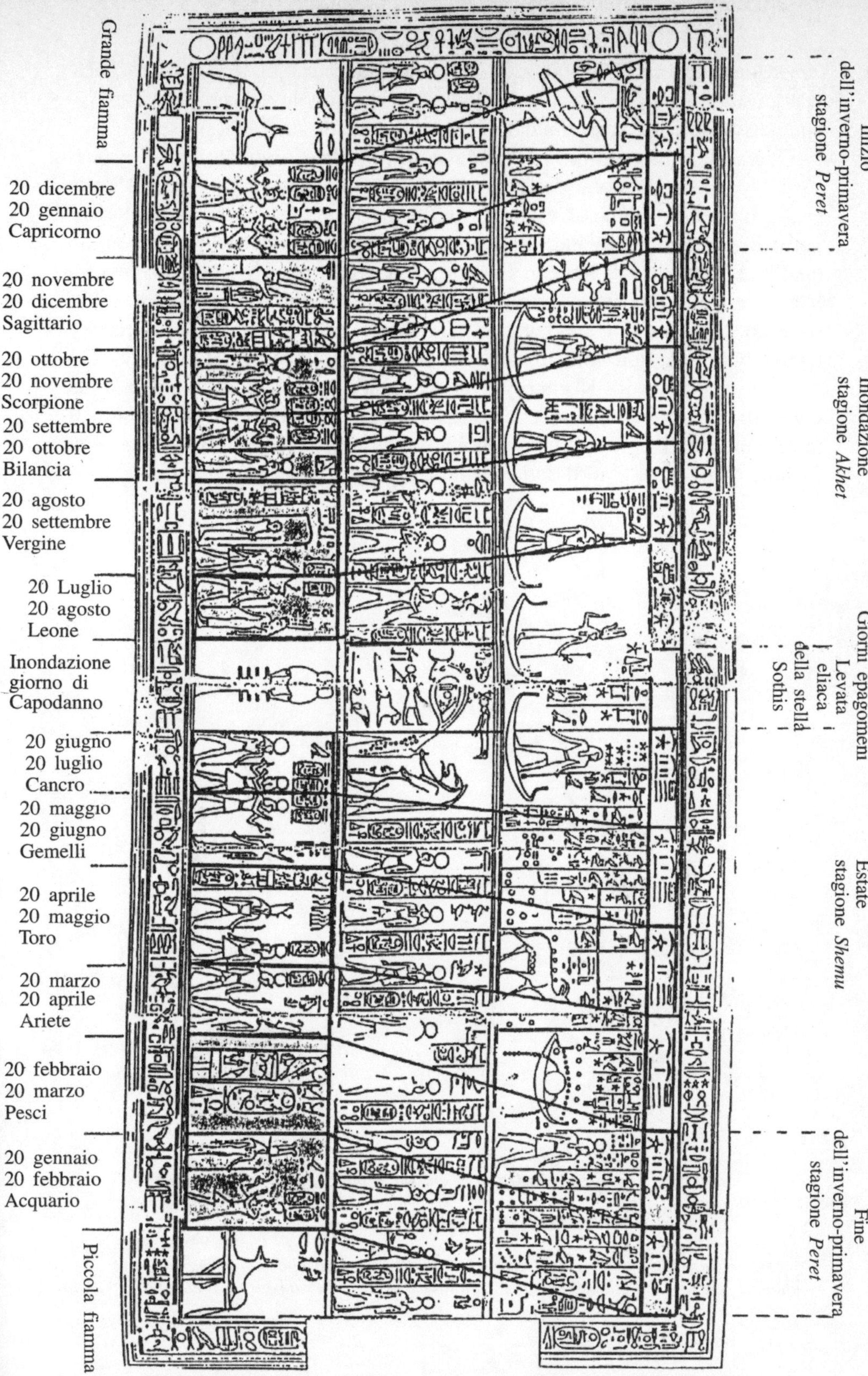

Disegno del soffitto astronomico del Ramesseo (secondo Parker).
Le linee oblique mettono in rapporto l'enunciato dei mesi dell'anno (alla sommità) e le date corrispondenti (registro inferiore).

con cui era costruito il santuario. Nella sala astronomica le pareti presentavano, fra l'altro, l'immagine dell'albero *ished*, simbolo del rinnovamento ciclico, la cui energia scaturita dal dio era garanzia di vita per il paese.

Questa sala astronomica presentava sulla parete orientale, pure in bassorilievo, la processione delle barche del genio reale, della divinità della necropoli reale (Ahmes-Nefertari), della triade tebana (Amon-Mut-Khonsu) e di Imenet. Fatto interessante: le barche più grandi e pesanti erano quelle di Khonsu e di Imenet, trasportate da ventiquattro sacerdoti, mentre le altre erano collocate su portantine sorrette ciascuna su diciotto sacerdoti soltanto. Il giorno di Capodanno era quello del ritorno dell'onda divina che conteneva in sé ogni speranza di vita, in cui si esprimeva Amon-il-Nascosto, gemellato con Ra-Horakhty. Questa onda di piena, simboleggiata dalla barca di Amon-Ra era ciò che Ramsete andava a invocare alle frontiere meridionali dell'Egitto, dove si accingeva a recarsi verso le rocce sacre di Ibshek, e di Meha, a nord della seconda cateratta nubiana.

Un orologio di pietra

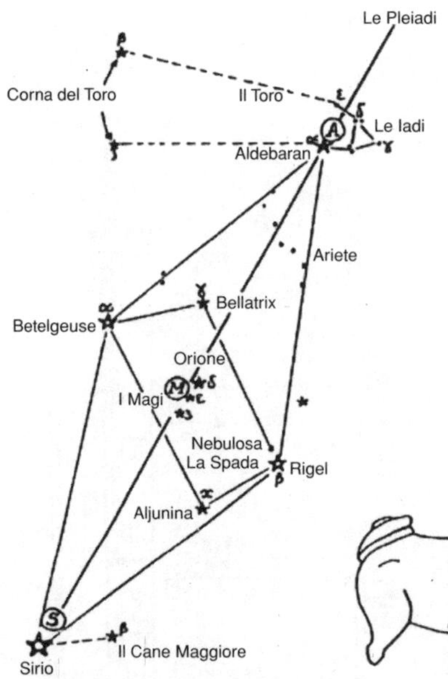

Costellazione del Cane Maggiore la cui stella più brillante è Sothis (Sirio).

L'immagine di Sothis-Iside, sul soffitto astronomico del Ramesseo.

Piccola cagna protostorica e la sua corrispondente dell'epoca romana in Egitto: immagini popolari di Sothis che appare alla fine di luglio, che ha ispirato il nome di canicola (canicula: *piccola cagna).*

Fra i simboli astronomici, non erano certo sfuggite alla riflessione del sovrano le ventiquattro ore dell'apparente rivoluzione solare. Forse potremmo suggerire di ritrovarne la traccia nelle tre sale adiacenti a otto colonne (la prima sarebbe la sala astronomica) costruite sul prolungamento dell'asse della sala ipostila. Non dimentichiamo che questi locali erano in gran parte riservati alla *Confermazione del potere regale*, celebrata ogni anno e che non solo di giorno, ma anche di notte (nelle ore notturne il re riposava su un letto rituale) costituivano il quadro finale per la rigenerazione ciclica del sovrano.[24]

Il sacrario e la giovinezza del faraone

Tutte le tappe del rito riservato al faraone per questa cerimonia essenziale erano state accuratamente studiate da Usermaatra. A sud della terza parte del tempio, il complesso riservato al sacrario, erano stati allestiti i locali dove il sovrano, integrandosi ai diversi periodi della vita della natura, avrebbe assicurato cibo e vita al paese, mediante il fenomeno della «magia simpatica». Nelle sale osiriche, situate a sudovest, il faraone riviveva in un lungo bassorilievo le tre stagioni dell'anno osirico. Manovrava dapprima l'aratro; poi, con la falce in mano, mieteva per garantire il successo del raccolto. Quindi, dopo i forti calori estivi, arrivava il giorno di Capodanno, simboleggiato dall'immagine di Hapi, l'inondazione, e Ramsete rendeva grazie a questa benedizione del cielo che si riversava sul paese assicurando il risveglio della natura.

Sul lato opposto, a nordest, le sale «solari» dovevano sottolineare il risveglio annuale, verso il quale convergevano tutti i riti.[25] Così Usermaatra modellava tutto un complesso architettonico in armonia con le grandi leggi cosmiche, per indurle a non deviare verso il caos tanto temuto.

Amon protegge Ramsete

Ma c'erano ben altri temi da svolgere in questo *Tempio di Milioni di Anni* che Ramsete intendeva condividere con Amon. La parete sudovest della sala ipostila fu riservata a una sontuosa decorazione in cui il faraone riceveva l'*harpe*[26] vittorioso dalle mani del Signore di Karnak, accompagnato da Mut, la dea associata al suo nome. Sotto il portico nordest del secondo cortile voleva far incidere le scene della battaglia di Qadesh. Ma, come si ricorderà, aveva ordinato ai decoratori di aspettare le prossime campagne previste in Canaan e in Amurru, per illustrare anche i successi futuri.

Ramsete III mentre compie ritualmente i «lavori agricoli», nelle sale osiriche del suo tempio giubilare.

Introduzione della famiglia

La famiglia del sovrano, che aveva appena compiuto trent'anni, si era già arricchita di una numerosa prole. Un doppio registro, da entrambi i lati della porta della sala ipostila, era stato dedicato alla sfilata delle figlie, a nord, e quella dei principi a sud. Inoltre ciascuno dei nomi dei figli, scolpiti in colonne verticali, era affiancato da una colonna ancora vuota, destinata a ricevere iscrizioni complementari. Così il tredicesimo nome, quello di Merenptah che era allora giovinetto, fu completato dopo il sessantasettesimo anno di regno di Usermaatra con l'aggiunta dei titoli e del nome di incoronazione del principe, che era rimasto unico erede al trono dopo la morte di diversi fratelli maggiori.[27]

Gli artigiani del Ramesseo

L'imponente costruzione era a buon punto e portava già in parte la rifinitura policroma su fondo bianco, destinata a ravvivare i bassorilievi e le sculture a tuttotondo. Era tempo di ricompensare con doni d'oro e d'argento il direttore dei lavori, Penra, il gran capo del corpo di polizia *Medjay* che prestava servizio al Ramesseo, l'architetto Imeneminet e i suoi assistenti e tutte le corporazioni di artigiani. Né si dovevano dimenticare i lavoratori stranieri. Fra questi ultimi c'erano gli *apiru*, alcuni dei quali erano stati fatti prigionieri a Canaan da Seti I. Erano di solito comandati da militari, gli ufficiali del corpo di polizia *Medjay*, che contavano nei loro ranghi anche dei nubiani. Fra essi troviamo ricordato Imenemipet, sorvegliante dei lavori al Ramesseo e capo dei Soldati e degli *apiru*. Inoltre Ramsete

Ramesseo: in fondo alla sala ipostila Ramsete riceve dalle mani di Amon il khepesh *della vittoria. Sul registro inferiore, sfilata dei primi figli di Ramsete.* (Foto Fathy Ibrahim)

Rovine della grande sala a colonne, negli annessi nordovest del Ramesseo. Quelle colonne scanalate provengono dal tempio giubilare di Hatshepsut a Deir el-Bahri. In fondo i granai a volta. (Foto Fathy Ibrahim)

doveva tener presente il capo *Medjay*, Hatiay, il cui padre scolpì le enormi statue del Ramesseo[28] e partecipò senza dubbio alla sistemazione del più grande dei colossi, a sud del secondo pilone. Né trascurò di ringraziare un altro capo *Medjay*, Iuny, valoroso «militare incaricato di assicurare l'ordine nel paese», che doveva aver prestato l'opera anche nella costruzione della sala ipostila.

Accanto a Ramsete compariva Thia, che era stato nominato intendente del Tesoro e del Bestiame del Ramesseo, ed era inoltre marito della sorella del faraone. Ma il sovrano non aveva esitato ad affidare posti di responsabilità anche a uomini di origine straniera. Ramsesenperra, per esempio, era un cananeo, originario della località di Zin-Bashan. Era arrivato in Egitto come preda di guerra, con il nome di Ben-Azen, ed era stato allevato alla scuola del *kep*, accanto alla reggia o all'harem. Era divenuto in seguito uno dei più fedeli servitori del faraone. Più tardi un altro funzionario, anch'egli di origine straniera, divenne capo intendente del Ramesseo: Yupa, figlio del generale Uriya,[29] da cui ereditò la carica.

Le motivazioni nascoste di Ramsete

Le strutture del tempio erano costruite per la maggior parte con blocchi di arenaria estratti dal Gebel Silsile e sostituiti con blocchi di granito nero e di alabastro laddove il simbolismo della rappresentazione lo richiedeva. Ora, durante il soggiorno sulla riva sinistra di Tebe, Usermaatra non si era forse accorto che i capi *Medjay* non esitavano a prelevare dai templi vicini, della XVIII Dinastia, una quantità di materiale che potevano così più facilmente procurarsi? L'archeologo inglese Quibell, che operò su questo terreno dal 1898, rinvenne numerose tracce dei nomi di Amenofi II, Hatshepsut, Thutmose III e IV. Reperì persino dei frammenti provenienti dalla cappella di Anubi a Deir el-Bahari. Fra il 1968 e il 1980, mentre si svolgevano le ricerche sul terreno e io studiavo il tempio, riuscii a reperire nei locali annessi le colonne fascicolate di bel calcare che provenivano dallo stesso tempio della regina, insieme con alcune lastre della medesima pietra. Quando le rivoltammo, le lastre rivelarono una decorazione di stelle, da cui si poté dedurre che erano appartenute a un soffitto di santuario. Ma non fu possibile riportarle alla loro sede di origine, perché ormai facevano parte della costruzione del Ramesseo.

Nel caso che Ramsete fosse al corrente dei «prelevamenti» dal santuario della regina, si dovrebbe forse ritenerlo responsabile delle distruzioni sistematiche che ferirono profondamente il *Geser-geseru (la meraviglia delle meraviglie)*, accanto al quale da un secolo diverse generazioni di archeologi si affannano nel tentativo di ricostruirlo? Si può forse rispondere

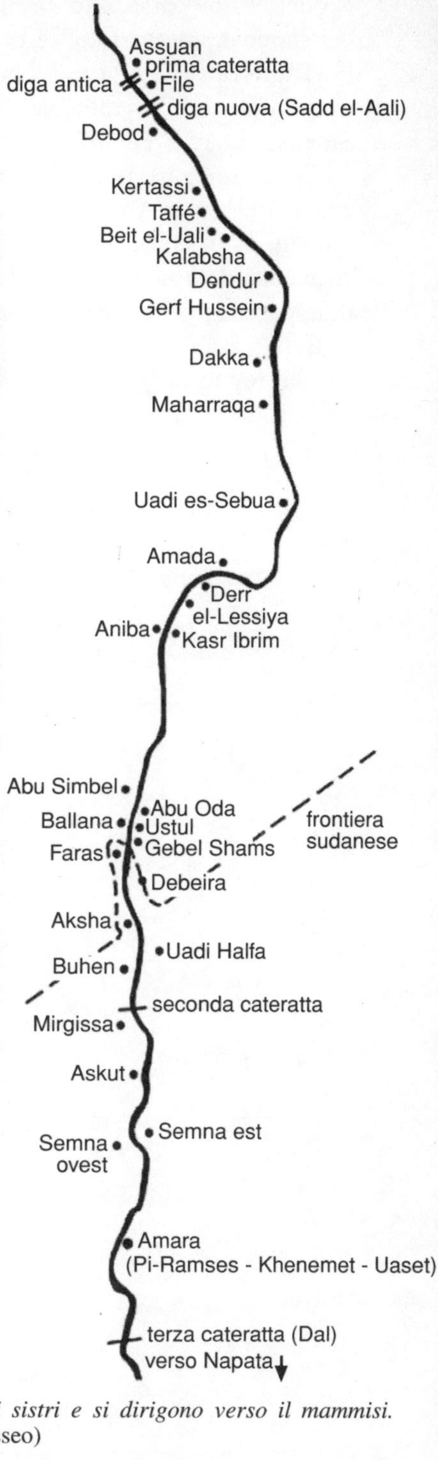

Nefertari (solo tracce) e la suocera Tuy, mentre suonano i sistri e si dirigono verso il mammisi.
(Sala ipostila del Ramesseo)

Cartina dei paesi di Uauat e di Kush, da Assuan fino alla terza cateratta.

se si considera l'imponente corteo di antenati regali che Ramsete presentò sia nel tempio di Abido sia nel Ramesseo. In quest'ultimo, fra le statuette dei supposti antenati del re portati in processione dai sacerdoti si ravvisano le effigie di tutti i faraoni che regnarono prima di lui, a eccezione di Hatshepsut e dei sovrani dell'epoca amarniana, Amenofi IV Akhenaton, Smenkara, Ay e Tutankhamon. La sfilata riprende con Horemheb.

Come spiegare una tale omissione? Era senza dubbio importante ingraziarsi il clero di Amon e di Osiride. Ramsete aveva tratto ispirazione dalle iniziative di Hatshepsut e di Amenofi, e desiderava farle adottare, ma «travestendole», mascherandone la fonte. Era quindi opportuno ripudiarne in apparenza gli autori. Si comprende meglio perché il monumento di Deir el-Bahari e la città di Akhetaton furono vittime di così larghe distruzioni sotto il regno di Usermaatra Setepenra.

Piccolo tempio tolemaico di Medinet Habu: riutilizzazione di un blocco di pietra proveniente dal mammisi di Tuy: scena di teogamia.

La scena completa nel tempio di Luxor. (Epoca di Amenofi III)

10

Ramsete e il linguaggio dei templi II. Il mammisi del re a Tebe Ramsete e i templi della Nubia

Il mammisi del re

La regina madre

NEL cuore del faraone era sempre viva la venerazione e la riconoscenza per sua madre, la regina Tuy. Questa grande dama di casta militare e nobile aveva conosciuto la vita attiva prima di assumere, al fianco di un principe valoroso, i doveri della regalità. Perciò era meglio preparata delle principesse reali ad assumersi le responsabilità di governo quando Seti, consacrato faraone, guerreggiava in Siria o nel «vile paese di Kush». Da quando suo figlio regnava, Tuy lo assisteva come un tempo aveva assistito il suo sposo e Ramsete ne era rimasto profondamente colpito al ritorno da Qadesh. Per questo la regina madre svolse ufficiosamente il ruolo di coreggente per più di dieci anni, durante le assenze del figlio impegnato nelle campagne di guerra.

Per questa sposa e madre eccezionale, che il padre e il figlio si compiacevano di paragonare a Iahotep, madre e sposa dei liberatori, Seti e il principe Ramsete avevano già gettato le basi di un edificio sulla riva sinistra di Tebe, i cui «depositi di fondazione» indicavano chiaramente l'identità dei fondatori.

Alla morte di Seti, Ramsete fece riprendere i lavori e ampliare il programma. Non solo il tempio doveva essere consacrato a sua madre («Egli ha fatto questo monumento per sua madre» si legge ancora sulle scarse tracce rimaste dell'edificio) ma bisognava riservarvi un posto per Nefertari e la corte dei suoi figli, come ci dicono ancora i resti rinvenuti nelle vicinanze.

Nell'intenzione di Ramsete il tempio doveva essere consacrato anche al mito della nascita regale, per far dimenticare che, nel momento in cui la nobile Tuy lo aveva messo al mondo, non aveva potuto essere visitata da Amon il procreatore. Si doveva dunque ricreare l'evento che doveva fare di lui il figlio generato dal dio, grazie al mistero della teogamia.

La teogamia

Fin dal tempo delle piramidi, le allusioni contenute nella letteratura, in mancanza dei bassorilievi dei templi scomparsi, permettevano di comprendere la nozione di teogamia, l'atto per cui il dio si sostituiva al faraone al momento delle nozze regali. Così il nascituro diventava figlio del dio. Questa teogamia, che risaliva senza dubbio a tempi remotissimi, doveva perpetuarsi per tutta l'era faraonica... e anche oltre![1] Solo lo spirito divino, fecondatore, poteva cambiare d'aspetto. Sotto la V Dinastia assumeva la forma di Ra.[2] Durante il Nuovo Regno, il dio genitore prendeva l'aspetto materiale di Amon. Così la regina Hatshepsut, figlia di Thutmose I e della regina Iahmes fu generata dal Signore di Tebe. Si può ancora scorgere, sotto la colonnata nord del tempio di Deir el-Bahari la serie di bassorilievi che raffigurano le tappe essenziali del miracolo, a partire dalla scena delle nozze, poi quella dell'annunciazione del prodigio alla regina, la nascita del pargolo divino e del suo *ka*, fino alla presentazione del neonato all'augusto padre.

Una scena analoga è conservata nel tempio di Luxor, dove una sala era dedicata all'incontro carnale fra Amon e Mutemuia, madre del futuro faraone Amenofi III, fondatore del santuario. Fino a quell'epoca, un solo locale nei templi era riservato all'evocazione della divina avventura che consacrava l'origine sovrumana del faraone. Tutto avveniva nel segreto del santuario. Ed ecco che Seti, probabilmente, e Ramsete certamente rompevano quella tradizione. Nel togliere la sala della teogamia dall'edificio principale intendevano amplificarla e integrarla in un santuario tutto dedicato all'augusto tema. Arricchendo il santuario con locali supplementari gli conferivano un'autonomia e un'importanza ben visibile al popolo, e in questo tutta la famiglia e i discendenti rappresentati nei rilievi, potevano beneficiare dello splendore divino.

Si creava così, per volontà di Ramsete, un nuovo tipo di santuario, che si credeva fosse comparso solo all'epoca greco-romana, sotto forma di cappella dedicata alla nascita di Horo figlio di Iside, identificato con il faraone. Il primo mammisi sorse dunque all'epoca di Ramsete Usermaatra, per evocare la sua nascita miracolosa. Ramsete aveva tracciato il piano del suo *Tempio di Milioni di Anni* in modo che la sala ipostila fosse fiancheggiata a nord dal suo mammisi. A me fu dato di fare questa scoperta fin dal 1970 quando dirigevo le ricerche sul campo.

a

b

c

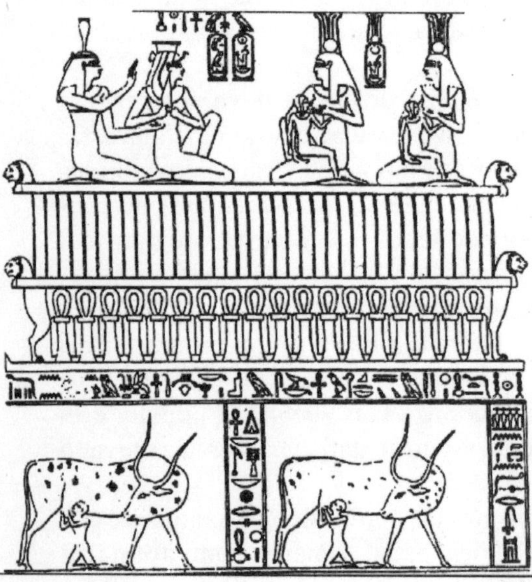

d

e

a. L'annuncio fatto alla regina da Thot.
b. Khnum modella sul tornio il bimbo divino e il suo Ka.
c. La regina è accompagnata verso la sala del parto.
d. Dopo il parto della regina, le nutrici allattano il bimbo e il suo Ka.
e. Il bimbo divino il suo Ka *presentati al loro genitore Amon.*
Tempio di Luxor

Come si ricostituisce un monumento scomparso

Sul terreno del monumento, dove restano solo poche basi di colonne e le tracce di alcuni muri, rinvenni una pietra, in mezzo alle macerie di una rampa d'accesso, che portava all'iscrizione già citata «Egli ha fatto questo monumento per sua madre». Molti anni dopo, un frammento di capitello di colonna hatorica mi rivelava lo stile del monumento, che doveva essere dedicato a una divinità femminile. Le tracce dei nomi di Ramsete e Nefertari mi consentirono di progredire nella ricerca. Scoprii che in un edificio tardivo a Medinet Habu erano stati riutilizzati alcuni elementi architettonici che recavano tracce di scene riconducibili alla teogamia ramesside. Sepolti nei muri, incompleti, collocati a rovescio, raffiguravano frammenti della scena delle nozze regali e della presentazione del neonato al divino padre, e altrove una parte della sfilata delle figlie del sovrano, o il registro inferiore della sfilata dei figli. Ovunque erano sparsi blocchi del soffitto su cui figuravano testi di dedica alla regina madre Mut-Tuy. Infine la cornice di una porta era fatta di frammenti di un capitello hatorico dominato dai nomi di Ramsete e di Mut-Tuy. Questo «puzzle» architettonico rivelava pezzo per pezzo il corpo e l'anima del santuario in cui Ramsete si era dichiarato figlio di Amon. Le rovine disperse portavano ancora il nome della principale beneficiaria, Mut-Tuy, e poi quello di Nefertari e dei figli del figlio del dio... divinizzato sulla terra.[3]

Venerazione di una regina madre

Questo edificio era dunque del tutto originale? L'ispirazione non veniva forse anche qui dal grande precursore di Ramsete in materia culturale, Amenofi Akhenaton? Osservando i rilievi ancora visibili sulle pareti di una tomba amarniana, quella di Huy, gran ciambellano della regina vedova Tiyi, si scopre una scena eloquente: Akhenaton, tenendo per mano sua madre, la conduce verso un edificio il cui elemento centrale è costituito da un cortile a cielo aperto, circondato da un peristilio a cinque colonne laterali. Il cortile che è stato ricostruito nel mammisi del Ramesseo grazie alle basi delle colonne doveva presentare lo stesso aspetto.

In conclusione, il mammisi divenuto monumento indipendente a glorificare le nozze di Amon e Mut-Tuy fu opera di Ramsete, senza dubbio influenzato dal suo ispiratore segreto. Su questo tema fece qualcosa di meglio. I primi sovrani si vantavano certamente del loro genitore divino. Ma nessuno aveva ancora suggerito o rivendicato l'essenza divina di sua madre. Pare che sia stato Ramsete a tentare l'esperimento, aggiungendo il nome di Mut, divinità associata ad Amon, a quello di sua madre. Il termine Mut-Tuy era usato con grande frequenza quando ancora la regina era viva, fino ad arrivare al diminutivo familiare *Muty*. Così Ramsete tentava di cancellare quanto di umano restava nelle sue origini.

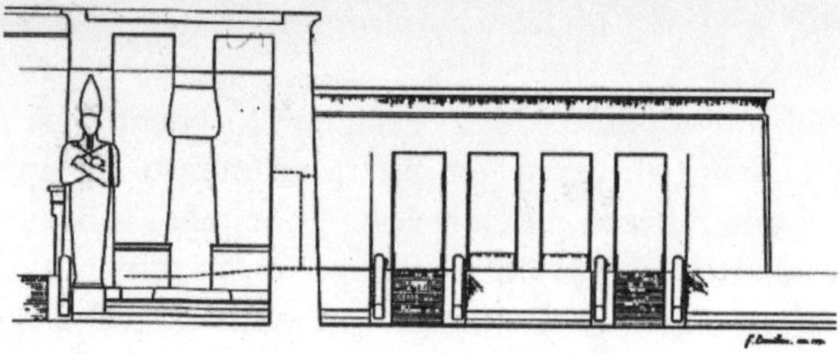

Alzato della facciata ricostruita del mammisi di Ramsete, parallela a quella del vestibolo dell'ipostilo del grande tempio di Ramsete.

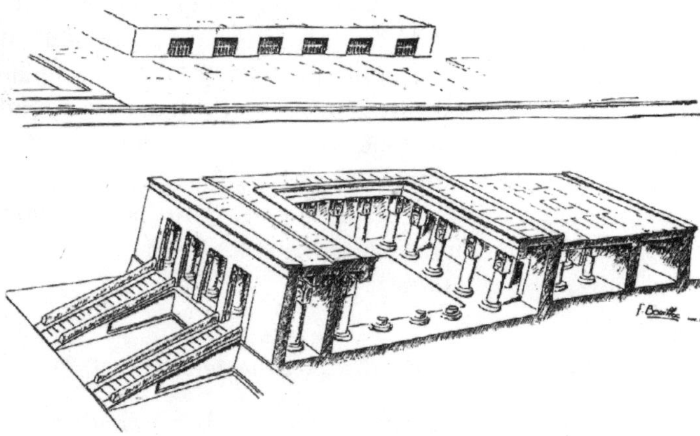

Spaccato assonometrico del mammisi.

La regina madre e la grande sposa reale

In fondo al piccolo tempio due cappelle erano state riservate alle due grandi dame dell'inizio del regno: la regina madre Mut-Tuy e la grande sposa reale Nefertari, madre del principe ereditario. Quasi come una forma di transizione fra il *Tempio di Milioni di Anni* e il mammisi, le immagini delle due regine si trovavano all'entrata della sala ipostila,[4] mentre suonavano il sistro-naos[5] e si dirigevano verso il piccolo tempio a loro consacrato. Alcuni particolari delle loro acconciature, per chi sa decifrare le forme e i simboli, consentono di scoprire il momento della loro vita in cui lo scultore ha cesellato la loro immagine. Entrambe portano sul capo le grandi piume diritte. Una di loro porta solo le piume: siamo dunque in presenza della regina vedova, la cui fecondità è esaurita. Invece l'acconciatura di Nefertari, che avanza per prima, è completata dalle alte corna affilate che abbracciano il disco solare: è l'ornamento tipico di Sothis, la stella che ogni anno rigenera l'anno e il sovrano.

I lavori del Ramesseo proseguivano rapidamente e altri bassorilievi venivano a illustrare le nuove tappe delle gesta del re. L'ultimo tocco al mammisi doveva essere la costruzione delle due rampe d'accesso alla terrazza, che non possono essere anteriori all'anno 8 del regno.[6]

Verso un nuovo messaggio architettonico

Prima di tornare alla splendida capitale del Nord, Usermaatra doveva recarsi nella provincia nubiana, per portare avanti il programma di costruzione dei santuari dedicati alle divinità protettrici dell'impero, da cui dipendeva la manifestazione di Hapi, l'inondazione creatrice.

Ramsete e i templi nubiani

Lasciata l'Eliopoli del Sud, il faraone risalì il Nilo sul vascello reale. Quando vide restringersi il fiume fra le due rive al Gebel Silsile, dove aveva fatto erigere la grande stele in onore di Hapi, già nei primi anni del regno, seppe che era arrivato in prossimità della prima cateratta.

Assuan

Era veramente la porta dell'Africa. Da sempre Siene, l'odierna Assuan, costituiva il più grande mercato di tutto il continente. Qui s'incontravano le etnie più diverse, si scambiavano i prodotti che arrivavano dai paesi più meridionali. I soldati delle guarnigioni egiziane, distaccati dalla divisione di Amon che era generalmente stanziata a Tebe, si trovavano a fianco dei temibili poliziotti *Medjay*, che garantivano il rispetto dell'ordine. Nella valle transitava un importantissimo commercio dell'oro, estratto dalle miniere nubiane e generalmente trattato sul posto. Il traffico dell'oro era controllato dal governatore della provincia.

Una serie di scali commerciali inoltrava verso il nord l'immensa varietà di prodotti che i tributi o il baratto avevano portato nei grandi depositi, sotto la responsabilità dei viceré di Uauat e di Kush, ossia la Bassa e l'Alta Nubia (oggi Sudan). I viceré erano incaricati di mantenere l'ordine e di raccogliere i tributi in natura: l'oro innanzitutto, in anelli o in sacchetti di

Le uniche vestigia del mammisi, a livello del suolo: basi di colonne. (Ramesseo)

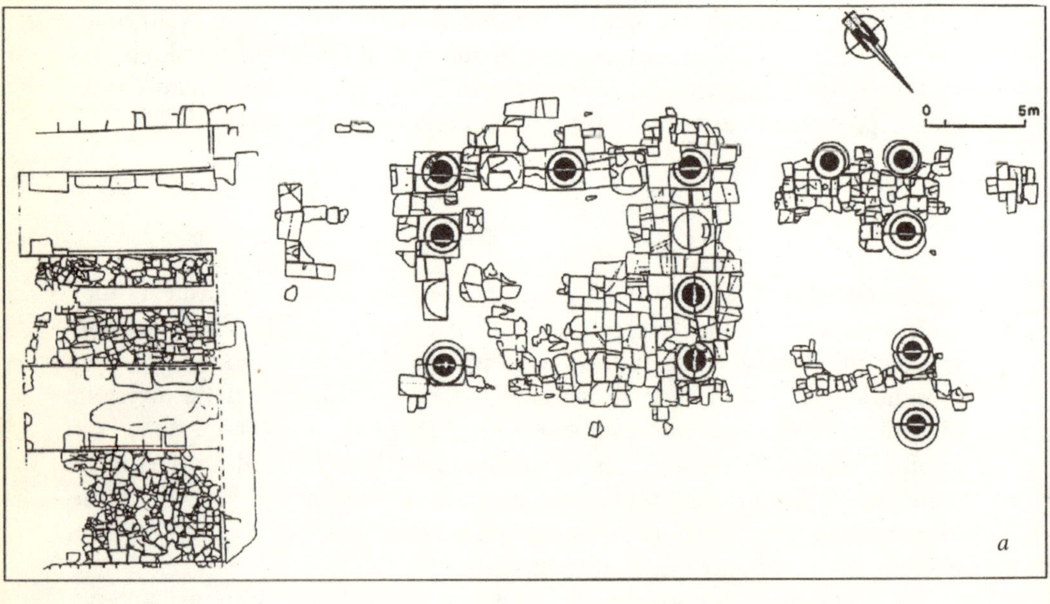

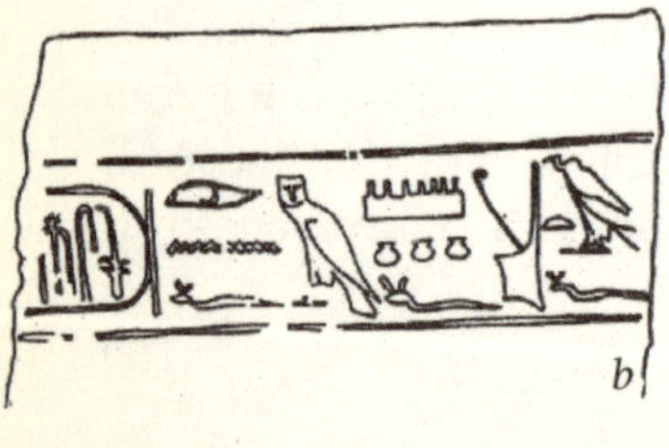

a. Disegni delle vestigia al suolo.

b. Dedica di Ramsete alla madre.

c. Frammento di capitello hathorico.

polvere, i diversi legni preziosi, mogano, palissandro, ebano, che arrivavano in lunghi tronchi, o già in forma di archi o scudi o mobili confezionati dagli abili ebanisti della Bassa Nubia. Sfilavano anche, sotto gli occhi ammirati della popolazione, pregiate pelli di belve o altri animali selvatici, uova e piume di struzzo, zanne di elefante, pietre semipreziose, animali per il giardino esotico di Sua Maestà, cercopitechi, amadriadi, ghepardi, pantere, leoni, giraffe... Infine i nubiani erano divenuti maestri in costruzioni navali e numerosi vascelli fabbricati non lontano da Kuban facevano scalo ad Assuan prima di dirigersi verso la capitale.

L'arrivo di Nefertari

Nefertari, che viaggiava sulla propria nave, aveva raggiunto la nave del re e viveva momenti indimenticabili in quel paese dal clima secco e luminoso dove le enormi rocce di granito rosa, annerite dall'erosione, evocavano a fior d'acqua dei branchi di elefanti. L'isola di Abu, che i greci chiamarono Elefantina, era abitata dai notabili della provincia. Le loro case traboccanti di fiori circondavano il tempio dove erano venerate le divinità locali: Satet e Anuket, insieme con Khnum dalla testa di ariete, quell'«africano» che con le alluvioni e le acque della cateratta plasmava sul tornio l'umanità. La roccaforte esisteva ancora ma la sua presenza, così necessaria sotto il Medio Regno, ormai non aveva più scopo.

Il paese di Uauat

I doni offerti alla coppia reale non cessavano di affluire, ma bisognava salpare le ancore e approfittare del periodo di piena del Nilo per superare la prima cateratta e seguire l'itinerario fissato dal viceré della Nubia Iuny.

Le grandi roccaforti del periodo della penetrazione egiziana, con gli alti spalti e le mura merlate, costellavano ancora le rive del paese di Uauat, dove ormai la popolazione era divenuta molto pacifica. Queste fortezze non servivano più che a proteggere i piccoli centri abitati, guarnigioni e paesi, e soprattutto i templi egizi, dalle razzie dei beduini e in particolare quelli del deserto arabico.

La prima parte del viaggio fluviale doveva terminare allo sbocco dell'Uadi Allaki, sulla riva destra, che portava alle miniere d'oro nei pressi della città di Baki (Kuban), dove il re aveva fatto erigere la famosa stele per lo scavo del pozzo destinato ai minatori. Qui si ergeva ancora l'alta e possente fortezza del Medio Regno. Non lontano, sulla riva sinistra (occidentale) i sovrani poterono contemplare il tempio costruito per ordine di Thutmose III, famoso per i bei rilievi dai brillanti colori. Lo stile purissimo delle sculture era non meno raffinato di quello di un monumento analogo che lo stesso sovrano aveva fatto innalzare a Elefantina.

Panorama di Abu Simbel. Il grande tempio di Ramsete II scavato nel poggio roccioso di Meha e il piccolo tempio della regina Nefertari scavato nel poggio di Ibshek.

Il tempio semipogeo di Gerf Hussein

Ora Ramsete scelse la regione settentrionale del paese di Uauat per farvi scavare un tempio semipogeo in onore di Ptah di Menfi e Pi-Ramses, patrono di una delle sue divisioni. È il luogo che oggi è noto con il nome di Gerf Hussein. La decorazione fu eseguita da artigiani locali.

Templi ipogei e semipogei

I grandi templi del Delta e di Tebe erano costruiti su basi di roccia ed erano preceduti da imponenti piloni a due torri trapezoidali, che nella simbologia mitologica ogni mattina dovevano generare il sole. Le tre parti della dimora divina (fatta eccezione per il cortile) erano coperte di tetti a terrazza. L'intero complesso, formato dal tempio e dagli annessi, era circondato da ampie mura di mattoni di argilla cotti al sole che gli davano l'aspetto di un bastione. La dimora divina in Egitto non era il tipo di bersaglio che i greci avrebbero potuto immaginare e non era accessibile a tutti, come furono in seguito le nostre cattedrali. Il Castello divino era innanzitutto concepito per mantenere la «macchina cosmica» ed era servito da un personale gerarchico specializzato, fra cui soprattutto dotti sacerdoti eruditi in tutte le discipline, ma non era in nessun modo aperto al pubblico.

Ramsete conosceva l'innovazione architettonica introdotta da Hatshepsut nel suo monumento di Deir el-Bahari. L'edificio, addossato alla montagna, si ergeva a gradinate, l'ultima delle quali si apriva in una terrazza e dava su cappelle scavate nella roccia. Il tempio-grotta del Medio Egitto, lo Speos Artemidos, era stato pure inventato da Hatshepsut. In seguito Seti riprese il tipo della grotta, che fece scavare a Redesiya sulla strada delle miniere che dovevano fornire l'oro per il suo tempio di Abido. Dalle viscere della terra sorge la forza che costituisce la vera matrice della creazione.[7]

Sulle rive nubiane Ramsete fece costruire per le soste del veicolo divino delle cappelle di riposo sul modello dei templi ipogei, o semipogei, dedicati alle quattro forme divine. I santuari a Pi-Ramses vegliavano sui quattro punti cardinali. Si ricordi che già alla fine della coreggenza Ramsete aveva fatto allestire il piccolo santuario di Beit el-Uali sul modello del tempio semipogeo.

I quattro edifici progettati in Nubia da Ramsete dovevano essere strettamente collegati al fenomeno dell'inondazione e costituire la più evidente illustrazione dell'opera del faraone, che era in intimo rapporto con le forze da cui l'Egitto traeva vita. Questo programma non doveva in alcun modo pregiudicare il prestigio del culto solare già da tempo instaurato e rappresentato dai quattro Horo di Nubia: l'Horo di Baki (Kuban), l'Horo di Miam (Aniba), l'Horo di Meha (Abu Simbel) e l'Horo di Buhen (Uadi Halfa, sul confine con il paese di Kush, presso la seconda cateratta).

Un giorno dunque Usermaatra avrebbe fatto scavare nella roccia, a guisa di grotta, una parte del santuario dedicato a Ptah, cento chilometri a sud di Assuan, sulla riva sinistra, poco a nord di Kuban. Davanti al tempio, un cortile ornato di pilastri osirici con l'effigie del re in costume «dei viventi» doveva evocare l'innovazione già seguita da Amenofi IV e ripresa nel Ramesseo.

Paesaggi nubiani

Più il corteo risaliva il fiume verso sud, più il paesaggio si faceva verdeggiante. Palme da datteri, palme dum e mimose profumate fiancheggiavano le rive. Ogni paesino era abbellito da un maestoso sicomoro, all'ombra del quale chiacchieravano tranquillamente i vecchi. Donne e bambini accorrevano verso il fiume per ammirare il corteo dei vascelli regali dalle vele ornate di disegni geometrici e motivi floreali intessuti con fili colorati. Li seguivano le imbarcazioni del viceré della Nubia e della guardia del corpo. I nubiani adulti erano assai scarsi perché per la maggior parte erano arruolati nell'esercito egiziano o prestavano servizio nell'amministrazione dell'Alto e del Basso Egitto.

Nefertari cercava invano, lungo le rive che sfilavano sotto i suoi occhi, le suggestive cappelle funebri sormontate da punte piramidali che erano così numerose nella regione tebana. I nubiani, pur avendo adottato la cultura egiziana, restavano fedeli alle loro tradizioni. Seppellivano i morti secondo il costume nubiano, avvolti semplicemente in una pelle di capra. Solo alcuni alti personaggi, del resto assai rari, si facevano seppellire secondo la moda egiziana, in una cripta scavata nella roccia, come per esempio un tale Hekanefer, figlio di un capo nubiano che era stato allevato alla scuola della reggia (il *kep*) dove era stato compagno di Tutankhamon. Tornato nella terra natale, nei pressi di Aniba che a quell'epoca era la capitale, vi aveva esercitato le funzioni di governatore.

Uadi es-Sebua

I vascelli fecero scalo al capolinea delle piste carovaniere che venivano dal deserto libico occidentale. Il terreno presentava i requisiti necessari per fondarvi un grande tempio dedicato al potente Amon, che i viaggiatori invocavano come *Amon delle strade*. Questo santuario, che è anch'esso un semipogeo, «salvato dalle acque» come la maggior parte dei templi nubiani, porta oggi il nome di Uadi es-Sebua, la valle dei Leoni, a causa delle sfingi che compongono il suo dromos.[8] Ramsete si riservava di utilizzare le decorazioni, quando fosse venuto il momento, per illustrare le tappe della sua divinizzazione e della sua cronaca familiare in continua evoluzione.[9]

Ricostruzione della fortezza di Buhen. (Uadi Halfa)

Doppia porta fortificata sulla facciata orientale della fortezza.
(Disegni di W. Emery)

In passato, sullo stesso terreno, Amenofi III aveva dedicato ad Amon un piccolo tempio semipogeo, contro il quale doveva essere costruito il nuovo santuario.

Amada

I sovrani continuarono la navigazione verso sud, in una regione che presentava allora un interesse quasi archeologico. La coppia reale si fermò infatti all'altezza di Amada, sempre sulla riva sinistra, la più luminosa, orlata di sabbie dorate, per ammirare il leggiadro santuario costruito da tre faraoni successivi della XVIII Dinastia, Thutmose III, Amenofi II e Thutmose IV. I rilievi in fondo all'edificio, eseguiti durante il regno di Thutmose III e Amenofi II, furono una sorpresa per Ramsete. Si aspettava infatti di trovare le grandi figure divine tipiche dei monumenti religiosi di Thutmose III, che aveva incontrato lungo il viaggio ad Assuan e a Baki e aveva anche visto nella parte anteriore del tempio stesso che stava visitando, portato a termine da Thutmose IV. Invece in fondo all'edificio le pareti presentavano scene in miniatura che evocavano con particolari poetici le cerimonie rituali del culto e le tappe principali della costruzione del tempio stesso. La policromia era di squisita bellezza. La parte sud del tempio era consacrata ad Amon mentre la parte opposta era riservata a Ra-Horakhty.

In fondo all'ultima sala un'imponente stele coperta di geroglifici tempestati di lapislazzuli occupava tutta l'altezza sotto l'archivolto. Evocava le repressioni ordinate da Amenofi II all'inizio delle campagne in Medio Oriente per dare un esempio alle popolazioni del «vile paese di Kush» verso il quale si stava dirigendo. Ramsete ben conosceva le difficoltà che avrebbe dovuto affrontare, quando fosse stato costretto a tornare armato in quelle regioni. Ma per il momento, quello che lo affascinava era l'immagine della barca sacra che dominava tutta la scena, davanti alla quale Amenofi II faceva offerte di vasi di vino. La stele recava la data dell'anno 3, terzo mese della stagione estiva, quindicesimo giorno, pressappoco due settimane prima dell'arrivo dell'inondazione. Il vino della vendemmia, sempre associato alla fine del ciclo e al rinnovamento dell'anno, era l'offerta tradizionale per invocare la piena. La data quindi non era casuale e la decorazione della stele era in rapporto con ciò che ci si attendeva da un tale *ex voto*: propiziare, se non provocare l'arrivo dell'onda benefica. Amon e Ra, seduti a fianco a fianco sulla barca sacra, evocavano la forza segreta che si sarebbe manifestata per l'azione del sole. Questo edificio era dunque un posto di tappa per la barca divina che riportava l'inondazione, durante il suo viaggio verso i santuari metropolitani e la terra d'Egitto.

Imbarcazione fluviale del viceré della Nubia. (Tomba tebana di Huy)

Colonna protodorica all'interno dell'ipogeo di Beit el-Uali.

Nicchia in fondo all'ipogeo di Beit el-Uali, contenente le statue di Ramsete, di Khnum e di Anuket.

Le tappe della barca sacra

Si precisava così nella mente di Ramsete il progetto dei templi che si proponeva di erigere sulle rive nubiane. I quattro santuari principali dovevano essere immensi posti di tappa per la barca divina di Amon-Ra e dovevano simboleggiare l'arrivo dell'inondazione che aveva superato la seconda cateratta e si dirigeva verso l'Egitto per ridargli la vita. Ma anche i due poggi rocciosi di Ibshek e di Meha dovevano avere il compito di rivelare il mistero del giorno di Capodanno, assicurare all'anno il decorso regolare e associare l'azione della coppia reale al fenomeno che dava vita al popolo.

Prima di lasciare Amada, Usermaatra aveva ordinato di restaurare i bassorilievi in cui le immagini di Amon erano state asportate a colpi di scalpello dai fedeli di Aton, sotto il regno di Amenofi IV, Akhenaton. I grossolani restauri, visibili ancora ai nostri giorni, parlano di un lavoro frettoloso affidato ad artigiani di scarso gusto estetico. L'essenziale era dare una soddisfazione concreta al clero di Amon. Comunque, Ramsete aveva conferito così al divino Signore di Tebe un'altra dimensione, sottolineando la reale identità attribuita da quel momento in poi alla sua forza nascosta.

Il paese della «Dorata»

Fra Amada e Miam[10] Nefertari restò abbagliata dallo splendore del paesaggio. L'aria limpida della Nubia, lontana dalle polveri di limo sollevate dai venti primaverili, sembrava puro cristallo. La nave avanzava su un fiume color turchese, ametista e olivina, secondo le ore della giornata. All'arrivo del crepuscolo, sempre molto breve, il cielo e l'acqua si trasformavano in oro fuso attraversato dalla sottile lama brillante del sole morente. La regina comprendeva bene perché l'immagine di questa regione evocasse l'idea dell'oro. Certo, c'erano ricchi giacimenti auriferi, ma le sabbie stesse sembravano coperte d'oro. Queste regioni dominate dalla leggenda della Lontana[11], Hathor dalle molte facce (quella della morte, ma anche quella dell'amore che ridona la vita), avevano dato alla dea uno dei loro nomi: Hathor era la Dorata, la *Nubet*.

Miam e Teshke

Le rocce annerite dall'eterna erosione fiancheggiavano le strette e interminabili fasce costiere e prendevano ora forma piramidali. Il terreno coltivabile, sulla riva sinistra del Nilo si andava allargando: la piccola flotta stata per arrivare nella regione della città di Miam, capitale dell'Uauat. Miam era stata fino a quel momento la residenza del viceré, ma Ramsete

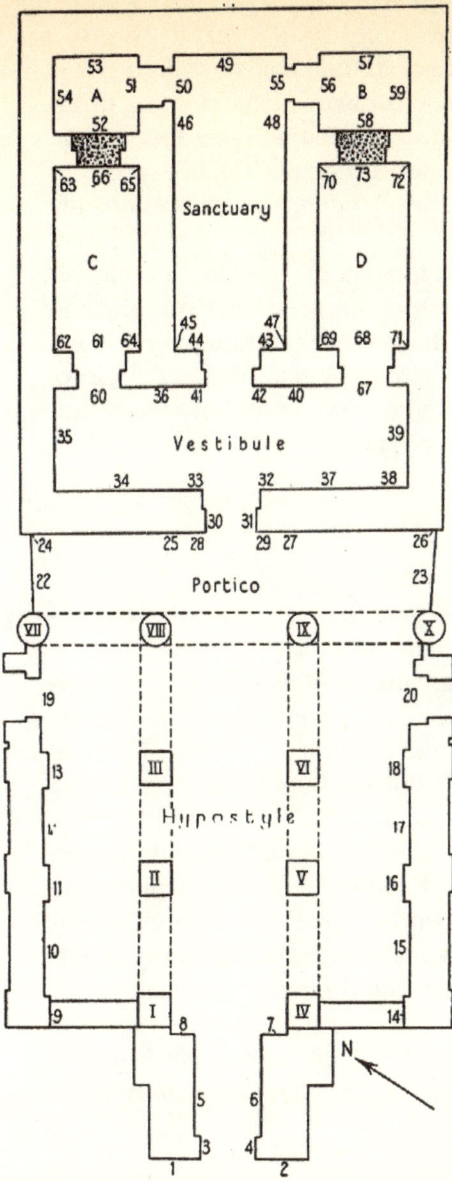

a

b

a. Pianta del tempio di Amada

b. Amada: Iside-Scorpione abbraccia Thutmose IV.

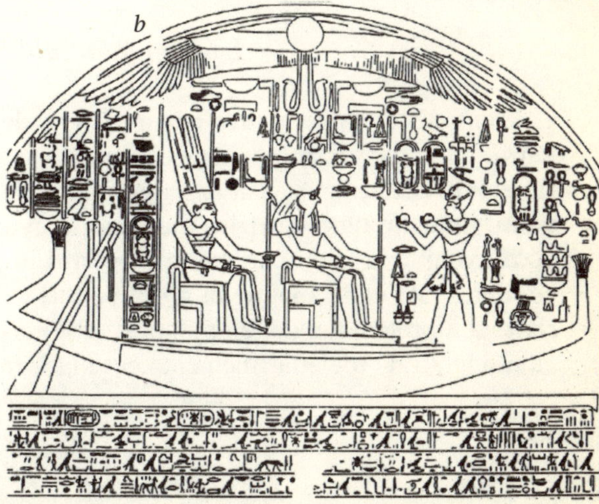

Sommità centinata della grande stele storica di Amenofi II. Il re nella barca divina fa offerte a Horo e ad Amon.

aveva ordinato di spostare più a sud il centro amministrativo della regione, nel paese di Kush. Anche alla nuova residenza aveva dato il nome di Pi-Ramses. Gli era sembrato opportuno sottolineare così una presenza egiziana ufficiale in queste regioni del Sudan settentrionale, l'antico paese di Iam, popolato da rudi guerrieri poco inclini a integrarsi alla cultura più amabile dei loro conquistatori.

I vascelli reali stavano per oltrepassare la zona di Teshke, altro capolinea delle carovane che partivano da Assuan e attraversavano con gli asini le sabbie del deserto, da un'oasi all'altra. La regione era famosa per le cave di diorite, di cui era fatta la statua di Chefren, oggi al Museo del Cairo, nonché di diaspri assai pregiati. I minatori vennero con le loro piccole imbarcazioni a rendere omaggio alla grande sposa reale.

El-Lessiya

Sulla riva destra, le rocce iniziavano ad assumere un certo rilievo: i sovrani avevano appena oltrepassato la grotta di el-Lessiya, risalente al regno di Thutmose III, sulle cui pareti erano ampiamente illustrate le fasi più significative della cerimonia di *Confermazione del potere regale*, che caratterizzava il giorno di Capodanno. In tutti questi santuari, tuttavia, Ramsete non riscontrò alcuna allusione alla vita di corte dei suoi predecessori, fatta eccezione per la stele di Amenofi II. Più a sud, il faraone salutò l'iscrizione che suo padre, Seti, aveva fatto scolpire nella roccia. Seguendo ancora una volta le orme del grande riformatore, Usermaatra giurò solennemente a se stesso di oltrepassare i confini di un simile rigore, offrendo un'immagine sicuramente più umana della famiglia reale i cui membri, da quel momento in poi, furono ammessi a condividere con il faraone gli ideali di immutabilità e impersonalità.

Poco prima che le imbarcazioni reali attraccassero al molo di Miam, il governatore e i notabili, in testa al corteo, si erano radunati sulla riva per rendere omaggio ai sovrani con doni e offerte.

L'artigianato nubiano

L'antica capitale vantava ancora il grande deposito dei prodotti in partenza dal sud. Qui, infatti, erano rimasti i laboratori di ebanistica, oreficeria e pelletteria, dove venivano mirabilmente realizzati poltrone, sedie, tavolini in legno duro d'Africa incrostati d'avorio e placcati d'oro. Per il Palazzo, venivano fabbricati cuscini rivestiti in pelle di ghepardo, magnifiche code ricavate dalle spoglie di giraffe e tori e bellissimi sandali con la punta rialzata a protezione delle unghie. L'artigianato locale includeva inoltre alcuni oggetti da toeletta finemente cesellati, fra i quali vi erano strani monili d'oro sormontati da statuette raffiguranti piccoli nubiani nell'atto di arrampicarsi sulle palme-dum. Le produzioni migliori venivano naturalmente riservate ai sovrani, che le ricevevano insieme con la rituale offerta dei celebri datteri provenienti dal paese dell'oro.

Derr e Ibrim

Sulla riva destra, prima di Aniba, sorgeva un piccolo centro, Korosko,[12] punto di partenza della lunga pista carovaniera che evitando la grande ansa del Nilo portava direttamente nel Sudan, verso la località chiamata oggi Abu Hamid. Su questa pista si trovava il luogo che Ramsete indicò al viceré Iuny come il più adatto per costruirvi un tempio a Ra-Horakhty: l'attuale semipogeo di Derr.[13]

Le sedi dei futuri semipogei consacrati a Ptah, Amon e Ra-Horakhty erano già indicate. Restava la quarta divinità del programma, Seth, patrono della quarta divisione dell'esercito. Questo dio protettore degli antenati ramessidi era in un certo qual modo incarnato nella persona stessa di Usermaatra Setepenra, il sovrano dalla rossa chioma, intrepido guerriero, difensore della barca solare.[14] Il dio si fondeva con il faraone nel luogo sacro di Ibshek verso il quale Ramsete e Nefertari si stavano dirigendo e dove si venerava già l'Horo di Meha.

Prima di arrivarvi i sovrani dovevano passare davanti all'imponente roccione di Ibrim, a sud di Derr, ai piedi del quale erano state scavate tre piccole nicchie-cappelle per le cerimonie liturgiche locali dei thutmosidi. La più tipica era ornata, come le altre due, dalla statua del sovrano Amenofi II, affiancato da due figure divine «risparmiate» nella parete rocciosa di fondo. Il suo viceré Usersatet gli portava in omaggio tutti i prodotti di Uauat e di Kush.

L'entrata di queste grotte, come quella di el-Lessiya, o l'ingresso del piccolo tempio rupestre di Horemheb che sorgeva a picco sul Nilo, un po' a sudest di Ibshek, erano tutte molto strette e non recavano traccia di decorazione esterna. Era venuto il momento di rompere il mistero presentando in tutto il suo splendore la gloria del faraone.

Abu Simbel

L'ammirazione di Nefertari

Fin dal giorno della sua incoronazione, la grande sposa reale sapeva che il sovrano progettava di creare due santuari scavati nella roccia, completa-

Grande tempio di Abu Simbel. Dall'atrio ipostilo fino al sacrario dove Ramsete siede sul trono con la tri-unità.

mente sotterranei, dove lei stessa, accanto al faraone, avrebbe partecipato ai riti più sacri. Ne sarebbero stati gli interpreti, lei e il suo sposo, in simbiosi con i due elementi indispensabili alla vita dell'Egitto. Sarebbero entrati nel mondo degli dei, dai quali avrebbero continuato ad ottenere la forza necessaria per ricoprire questi ruoli.

Tuttavia non avrebbe mai potuto immaginare lo spettacolo che si presentava ai suoi occhi. I due poggi rocciosi di Meha e di Ibshek, costituiti dalla fragile arenaria rosa locale, quello a sud molto più imponente dell'altro, erano già stati scavati, ma le loro entrate non erano semplici aperture senza decorazione, come quelle delle cappelle-grotta. La facciata in altorilievo del più importante, quello di Meha a sud, ricordava le facciate dei templi. Non c'erano le due torri dei piloni classici, ma quattro fantastici colossi seduti, ognuno alto venti metri, inquadravano l'ingresso e il tutto era inserito in un unico quadro architettonico trapezoidale, dominato da un fregio di ventidue cinocefali in piedi, che adoravano il sole.[15] Questa prestigiosa decorazione superava persino quella del pilone eretto da Amenofi III a ovest di Tebe, che era ornato solo da due colossi.[16] Gli artigiani avevano già scolpito i corpi delle gigantesche statue, che rappresentavano diversi aspetti divini del re, ciascuno dotato di un nome specifico. Ma avevano lasciato sul posto le impalcature, per consentire ai migliori scultori dei laboratori reali, convocati in Nubia, di modellare i delicati tratti dei volti.

Il poggio di Ibshek a nord

Il poggio roccioso di Ibshek presentava un quadro ben diverso. La facciata, leggermente inclinata, era costituita da sei nicchie, disposte in due gruppi che inquadravano l'ingresso. La regina scorgeva da lontano sei statue scolpite nella roccia, alte circa otto metri, che occupavano ognuna delle nicchie. I lavori erano più avanzati di quelli di Meha perché le proporzioni dell'ipogeo erano più modeste. Ai lati dell'ingresso sorgevano due statue del re in piedi, ciascuna inquadrata da due dei figli che lei stessa aveva messo al mondo, il maggiore, Imenherkhepeshef, e Meryatum, entrambi in piedi ma di statura più piccola. Lo scultore aveva dato alle due statue reali un aspetto ieratico che le distingueva dalle altre immagini. Ramsete spiegò alla regina che ogni statua rappresentava la personificazione di un epiteto regale, una specie di ipostasi.[17] I loro nomi erano incisi sulle spalle. Quello del sud era *Heka-tauy-amato-da-Amon*, quello del nord *Ra-en-hekau-amato-da-Atum*, a cui Ramsete teneva in modo particolare. L'epiteto *Sole-dei-principi-amato-da-Atum* era pure inciso su uno dei colossi seduti della facciata di Meha e su un colosso osirico dell'atrio ipostilo.[18] Figurava anche su uno dei colossi di Luxor e su un altro del Ramesseo.[19] All'estremo sud della facciata una statua del re un po' più alta delle altre lo rappresentava in piedi, affiancato dai principi Meryatum e Meryra.

Anche all'estremo nord i due principi comparivano affianco del re, portando l'acconciatura di Ta-tenen. Infine fra i due gruppi con l'immagine del faraone, a nord e a sud della facciata, Nefertari poteva scorgere la propria figura radiosa, con l'acconciatura di Sothis, come se uscisse dalla montagna in uno slancio irresistibile. Era accompagnata, a destra e a sinistra, dalle due principesse Merytamon ed Enuttauy. Nella sontuosa decorazione spiccavano particolari importanti: le immagini di Nefertari avevano esattamente la stessa altezza di quelle del re, mentre le statuette delle figlie erano più alte di quelle dei figli. Così Ramsete rendeva omaggio al ruolo eminente della femminilità.

Il viceré Iuny, contemporaneo del re Seti, aveva sorvegliato i progressi dei lavori. Aveva fatto incidere nella roccia, a sinistra della grotta sacra, una grande scena in cui rendeva omaggio al faraone e si dichiarava con orgoglio originario di Heracliopoli. Ora guidò i sovrani nel cantiere in piena attività, fino alla terrazza del grande tempio ipogeo.

Il poggio di Meha al sud

Là il quadro era del tutto diverso. I quattro colossi erano seduti, circondati da due grandi dame reali, due principi e sei principesse ancora nubili. Questo fa supporre che la famiglia reale fosse rappresentata quale era all'epoca del primo quarto del regno.

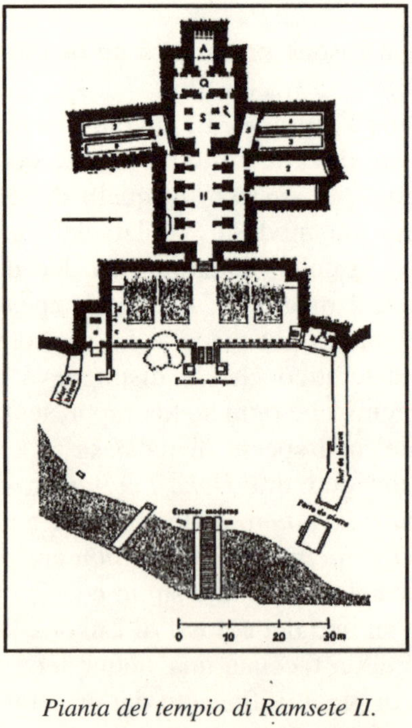

Pianta del tempio di Ramsete II.

La facciata

Il posto d'onore era riservato, per due volte, a Nefertari e alla regina madre Mut-Tuy. Venivano poi i due figli maggiori delle due grandi spose reali. Tuttavia la regina Isisnofret non era rappresentata, come non lo era nell'Alto Egitto a quell'epoca. Si è molto discusso a proposito di questo fatto. Qualcuno ha immaginato un dramma della gelosia fra le due grandi spose, e il ripudio di Isisnofret. Altri hanno pensato che fosse morta giovane. C'è comunque un fatto essenziale di cui si deve tenere conto: Nefertari aveva messo al mondo il principe ereditario, Imenherunemef, divenuto poi Imenherkhepeshef.

Su questa facciata, il posto di ogni figura indicava l'importanza che Ramsete attribuiva a ciascun membro della famiglia reale. Così, ai due lati del colosso sud presso la porta d'entrata, si trovavano Nefertari e la regina madre, mentre accanto al colosso nord compariva Nefertari seguita dalla piccola principessa Baketmut, figlia di Isisnofret. Infine, fra le gambe del primo colosso a sud era stata scolpita l'immagine del figlio maggiore Imenherkhepeshef[20] e davanti al primo colosso a nord si vedeva il principe Ramsete, figlio di Isisnofret.

Tra le gambe del secondo colosso sud si trovava la piccola Isisnofret II, che portava il nome della madre, e ai fianchi del colosso due altre figlie di Isisnofret, Bentanat, la maggiore, e Nebettaui. Restava il secondo colosso nord. Fra le sue gambe era stata raffigurata la piccola Nefertari II, che portava anch'essa il nome della madre, a sinistra Merytamon, figlia maggiore di Nefertari, e all'estrema destra di nuovo la regina madre, Mut-Tuy. Fra tutti questi personaggi regnava un sapiente equilibrio. Il primato spettava alla madre del principe ereditario e alla regina madre. A sud il primo posto era per il figlio maggiore di Nefertari e per la figlia maggiore di Isisnofret, mentre a nord era riservato al figlio maggiore di Isisnofret, il principe Ramsete, e alla figlia maggiore di Nefertari. Il genitore divinizzato regnava con grandiosa premura sulla famiglia, come il genio creatore del fiume, rendendo onore alla maternità e sottolineando l'importanza della femminilità, anche se in realtà il numero dei principi era uguale a quello delle principesse. Due grandi assenti: il padre, sempre venerato ma defunto, e l'altra grande sposa reale, che tuttavia ricomparirà più tardi.

L'atrio ipostilo

Superata la stretta porta d'ingresso, la prima sala sotterranea evocava un cortile all'aria aperta, con i suoi pilastri osirici di stile classico dove però Ramsete, in postura osirica, «portava il perizoma dei viventi». Sulle pareti le scene di guerra, quasi terminate, rendevano visibile l'intento del sovrano di spingere il male dai confini del paese. Gli schizzi su papiro che tracciavano le tappe essenziali della battaglia di Qadesh erano stati portati al capo dei decoratori da Ashahebsed, primo coppiere del faraone, incaricato, secondo le sue stesse parole, di allestire la «*Dimora di Milioni di Anni* scavata nella montagna».[21]

I disegnatori avevano già cominciato a impostare l'immensa scena, su tutta la parete nord dell'atrio. Sulla parete sud dovevano essere raffigurate altre immagini di conquista, riferite alle prime imprese del re. Dapprima la presa di una roccaforte siriana in cui il faraone compare sul suo carro, accompagnato da tre figli: Imenherkhepeshef, Ramsete e Parerunemef, ciascuno sul piccolo carro personale. Quindi l'uccisione di un capo libico, ripresa da una scena analoga che figurava già a Karnak, ma in cui l'eroe era Seti I. Infine l'immagine del sovrano vittorioso, maestosamente in piedi sul suo carro e accompagnato dal leone che gli era familiare. Davanti a lui, due file di prigionieri del paese di Kush, allusione alla campagna repressiva condotta nell'Irem all'epoca della coreggenza. Da queste scene, e dalla presenza dei figli del re che sono tutti in giovane età, si può ipotizzare che la data di fondazione degli ipogei corrisponda ai primi anni del regno.[22] Come conclusione di queste scene militari, Ramsete faceva omaggio delle conquiste cushite alla coppia divina Amon-Mut. La scena della sfilata dei prigionieri terminava con un quadro non meno originale che importante, che raffigurava Amon di Napata nel suo santuario rupestre. Sotto l'immagine del dio assiso al trono passava il corpo di un immenso cobra che si drizzava fra Amon e Ramsete, impegnato nelle offerte rituali. Si trattava certamente dell'immagine del Nilo che scende serpeggiando dalle sorgenti per dispensare l'inondazione sulle terre del faraone.[23]

Ramsete consacra offerte ad Amon-Nilo di Napata.

Grande tempio di Abu Simbel: pilastri osirici (solari) dell'atrio ipostilo (lato nord).

Nell'atrio ipostilo, parete nordest: Ramsete stermina gli avversari asiatici davanti a Horakhty. Nel registro inferiore sfilata delle figlie del re.

Di fronte, dopo la battaglia di Qadesh, Usermaatra si presentava davanti a Horakhty e Iusa, una delle forme «di seduzione» in cui appariva la divina Hathor, trascinando con sé due file di prigionieri ittiti.

Ancora una volta il faraone aveva voluto sottolineare l'importanza della sua progenie, già numerosa a quell'epoca (anno sesto e settimo del regno). Sulla parte inferiore delle pareti adiacenti la porta d'ingresso compariva la sfilata dei primi figli, posti ritualmente a sud, e delle prime figlie, logicamente a nord. L'eguaglianza è quasi perfetta, tuttavia i figli (dei due eletti) erano allora soltanto otto: Imenherkhepeshef, Ramsete, Parerunemef, Khaemuaset, Montuherkhepeshef, Nebenkharu, Meriamon e Sethemuia. Le figlie invece erano nove. I loro nomi erano segnati accanto a ogni figlio.

La sala ipostila

La sala ipostila, che veniva subito dopo l'atrio, doveva presentare sulle pareti sud e nord la barca di Amon, ornata della testa dell'ariete sacro, e quella di Ra decorata con la testa di falco, a cui la coppia reale doveva rendere omaggio. I rilievi non erano ancora scolpiti ma Ramsete volle precisare a Nefertari che le immagini previste di due barche in realtà erano una sola. Era il vascello di Amon-Ra, qui decomposto, mentre nel recesso segreto del tempio doveva comparire unificato. Sulle pareti di quest'ultima sala erano previste le raffigurazioni della barca di Amon-Ra a sud e quella di Ramsete divinizzato a nord. In quest'ultima immagine si poteva riconoscere il dio Horakhty. Si noti che nella piccola cappella rupestre a sud del grande tempio, sulla parete sud la barca di Amon era sostituita da quella di Thot, che evocava l'inondazione ricondotta e dominata dal dio.

L'illuminazione del sacrario

L'asse del sacrario era stato calcolato in modo che, due volte all'anno, il primo raggio del sole nascente colpisse una delle statue raffigurate sulla parete di fondo. Nella massa rocciosa dovevano essere scolpite, dal sud al nord, le immagini di Ptah, Amon, Ramsete stesso e Ra-Horakhty. Ma i raggi solari penetrano nel tempio soltanto in due periodi dell'anno. Il primo va dal 10 gennaio al 30 marzo, e precisamente il 20 febbraio illuminano progressivamente tre delle statue. Nel secondo periodo, fra il 10 settembre e il 30 novembre, questo aviene il 20 ottobre. Dunque, il 20 febbraio l'illuminazione comincia dalla statua di Amon e passa poi all'immagine del re. Invece il 20 ottobre il sole illumina prima la statua di Ra-Horakhty e poi si volge alla statua di Ramsete. Così le due entità divine trasmettono al sovrano, due volte all'anno, l'irradiazione necessaria per mantenere in lui la natura divina, che potrebbe affievolirsi con il passare del tempo. Il re

Grande tempio di Abu Simbel: le quattro statue del sacrario. Da sinistra a destra Ptah, Amon, Ramsete II e Ra-Horakhty.

Facciata del piccolo tempio di Nefertari, Abu Simbel.

è illuminato da Amon e Ra, la loro barca è la sua barca, che deve ridiscendere il Nilo nel giorno di Capodanno. È l'immagine, il simbolo stesso dell'inondazione. Quanto alla statua di Ptah, il dio che sorge dalle tenebre e le fa sorgere, solo la sua spalla sinistra è toccata dai raggi del sole.

Il ruolo del piccolo ipogeo

Il santuario di Hathor, dedicato alla regina, doveva essere la scena di un altro evento magico. La grotta dai capitelli hatorici, dedicata alla femminilità, con i suoi rilievi splendenti della gioia e del fascino della giovinezza, evocava i sovrani all'inizio del loro regno, e il loro aspetto giovanile accentuava la poesia del luogo. Il santuario aveva dunque una definizione precisa, espressa dall'immagine della vacca sacra di Hathor raffigurata in fondo al sacrario. Era un'allusione diretta al rinnovamento annuale del sovrano, legato al ritorno dell'inondazione che la dea pareva far scaturire dalla montagna. A questo scopo i riti dovevano passare, come prima tappa, per la persona della regina, che su una delle pareti appariva diritta e snella nell'atto di ricevere da Hathor (l'eros) e da Iside (la maternità) la corona di Sothis, l'astro che spariva e poi tornava visibile per provocare la comparsa del sole all'inizio dell'anno. Ecco perché il nome del tempio, inciso sulla facciata in colonne di geroglifici, era stato composto dal faraone stesso in questi termini: «Nefertari per amore della quale sorge il sole».

Dopo aver osservato l'elaborazione di questa scena dove, alla fine dei lavori, si sarebbe svolto lo spettacolo cosmico di cui lei stessa e Ramsete erano gli attori essenziali, Nefertari riprendeva con il faraone il viaggio verso l'Egitto del Nord, verso Pi-Ramses la loro splendida capitale.

a

Interno del piccolo tempio di Nefertari.

a. La regina offre dei papiri e suona il sistro-porta per Anuket.

b. Nefertari compie lo stesso rito.

c. Disegno di uno dei pilastri hathorici della prima sala del tempio.

d. Nefertari regge il flagello e suona il sistro centinato.

b

c

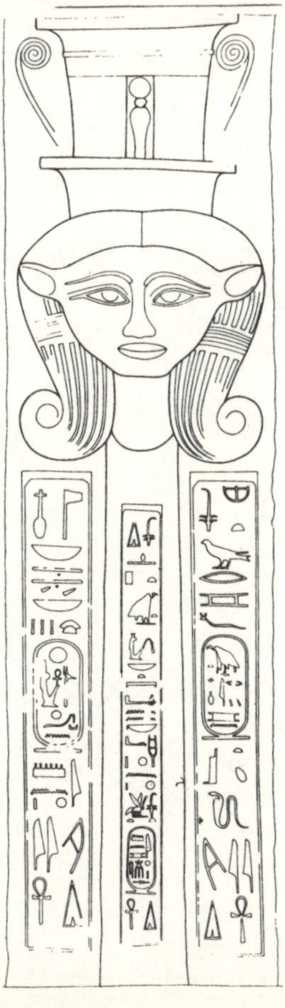

d

La guerra nel paese di Moab: manovra di accerchiamento compiuta da Ramsete e suo figlio Imenherkhepeshef e loro incontro a Rabat Batora. (Schizzo di E. David)

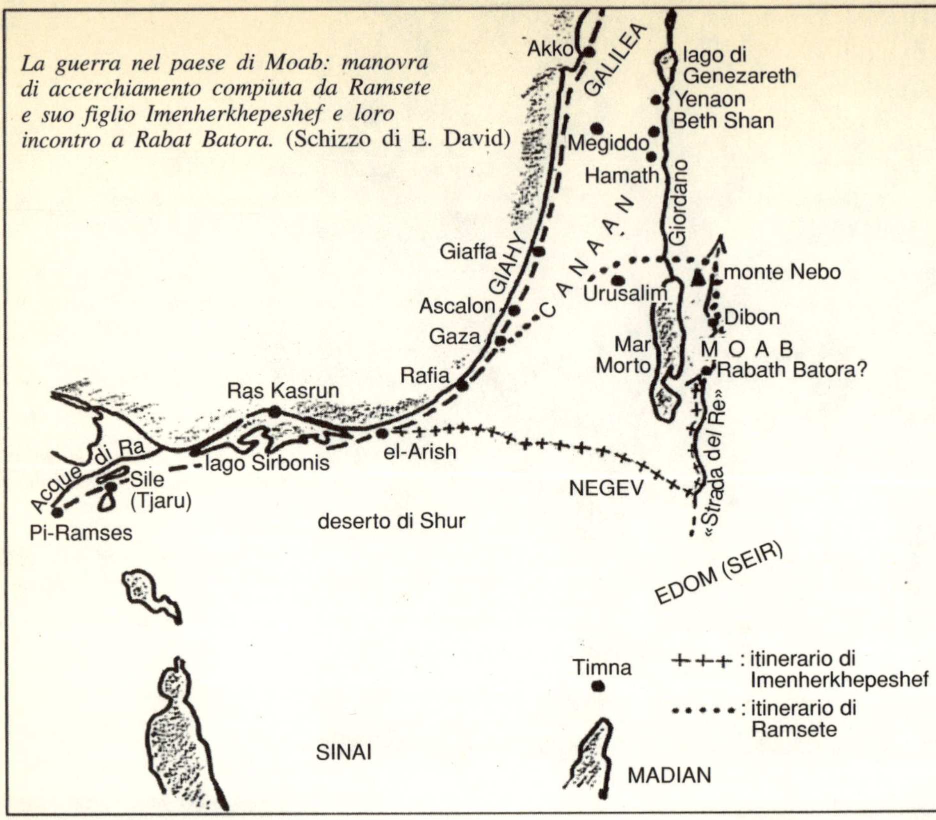

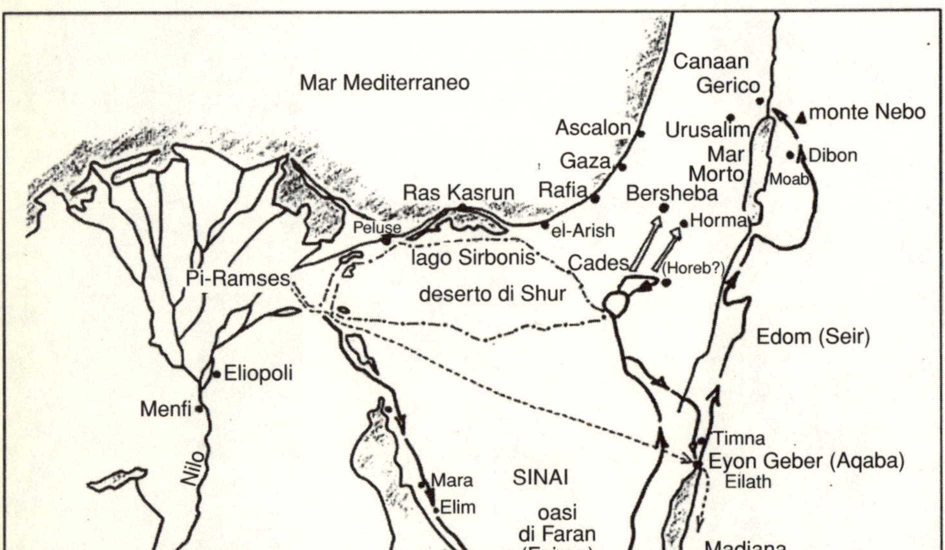

La cartina mostra i diversi itinerari eventuali dell'Esodo. (Dal catalogo dell'esposizione Ramsete il Grande)

11

Il dopo-Qadesh

Moab ed Edom

I POCHI mesi trascorsi in Alto Egitto e in Nubia avevano raddoppiato l'ardore guerriero di Ramsete. Al suo ritorno si rese conto che le notizie relative alla campagna di Qadesh si erano largamente diffuse nel paese di Canaan e influivano negativamente sul comportamento di questi antichi vassalli dei faraoni, nonché degli incorreggibili *shasu*.[1]

Fin dal sesto anno di regno gli fu facile respingere questi nomadi verso l'Est, fuori di Canaan. Ma soprattutto doveva curare la riscossione dei tributi dovuti all'Egitto dai vassalli di Canaan fin dai tempi di Thutmose III, che erano già stati ridotti all'obbedienza da Horemheb, e soprattutto da Seti I.

L'impegno più serio per Usermaatra riguardava la Palestina orientale, a est e a sud del Mar Morto, laddove le popolazioni di Moab e di Edom tendevano a respingere la tutela egiziana. Era indispensabile ridurre a tutti i costi la resistenza di questi paesi, troppo vicini alle frontiere d'Egitto, capaci di fomentare disordini di ogni genere e già conquistati dall'abile propaganda ittita.[2] Solo dopo di ciò sarebbe stato possibile passare alla riconquista dell'Amurru, stato cuscinetto essenziale per evitare il formarsi di una nuova coalizione.

Correva l'anno 1273-1272 a.C., settimo del regno di Ramsete, che aveva allora trentadue anni. L'obiettivo primario era quello di annientare ogni resistenza nei territori intorno al Mar Morto. A questo scopo due divisioni partendo dalle colline del Negev dovevano congiungersi nel paese di Moab. Ramsete aveva ritenuto il suo primogenito ormai pronto alla guerra: Imenherkhepeshef doveva guidare le sue truppe verso est fino a sud del Mar Morto e risalendo impadronirsi di Butartu in Edom. Ramsete avanzò invece a ovest del Mar Morto, attraversò il centro di Canaan, risalì fino ai confini settentrionali lasciandosi sulla sinistra Urusalim (la futura Gerusalemme); poi ridiscese a est del Mar Morto nell'attuale Giordania e occupò la città di Dibon. Proseguendo verso sud, congiunse le sue truppe con quelle del figlio, che pare lo aspettasse a Butartu, sforzandosi di rappacificare quelle popolazioni.

A questo punto Ramsete aveva via libera per risalire verso nord senza incontrare troppa resistenza in direzione della provincia Upi, che aveva perduto dopo la battaglia di Qadesh. Si fermò a Temcsq (un'altra Pi-Ramses, oggi Damasco), per conquistare, pare, la città di Kumidi. Questo percorso si chiamava «la strada del re».

L'Esodo si dovrebbe forse collocare sotto il regno di Ramsete II? (1272-1271)

Questi scontri, il cui punto di partenza era la zona a nord del Sinai, avevano suscitato una certa effervescenza nella regione. I beduini *shasu*, e soprattutto i seminomadi *apiru*, «i polverosi» si trasmettevano di generazione in generazione dei racconti che si trasformavano in leggende.

Si potrebbe forse collocare in quest'epoca (il regno di Ramsete) l'origine dell'Esodo, soprattutto così come lo presenta la Bibbia, in quanto avvenimento storico realmente vissuto? Nulla di preciso nei testi egizi autorizza questa ipotesi. Tuttavia il nome biblico della città di Ramses può essere accostato a Pi-Ramses. Sappiamo che per la costruzione di questa città furono arruolati gli *apiru*[3] insieme con i soldati del re «per trascinare le pietre verso il pilone della reggia di Ramsete II»[4] e per diversi altri monumenti.

Mosè era egiziano?

Il nome di Mosè, formato da *mes*, bambino e *mesy*, dare alla luce, costituisce anch'esso la corruzione di un appellativo dichiaratamente egiziano, la cui prima parte è il nome di un dio: *Thot*mes, *Ra*mes e così via. Molti egiziani durante la XIX Dinastia portavano il nome di *Mes* (o *Mosè*). Certo a quell'epoca, come sotto la XVIII Dinastia, i prigionieri asiatici potevano essere impiegati nei grandi lavori di scavo e costruzione delle tombe reali e dei templi ipogei. E i prigionieri di guerra non erano i soli: molti asiatici e beduini liberi si facevano assumere come manovali. Gli *apiru* per esempio erano impiegati per fabbricare mattoni e trasportare le pietre da costruzione[5] di Pi-Ramses,[6] e anche come stagionali per la vendemmia.

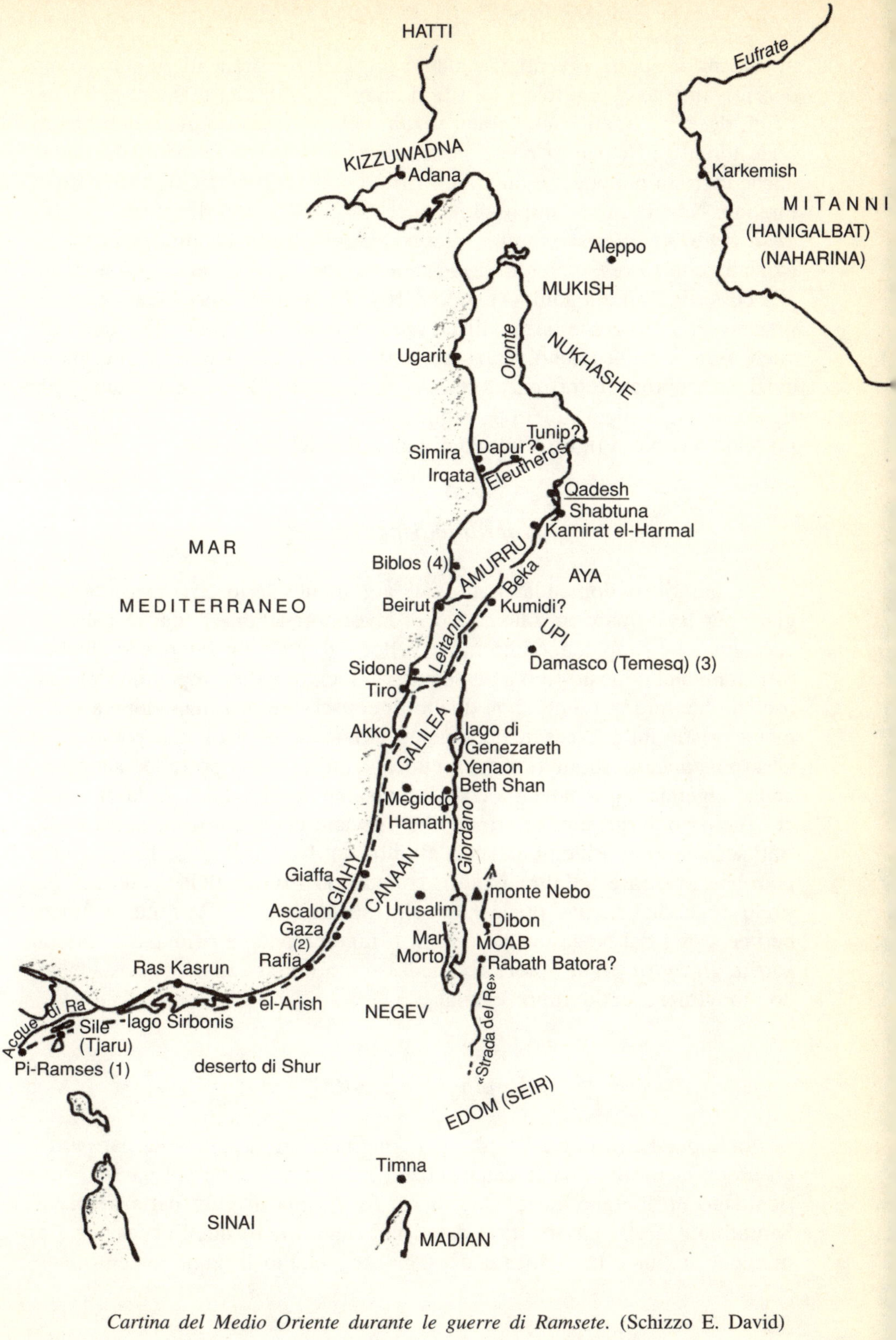

Cartina del Medio Oriente durante le guerre di Ramsete. (Schizzo E. David)

Alcuni di questi avventizi, e alcuni prigionieri affrancati, si stabilivano definitivamente in Egitto e i loro figli erano allevati alla maniera egiziana. I figli dei capi stranieri che erano istruiti nel *kep* della reggia o dell'harem reale tornavano nel loro paese nutriti di cultura egiziana. Molti facevano anche carriera nel paese e talvolta li ritroviamo negli ambienti più vicini al faraone. Non è quindi impossibile che Mosè fosse uno di questi: gli *Atti degli Apostoli*[7] riferiscono che sarebbe stato «istruito in tutta la saggezza egiziana che lo rese potente in parole e in atti», poiché era stato allevato alla corte fino all'età adulta (Esodo 2-10, 11). Non dimentichiamo che l'egiziano era noto come nazionalista, ma non come xenofobo. Troviamo diversi esempi nella documentazione scritta della XIX Dinastia: una dama egiziana, dopo avere affrancato tre dei suoi schiavi, li aveva adottati come figli.[8] Non c'è niente di impossibile quindi nel fatto che Mosè sia stato presentato come il figlio adottivo di una figlia del faraone.

Operai indispensabili?

C'è quindi da domandarsi su quale argomento serio ci si possa appoggiare per legittimare un tale esodo di lavoratori stranieri (da un paese di cuccagna che rimpiangeranno mille volte!), al quale un faraone si sarebbe ostinatamente opposto fino a perseguitarli, mentre i suoi impegni immediati erano ben più gravi che non quello di conservare una manodopera facilmente sostituibile. Nessun documento egiziano parla di una partenza, o un'espulsione, di stranieri a quell'epoca. Tutt'al più si potrebbe supporre, nella leggenda, un amalgama con l'espulsione degli hyksos, orda di asiatici bene organizzati e bene armati che avevano occupato il paese ed erano stati scacciati dai principi di Tebe, all'alba del Nuovo Regno. Tutt'al più si potrebbe avanzare un'altra ipotesi, collocando l'inizio dell'Esodo nel periodo immediatamente precedente alla spedizione di Ramsete e Imenherkhepeshef dal Negev verso Edom. Il faraone poteva rifiutarsi di lasciar partire gli *apiru* per il timore che andassero a unirsi agli *shasu*, ostacolando i movimenti delle truppe egiziane.[9]

Le piaghe d'Egitto?[10]

Fra le piaghe inflitte all'Egitto per convincere il faraone a lasciar partire gli ebrei, la Bibbia cita le ceneri che si sarebbero sparse sul paese. Forse ricordano un lontano cataclisma di cui fu vittima in gran parte l'isola di Santorino,[11] e che causò gravi danni nei dintorni. In quell'occasione l'emissione di materiale vulcanico raggiunse persino la zona settentrionale del Sinai.[12] Si può anche pensare a fenomeni spiegabili con la piena del Nilo, nel periodo intorno ai giorni epagomeni, e l'imperversare della dea Lontana:[13] epidemie, peste degli animali, proliferazione delle rane, acque del fiume tinte di sangue e così via. Nel testo biblico compaiono anche particolari che sono estranei ai costumi e all'ambiente egiziano. L'uccisione dei neonati maschi potrebbe essere di origine asiatica, per esempio fenicia, ma non ce n'è traccia nel paese dei faraoni.[14] Quanto all'invasione delle cavallette, questo vorace ortottero, che è tanto nocivo in tutta l'Africa del Nord, generalmente in Egitto è considerato benefico, un aiuto nella lotta contro il male. Lo si ritrova nelle decorazioni apotropaiche delle tombe fin dai tempi dell'Antico Regno. Offre il modello per i recipienti degli unguenti, viene persino paragonato ai valorosi soldati delle quattro divisioni dell'esercito egiziano.[15]

Certo, Ramsete ebbe un numero impressionante di figli e ne perdette diversi prima che raggiungessero i trent'anni. E sarebbe facile ravvisarvi dei riferimenti. Ma si ricordi che il suo primogenito Imenherkhepeshef era ben vivo all'inizio del regno del padre, poiché pare che abbia partecipato, poco prima dell'anno 21 del regno, alle trattative diplomatiche che prepararono il trattato di pace fra ittiti ed egiziani.

Il parere degli egittologi

A questo punto sorge spontanea una riflessione. Pare che il racconto in questione sia il risultato di un'accozzaglia di fatti indipendenti gli uni dagli altri, che risalgono a periodi diversi e sono stati raccolti in epoca tarda. Probabilmente riguardano un fatto che aveva comunque scarsa importanza agli occhi degli egiziani e sarebbe stato messo in particolare rilievo per ottenere una narrazione «epica» e coerente. L'autorevole storico K.A. Kitchen[16] afferma che «l'Esodo biblico non trova alcuna eco nelle orgogliose iscrizioni ramessidi» e vorrebbe riconoscere un'eventuale traccia del cosiddetto Esodo sotto il regno di Ramsete II, come «episodio transitorio, anche se spiacevole». Gli ebrei in seguito lo trasformarono in evento memorabile.

Da parte sua, M. Bietak,[17] che da molti anni studia l'insediamento degli hyksos di Avari, suppone che i protoisraeliani facessero parte degli *shasu* citati nei testi egiziani, ma pensa che l'Esodo sia avvenuto comunque prima del quinto anno del regno di Merenptah.

Quanto a D. Redford,[18] ritiene addirittura che gli «storiografi biblici» non conoscessero troppo bene la storia in generale, e in particolare i sistemi con cui gli egiziani governavano la Palestina. Secondo lui la leggenda dell'Esodo non riflette la situazione dell'Egitto della XVIII e XIX Dinastia, ma piuttosto il periodo della XXVI Dinastia. Il redattore del libro dell'Esodo descriverebbe la regione del Delta quale era sotto questa dinastia e all'inizio del periodo persiano. Conclude dunque che si potrebbe accettare solo a grandi linee il racconto biblico, redatto in periodo tardivo.

Gli elementi di cui disponiamo sono quindi scarsi e poco conclusivi. Il punto di vista di uno degli ultimi autori che abbiano preso in considerazione il problema, J. Mélèze-Modrzejewski,[19] si allinea alle ricerche di H. Cazelles.[20] A tale conclusione eravamo arrivati anche noi già nel 1976 quando organizzammo l'esposizione di Ramsete II al Grand Palais di Parigi.[21]

L'Esodo: un tentativo di ricostruzione

In definitiva si potrebbe concludere che se vi furono attriti, e forse un conflitto, fra le autorità del faraone e un gruppo di operai di origine semitica che abbandonarono il lavoro e fuggirono dall'Egitto, l'evento acquistò una dimensione imponente per gli *apiru* (senza dubbio i futuri ebrei), che lo collocarono all'origine della loro storia. Ecco come si potrebbe tentare di ricostruire l'avventura, che sarebbe indissolubilmente legata all'Egitto ramesside.

Fin dall'alba della XIX Dinastia il faraone si occupa con impegno particolare dei rapporti con gli stati vicini. Spesso giovani semiti di alto rango, allevati secondo il costume egiziano, vengono adottati ed educati dalle principesse del grande harem. Saranno poi utilizzati nei rapporti con i diplomatici stranieri. Mosè fu certamente uno di questi e divenne in seguito «un alto personaggio nel paese d'Egitto e godeva dei favori dei cortigiani del faraone e del suo popolo».[22] Vediamo come si possano, in base a questi dati, ricostruire gli eventi che seguirono.

Mosè si trova dunque a essere testimone delle severe punizioni che un capomastro infligge a uno dei suoi compatrioti (non sarebbe quindi completamente «integrato», come si usa dire oggi). È l'epoca in cui Seti I intraprende i lavori di fondazione di Pi-Ramses. Il giovane ebreo interviene e colpisce a morte il capomastro. Non si costituisce e fugge per paura di essere condannato. Affronta l'esilio nel paese di Madian: conosce bene le strade del deserto. Il racconto biblico ci parla della sua unione con la figlia del gran sacerdote, nonché del pruno ardente, dell'ordine datogli dall'Eterno di condurre gli ebrei (*apiru*?) fuori dell'Egitto (Esodo 3-13, 15).

Alla morte di Seti I[23] Mosè tenta di tornare in Egitto, unicamente, sembra, per obbedire alle divine istruzioni ricevute, senza tenere conto delle conseguenze che il ritorno poteva avere per lui: «Il nuovo re che non aveva conosciuto Giuseppe»[24] lo accoglie di nuovo. Si può supporre che il nuovo faraone, Ramsete, ignorasse, o avesse perdonato, l'omicidio del capomastro. Mosè riprende dunque il suo posto accanto al sovrano e ben presto gli domanda di poter condurre il suo popolo a tre giorni di marcia nel deserto, per fare un sacrificio. Non è certo un uomo di guerra (lascerà questo ruolo a Giosuè), ma è sicuro della propria autorità, del posto che occupa alla reggia, dell'ispirazione venutagli dal suo dio, e pare non prenda in considerazione tutte le circostanze che il re potrebbe contestargli. Assassinio di un egiziano, mancanza improvvisa di una manodopera a cui l'Egitto aveva aperto le porte,[25] in un momento difficile per il paese dopo la perdita dell'Amurru, con le frontiere minacciate dagli ittiti. Il faraone quindi si irrita e si oppone. Mosè insiste, si fa minaccioso, invoca, pare, sull'Egitto piaghe che finiscono per vincere la durezza del faraone. Sembra che alla fine Mosè abbia anche scavalcato l'autorità di Ramsete, impegnatissimo a preparare l'immenso movimento di truppe con cui doveva invadere il Negev, Moab, Canaan ed Edom.

A questo punto avviene la partenza dall'Egitto, dopo la pretesa morte del primogenito del faraone che costituirebbe la decima piaga. Gli ebrei vengono «espulsi».[26] Il racconto *jahvista* li fa partire direttamente da Pi-Ramses, dopo che Mosè ha raccomandato ai suoi di portarsi via tutti i tesori che riescono a rastrellare. La massa dei fuggiaschi si dirige, per la Via dei Filistei, in direzione di Cades (a sud del Negev, non Qadesh), ma riceve da Dio l'ordine di «tornare indietro».[27] Gli ebrei risalgono in direzione di Baal-Tsefon (Ras-Kasrun), regione considerata assai pericolosa. Venti impetuosi vi accumulano masse di sabbia, il lago sembra sparire, si può annegare fra le spiagge in movimento, vero «mare di canne», in cui i carri del faraone avrebbero potuto essere inghiottiti. Allora gli «espulsi» si addentrano nel deserto di Shur.

Esiste una seconda tradizione sull'Esodo, l'*elohista*, che interpreta l'Esodo come fuga e che ci sembra più logica, perché respinge il percorso lungo la costa mediterranea, pericolosa per gli *apiru* in quanto costellata di fortezze egiziane. Secondo questa tradizione, la massa dei fuggiaschi si sarebbe diretta a sud, verso l'oasi di Ayun Mussa (Fonte di Mosè), per proseguire verso l'oasi di Faran[28] (Feiran), località di cultura semita che aveva fornito agli egiziani manodopera per le miniere di turchese di Serabit el-Khadim. Il Monte Horeb sarebbe ancora più a sud. Invece non si conoscono con certezza altri luoghi dell'antico pellegrinaggio ebreo nel Sinai.

Gli jahvisti collocano il Monte Horeb, il luogo della rivelazione a Mosè, nel Gebel Halal, non lontano da Cades. Gli elohisti lo pongono a sud, dove molti secoli dopo fu fondato da Giustiniano il monastero-fortezza che nell'XI secolo fu consacrato a santa Caterina, martirizzata nel 296 d.C.

Che si trattasse di espulsione o di fuga, come dice il reverendo Padre de Vaux,[29] le due tradizioni s'incontrerebbero verso Cades, prima della penetrazione nella terra di Canaan. Ma gli ebrei dovevano affrontare altre penose avventure, fra cui l'ostilità del re di Edom che rifiutò di lasciarli passare, dopo che ebbero vinto gli amaleciti[30] a sud del Negev. Furono costretti a risalire verso nord, passarono lungo i confini di Edom e Moab, dovettero vincere gli amorriti... infine dal Monte Nebo, dove arrivarono dopo quarant'anni di cammino, di «miracoli» e di dure prove, Mosè prima di morire poté scorgere in lontananza Urusalim e la sua Terra Promessa.

Allo stato attuale delle nostre conoscenze non è possibile mettere in rapporto la cronologia, praticamente attendibile, stabilita per il regno di Ramsete con quella del racconto biblico, fino a oggi inesistente. Ci pare quindi azzardato fissare per l'Esodo una data precisa. I pochi indizi qui citati consentirebbero di porlo all'inizio del regno di Ramsete II, forse nell'anno settimo del regno, quando Ramsete e Imenherkhepeshef organizzarono la loro duplice spedizione punitiva contro Edom e Moab.[31] Ma gli indizi restano assai deboli anche se si può osservare che la spedizione egiziana coincide con gli scontri degli ebrei in Edom e con alcuni punti del loro tragitto a cui la Bibbia fa allusione.[32]

Pare tuttavia difficile collocare l'Esodo negli anni che seguirono, perché la regione interessata era di nuovo controllata dalle forze armate del faraone, che si trovava a combattere lontano dalle proprie frontiere alla riconquista dell'Amurru.

I vicini libici

Dopo Qadesh, quando Ramsete decise di riorganizzare l'esercito, istituì delle basi di addestramento nella zona occidentale del Delta, vicino al mare, là dove frequenti incursioni di seminomadi libici venivano a molestare le frontiere del paese. Si trattava di prevenire il pericolo di un'invasione costruendo nella regione, per diverse centinaia di chilometri, una serie di fortezze analoghe a quelle fondate per difendere la Nubia, o a quelle che formavano il *Muro del Principe* lungo il margine orientale del Delta.

Grazie alla conoscenza del terreno acquistata durante le manovre di addestramento e le operazioni delle truppe, fu possibile scegliere i punti strategici più adatti alla costruzione delle piazzeforti. Le ricerche condotte in queste regioni, una quarantina di anni fa, dall'egittologo egiziano Labib Habachi hanno già rivelato l'esistenza di tre di questi fortini, che comprendevano come al solito edifici per le truppe, la residenza del comandante della piazza e un tempio.[33] Si conosce persino il nome dell'ufficiale responsabile della fortezza scoperta a Zawiyet Um el-Rakham, a più di trecento chilometri dal ramo occidentale del Nilo,. nel Delta. Era lo scriba reale comandante d'armata Nebra.[34]

Ramsete, i cavatori e gli artisti

Fra le ispezioni alle frontiere della Libia, la spedizione progettata per riconquistare le città della Galilea e le rappresaglie contro i ribelli dell'Amurru per i loro continui tradimenti, Usermaatra Setepenra non trascurava di visitare personalmente le cave di pietra, da dove contava di estrarre i preziosi materiali destinati ad abbellire i templi.

Non si limitava a esercitare le sue doti eccezionali, capaci di condurlo al filone che nessun altro aveva saputo scoprire, ma si impegnava ad applicare e diffondere le innovazioni già introdotte da suo padre nel campo sociale. Così i testi ci rivelano le misure prese da lui per il benessere degli artigiani, che si curava di retribuire con la massima equità. Nell'anno 8, l'ottavo giorno del secondo mese della stagione inverno-primavera cominciò la sua prospezione nelle cave. Dopo aver reso grazie alla divinità venerata a Eliopoli (Horakhty) e alla matrice minerale (Hathor) si recò nel deserto vicino alla Montagna Rossa: «Fu allora che Sua Maestà trovò un enorme blocco, quale non si era mai scoperto dai tempi del regno di Ra: era più alto di un obelisco di granito!» Poteva quindi consentire la creazione di un nuovo colosso, di cui il faraone precisa addirittura il nome: *Ramsete-amato-da-Amon, il dio*, aggiungendo che ne ha affidato l'esecuzione a «operai scelti, abili con le mani». I particolari indicati sul tempo di esecuzione ci dicono che fu impiegato solo un anno, poiché il lavoro fu portato a termine nell'anno nono, il diciottesimo giorno del terzo mese della stagione inverno-primavera.

Il benefico colosso doveva garantire la protezione divina a tutto il paese, mentre il faraone provvedeva a rafforzare le frontiere, assicurandosi la neutralità dell'Amurru, stato-cuscinetto che doveva proteggere il paese dalle brame di conquista degli ittiti. Nello stesso tempo non interrompeva le prospezioni nelle cave di quarzite e scoprì «quelle che somigliano al legno-mery, di colore rosso, per scolpire delle statue per il tempio di Ptah (di Menfi): ebbero nomi (ispirati) dal Grande Nome di Sua Maestà: *Ramsete-amato-da-Amon, figlio di Ptah.* Altre statue (furono) per il tempio di Amon-di-Ramsete-amato-da-Amon e per il tempio di Ptah-di-Ramsete-amato-da-Amon, a Pi-Ramses-la-Grande-di-Vittoria».

Precisa poi: «Riempii il tempio di Ra con numerose sfingi, statue, statuette del faraone prosternato che offre un vaso e del re che tiene una tavola di offerte». Tutti particolari senza dubbio esatti, perché riguardavano opere destinate alla divinità, a cui non si può mentire.

Lasciando il Delta, Usermaatra Setepenra non dimenticava il sud del paese, caro al suo cuore. Si recò sull'isola di Elefantina e, a monte dell'isola, arrivò là dove l'ultima barriera posta alla corrente del Nilo prima che entri in Egitto, è costituita da massi granitici. Scoprì le diverse cave e diede a ciascuna un nome: *Cava di Ramsete-amato-da-Amon-amato-come-Ptah*, *Cava di Usermaatra-Setepenra-sovrano-delle-Due-Terre*, *Cava di Ramessu*[35]*-amato-da-Amon-amato-come-Ra*. Precisò anche che una grande vena di granito nero, scoperta in quest'ultimo sito, doveva essere riservata a «colossi assisi», il cui *pshent* (la Duplice Corona) sarebbe stato intagliato in quarzite.

Per completare il racconto, il faraone vi aggiunse un esposto in cui esprimeva la sua soddisfazione per un lavoro svolto nelle migliori condizioni e ne indicava la ben meritata retribuzione.

Il programma delle costruzioni era accuratamente tracciato: anche durante l'assenza del sovrano l'attività nelle cave avrebbe portato i suoi benefici con larghe retribuzioni che assicuravano il benessere di numerosi lavoratori.

La riconquista della Siria

La recente spedizione nel sud della Palestina aveva portato i suoi frutti: i principi della Galilea e della terra di Canaan avevano capito che Ramsete si accingeva a riprendere la lotta senza quartiere. Così il faraone incontrò una resistenza molto limitata. Alla fine dell'ottavo anno e durante il nono di regno, intorno al 1271 a.C., Usermaatra poté avanzare senza difficoltà lungo la costa fino a Simira, passando dai porti riconquistati di Akko, Tiro, Sidone, Beirut, Biblos, Irqata. Pare che gli ittiti non si siano opposti al ritorno degli egiziani in queste città della Fenicia del Sud.

A nord di Gaza Ramsete riprese Ascalon (che più tardi Ramsete III raderà al suolo) e alcune altre città cananee, che probabilmente si erano rivoltate contro l'Egitto. Poi, risalendo verso il nord dell'Amurru, evitò Qadesh, che non aveva potuto riprendere e che restava una vera e propria spina nel cuore. Era una pena ignorare quale sorte avesse avuto la stele trionfale che suo padre Seti I aveva fatto erigere all'interno della città per commemorare la vittoria. Così, si era giurato di lasciare l'impronta personale più a nord, oltre l'Eufrate, regione occupata dagli ittiti dove le truppe egiziane non mettevano piede da oltre centovent'anni.

Prima conquista di Dapur

Fra le vittorie, pur temporanee, del faraone alla fine dell'anno 8, la più brillante resta quella sulla città di Dapur, a sud di Aleppo, nel territorio della città-stato di Tunip.[36] Tuttavia lungo il cammino si trovò a occupare una quantità di piccole e piccolissime città, diciotto delle quali furono rappresentate sulla facciata occidentale del primo pilone del Ramesseo. Quattordici sono ancora visibili.[37]

Fra tutte le città fortificate che, istigate dalla propaganda ittita, erano insorte contro l'Egitto, Dapur era la più importante agli occhi di Ramsete. Situata a nordovest di Qadesh,[38] nella zona di penetrazione ittita, costituiva la piazzaforte più settentrionale che avesse potuto raggiungere. Per due

La prima battaglia di Dapur. (Ramesseo, disegno di Sabri)

volte aveva presentato un quadro glorioso della presa della città: nel tempio di Luxor, sul muro occidentale del primo cortile,[39] e soprattutto nella sala ipostila del tempio giubilare, il Ramesseo. Così, in questo spazio prestigioso riservato ai rituali liturgici, possiamo ancora contemplare questa scena di battaglia, animata da un frenetico movimento, in cui il re ha fatto rivivere le diverse tappe dell'assalto fino alla capitolazione dei principi della città.[40]

Sul muro sudest dell'ipostila vediamo, a sinistra, il re che guidando due cavalli scaglia frecce su un mucchio di nemici morti, caduti dai carri mentre fuggivano verso la rocca che è rappresentata su tutto il lato destro della scena. Nella mischia si distingue un fuggitivo in sella al cavallo che è riuscito a salvare dal suo carro distrutto. Più vicino al carro reale vediamo un veicolo nemico su cui sono rovesciati i due guerrieri agonizzanti. I nemici di Ramsete, con le lunghe vesti strette, presentano il caratteristico tipo ittita, mento sfuggente, pesante ciuffo di capelli che ricade sulla schiena. Pare proprio che Usermaatra voglia dimostrare di avere veramente affrontato gli ittiti. Non manca qualche spunto umoristico. In cima all'ecatombe dei nemici si riconosce un carro trascinato al galoppo verso la rocca: i due guerrieri si voltano verso Ramsete che li insegue prendendoli di mira e una freccia va proprio a conficcarsi grottescamente nel fondoschiena di uno di loro.

La parte destra della scena è riservata all'immagine della rocca, che è di un tipo assai diverso da quello delle piazzeforti egiziane e amorrite (si vede quella di Qadesh). È assalita da soldati egiziani e *shardani*. Alla base si distinguono quattro strutture coniche, a forma di tende o carapaci, sostenute da picchetti, destinate e proteggere quattro giovani figli di Ramsete che pare vogliano partecipare all'attacco. Sono Meriamon, Imenemuia, Seti e Setepenra. Due altri principi, di cui non sono indicati i nomi, si arrampicano imbracciando lo scudo su una lunga scala, per raggiungere il secondo livello delle fortificazioni. I livelli più alti sono occupati dai difensori, che tirano frecce e scagliano pietre. Alcuni, colpiti, precipitano a capofitto dai merli, mentre tre assediati di tipo ittita, rivolti dalla parte della mischia, bruciando incenso domandano grazia, come a mostrare che la rocca sta per arrendersi.

Si svolge allora l'ultimo episodio: la scena della capitolazione di Dapur. Due dei figli maggiori di Ramsete, Khaemuaset e Montuherkhepeshef si preparano (o fanno finta di prepararsi) a sgozzare i capi nemici, mentre un venerabile vecchio, accompagnato da portatori di offerte e da animali con grandi corna, implora i due principi con grande dignità.

Sulla sommità della rocca l'orifiamma pare trafitto da colpi di freccia, il che conferma la conquista della città (mentre l'orifiamma di Qadesh, dove Ramsete non riuscì a penetrare, sventolava liberamente sugli spalti).

I bassorilievi eseguiti con un sicuro senso della composizione, furono scolpiti dai migliori artisti, che seppero unire una raffinata eleganza a una

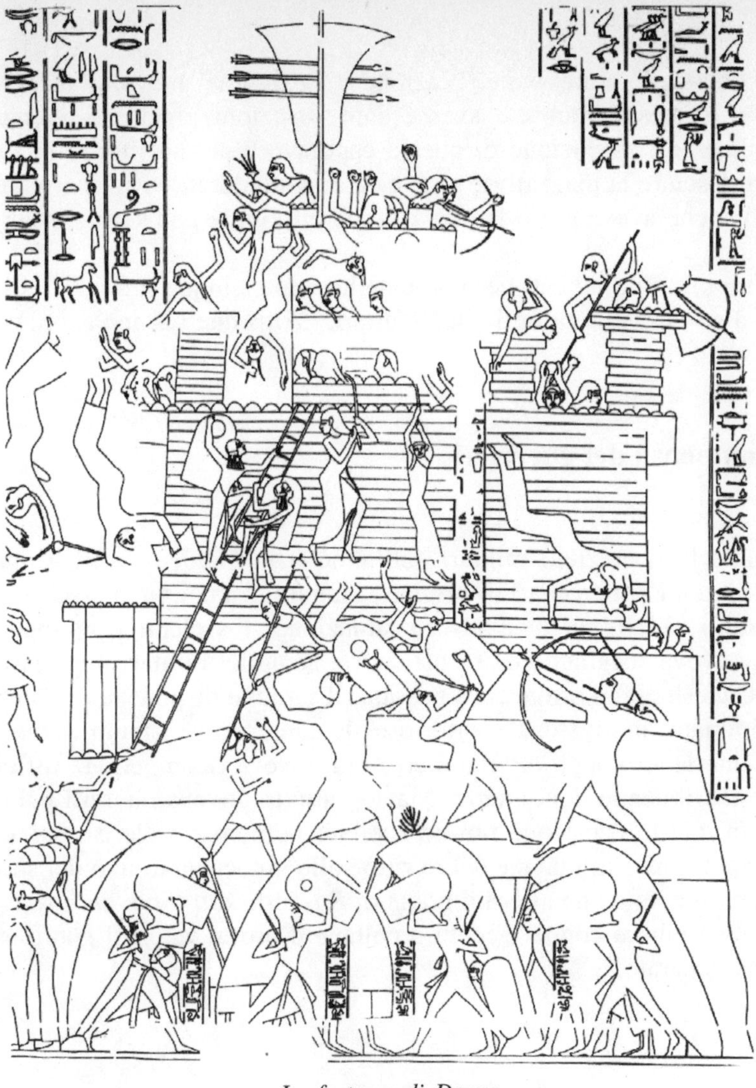

La fortezza di Dapur.

Un capo ittita in fuga colpito da una freccia ai Ramsete.

grande libertà di espressione. L'azione è raffigurata nei minimi dettagli. Pare che lo stesso Ramsete avesse dato istruzioni precise, sorvegliando personalmente l'esecuzione di questo capolavoro al suo ritorno in Egitto. Prima di lasciare la piazzaforte strappata ai confederati, vi fece erigere una sua statua, che aveva preso la precauzione di portare con sé fra le salmerie dell'esercito.

Dei sei principi indicati per nome nella scena, cinque sono di Isisnofret, mentre il sesto, Seti, era figlio di Nefertari.[41] Altri due restano anonimi.

La ricompensa dei guerrieri

Durante le operazioni militari dell'anno 8 in Galilea e nell'Amurru, i soldati egiziani e mercenari di origine straniera, fra cui gli *shardani* si erano mostrati all'altezza di qualsiasi situazione. I violenti rimproveri che Ramsete aveva scagliato contro ufficiali e semplici militari dopo la battaglia di Qadesh erano ormai cosa passata. Il faraone disponeva di un esercito disciplinato, motivato... e vittorioso. E come aveva saputo riconoscere l'eccellente lavoro degli artigiani, così ora doveva ricompensare ufficiali e soldati, distribuendo doni e terre. Ma soprattutto doveva onorarli pubblicamente. In questa occasione furono scolpite numerose stele, su cui si può ancora ammirare l'immagine del re ritto sulle ginocchia di uno dei suoi colossi, spesso quello che aveva il nome di *Ra-en-hekau (Sole-dei-principi)*,[42] mentre distribuisce coppe, oggetti e collane d'oro ai valorosi guerrieri, fra l'allegria generale.

La controffensiva dei confederati

Non sembra che, durante quest'ultima campagna condotta da Ramsete nella Siria del Nord, il re ittita Muvattali, ormai vicino alla morte, avesse l'intenzione, o la possibilità, di organizzare una nuova coalizione. Senza dubbio dovette mandare rinforzi agli alleati dell'Amurru settentrionale e dell'Hanigalbat soprattutto ai principi di Aleppo e di Karkemish (ne fa fede il tipo etnico schiettamente ittita degli avversari che Ramsete si trovò a combattere a Dapur), ma questo non bastò a proteggere la fortezza. Tuttavia, dopo la partenza del faraone e il suo ritorno in Egitto, la piccola guarnigione egiziana lasciata sul posto non riuscì a sostenere l'assalto degli alleati di Hatti e la roccaforte fu ripresa. I vincitori catturarono l'effigie di Ramsete, non potendo imprigionare il faraone stesso.

Sommità centinata della stele dell'anno 8. (Museo del Cairo)

Ramsete in piedi su uno dei suoi colossi lancia diversi oggetti preziosi ai soldati (Parte inferiore di una stele di Qantir). (Museo di Hildesheim)

Riconquista di Dapur

Ora Ramsete sentiva l'obbligo di ripartire con le truppe per riaffermare la potenza egiziana in questo punto strategico del Medio Oriente. Aveva allora trentacinque anni e si riprometteva di tentare di nuovo la riconquista della fortezza poiché la morte di Muvattali doveva indebolire la resistenza dei principi siriaci. Verso il 1270-1269 passò di nuovo vicino al Nahr el-Kelb dove fece erigere una terza stele. Pieno di furia guerriera, appena arrivato lanciò un attacco così impetuoso che scese dal carro e a piedi, davanti alla rocca, come appare nel rilievo di Luxor, attaccò con le frecce potenti alla testa dei suoi uomini.

Durante le prime due ore aveva persino dimenticato di indossare la cotta di maglia, precisa il testo. La leggendaria invulnerabilità lo salvò ancora una volta. Pare che non sia stato ferito e abbia potuto nuovamente penetrare in Dapur.

È certo tuttavia che dopo la sua partenza le città siriache ricaddero in mano del loro potente vicino. Il re di Karkemish, viceré degli ittiti in Siria, divenne allora il vero e proprio avversario del faraone.

La morte di Muvattali

Forse in quel momento Usermaatra si pentì di non aver prestato maggiore attenzione alle proposte di pace avanzate da Muvattali dopo la giornata di Qadesh. Il momento favorevole era passato, ora che il *Sole di Hatti* era morto e sul trono era salito il successore, figlio di una concubina. Questo principe, Urhi-Teshub, incoronato con il nome di Mursili III, era un uomo meschino, geloso della forte personalità di suo zio Hattusili, che finì per allontanare dalla corte confinandolo nel nord del regno. Cominciò a regnare in un'atmosfera di intrighi e bassezze, limitando l'azione personale alle frontiere del paese.

Intanto di fronte alla forte opposizione della Siria, Ramsete con le audaci incursioni armate non riusciva a garantirsi posizioni stabili in quella regione, che fra l'altro era troppo lontana dal territorio egiziano. Il suo grande predecessore Thutmose III, dopo ben diciassette campagne, si era assicurato in questo settore il controllo necessario alla sicurezza del paese. L'ittita a quell'epoca non aveva le stesse mire territoriali.

Da parte sua, Usermaatra riteneva ora che la diplomazia potesse assicurargli una sicurezza maggiore che non le spedizioni militari, con il loro alto costo di vite e di beni. Era più saggio consolidare le posizioni acquisite e sfruttare a proprio vantaggio i dissensi che si profilavano fra gli ittiti.

Nei sei anni che seguirono, l'azione diplomatica egiziana sostituì progressivamente le repressioni armate, riuscendo a mantenere l'ordine nella terra di Canaan e in una parte dell'Amurru.

Città ribelli riprese agli asiatici. (Ramesseo)

Seconda battaglia di Dapur. Luxor. (Da Wreszinski)

12

Il lungo cammino verso la pace

Il benessere del paese

NELL'ANNO decimo del suo regno Ramsete, tornato da un'ennesima campagna siriaca, aveva abbandonato la speranza di riconquistare l'Amurru con le armi. Si era deciso per una soluzione diplomatica, rendendosi conto delle difficoltà create dalla presenza di Urhi-Teshub, salito sul trono degli ittiti con il nome di Mursili III. Traendo profitto dalla lotta fra il nipote e lo zio Hattusili, uomo di grandi capacità, realmente degno di regnare sul paese, contava di trovare un momento di relativa tranquillità per i possedimenti del Medio Oriente. Nel frattempo, i suoi diligenti osservatori all'estero, e fra i primi Imeneminet, lo tenevano informato sulle mire espansionistiche dell'Assiria verso i paesi vassalli degli ittiti, soprattutto l'Hanigalbat.

I tributi affluivano regolarmente alle casse dello stato, tanto all'interno quanto presso i governatori delle città asiatiche e il viceré di Nubia. Il paese delle Due Terre attraversava un periodo di opulenza e tutto era calmo nelle due parti della Terra Nera: Kemi,[1] che gli asiatici chiamavano già Misr.

Durante il dodicesimo anno di regno, a Karnak, giugeva a termine il pontificato di Nebunenef, sommo sacerdote (il suo vero titolo era Primo Profeta) di Amon. Ramsete, che entrava allora nel trentasettesimo anno, procedette alla nomina del successore nella persona di Unennefer, padre del fedele Imeneminet. Tornando dalla cerimonia, che si era svolta a Tebe, non mancò di visitare i cantieri dei templi in costruzione, fra cui gli stava particolarmente a cuore quello di Akhmim. Questa cittadina era stata la culla di Tiyi, grande sposa di Amenofi III, che aveva esercitato indiscutibilmente una profonda influenza sul figlio Amenofi IV. Intorno al tempio principale della città, i sacerdoti-filosofi, in stretto rapporto con il clero di Hermopoli, costituivano un seminario di studi astronomici dove era stato educato Aanen, fratello di Tiyi. Ramsete II aveva consultato con molto impegno i lavori di questi infaticabili ricercatori al momento della fondazione dei suoi templi, soprattutto quelli di Abu Simbel e il Ramesseo.

Aveva inoltre deciso di erigere un altro santuario nella città, si proponeva di visitare delle nuove cave, quando i piloni fossero costruiti, per ornarli di statue colossali. Questi colossi dovevano rappresentarlo circondato dalle figlie giovinette, fra cui soprattutto Merytamon, che comparivano già sulla facciata del tempio rupestre di Meha, ma che avrebbero raggiunto l'età rituale per divenire grandi spose reali quando la costruzione del nuovo tempio fosse giunta a termine.[2]

Tre anni dopo, correva l'anno quindicesimo del regno, Ramsete si recava una volta di più nel sud del paese e faceva tappa ad Abido, dove il sommo sacerdote di Osiride, un altro Unennefer, gli consacrava una statua d'oro, come Ramsete stesso aveva fatto per suo padre.

La rivolta nell'Irem

Prima ancora di arrivare a Pi-Ramses, un messaggero del viceré di Nubia lo raggiunse per informarlo dei tumulti insorti nel lontano Irem, nella regione della terza cateratta, dove evidentemente la presenza del viceré non si era più fatta sentire dall'inizio del regno, se non nella persona degli agenti del fisco! Come al solito, la reazione di Usermaatra fu immediata. Spedì delle truppe acquartierate a Tebe, tratte dalla divisione di Amon, e delegò alla loro testa, al fianco del viceré, quattro dei suoi figli che stavano facendo un corso di addestramento militare a Menfi, fra cui Sethemuia[3] e Khaemuaset.

Per dare un esempio al paese di Kush, il faraone ordinò di far figurare sui muri della grande porta della nuova residenza del viceré, nel settore ovest di Amara, il bilancio della spedizione repressiva: la cattura di 7000 ribelli in un lasso di tempo molto breve. Le felicitazioni del sovrano al suo viceré furono temperate dall'ammonimento di ispezionare con più regolarità la provincia del grande Sud, dove non si verificò più nessun incidente.

Scelta dei principi reali per la guerra

Il fatto che il primogenito di Ramsete, Imenherkhepeshef, non avesse partecipato né agli assedi e alle battaglie di Dapur, né alla repressione nell'Irem ha fatto pensare che il principe ereditario fosse scomparso dalla scena pubblica, dopo la grande spedizione in Palestina degli anni 7-8 del regno (1272-1271 a.C.). Quest'assenza potrebbe invece confermare l'intenzione di Ramsete di far brillare i figli di Isisnofret, in occasione della presa di Dapur, mentre i figli di Nefertari avevano già avuto occasione di dar prova del loro valore a Qadesh: Imenherkhepeshef aveva dato l'allarme nell'accampamento al momento dell'attacco, e Parerunemef (terzo figlio di Nefertari) era stato spedito con il visir alla divisione di Ptah, per accelerare l'arrivo dei rinforzi. Quest'ultimo principe fu dichiarato *Primo valoroso delle forze armate* ed ebbe il titolo di primo carrista del re, come il quinto figlio del faraone Montuherkhepeshef.

Quanto alla repressione nell'Irem, vi aveva fatto partecipare l'ottavo figlio, Sethemuia, avuto da Nefertari, e il tredicesimo Merenptah nato da Isisnofret, che non figurava nella lista dei figli che fu scolpita sulla parete dell'atrio ipostilo di Abu Simbel.

Khaemuaset, figlio di Isisnofret, il più letterato dei giovani principi, che ancora fanciullo aveva assistito agli scontri in Nubia ed era stato raffigurato a Beit el-Uali, partecipò effettivamente all'assedio di Dapur, ma era entrato ben presto al servizio di Ptah, a Menfi. A vent'anni era diventato sacerdote-*sem* ed era molto apprezzato dal sommo sacerdote (il capo degli Artigiani). Nell'anno 19 del regno, al fianco del visir Pasar e del figlio maggiore di Isisnofret, il generale Ramsete, partecipò alla fastosa sepoltura del primo toro Api, morto durante il regno di suo padre.

La diplomazia di Ramsete e i conflitti in Medio Oriente

I servizi d'informazione di Ramsete tenevano d'occhio con la massima attenzione il conflitto, dapprima latente poi aperto, fra Mursili III e suo zio Hattusili. La rottura definitiva fra i due avvenne quando il nipote s'insediò nella capitale Hattusa e tentò di privare Hattusili degli ultimi staterelli su cui ancora regnava, tranne la città di Hapkis che lo zio conservava tenacemente. Non potendo sopportare tali affronti, Hattusili decideva di sottoporre l'atteggiamento aggressivo del nipote al giudizio della dea Isthar di Samuha e del dio del tempo di Narik. Infine passò alla lotta aperta e fece catturare Mursili III nella stessa città di Samuha. Ma poi, per dar prova di clemenza, invece di condannarlo a morte lo mandò semplicemente in esilio a Nukhashe, a sud di Aleppo, nella Siria settentrionale. Ramsete seguiva personalmente gli intrighi orditi dall'irriducibile nipote di Hattusili, che trovarono eco fino alla corte del re di Babilonia, tanto che il re ittita fu costretto a deportare l'infido nipote nella regione di Ugarit (Ras Shamra), sulla costa mediterranea.

Intanto Usermaatra aveva stretto alleanza con il re di Babilonia Kada-

Khaemuaset, gran sacerdote di Ptah a Menfi, presenta al bue Api, di cui sta celebrando le esequie, il materiale per la «apertura della bocca e degli occhi».

a. Statua monumentale di Merytamon, recentemente rinvenuta ad Akhmin. (Calcare policromo)

b. Statua monumentale di Ramsete come porta-insegna, affiancata dalla statua di Bentanat, figlia di Isisnofret. (Uadi es-Sebua)

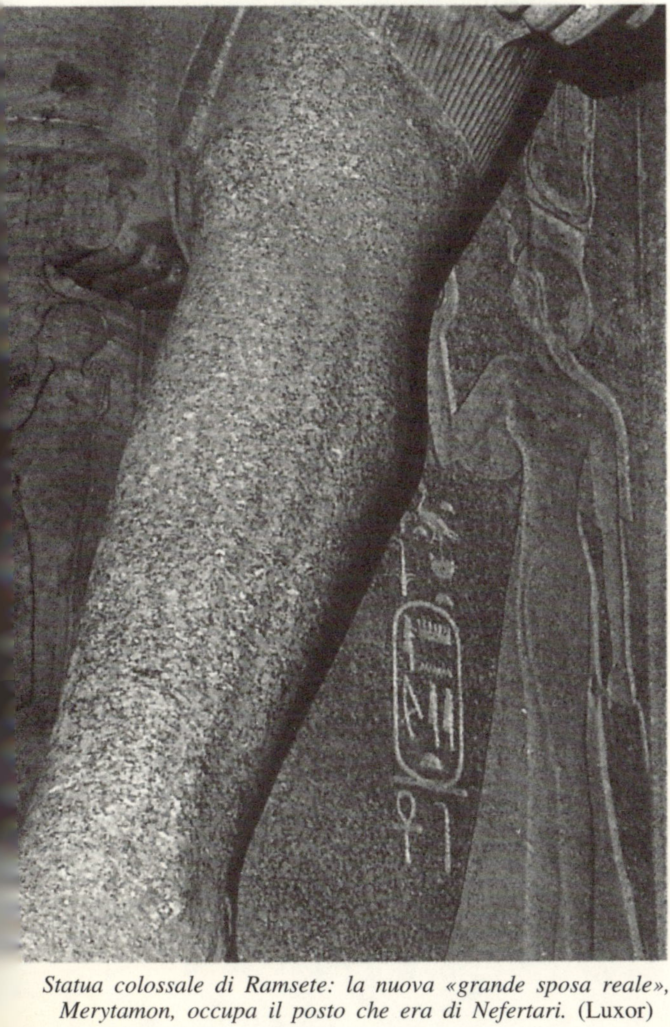

Statua colossale di Ramsete: la nuova «grande sposa reale», Merytamon, occupa il posto che era di Nefertari. (Luxor)

a

b

shman-Turgu, e tentava di avvicinare Salmanassar I, signore degli assiri. Nell'anno 18 del regno, approfittando di una situazione favorevole ai suoi progetti, «accettò» di accogliere in Egitto Mursili III, «fuggito» nuovamente dal suo esilio, che pare gli avesse chiesto asilo. Hattusili poteva temere un nuovo conflitto con il nipote, appoggiato questa volta da un nemico potente. Tuttavia era sicuro della fedeltà del re di Babilonia, che infatti decise di rompere i rapporti diplomatici con l'Egitto. Anzi, propose di unirsi agli ittiti per un'azione di rappresaglia contro gli egiziani, cosa che Hattusili rifiutò con fierezza... e con una certa nobiltà.

Così Ramsete aveva in mano una carta importante, che era ben deciso a giocare contro gli ittiti. Cominciò a mobilitare le truppe, cercando di trascinare con sé i vassalli a Beth Shan e a Megiddo, nella terra di Canaan. Qui restò ad attendere un attacco della nuova coalizione ittita, che tuttavia non ebbe luogo. Allora, come monumento della sua nuova spedizione oltre frontiera, nell'anno diciottesimo di regno fece erigere un'altra stele a Beth Shan, dove come al solito non gli furono risparmiate lodi sperticate. I sapienti calcoli di K.A. Kitchen precisano che il fatto si svolse nel febbraio dell'anno 1261 a.C.[4]

Ritirata forzata degli ittiti

Comunque, restava in guardia, aspettando un'eventuale reazione ittita. Gli informatori gli trasmettevano notizie rassicuranti. L'Asia Minore era sconvolta da gravi disordini. Shattuara II, principe di Mitanni, dopo aver giurato fedeltà all'Assiria aveva tradito il re Salmanassar I per unirsi al re degli ittiti e all'alleato principe di Karkemish. Salmanassar attaccò, distrusse completamente la gloriosa Karkemish e altre nove città fortificate di notevole importanza strategica e saccheggiò 180 colonie. Fece in tutto 14.000 o 15.000 prigionieri e impose definitivamente il suo potere sull'Hanigalbat, che aveva fornito tante splendide principesse all'harem di Amenofi III.

Senza far ricorso alle armi, Usermaatra si vedeva così offrire una nuova occasione per garantire la sicurezza del paese. Sapeva che Hattusili, costretto a difendersi, non avrebbe più potuto attaccarlo. Si trattava ora di avviare una nuova azione diplomatica, poiché da certi indizi poteva ritenere che le eventuali proposte pacifiche sarebbero state bene accolte dal re ittita.

Nuove grandi spose reali

Il sovrano aveva festeggiato il quarantaquattresimo compleanno, nell'anno 19 del regno, 1260 a.C. Aveva un numero impressionante di spose di secondo rango, egiziane e soprattutto asiatiche, frutto di accordi conclusi con i vassalli del Medio Oriente. A queste si dovevano aggiungere le figlie dei capi del paese di Uauat, non meno feconde delle prime. Non contava più le concubine che popolavano le *Case delle Dame*. L'harem di Mi-ur, presso il poetico lago del Faiyum, diretto dalla regina madre, ospitava le fastose dimore delle grandi spose reali, dei piccoli principi e delle principesse nate dalle grandi spose. Ma altri harem erano allestiti nelle province che il faraone visitava. Per esempio, quello di Menfi era diretto da un tale Imenmes.

Le due grandi spose reali, Nefertari e Isisnofret, gli avevano già dato numerosi figli. Alcuni di quelli di Nefertari erano di salute delicata, a causa della fragile costituzione della madre. I fanciulli che il faraone aveva fatto raffigurare sulle pareti dei due templi rupestri di Meha e di Ibshek erano ormai divenuti adulti.[5]

Le due figlie maggiori, in base all'antico protocollo religioso, sarebbero state chiamate al fianco del faraone con il titolo di grandi spose reali, senza per questo «detronizzare» le loro venerate madri. La figlia maggiore di Isisnofret, Bentanat, sarebbe stata la prima, proprio nell'anno in cui furono terminati i due templi rupestri di Meha e di Ibshek, dove Ramsete voleva eternare i più splendidi momenti della sua vita. Restava libera soltanto una faccia del terzo pilastro sudoccidentale e qui fu scolpita l'immagine della principessa, con il suo nuovo titolo: *Hemet-nesut-uret*, grande sposa reale.

Seguì ben presto l'incoronazione di Merytamon, la figlia maggiore di Nefertari. Ma poiché tutte le pareti e tutti i pilastri del grande atrio ipostilo dedicati alla «cronaca familiare» erano già ricoperti di raffigurazioni, il nuovo viceré di Nubia, Hekanakht, fece rappresentare la scena su una parete esterna del poggio di Meha. Con tanto spazio a disposizione, fece incidere accanto all'immagine di Merytamon anche quella di sua madre Nefertari. La stele, scolpita a livello della roccia,[6] presenta così due registri sovrapposti.

Nel registro inferiore compare Nefertari assisa su un seggio regale che riceve l'omaggio del viceré. Porta l'ornamento di Sothis: due alte piume davanti alle quali il disco solare è fiancheggiato da due slanciate corna. Nel registro superiore Ramsete accompagnato dalla nuova sposa Merytamon porge offerte alla triade divina. Sul capo della principessa si vedono soltanto le alte piume e l'immagine del sole: non le spettano ancora le corna affilate, simbolo di Sothis e della fecondità.[7]

Poggio roccioso di Meha: il grande tempio di Ramsete II, al momento dell'inaugurazione. (Abu Simbel, sud)

La famiglia reale si andava trasformando e due emanazioni dirette del divino faraone venivano ora ad affiancarlo. Mentre Nefertari e Isisnofret non venivano mai rappresentate insieme, ora, di fianco ai suoi colossi, il faraone faceva raffigurare le immagini di Bentanat e Merytamon.[8]

La famiglia del faraone era ormai costituita, oltre che dalla regina madre, da quattro grandi spose reali e dai figli nati dalle due prime grandi spose. In questo diciannovesimo anno del regno, tutti dovevano partecipare alla solenne inaugurazione dei due templi rupestri di Abu Simbel. La cerimonia, detta *dare la casa al suo Signore*, rivestiva in quell'occasione un'importanza tutta particolare.

Il messaggio dei templi

Ogni anno, quando la stella Sothis (Sirio) tornava a risplendere all'orizzonte dopo settanta giorni di assenza, faceva sorgere accanto a sé il sole. Era il rinnovamento dell'astro (incarnato nel faraone) e il ritorno di Osiride che si prolungava nell'immagine del figlio Horo, manifestandosi nelle acque fecondatrici di Hapi, l'Inondazione. Il perpetuarsi di questo fenomeno ciclico doveva essere garantito dal faraone mediante riti appropriati. Così Usermaatra, creando a nord della seconda cateratta i due santuari rupestri, stabiliva il luogo mitico dove si sarebbe svolto il miracolo del giorno di Capodanno. L'inizio dell'anno segnava la riapparizione eliaca di Sothis e il provvidenziale arrivo dell'inondazione.

I due santuari, indipendentemente dal loro messaggio storico, erano dunque perfettamente complementari nell'illustrare il fenomeno senza il quale l'Egitto non esisterebbe. La loro presenza doveva innanzitutto evocare l'incontro dell'astro solare con la divina stella, che già cinquemila anni fa era chiamata la stella del Cane.[9]

Il Sole s'incarnava in Ramsete, che dominava la porta del grande tempio con l'aspetto di un atleta dal volto di falco, appoggiato a due segni geroglifici: *user*, la potenza divina, e *maat*, l'equilibrio. La sua testa era sormontata dal disco solare, Ra. Ecco *User-maat-Ra*, il nome di incoronazione di Ramsete.

Quanto alla stella Sothis, Ramsete la volle rappresentata dalla persona di Nefertari,[10] che aveva dato alla luce l'erede al trono. Per questo ruolo Nefertari era stata investita da due forme femminili del divino, Hathor e Iside. La trasformazione era riprodotta in una scena la cui sobria composizione, l'incanto, la grazia sono rimasti ineguagliati.[11]

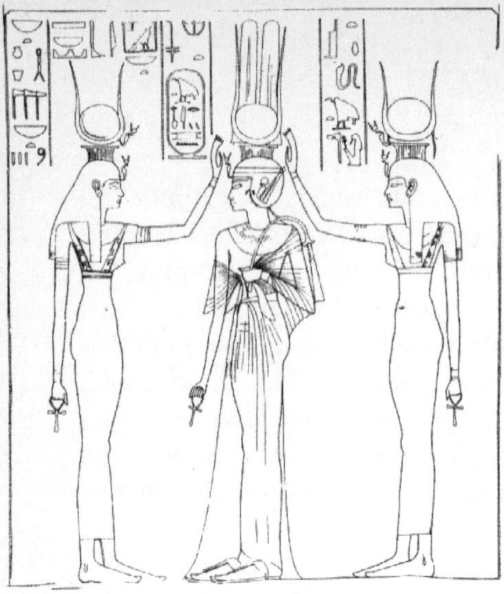

Trasformazione di Nefertari in Sothis (Sirio) a opera di Hathor e di Iside, nel poggio roccioso di Ibshek, piccolo tempio di Nefertari. (Abu Simbel, nord)

Ramsete e Nefertari fanno offerta a «la Grande» (Tueris) per un felice rinnovamento annuale. (Abu Simbel, Ibshek)

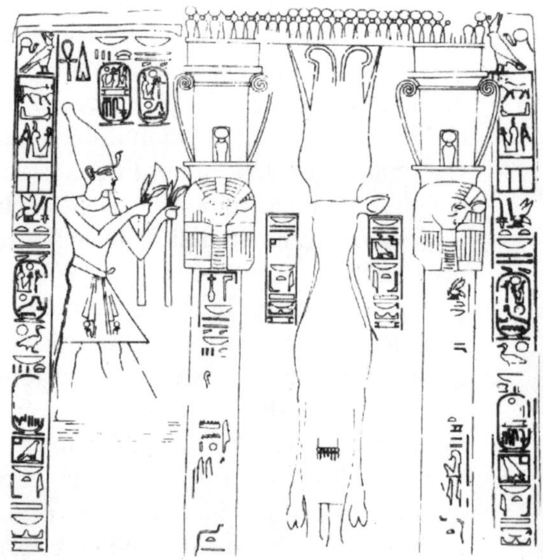

Fra due pilastri hathorici, la vacca Hathor fa comparire il re rinnovato. (Fondo del tempio di Ibshek)

Sacrario: i geni dell'Inondazione, che inquadrano la porta, escono dalla grotta di Ibshek dopo l'incontro fra Iside-Sothis e di Ra-Horakhty.

Dopo le cerimonie misteriose svoltesi nel recesso segreto del santuario, il rito finale era rappresentato, all'alba del giorno prescritto, da due attori essenziali del dramma cosmico, Usermaatra e Nefertari, davanti ai due templi rupestri, in presenza dei sacerdoti del Nilo e dei grandi dignitari di corte. In quel momento si manifestava l'inondazione, irrompendo in un fiotto impetuoso gonfiato dalle alluvioni abissine. Erano evocate all'interno dell'ipogeo della regina da due immagini del genio del Nilo che scaturivano dalle viscere della roccia e si dirigevano verso l'uscita del santuario, reggendo una tavola di offerte «con tutti i prodotti dell'Egitto».[12]

Sulla facciata di Ibshek la luminosa statua di Nefertari con l'acconciatura di Sothis sembrava sorgere come la stella all'orizzonte mentre, sull'entrata del grande santuario, Ramsete-Ra-Horakhty compariva come l'astro solare nel firmamento.

A questo punto la divina barca di Thot, la barca del Tempo (conservata in una sala scavata nella roccia all'esterno) veniva posta sul vascello reale che l'avrebbe ricondotta verso l'Egitto. Era il simbolo dell'inondazione provocata dal faraone, in cui si fondevano i suoi due padri Amon e Ra. La barca di Thot era accolta con feste solenni a Tebe, all'arrivo dell'onda di piena. Al Ramesseo, le navicelle delle entità divine, evocate nei rilievi parietali della sala dal soffitto astronomico, dovevano essere prelevate dal tempio su lettighe trasportate dai sacerdoti, per andare a salutare la forza benefica che tornava a manifestarsi.

Alla fine della cerimonia Ramsete si recò da solo davanti al tempio rupestre di Ibshek, per contemplare più da vicino l'ultimo colosso che lo rappresentava. Aveva chiesto che questa immagine fosse leggermente più alta delle altre cinque statue della facciata: infatti misurava, dai piedi al limite[13] della corona bianca esattamente sedici cubiti.[14] Era l'altezza a cui arrivavano le acque dell'inondazione più benefica. Il sovrano era il garante delle onde e si confondeva con esse. L'enorme statua rappresentava la prima immagine della magica potenza dell'inondazione al suo livello ottimale.

Poi Usermaatra era passato davanti all'altare solare, a nord di Meha, mascherato da un piccolo pilone senza porta. Il vano fra le due torri laterali si apriva all'interno sul grande altare inquadrato da due piccoli obelischi che reggevano quattro cinocefali ritti in atto di adorare il Sole. A nord, contro il muro, una cappella conteneva la statua di un immenso scarabeo dominato dal globo solare (immagine di Horakhty) e quella del cinocefalo seduto di Thot, con la falce di luna sul capo. I due animali volgevano le spalle a nord ed erano simbolicamente orientati in modo che la scimmia, emblema della luna, si trovasse a oriente, il punto dove si leva per sostituire il sole (lo scarabeo) che tramonta a occidente. Il succedersi della luna e del sole chiude il circuito: è l'eternità. All'alba, prima di prendere la via del ritorno, Ramsete sarebbe salito per i pochi scalini dell'altare e con il

Ramsete-Horakhty domina la facciata di Meha.

Nefertari-Sothis sulla facciata di Ibshek.

Lato nord del grande tempio: piccolo pilone dell'altare solare.

Interno dell'altare: i due obelischi e i quattro cinocefali. A destra il naos che contiene un cinocefalo seduto e lo scarabeo.

viso rivolto a est avrebbe fatto riapparire il sole fra i due obelischi, garantendo così l'eterna rivoluzione del tempo ciclico.[15]

Tornato infine davanti al tempio maggiore Ramsete, rimasto solo, indugiava a contemplare gli immensi colossi seduti. Le immagini gigantesche lo affascinavano. Durante la sua ultima visita le aveva viste soltanto abbozzate, ora dominavano il luogo, nella splendida certezza di materializzare l'essenza del divino.

Ritorno alle realtà della terra

Prima di riprendere il cammino verso il Delta, Ramsete e la famiglia reale si fermarono a Tebe per visitare il grande cortile del tempio di Luxor, che gli architetti del re stavano portando a termine. Fra le colonne che circondavano il cortile erano state erette[16] statue colossali del re, in piedi portando sul capo il *nemes*, spesso dominato dallo *pshent*. Sul lato meridionale del primo cortile gli stavano di fianco le immagini di tre delle quattro grandi spose reali. Mancava solo Isisnofret, come mancava negli altri templi tebani e in tutti quelli della Nubia. Invece era presente Bentanat, la figlia primogenita, recentemente divenuta grande sposa, accanto all'altra grande sposa, Merytamon figlia di Nefertari. Le tre grandi spose furono in seguito ammesse a penetrare nelle sale segrete del tempio, poiché avevano stretti legami con il *ka*[17] regale a cui era consacrato il santuario.

Trattative di pace

Tornato a Pi-Ramses, il faraone apprese che alcuni nobili viaggiatori ittiti erano arrivati nella capitale del Nord e avevano preso contatto con il suo ministero degli Affari Esteri. I suoi osservatori alla corte di Hattusili gli confermavano nei loro rapporti che il re ittita stava manovrando per premunirsi contro la pressante minaccia assira e per neutralizzare al tempo stesso l'eventuale aggressione egiziana.

L'atteggiamento egiziano doveva dunque lasciar trapelare una relativa disponibilità alla pace. La diplomazia del faraone si dispose a mercanteggiare e Hattusili, da parte sua, si diede a studiare con pazienza e dignità le esigenze di Ramsete, il quale veniva perfidamente informato da Urhi-Teshub. I due sovrani finirono per mettersi d'accordo su una soluzione di compromesso accettabile per entrambe le parti.

Certo Ramsete dovette abbandonare il sogno di possedere Qadesh e di dominare l'Amurru. Ma agli egiziani sarebbe stato concesso di circolare liberamente sulla via commerciale che passando lungo la costa portava fino a Ugarit, di fronte a Cipro. Veniva confermato il protettorato egiziano su tutta la regione e il paese di Kemi recuperava tutti i suoi diritti sui porti fenici. Il sovrano ittita avrebbe controllato l'Amurru, Upi restava neutrale e l'Egitto conservava i suoi diritti sulla terra di Canaan. Tutto questo era sottinteso, né si faceva riferimento alle frontiere. Infine, fra Hatti e l'Egitto si sarebbe firmato un solenne trattato di pace. Per quasi due anni i messaggeri fecero la spola fra i due paesi (occorreva almeno un mese per compiere il tragitto),[18] prima che fossero definitivamente messe a punto le linee generali dell'accordo.

Il trattato di pace

Consegna e aspetto della tavola d'argento

Il testo del trattato, il primo conosciuto dalla storia, fu redatto in babilonese, lingua diplomatica dell'epoca. A giudicare dalle espressioni usate, pare che sia stato opera dei giuristi di Hattusili, particolarmente esperti di formule ufficiali. Ma avevano lavorato in collaborazione con tre eminenti uomini di legge egiziani, delegati dal faraone. I membri di questa commissione mista presero allora la via dell'Egitto, attraversando la Siria sui carri, accompagnati da una scorta armata. Fecero tappa nelle città e nelle piazzeforti che pochi anni prima erano state devastate da incessanti e sterili conflitti. Arrivarono a Pi-Ramses nell'anno 21 del regno, circa trenta giorni dopo la partenza da Hattusa (Boghazköy) e si presentarono alla reggia il ventunesimo giorno del primo mese d'inverno, verso il novembre-dicembre del 1259. Usermaatra Setepenra aveva allora quarantasei anni.

> Quel giorno Sua Maestà si trovava nella città di Pi-Ramses, facendo ciò che piace agli dei. Arrivarono i tre delegati del re d'Egitto, insieme con il primo e il secondo delegato del re di Hatti, Tili-Teshub e Ramose, e il delegato di Karkemish, Iapulisi. Portavano la tavola d'argento che il grande sovrano di Hatti, Hattusili, mandava a Sua Maestà il faraone Ramsete-amato-da-Amon per domandare la pace.

Era una grande tavola d'argento, lucidissima, che recava incisi sulle facce i caratteri cuneiformi. Al centro spiccava il grande sigillo dello stato ittita:

> Che cosa c'è al centro della tavola d'argento? Sul verso l'immagine in rilievo di Seth che stringe un'effigie del Gran Principe di Hatti, cir-

condata da un'iscrizione che dice: «Il sigillo di Seth, sovrano del cielo, il sigillo del trattato fatto da Hattusili, il grande signore di Hatti, il potente figlio di Mursili»... E sull'altro lato? Un rilievo con l'effigie della dea di Hatti mentre stringe una figura femminile che rappresenta la grande sovrana del paese. Intorno un'iscrizione dice: «Il sigillo della dea-sole di Arinna, la sovrana del paese, il sigillo di Pudukhepa, grande sovrana del paese di Hatti, figlia del paese di Kizzuwadna, sacerdotessa della città di Arinna»...

Sul trono placcato d'oro e tempestato di pietre preziose, il faraone Usermaatra, con il *kheperesh* sul capo, circondato da Pasar e dai consiglieri più eminenti, fece chiamare lo scriba-interprete perché la traduzione del testo gli fosse comunicata immediatamente e potesse confrontarla con la versione in lingua egiziana che era già in suo possesso.

Dopo alcune lievi modifiche apportate al testo babilonese, le copie su papiro furono depositate al ministero degli Affari Esteri. La versione definitiva, sempre in lingua babilonese, fu incisa su tavolette d'argilla, che furono affidate a una missione diplomatica incaricata di consegnarle al sovrano ittita Hattusili, nel palazzo di Hattusa. Questi fece deporre il testo egiziano sotto i piedi del dio Teshub, mentre a Eliopoli il faraone faceva collocare la tavola ittita sotto i piedi di una statua del dio Horakhty.

Infine Ramsete ordinò che il prezioso documento fosse inciso, in geroglifici naturalmente, sui muri di Karnak, a Tebe, dove fu decifrato per la prima volta da Champollion, che non conosceva l'esistenza degli ittiti, e anche nel Ramesseo, accanto alla scena della battaglia di Qadesh. Probabilmente anche sui muri dei templi di Pi-Ramses doveva figurarne una versione, ma gli scavi eseguiti non hanno ancora rivelato nulla a questo riguardo.[19]

Il contenuto del trattato

Il trattato proponeva innanzitutto «fraternità bella e pace». Si tratta a grandi linee di un patto reciproco di pace, di non aggressione, di estradizione e trattamento umano degli estradati e anche di mutua assistenza contro eventuali aggressori. Infine si parla dell'alleanza fra le famiglie regnanti, per assicurare il rispetto del principio di legittimità.[20] Il suo contenuto presenta alcuni elementi di diritto internazionale che sono ancora in vigore ai nostri giorni. Si osserva che ciascuno dei due sovrani tiene a precisare che è stato il suo interlocutore a prendere l'iniziativa del passo...

Sebbene le versioni ittita ed egiziana abbiano qualche leggera differenza, si accordano perfettamente nella parte conservata che hanno in comune. Presentano una ventina di paragrafi sui punti essenziali e citano diverse volte l'accordo stretto fra i due paesi all'epoca in cui Supilluliuma, con-

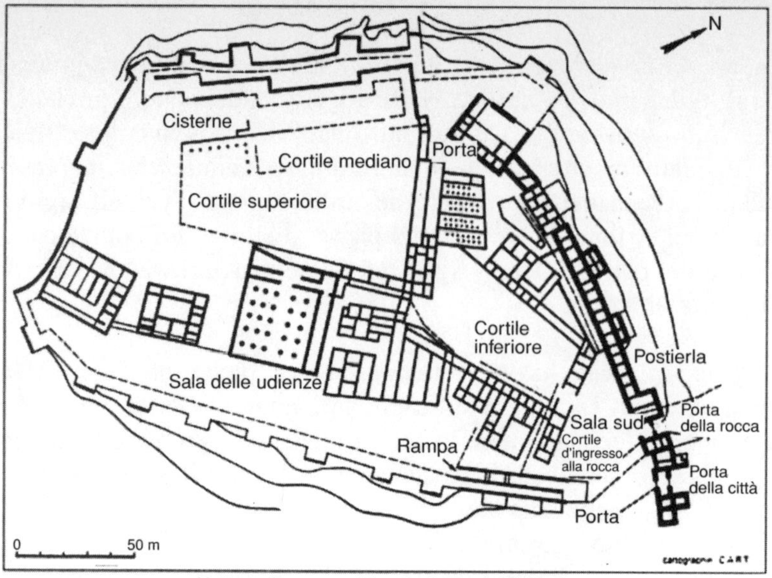

Hattusa: la rocca e i bastioni. (Da A. Kitchen)

Suggelli ittiti: suggello di Mursili e di Tudliya IV raffiguranti il re e la regina.

Disegno con ricostruzione dell'insieme dell'«acropoli» di Hattusa.

Karnak. Versione geroglifica del trattato di pace con gli ittiti.

temporaneo dei faraoni amarniani, regnava su Hatti. Gravi avvenimenti avevano minacciato quel primo accordo quando il principe Zananza, figlio di Supilluliuma, che la vedova di Tutankhamon aveva pensato di sposare, fu assassinato mentre si recava in Egitto, molto probabilmente per ordine di Horemheb.[21]

Estradizione di semplici rifugiati

Se uno o due uomini senza importanza fuggono e si rifugiano nel paese di Hatti per servire un altro padrone, non devono restare nel paese di Hatti: bisogna ricondurli a Ramsete-amato-da-Amon, il grande sovrano d'Egitto.

Amnistia per i rifugiati

Se un egiziano, o anche due o tre, fuggono dall'Egitto e arrivano nel paese del grande signore di Hatti... in questo caso il grande signore di Hatti li catturerà e li rimanderà a Ramsete, grande sovrano d'Egitto: non gli sarà rimproverato il loro errore, la loro casa non sarà distrutta, le loro donne e i loro figli avranno salva la vita, non saranno messi a morte. Non gli saranno inflitte ferite, né agli occhi né alle orecchie né alla bocca né alle gambe. Nessun reato gli sarà imputato (segue la clausola di reciprocità da parte ittita, espressa esattamente negli stessi termini).

Divinità dei due paesi chiamate a testimoni del trattato

Per quanto riguarda le parole del trattato che il grande signore di Hatti ha scambiato con il grande re d'Egitto, Ramsete-amato-da-Amon, esse sono incise su questa tavola d'argento. Mille dei e mille dee del paese di Hatti, e mille forme divine maschili e femminili le hanno intese e ne sono testimoni: il sole maschio signore del cielo e il sole femmina della città di Arinna.

Seth del paese di Hatti, Seth della città di Arinna, Seth della città di Zippalanda, Seth della città di Pittiyarik, Seth della città di Hissaspa, Seth della città di Saressa, Seth della città di Haleb (Aleppo), Seth della città di Luczina, Seth della città di Nerik, Seth della città di Nushashe, Seth della città di Shapina, Astarte della terra di Hatti

... la dea di Karana, la dea del campo di battaglia, la dea di Ninive... la dea del cielo,

gli dei signori del giuramento

... la sovrana delle montagne dei fiumi del paese di Hatti, gli dei del paese di Kizzuwadna, Amon, Ra e Seth, le forme divine maschili e femminili, le montagne e i fiumi del paese d'Egitto; il cielo; la terra; il grande mare; i venti; le nubi, la tempesta.

La salvaguardia del trattato

Per quanto riguarda le parole incise su questa tavola d'argento della terra di Hatti e della terra d'Egitto, le mille forme divine della terra di Hatti e le mille forme divine della terra d'Egitto distruggeranno la casa, la terra e i servi di colui che non le rispetterà.

Quanto a colui che rispetterà queste parole incise su questa tavola d'argento, ittita o egiziano, e che ne terrà conto, le mille forme divine della terra di Hatti e le mille forme divine della terra d'Egitto assicureranno prosperità e vita a lui, alla sua casa, al suo paese, ai suoi servi.

Primi risultati

Le impronte del sigillo ittita avevano fortemente impressionato Usermaatra Setepenra, con l'immagine di Seth patrono della sua famiglia, che il re ittita aveva citato undici volte. Altra innovazione: una delle facce del sigillo reale ittita era riservato alla regina, considerata come l'eguale del re, sovrana del paese. Per mostrarsi non meno «liberale» dell'ittita, Ramsete sottolineò che anche le donne della sua famiglia avevano il loro posto negli affari di stato:[22] Tuy e Nefertari dovevano essere interessate a questi scambi diplomatici. Dovevano entrare in corrispondenza con la regina Pudukhepa.

Certo il faraone dovette riservare una solenne accoglienza a questa famosa tavola d'argento, metallo che era stato così raro sulle rive del Nilo. Ma l'antagonismo che regnava ancora fra quei due grandi uomini di stato non avrebbe consentito un incontro fra loro. Non si sa infatti con certezza se realmente sia avvenuto, malgrado i legami di famiglia che un giorno li avrebbero uniti.

Ci fu comunque fra i due paesi uno scambio di felicitazioni e di doni. La regina Pudukhepa scrisse a Nefertari (*Naptera* in babilonese), ignorando Isisnofret, l'altra grande sposa reale. Le esprimeva la sua soddisfazione per la pace fraterna che d'ora innanzi avrebbe unito i due paesi. Per rispondere, Nefertari fece venire uno degli interpreti del ministero delle Relazioni con i paesi stranieri, che trascrisse in caratteri cuneiformi babilonesi la sua risposta a Pudukhepa:[23]

> Allora Naptera, la grande regina d'Egitto, disse: «Per Pudukhepa, la grande regina di Hatti, mia sorella, io parlo così. Per me, sorella mia, tutto va bene, per il mio paese tutto va bene. Per te, sorella mia, (auguro) che tutto vada bene.
>
> Vedi, ora ho apprezzato che tu, sorella, mi abbia scritto a proposito dei rapporti di buona pace e fraternità in cui sono entrati il grande re, sovrano d'Egitto, e suo fratello il grande re, sovrano di Hatti.
>
> Possano il dio Sole e il dio della Tempesta (Seth) apportarti la gioia; possa il dio Sole fare che la pace sia buona e accordi la fratellanza al grande re, sovrano d'Egitto, e a suo fratello il grande re, sovrano di Hatti, per sempre.

Io sono in amicizia e in relazioni fraterne con mia sorella, la grande regina (di Hatti), oggi e per sempre».

Il principe ereditario modifica il suo nome

La regina madre Mut-Tuy a sua volta aveva inviato missive di nobile cordialità ai sovrani ittiti. Così aveva fatto il visir Pasar,[24] che aveva partecipato alle trattative preliminari. Negli archivi della capitale ittita, miracolosamente ritrovati, figurava fra l'altro la partecipazione epistolare del principe ereditario egiziano, ma il nome non era più lo stesso: al posto di Imenherkhepeshef si trova Sethirkhopshef. Alcuni storici hanno troppo frettolosamente avanzato l'ipotesi che il primo fosse morto, ma nessun documento lo conferma. D'altra parte questo primogenito di Ramsete aveva già cambiato una prima volta.[25]

Il piccolo principe aveva accompagnato suo padre per la prima volta in guerra con il nome di Imenherunemef. Alla fine della battaglia di Qadesh era diventato Imenherkhepeshef, *Colui che riceve da Amon le sue armi vittoriose*. Dopo il trattato di pace parve opportuno sostituire al nome del dio tebano Imen (Amon) il nome di Seth, antenato della stirpe ramesside e venerato anche nel paese di Hatti. Il principe scrisse subito al sovrano ittita, non solo per felicitarsi, ma anche per avvertirlo «che aveva inviato dei doni a mio padre, per mezzo del messaggero Parikhanaua».

La notizia del trattato si diffuse rapidamente fra le cancellerie dei paesi stranieri. Lettere ufficiali furono spedite agli stati con cui Hatti e l'Egitto mantenevano rapporti diplomatici. La questione di Urhi-Teshub era stata causa di rottura con Babilonia, fedele al patto con gli ittiti; perciò Hattusili si premurò di avvertire il re babilonese Kadashman-Turgu del mutato atteggiamento verso l'Egitto:

> Mio fratello mi scrive a proposito dell'accordo sottoscritto con il re d'Egitto. Ecco la mia risposta: il re d'Egitto e io abbiamo stretto alleanza e siamo diventati fratelli. Per questo saremo nemici o amici di chiunque lo sarà per uno di noi due.

La situazione portò ben presto alla ripresa dei rapporti fra l'Egitto e Babilonia. Ramsete accolse nell'harem una principessa babilonese. Hattusili finì per mettersi d'accordo con Salmanassar I di Assiria. Ma dovevano passare degli anni perché il rancore sempre latente fra Ramsete e Hattusili a causa di Urhi-Teshub si assopisse. Il re ittita era irritato per l'atteggiamento del faraone, che non volle mai applicare una clausola del contratto e consegnare allo zio l'impenitente fuggiasco.

Ritratto della regina Tuy, rinvenuto nella sua tomba. (Coperchio di vaso canopo, Museo di Luxor)

Giara da vino proveniente dalla cantina di Ramsete II: porta un'iscrizione con la data 22.

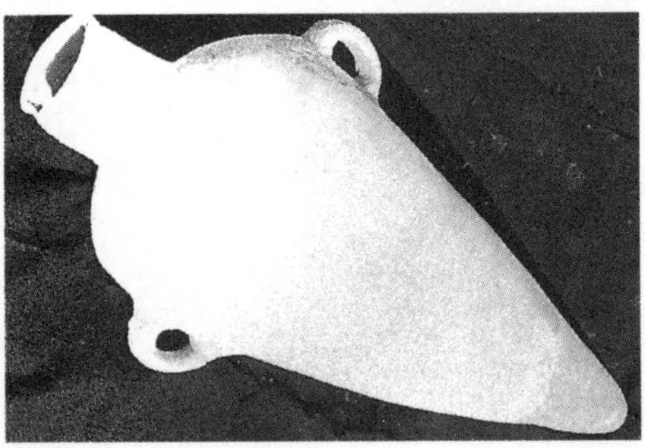

Tracce della «registrazione controllata» (in scrittura ieratica) che si riferisce al vino contenuto nella giara.

Trascrizione in geroglifici.

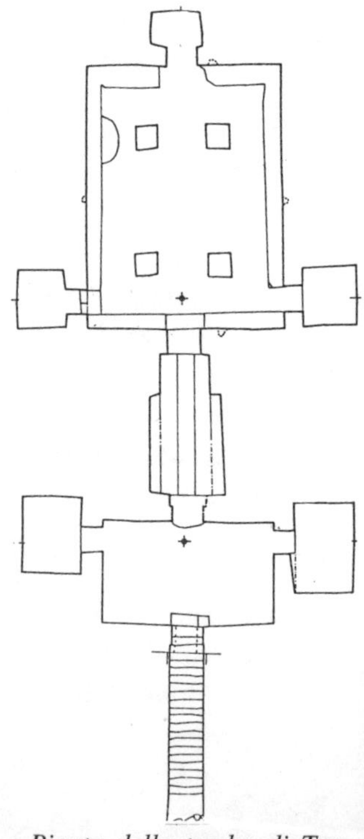

Pianta della tomba di Tuy.

13

Ramsete al culmine della sua potenza

Il decesso della regina madre

Poco tempo dopo la firma del trattato di pace Ramsete attraversò tempi tristi. Sua madre Mut-Tuy mostrava gravi segni di debolezza. I suoi saggi consigli avevano sempre influito sull'azione del figlio, anche durante le trattative. Era intervenuta con fermezza per mitigare l'eccessivo orgoglio del rampollo reale e fargli ritirare alcune clausole lesive della dignità dell'altro e compromettere l'accordo. Questa tensione aveva pregiudicato il suo cuore, l'emozione e la gioia del successo finirono per stroncarlo.

Era l'anno 23[1] del regno. Usermaatra aveva quarantotto anni ed era al culmine della potenza. Aveva appena realizzato un progetto che gli stava a cuore fin dal conflitto di Qadesh: la pace totale per il suo paese e l'intesa con il più potente avversario dell'epoca.

Tuttavia il *Sole dell'Egitto che piega i paesi stranieri, l'eletto di Ra nella barca del Sole, il Toro possente, vita dell'Egitto* non era che un uomo solo, abbattuto, un orfano: aveva perduto la grande dama Tuy, sua madre.

Nella Set-Neferu

Il sepolco della regina madre era stato da lungo tempo scavato e allestito nella Set-Neferu, che da Champollion in poi chiamiamo la Valle delle Regine.[2] Era la prima di una serie di siringhe situate nel fianco occidentale dell'Uadi, dove sarebbero state sepolte dapprima la regina madre, poi Nefertari e via via le figlie di Ramsete che divennero a loro volta grandi spose reali (tranne Enuttauy, figlia di Nefertari) fino all'ultima, quasi sconosciuta, ma molto amata dalla nonna, Enutmira.[3]

La tomba di Tuy

Era un modello di equilibrio, con una squisita armonia di proporzioni. Presentava due livelli sotterranei, accessibili ciascuno per una scala tagliata nel calcare. La prima portava a un'anticamera rettangolare affiancata da due piccoli vani laterali. La seconda, fiancheggiata da due panche scavate nella roccia, conduceva a una vasta sala con larghi sedili in pietra lungo le quattro pareti. Al centro sorgevano quattro pilastri quadrangolari, ricavati dalla roccia al momento dello scavo. Le decorazioni si ispiravano in gran parte a quelle della tomba di Nefertari, allestita poco dopo quella di Tuy.

Nel momento in cui scoprii nella Valle delle Regine questa tomba «perduta», i locali sotterranei erano quasi interamente riempiti dalle macerie di diverse sepolture allestite successivamente nella siringa, che era stata saccheggiata una prima volta già prima della fine del Nuovo Regno. Ammucchiati gli uni sugli altri, gli strati funerari misti a cocci e alle ceneri delle inumazioni, bruciate prima di ogni nuova utilizzazione, rivelavano delle occupazioni «selvagge» fino all'epoca romana. Sulle pareti restava qualche povera traccia degli antichi rilievi.

Tuttavia gli scarsi indizi rimasti, interrogati con la pazienza e l'accanimento tipici degli archeologi, ci consentono di far rivivere queste rovine di obliati splendori. Quando i locali furono completamente sgomberati, strato dopo strato (e ci vollero diverse stagioni di scavi) si dovette constatare che la tomba era scavata in un pessimo calcare. Questo costrinse gli artisti a non scolpire nelle pareti troppo friabili, ma a coprirle con uno strato di gesso fine sul quale modellarono la decorazione prima di colorarla.[4]

Lo stato della tomba

I saccheggiatori successivi distrussero il rivestimento delle pareti per neutralizzarne gli effetti magici, ma ne risparmiarono qualche parte più resistente. Nella prima sala una parete porta ancora i resti di una grande decorazione dove domina l'immagine della montagna tebana, il Gebel. Davanti a essa un immenso segno dell'Occidente, l'Imentet, indica che si tratta di una necropoli dominio di Osiride. Alcuni cinocefali adoratori del Sole salgono per i versanti del monte per venerare l'astro della resurrezione.

In altri punti si distingue qualche rara figura di personaggi divini, ma soprattutto l'immagine della regina, sotto forma di sfinge,[5] che fa offerta di un unguento. Una delle scoperte più importanti riguarda il nome e i titoli della defunta, che sono qua e là leggibili sulle pareti: *Madre reale Tuy*. Non compare mai l'appellativo *Mut-Tuy*, che Ramsete aveva voluto conferire alla madre e che figura su tutti i muri e i soffitti del suo mammisi. Il faraone insisteva nel confermare la natura eccezionale della madre che aveva goduto i favori di Amon per avergli partorito il suo erede terreno.

Più ancora, alcuni monumenti la presentano come assimilata a Mut,[6] compagna di Amon: di qui il suo appellativo di Mut-Tuy. Ma la regina madre, dopo la morte, doveva ridiventare semplicemente Tuy: questo nome compare su tutti gli oggetti rinvenuti nella tomba.

Quando l'immenso mucchio di detriti millenari fu sgomberato, fu possibile ricostruire grosso modo la disposizione e la destinazione dei diversi locali del sepolcro.

Anticamere e annessi

Al primo livello, l'anticamera e l'annesso di sinistra dovevano aver ospitato soprattutto i vasi canopi destinati a contenere i visceri mummificati e le statuette funebri, o *shaubti*,[7] che evocavano il defunto con la figura di Osiride, confuso con la forza dell'Inondazione, e contribuivano così ad assicurare la fertilità del paese.[8] Importanti frammenti mi consentirono di ricostruire tre degli splendidi vasi canopi di alabastro che recavano inscritto in pallido blu lapislazzuli il nome della madre reale Tuy. Il caso volle che una delle quattro teste-coperchio, che rappresentava il volto della regina, si fosse conservata.[9] Visto di fronte, presenta un suggestivo aspetto di grazia e giovinezza. Ma di profilo rivela i guasti dell'età, soprattutto in un certo appesantirsi della parte bassa del viso.

Le statuette *shaubti* in fritta smaltata blu chiaro, rinvenute spesso a pezzi, recavano tutte semplicemente il nome Tuy: sotto i loro piedi, alcune cifre in inchiostro nero mostravano che erano state numerate.

Pare che il piccolo locale a destra, a questo primo livello, fosse riservato alle grandi giare di vino. Si sono raccolti importanti frammenti con l'iscrizione di controllo, fra cui quella che ci ha fornito la data dell'anno 22 del regno di Ramsete.

La camera funebre

Questa tomba doveva essere dotata di un tesoro non meno ricco di quello di Tutankhamon, disposto sul pavimento e sulle panche. Il secondo livello comprendeva innanzitutto la camera funebre, ornata di quattro pilastri che evocavano i quattro punti cardinali. Al centro, il grande sarcofago di granito rosa doveva ricevere la mummia con i diversi rivestimenti dorati o d'oro puro. Sotto il sudario, e ovunque sotto le bende, dovevano avere infilato una quantità di gioielli propiziatori, senza contare le coperture d'oro sulle dita delle mani e dei piedi. Non ci resta più nulla di questo tesoro, tranne i frammenti del grande sarcofago tagliato nel più bel granito rosa di Assuan, che era decorato di testi e di figure di geni osirici, intarsiati e dipinti nei colori tradizionali, giallo, rosso, verde e blu.

Accanto si sono rinvenuti frammenti di vasi di alabastro, decorati con rilievi floreali e con i nomi di Seti, lo sposo defunto, di Ramsete e di Nefertari. Avevano certamente contenuto unguenti pregiati e profumi: alcuni presentavano ancora, scritti in inchiostro, i nomi degli oli che contenevano. C'erano anche dei piccoli «cucchiai per i belletti», fra cui uno di alabastro, rimasto intatto, che era intagliato a forma di anitra. Un rinvenimento davvero inatteso fu quello di tre importanti frammenti di un vaso in vetro perfettamente trasparente.[10] Altri cocci di vasi da profumi erano in vetro opaco, fatto con diversi strati sovrapposti di pasta di diversi colori e ottenuto con lavoro al mandrino.

Fra tutte queste reliquie figurava una fiala, in frammenti, che aveva avuto in origine la forma di un cuore. In fritta smaltata blu turchese, alta cinque centimetri, portava un'iscrizione in nero che chiarì un problema fino a quel momento irrisolto: diceva «grande sposa reale Bentanat». Così, già nell'anno 22-23 del regno, la figlia di Ramsete e di Isisnofret era stata insignita di un titolo che si credeva risalisse all'anno 38! Infine si rinvennero frammenti di enormi cofani di fine terracotta rosata che certamente avevano contenuto la biancheria della regina defunta.

Opulenza dell'Egitto

Ai funerali di Tuy, Ramsete ormai giunto ai quarantotto anni, era circondato da decine di figli. Alcuni erano già morti: uno di essi, Parerunemef, figlio di Nefertari e messaggero del re a Qadesh, era partito per il regno di Osiride intorno all'anno 20.

Qualche tempo dopo Usermaatra si era recato a ispezionare i lavori del tempio di Derr, nel paese di Uauat, la cui decorazione non era ancora stata completata.

Fra gli anni 23 e 26 del regno non ci sono giunte notizie particolari sui membri della famiglia reale. Invece abbiamo numerose prove dell'opulenza del paese, senza parlare delle ricchezze che si andavano accumulando soprattutto nel tempio di Amon a Tebe.[11] Gli alti dignitari preposti al Tesoro di Sua Maestà, incaricati di riscuotere i tributi e corrispondere il giusto compenso agli innumerevoli funzionari, furono prima Panesy e poi Suty.

Ecco, a titolo di esempio, la lettera che Panesy mandò a Hori, sacerdote di Amon a Tebe, per informarlo sullo stato delle proprietà fondiarie del suo dio «nel solo Delta»,[12] nell'anno 1256 a.C.

> Lo scriba reale e capo del Tesoro... nella regione del Nord, Panesy, al sacerdote di Amon nella città del Sud, Hori: «Salute! La presente lettera ti informa dello stato dei possedimenti di Amon che sono sotto la

Tempio di Derr: Ramsete davanti all'albero ished.

Tempio di Derr: a destra la figurazione di Ramsete concepito come rebus, che si legge: User-maat-Ra, nome di incoronazione del re.

Abu Simbel: cappella di Thot. La dea Maat davanti alla barca divina. La sua immagine forma un rebus che si legge pure: User-maat-Ra.

mia responsabilità nella terra del Nord... fino ai limiti del Delta; sui tre bracci del fiume: il Grande Fiume (centrale), il fiume di ovest, e le Acque di Avari (o le Acque di Ra all'estremo est del Delta).

Mando con la presente le liste di tutti gli uomini che ci lavorano, con le donne e i figli... ho stabilito i loro tributi... nell'anno 24, nel ventunesimo giorno della stagione d'estate, sotto la maestà del re.

Sulla base di questa lettera, K.A. Kitchen ha calcolato che il reddito della terra corrispondeva a un milione e tre quarti di sacchi d'orzo ogni anno, sei milioni circa di bovini e altrettanti di capre e diversi milioni di volatili nelle paludi del Delta. Bisogna ancora aggiungere undici milioni e un quarto di asini e sette milioni e un quarto di onagri che si dovevano catturare. Non si dimentichi che queste cifre indicano solo una parte delle risorse del tempio di Amon, che venivano distribuite giornalmente agli innumerevoli dipendenti. Si dovrebbe aggiungere ancora ciò che si estraeva dalle miniere d'oro, l'elettro naturale che si trovava in grandi quantità nel paese di Punt ma che i chimici metallurgici egiziani ora sapevano fabbricare, e altri prodotti esotici che il faraone elargiva generosamente al tesoro del tempio, per ornamento degli oggetti del culto, per placcatura e incastonature delle barche sacre e delle porte dei santuari.

Due figli di Ramsete

Intorno all'anno 25 il figlio maggiore di Ramsete fu promosso generale d'armata e mantenne questo rango fino all'anno 50 del regno di suo padre (1229 a.C.). Ma gli annali sono scarsi di notizie su di lui, come lo sono a proposito del principe Meryatum, sedicesimo figlio del re, nato da Nefertari. Sappiamo che nell'anno 8 accompagnò il primo coppiere del re, Ramses-ashahebsed,[13] in un'ispezione alle miniere di turchese del Sinai. Fu poi nominato gran sacerdote di Ra a Eliopoli e tenne quella carica per vent'anni.

La morte della grande sposa reale Nefertari

Un grave lutto stava per colpire il faraone. La bella Nefertari continuava a deperire senza che i *sinu* (medici)[14] più famosi riuscissero a scoprire la causa del male. La grande sposa reale si spense nel ventiseiesimo anno del regno e fu accompagnata nella siringa destinata da molti anni a colei «per amor della quale sorge il sole».[15]

I lamenti funebri erano guidati dalle grandi dame piangenti, le figlie della regina: Merytamon, Enuttauy, Baketmut e Nefertari II. Durante tutto il tempo di preparazione della mummia Ramsete si lasciò crescere la barba in segno di lutto, e così fecero i figli della regina.

La tomba della regina

La siringa di Nefertari seguiva lo stile di quella della regina madre e anch'essa fu violata e gli arredi funebri furono saccheggiati. La mummia fu fatta a pezzi da empie mani in cerca di ori e gioielli. Fu scoperta dalla missione italiana all'inizio del secolo e le scarse vestigia rinvenute sono conservate al Museo di Torino.[16] Ma per un vero miracolo i raffinati dipinti che ricoprivano le pareti non sono stati cancellati dai secoli. La tomba di Nefertari è la più bella e la meglio conservata fra quelle della Valle delle Regine e le sue pitture parietali sono fra le più pregevoli dell'epoca.

Su tutti i soffitti è evocato il mondo ultraterreno, il passaggio verso l'eternità. La sovrana è accolta da eleganti forme divine, le cui immagini statiche, dai colori netti e senza sfumature, contrastano con la bellezza quasi sensuale della regina. Qui per un breve momento la pittura decorativa si trasforma in un'arte indipendente: sul corpo della regina dalle gote leggermente arrossate compaiono ombre sinuose, la trasparenza delle lunghe vesti bianche finemente pieghettate lascia intravedere un corpo splendente di giovinezza. Quando, nel vestibolo, la si vede muovere le pedine nel gioco di *senet* (il passaggio), l'avversario resta invisibile perché, nel «purgatorio» che la regina deve attraversare, rappresenta le prove e gli elementi nocivi contro cui Nefertari deve lottare per arrivare alla felicità.

La discesa

La profonda galleria inclinata che dà accesso alla camera funebre non sta più sull'asse dell'anticamera, come nella tomba di Tuy, ma prende una direzione obliqua. Sulle pareti si ritrova la bella regina che offre il vino della divina ebbrezza all'immagine femminile di Hathor che si accinge ad accoglierla nel suo regno e a farla rinascere alla vita eterna. Fino a quest'ultima trasformazione Nefertari sarà assistita da Anubi, che ha l'aspetto di un cane nero ed è insieme la guida nei meandri del mondo sotterraneo e l'immagine della defunta stessa in mutazione.

La caverna

Il secondo livello della tomba comprende la vasta sala a quattro pilastri fra i quali era stato collocato il grande sarcofago di granito rosa. Entrando

a

a. La regina gioca al «senet», il suo passaggio attraverso le prove.

b. Pianta e alzato della cripta funebre di Nefertari.

c. La fenice dell'eterno ritorno.

d. Mummia della regina durante le prove del «passaggio», protetta da Iside e Neftis.

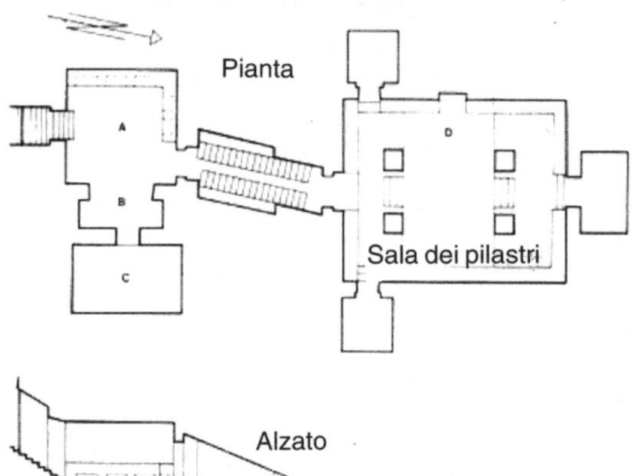

b

c *d*

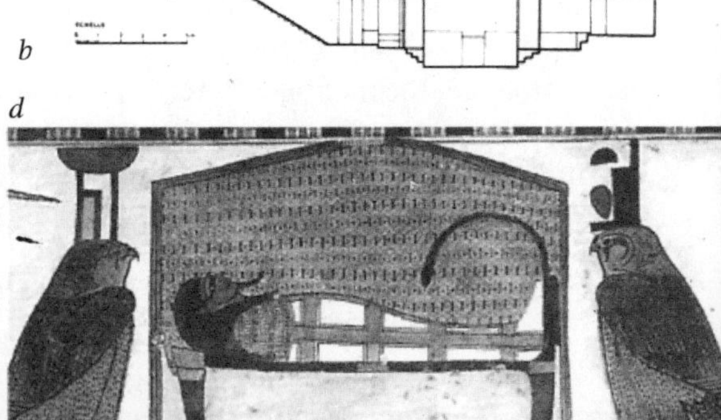

s'incontrano, sui primi due pilastri, una coppia di officianti in abiti sacerdotali che indossando la pelle di ghepardo e portando la ciocca di capelli laterale propria dei principi, avanzano ad accogliere la mummia. Senza dubbio, durante le esequie, questo ruolo fu svolto dai due figli maggiori di Nefertari, a quell'epoca ancora vivi: Sethirkhopshef, principe ereditario e Meryatum, gran sacerdote di Ra a Eliopoli.

Quando calarono i coperchi sui diversi sarcofaghi e collocarono la grande lastra su quello di granito, la sorte della defunta fu affidata ai quattro immensi segni *Ged* che decorano interamente le facce interne dei pilastri. Quindi gli officianti risalirono la scala e si diressero al vano laterale del primo livello. Ai due lati dell'entrata li accolsero due immagini di Nefertari in figura di Osiride, con le carni verdi del grano della germinazione. È un Osiride molto particolare in cui si riesce a indovinare la personalità velata della regina in mutazione, grazie alla presenza della grande cintura rossa di lino goffrato che orna tutte le vesti. Poi gli officianti passarono per il grande vestibolo dove ricomparivano le immagini della sovrana abbigliata con le vesti più belle, presa per mano dalle forme divine. E incamminandosi verso la sala della rinascita furono guidati dalle stelle a cinque punte del soffitto.

Ritorno alla luce

La sala della rinascita evoca l'ultima tappa del periplo che Nefertari doveva percorrere prima di trasformarsi dallo stato di Osiride allo stato di Sole. La regina presenta le bende di lino della sua mummia a Ptah, signore dei giubilei e delle riapparizioni. Poi sacrifica a Thot dalla testa di ibis e gli presenta la tavoletta dello scriba, per ottenere la padronanza dei testi sacri, mentre l'immagine della rana *Hekhat* le assicura la perpetua riapparizione.

In seguito Nefertari otterrà il potere sui sette anni di «vacche grasse»,[17] ossia il periodo di inondazioni generose regolarmente rinnovate e raffigurate su una parete. Parteciperà così, come benefattrice, alla vita del paese. Infine una straordinaria immagine simbolica la rappresenta in forma di mummia e con la testa verde dell'ariete, dominata da uno splendido disco rosso, simbolo del sole morto che si sta rinnovando.[18] Questa allegoria evoca insieme Osiride, sole in letargo e il futuro sole pronto a rinascere. È la traduzione pittografica della celebre frase del capitolo diciassette del *Libro dei Morti*: «Quanto a Osiride, è l'ieri, quanto a Ra, è il domani».

È l'ultima tappa di Nefertari nel mondo transitorio della morte. La regina è pronta a manifestarsi nella forza solare, all'alba della sua eternità.

a

b

a. La regina condottà da Horo, figlio di Iside.

b. Nefertari presenta il vino dell'estasi divina a Hathor, passaggio dalla morte all'amore.

c. Iside e Neftis trasformano Nefertari-Osiride in Nefertari-Sole.

c

Veduta generale della camera funeraria: in primo piano i sacerdoti incaricati dei riti, in fondo due dei quattro pilastri, ornati dal Ged *che vegliavano sulla mummia e sui suoi arredi.*

Ricompare Isisnofret

O per coincidenza o intenzionalmente, fra gli anni 24 e 30 compaiono nell'Alto Egitto (forse per la prima volta, a quanto ne sappiamo) l'immagine e il nome di Isisnofret, accompagnata dai membri più vicini della sua famiglia. Su una parete granitica della regione di Assuan, una stele rupestre presenta Ramsete davanti a Khnum, signore della cateratta, accompagnato da Isisnofret e dai suoi figli, Khaemuaset, Bentanat, il generale Ramsete, suo figlio primogenito e infine il tredicesimo figlio, Merenptah, che sarà il successore sul trono.[19] Forse, anche prima di quest'epoca, la regina appariva nelle decorazioni ufficiali dei palazzi e dei templi di Menfi e di Pi-Ramses, ma non è ancora apparsa alcuna traccia fra le rovine sconvolte della prestigiosa capitale.

Pare tuttavia che con la scomparsa di Nefertari sia sparito anche un tabù. Più tardi, nel Gebel Silsile, si vede il faraone mentre fa l'offerta di Maat a Ptah, accompagnato dal sacerdote Khaemuaset e seguito da Isisnofret e Bentanat. Nel registro inferiore figurano il generale Ramsete e il tredicesimo figlio Merenptah.[20] Ma si tratta di figurazioni rare ed episodiche. Tuttavia i figli di Isisnofret le resteranno fedeli, soprattutto Khaemuaset che le dedicherà monumenti ed *ex voto*. A Saqqara e nei pressi del Serapeo alcuni frammenti architettonici recentemente rinvenuti[21] rivelano l'esistenza di un monumento che il gran sacerdote di Ptah consacrò probabilmente alla sua venerata madre.

Un enigma da risolvere

La regina assente ricompare dunque dopo la morte di Nefertari ma non dopo la morte del figlio primogenito di quest'ultima. Perché questa esclusione? È difficile pensare che una rivalità, forse comprensibile, fra le due grandi spose reali abbia potuto influire su Ramsete fino a questo punto.

Comunque sembra certo che, se Nefertari poté godere di maggior prestigio, non fu così per suo figlio primogenito, erede presunto al trono. Si deve osservare che nei titoli attribuiti ai figli di Ramsete è difficile distinguere quale fosse realmente considerato principe ereditario. Un fatto è sicuro: Ramsete, contrariamente a suo padre Seti, non designò mai un coreggente.

Per la seconda coppia di grandi spose reali, Bentanat e Merytamon, entrambe figlie di Ramsete, non pare che vigessero disposizioni analoghe. Le troviamo rappresentate con uguale dignità su due colossi del re provenienti dal tempio di Heracliopoli.[22] Se a quest'epoca Isisnofret era ancora in vita, doveva rivestire il rango di regina madre.

Su una roccia di Assuan: Ramsete, Isisnofret, Khaemuaset. Il generale Ramsete, la principessa Bentanat e il principe Merenptah rendono omaggio a Khonsu, signore della cateratta.

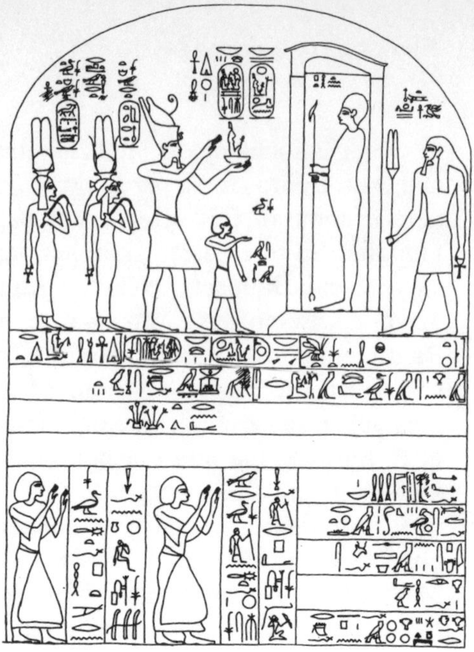

Grotta del Gebel Silsile. Ramsete offre Maat a Ptah. È preceduto da Khaemuaset, seguito dalla grande sposa reale Isisnofret e dalla principessa Bentanat; nel registro inferiore il generale Ramsete e Merenptah.

Pasar accompagna la barca di Amon.

Durante la «bella festa della Valle», Ramsete brucia incenso davanti alla barca di Amon seguita dal visir Pasar.

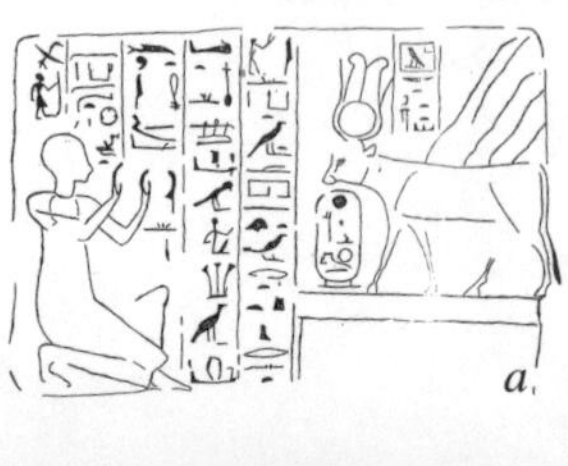

a. Pasar invoca Hathor dell'Occidente che accoglie Ramsete.

b. Pasar invoca Hathor di Tebe (Sothis) che ridà la vita a Ramsete.

(Graffiti: Tebe ovest)

Un nuovo sommo sacerdote di Amon

Il brillante visir Pasar nel corso degli anni aveva accumulato incarichi di grande responsabilità, continuando a dirigere i lavori delle necropoli reali e dei famosi artigiani di Tebe. Fra l'altro presiedeva al culto dei colossi reali, immagini divine del faraone.

Quando venne a mancare il sommo sacerdote di Amon, Unennefer, Ramsete propose il pontificato al migliore dei suoi visir, Pasar. Prima di lasciare le sue funzioni, nell'anno 27 del regno, visitò di nuovo l'intera squadra degli operai impegnati nelle necropoli reali[23] e partecipò all'ultima bella festa della Valle (*la festa del risveglio dei morti*) che si celebrava sotto la sua autorità nel secondo mese d'estate. Durante la processione accompagnò devotamente la barca divina, che entrò nel Ramesseo e fu deposta nell'ipostilo. Qui la accolse lo stesso Ramsete, incaricato di bruciare incenso davanti alla navicella sacra di Amon, l'*Userhat*, al suo arrivo nel tempio giubilare.[24]

Poi Pasar si diresse verso la *Grande Prateria* e all'incrocio con la valle delle Scimmie (Gabbanat el-Gonsud), sul fianco della montagna calcarea scelse una roccia liscia, che evocava l'avorio vecchio levigato, e vi fece incidere due quadri in forma di graffiti con cui intendeva confermare la protezione *post mortem* accordata al suo signore per l'eternità. Su un lato, elevava la sua preghiera alla vacca sacra, simbolo di Hathor, patrona della necropoli, che riceve il defunto nel suo seno e prepara la nascita del nuovo sole. La testa della vacca è dominata dalle due piume di struzzo ricurve che inquadrano il sole. Dall'altro lato Pasar, sempre inginocchiato in preghiera, si rivolge ancora alla vacca, che questa volta simboleggia la dea sul punto di mettere al mondo Ramsete-Sole, che rinasce all'orizzonte di Tebe. La vacca porta allora sulla testa le piume diritte e le alte corna di Sothis.[25]

Gli affari interni: Ramsete fa applicare la Maat

Per sostituire l'impareggiabile Pasar, Ramsete scelse Khay, che fu nominato visir del Sud e del Nord. Fu l'inizio di un'epoca di pace alle frontiere e di opulenza nel paese. Tuttavia non mancarono di scatenarsi le bramosie di certi alti funzionari preposti alla custodia dei beni dei templi e dei magazzini statali. Negli anni 28-29 del regno nella regione occidentale di Tebe scoppiò un vero scandalo,[26] che fu denunciato dallo scrupoloso scriba Hatiay. Questi aveva osservato i maneggi della moglie di un importante personaggio, che senza alcuna ragione plausibile si recava nelle riserve di un magazzino reale della riva sinistra, per farvi dei «prelevamenti».

L'onesto scriba decise di denunciare la cosa al tribunale: «Perché visita così spesso il magazzino del faraone, senza che i controllori ne siano avvertiti?»

Il tribunale avviò un'inchiesta preliminare e accertò che il marito della donna era stato responsabile dei magazzini dove erano depositati i beni di diversi templi giubilari e aveva prelevato frequentemente dei «campioni» nei depositi a lui affidati. Ma in seguito, poiché godeva della fiducia del nuovo visir, era stato promosso ispettore delle mandrie del Delta, bestiame assai pregiato grazie alla ricchezza dei pascoli. Ora, la fonte dei profitti era troppo ricca per sparire con la partenza dell'ex responsabile: la moglie e la figlia continuarono i prelevamenti a nome dell'ex funzionario che non era più in carica. Il faraone fu immediatamente avvertito e il caso fu trattato molto seriamente per evitare che si ripetessero altri simili misfatti.[27] Incaricò lo stesso principe ereditario Sethirkhopshef, insieme con gli alti dignitari, di presiedere l'alta corte di giustizia che convocò l'indelicata matrona.

L'inchiesta rivelò che i furti commessi dalle due donne, e dall'uomo prima della promozione, erano considerevoli: ventimila staie di grano, trenta tori e dieci capre e trenta oche. Trenta carri con l'equipaggiamento, milletrecento blocchi di rame, 424 vesti di lino, 440 sandali di cuoio, numerose giare di vini diversi (fra cui dovevano figurare senza dubbio le eleganti bottiglie di vino di Cipro).

A questi furti se ne aggiunsero altri, che furono contestati al nuovo ispettore delle mandrie del Delta quando fu a sua volta convocato dal tribunale.

L'uomo era un cinico in malafede: davanti alle accuse indiscutibili non esitò a contestarle sotto giuramento, accusando i custodi stessi del magazzino a cui attribuì i furti a lui imputati. E proclamò a gran voce la sua innocenza.

Il seguito degli eventi non ci è stato conservato. Ma è probabile che il processo si sia svolto per via direttissima, poiché il faraone stesso s'impegnava a reprimere gli abusi severamente per mantenere la Maat e l'ordine di cui era garante.[28] Ci furono certamente numerosi arresti, poiché non era possibile, senza testimoni e senza complici, far sparire carri e sacchi di grano, blocchi di minerali e tori e sicuramente gli arresti e le condanne non si limitarono ai tre membri della famiglia del funzionario infedele.

Affari esteri: inizio di un'amicizia

L'alleanza con il paese di Hatti aveva senza dubbio procurato all'Egitto una stabilità interna e una sicurezza considerevole nei rapporti con i paesi stranieri. Tutti avevano capito che attaccare l'Egitto significava provocare la reazione del re ittita, desideroso di fare onore al trattato e alla parola data. Ma regnava davvero un'armonia così idilliaca fra i due sovrani? Gli scambi fra il paese di Hatti e l'Egitto erano cominciati sul piano commerciale; poi gli ittiti non mancarono di fare appello anche alla scienza egiziana, innanzitutto medici e farmacisti, esperti delle piante medicinali che crescevano sulle rive del Nilo. E ai famosi artigiani della terra dei faraoni. Nessun paese poteva eguagliare la trasparenza e la finezza dei tessuti egiziani, nessun orefice sapeva produrre gioielli tanto prestigiosi. D'altra parte, l'Egitto possedeva solo povere miniere di ferro, mentre la provincia Kizzuwadna, paese di origine della regina Pudukhepa, ne era ricchissima. Questo metallo era indispensabile al faraone per modernizzare le truppe e attrezzarle di elmi e armature capaci di resistere all'urto delle nuove popolazioni (i futuri popoli del mare) di cui gli ittiti per il momento costituivano il primo fronte.

Dai documenti rimasti si può arguire che Usermaatra non aveva saputo rinunciare all'arroganza con cui aveva spesso trattato i piccoli stati del Medio Oriente. Non aveva più accanto a sé il freno salutare della saggia madre Tuy, né la dolce presenza di Nefertari. Toccò a Hattusili e a Pudukhepa affrontare l'impulsivo faraone e mostrargli, qualche volta con fermezza, quanto fosse efficace rispettare la diplomazia nei rapporti con gli altri.

Il tono di talune missive rinvenute nella corrispondenza dei due sovrani rivela le cortesi ma ferme reazioni di Hattusili, a cui Usermaatra rispondeva con qualche adulazione e una dichiarazione di lealtà.[29] Eccone un esempio, dato da Ramsete stesso:

> Ho appena appreso che mio fratello mi ha scritto così: «Perché mi scrivi tu, mio fratello, come se fossi solo uno dei tuoi sudditi?» Tu mi offendi, fratello mio, quando scrivi «come se io fossi solo uno dei tuoi sudditi». Vediamo, tu hai compiuto grandi cose in tutte le terre, sei sicuramente il grande re delle terre di Hatti! Il dio del Sole e il dio della Tempesta ti hanno accordato di sederti (sul trono) del tuo avo.
>
> Perché mai ti scriverei come a un mio suddito? Ricorda che sono tuo fratello, dovresti parlarmi con parole cordiali! Così «possa tu sentirti bene ogni giorno». Invece pronunci parole senza senso, che non sono degne di un messaggio![30]

Questa corrispondenza rivela le forti difficoltà di carattere che esistevano fra i due sovrani: fra il saggio, paziente, pacifico Hattusili e il bollente, impetuoso, ma anche mistico e abile Ramsete. Tuttavia i due sapranno mantenere l'intesa e la pace.

14

Giubilei e prodigi

Il primo giubileo dell'anno 30

NELL'ANNO 29 l'Egitto intero si preparava a rendere omaggio al faraone che compiva cinquantasei anni: si doveva celebrare la grande festa *Sed* del trentennio di regno. Non tutti i faraoni ci erano arrivati, anzi alcuni avevano anticipato le celebrazioni prima del termine consueto. I riti della lontana preistoria, indispensabili per rinvigorire un vecchio capo indebolito dagli anni, furono ben presto accompagnati da altre motivazioni.

Quando arrivava il momento della grande festa trentennale, il faraone doveva attraversare varie prove che lo portavano a incorporarsi con il signore della vita (Osiride), per poter regnare sul trono dei viventi.[1] Come avviene per tutti i riti misterici, i documenti non ci forniscono che scarse allusioni, difficili da interpretare. Non ci è possibile ricostruire la cerimonia. Dobbiamo limitarci all'analisi di talune rappresentazioni che hanno valicato il mutismo dei sacerdoti e ci danno solo un pallido riflesso degli eventi. Una di queste rare allusioni è conservata su una parete della tomba di Kheruef, contemporaneo di Amenofi III[2] (XVIII Dinastia). Inoltre il tempio di Bubasti[3] ci ha fornito alcune raffigurazioni che risalivano al tempo di Osorkon II (XXII Dinastia, IX secolo a.C.) ed evocavano scene analoghe a quelle della tomba di Kheruef. Questo ci permette di immaginare alcune tappe essenziali del rituale della festa *Sed*, che si mantenne per questi cinque secoli.

Per questa cerimonia Usermaatra Setepenra fece costruire a Pi-Ramses un'immensa sala sontuosamente decorata. Probabilmente i rilievi parietali delle cappelle alludevano all'aspetto generale dei misteri: non sono stati ancora rinvenuti. Sappiamo comunque che le celebrazioni venivano preparate un anno prima e duravano per tutto un ciclo del Nilo. Dovevano essere ufficialmente proclamate dalle più alte autorità sacerdotali e dal capo del governo. Furono il principe Khaemuaset, gran sacerdote di Ptah, signore dei giubilei, e il nuovo visir Khay che annunciarono il grande evento. Tutto il paese fu interessato, e se le cerimonie essenziali si svolsero a Pi-Ramses e poi a Menfi, le festività si estesero fino alla Nubia e ai templi di Abu Simbel e di Aksha.

Anche in questa occasione Ramsete seppe trarre profitto dal «prodigio» come tante altre volte durante la sua esistenza: quello fu un vero «anno delle vacche grasse».[4] Così annotava uno scriba:

> Grande inondazione per il primo giubileo di Ramsete Meriamon, che apporta il cubito (ossia il sedicesimo). Nessuna diga vi può resistere, (le rive arretrando fino al) Gebel traboccano di pesci e selvaggina.

Alcune scene intraviste a Pi-Ramses

Pare che Hathor, la grande signora nel cui seno ogni candidato al rinnovamento doveva passare, svolgesse un ruolo essenziale presso Ramsete, come presso la sua prima sposa. Poiché Nefertari era morta, fu forse chiamata Isisnofret a sostenere presso il faraone il ruolo di Hathor, e Bentanat quello di Sothis? Oppure le seconde grandi spose reali, Bentanat e Merytamon, rappresentarono le due dee che dovevano stare al fianco di Sua Maestà, all'inizio delle celebrazioni?

Ramsete comparve sulla porta del palazzo con una scorta di alti dignitari, fra cui figuravano anche i membri dell'equipaggio della barca, perché una parte delle cerimonie doveva svolgersi sul lago della residenza, soprattutto durante la notte. All'inizio furono distribuite ricompense simboliche: figurine di anatre e pesci in oro e argento, nastri verdi. Ognuno di quelli che occupavano il posto rituale partecipò alla colazione mattutina del re: alcuni erano stati designati per alare le barche della sera e del mattino, che furono portate vicino ai gradini del trono. Venne il momento delle libagioni versate davanti al baldacchino reale «perché il sovrano continui a vivere», dalle figlie di *Mentiu*, probabilmente figlie di principi beduini e asiatici, che tenevano in mano vasi d'oro e acquamanili di elettro.

Musici e danzatori eseguirono un concerto ritmato, ravvivato da pantomime acrobatiche. Si levarono canti in questo «giorno per esaltare ciò che deve essere esaltato» e le cantanti intonarono l'inno di Hathor:

> Vieni, farò per te la gioia al crepuscolo e la musica la sera! Oh Hathor, tu sei esaltata nella chioma di Ra[5] perché il cielo ti ha dato la profonda notte e le stelle. Grande è Sua Maestà quando è in pace! Adoriamo la Dorata quando brilla in cielo... Oh Maestà, vieni! Vieni e proteggi il re... Conservalo in salute sul lato sinistro del cielo! Perché sia felice, prospero e in buona salute all'orizzonte.

A Pi-Ramses

Il faraone in costume giubilare affiancato da Hathor e dalla regina in veste di Sothis.

Il re e la regina uscendo dal palazzo si recano alle cerimonie giubilari. Nel registro inferiore: libagioni fatte dalle Mentiu (figlie dei principi stranieri).

Partenza della coppia reale sulla barca della notte. Nel registro inferiore: Danze rituali delle donne delle oasi.

Quando il re, accompagnato dalla regina, uscì dal palazzo portava la corta veste del giubileo, che lasciava libere le ginocchia. Dopo la cerimonia di *legare la barca della notte*, il sovrano partecipò alla processione sull'acqua, vera navigazione rituale. Entrarono poi le principesse, «le figlie reali da lui amate», raggruppate come le «figlie di Mentiu» che suonavano i sistri insieme con i cantanti di Amon. I sistri che tenevano in mano erano dominati da un'immagine di una porta di tempio che simboleggiava l'uscita al termine dei riti, ossia il passaggio a un nuovo stato.[6]

Tutti gli officianti accompagnarono la coppia reale quando prese posto nella barca della notte. Era l'inizio del viaggio simbolico che doveva effettuarsi contemporaneamente all'arrivo del Grande Nilo: l'Inondazione (Hapi-aa). I geni del giubileo furono trasportati nell'imbarcazione. All'alba *l'apertura della loro bocca*[7] fu fatta sulla barca solare, accompagnata da offerte di bestiame.

Il rito essenziale a Menfi

Pare che uno dei momenti finali della grande festa giubilare consistesse, per il faraone, nell'*erezione del pilastro Ged*, emblema di Osiride al momento della resurrezione. La scena doveva svolgersi a sud di Giza, nella *Shetyt* (o *Shetayt*) del dio Sokar.[8] Ramsete, seguito dalla grande sposa reale e dalle principesse, dal misterioso sacerdote *setem* e dal capo della Casa degli Artigiani, doveva procedere lui stesso all'alba, all'erezione del pilastro *Ged* che rappresentava il *ka* (degli ardori genetici latenti). Le principesse dovevano presentargli gli oggetti sacri atti al rinnovamento per opera della bella Hathor:[9]

> A te, Ka, (ecco) il sistro sonoro per il tuo volto soave, e la collana *Menat*, poi il sistro-porta quando tu ti alzi, o pilastro *Ged* augusto, Osiride-Sokar, signore di *Shetyt*, pilastro *Ged* di Osiride, il grande, che risiede in *Shetyt*.

I canti dei coristi maschi ora ritmavano i passi rituali dei danzatori, mentre Ramsete, tenendo in mano le funi attaccate a un grande pilastro *Ged* sollevava lentamente l'emblema del ciclo misterico. Allora le «doppie porte del mondo sotterraneo erano aperte» per Osiride-Sokar.

Le voci si alzavano di nuovo:

> Allorché Ra ringiovanisce nel cielo, Atum appare in tutta la sua gloria quando ti saluta, tu sei stato riunito al mondo, come il disco solare nel cielo.

Questa immagine dell'augusto pilastro *Ged*, questo *ka* che è nella Casa di Sokar era anche Ptah-Sokar, fuso con il faraone nella sua rinnovata viri-

A Menfi

Il faraone accompagnato dalla regina raddrizza il pilastro Ged. *Le principesse reali suonano i sistri.*

Il faraone si rivolge all'Osiride-Ged.

La coppia reale riceve l'omaggio della coppa rituale.

Lotta simbolica e sfilata rituale dei buoi e degli asini.

La coppa rituale che contiene l'immagine del sovrano «rinnovato» dalle due piante sacre.

lità: l'invecchiamento delle tenebre era cacciato e sostituito dalla luce radiosa. Al momento dell'erezione del pilastro simbolico, uomini armati di lunghi fusti di papiro dovevano incrociare quelle armi delle paludi per simulare la lotta delle forze opposte. Colpivano forte, ma alla fine l'ordine si ristabiliva. E si dichiarava:

> Horo che appare in verità ha trionfato.

Allora i padri divini dovevano ricevere nuovamente cibo nella loro barca, mentre sfilavano una mandria di buoi e un gruppo di asini, condotti da un officiante che girava quattro volte intorno ai muri della *Shetyt* dove si trovava l'emblema.

Il pilastro *Ged*, munito ora dei suoi occhi sulla sommità del fusto, portava anche il disco solare e le piume osiriche. Doveva sempre restare nella Casa di Sokar, come garante del successo delle cerimonie, e ricevere culto e offerte fino al successivo giubileo:

> Oh Osiride nella Casa di Sokar... Oh Unennefer figlio di Nut, colui che si risveglia intatto nella sua casa del mondo sotterraneo.

Il re e le «madri primordiali»

L'ultima offerta simbolica presentata alla coppia reale concludeva le cerimonie a Pi-Ramses. Forse era compiuta dallo stesso Khaemuaset nel grande tempio di Ptah a Menfi, che comprendeva anche un vasto edificio giubilare e una sala ipostila simile a quella del *Tempio di Milioni di Anni* del Ramesseo. Usermaatra era seduto accanto alla grande sposa reale sotto il doppio baldacchino della rinascita con le colonnine ornate di tre capitelli floreali. Il papiro e il giglio di palude evocavano l'ambiente acquatico in cui si rigenerava il germe divino, affiancato dalle due «madri primordiali»:[10] dal giglio sorgeva il loto, da cui scaturiva ogni forma di vita.[11]

Come omaggio si offrivano al sovrano oggetti simbolici di fine oreficeria, fra cui una coppa a forma di loto sbocciato, con le anse laterali cesellate a forma di testa di stambecco. Sulla coppa figurava un'inattesa scena bucolica, con una minuscola immagine di Ramsete in mezzo a cespi di gigli e papiri. Con una mano Usermaatra stringeva al petto tre steli di papiro, con l'altra impugnava tre steli di giglio di palude. Vi si vede una poetica allusione al bacino che conteneva le acque primordiali. L'insieme evoca la scena incisa all'interno, che mostra la rinascita del figlio solare alla nuova vita terrestre, dopo il compimento dei riti giubilari.

Tutto il mistero, in cui l'elemento acquatico è evocato dalla barca della notte, ricorda l'onnipresenza di Hathor, matrice universale, e il suo ruolo essenziale durante il giubileo. L'intera popolazione dell'Egitto era associata all'esecuzione di alcuni riti pubblici, mentre nella capitale Pi-Ramses le rappresentanti dei paesi vassalli alleati, fra cui le figlie dei *Mentiu* e delle province (vi erano persino delle danzatrici delle oasi) accompagnavano lo svolgersi dei misteri.

Il nuovo vigore del faraone

Ora nelle vene di Ramsete tornava a fluire l'energia della recuperata giovinezza. Nel Medio Oriente regnava la pace. L'alleanza fra i due grandi paesi risultava positiva, ma Ramsete mirava più in alto e sognava un'unione che lo legasse alla famiglia reale ittita. La figlia di Hattusili e Pudukhepa non poteva certo paragonarsi alle piccole principesse del Medio Oriente, fin troppo lusingate dall'idea di entrare nell'harem del faraone. Il fiero Hattusili non aveva mai proposto un tale connubio.

Intanto Ramsete seguiva con attenzione i lavori di scavo che aveva fatto riprendere nella Valle dei Re. Di fronte all'entrata della propria siringa aveva deciso di far scavare immensi locali sotterranei, una specie di tomba-cenotafio dedicata agli innumerevoli figli e nipoti che già lo rallegravano. In fondo alla prima grande galleria centrale aveva fatto scolpire una statua di Osiride, signore di questi luoghi.[12] Un'immagine analoga doveva figurare in fondo alla propria tomba, in una delle sale segrete di fianco alla *Sala dell'Oro*.

Voleva inoltre tenersi al corrente di tutti i particolari riguardanti le attività del paese, fra cui le retribuzioni assegnate agli operai e agli artigiani che lavoravano nelle necropoli reali. Così, pressappoco nel suo anno giubilare (30 o 31) ricevette un messaggio del suo capo del Tesoro Suty, che lo informava della qualità e quantità delle derrate alimentari consegnate agli operai della tomba per tutto l'anno.[13]

Una scossa sismica a Meha

Verso l'anno 31 Sua Maestà fu avvertita che nella regione tebana si erano verificate delle scosse sismiche. Poco dopo il visir Khay, e poi il viceré della Nubia Pasar, gli fecero sapere che il suo tempio prediletto, il grande ipogeo di Abu Simbel, aveva riportato considerevoli danni. Il sovrano si recò immediatamente nel sud per constatare di persona l'entità dei danni. Vicino all'entrata il primo colosso a sud era stato gravemente colpito: il torso e la testa giacevano a terra fracassati. Il braccio destro del primo co-

Facciata del grande tempio di Abu Simbel dopo il terremoto.

losso a nord rischiava di cadere da un momento all'altro. All'interno dell'atrio ipostilo, il secondo pilastro osirico a nord presentava una profonda fessura e i due pilastri a sud minacciavano di crollare.[14]

Si diede immediatamente ordine al viceré Pasar di far alzare le impalcature all'interno dell'atrio ipostilo.[15] I danni furono riparati alla meglio e per precauzione si costruì un muro di supporto in blocchi di arenaria. Più tragiche erano le condizioni del grande colosso assiso della facciata, in parte crollato. L'arenaria risultava troppo friabile per poter sistemare e completare la parte superiore di quest'immagine, che fu quindi abbandonata sul posto.

Ramsete cercava affannosamente il significato di questa ferita inferta alla montagna. Doveva essere un messaggio divino. Era necessario placare la collera di Seth. La terra che tremava, le scosse che squarciavano la roccia rientravano nella sfera di Ptah, signore dei giubilei, nella sua forma di *Ta-tenen*, «La terra che si solleva»! Fece dunque voto di rivolgere al Signore di Menfi una lunga invocazione, che sarebbe stata incisa sul muro di supporto costruito fra i due pilastri osirici dell'atrio ipostilo.

Quando partì da Meha, il braccio del colosso a nord era stato sostenuto da un piccolo muretto, su cui era stato inciso il cartiglio del re. Questo lavoro troppo frettoloso fu ripreso sotto Seti II, che a sua volta fece incidere i suoi cartigli sulla parte restaurata.

Gli intrighi di Usermaatra

Le manovre occulte degli inviati di Ramsete presso Hattusili e la sua corte avevano fatto la loro strada, considerando il fatto che il re ittita stava attraversando un periodo di difficoltà, fra cui una grave siccità che si prolungava in modo inquietante. Il faraone, tornato nella capitale del Nord, ricevette notizie assai soddisfacenti che incoraggiarono il suo progetto di sposare la figlia maggiore di Hattusili, che dicevano molto bella. Ma la proposta doveva venire dallo stesso Hattusili. Usermaatra, sovrano del grande paese di *To-mery*, figlio di Seti, rivirilizzato a opera delle due madri tutelari, non sollecitava niente...

Proposte di fidanzamento

Infine l'iniziativa tanto attesa si concretizzò. Hattusili fece arrivare a Ramsete dei messaggi in cui proponeva al faraone l'unione nuziale per consolidare l'alleanza fra i due paesi.

Ramsete accondiscese, aggiungendo che avrebbe accettato una dote degna della sua grandezza? O fu l'ittita che abbordò l'argomento, per convincere il sovrano di cui desiderava l'appoggio? Comunque ci resta una sua lettera indirizzata al faraone, in cui annuncia che:

> La dote sarà più bella di quella del re di Babilonia e di quella della figlia del re di B...(?) Io manderò quest'anno mia figlia. Sarà accompagnata da servi, bestiame, montoni, cavalli. Mio fratello (da parte sua) dovrà inviare (una scorta) nel paese di Aya per accoglierli.

Il paese di Aya era situato sulla frontiera della presenza ittita nella Siria meridionale, vicino alla provincia centrale di Upi. Ramsete rispose con premura:

> Ho scritto al governatore di Suta, nella città di Ramsete (Kumidi), che si trova nella provincia di Upi, perché accolga queste mandrie in marcia... che la principessa porterà e le accompagni finché la (mia) futura sposa arrivi in Egitto.

Aveva anche avvertito il governatore della terza città di Pi-Ramses (Gaza) nella terra di Canaan, più vicino alla frontiera egiziana, perché provvedesse ai bisogni della scorta, poiché si avvicinava la stagione fredda.

Isisnofret e il secondo giubileo

Per l'arrivo dell'inondazione e del secondo giubileo, la crescita delle acque fu registrata nelle iscrizioni del Gebel Silsile, considerato dagli egiziani come il luogo in cui l'inondazione entra in Egitto. Ancora una volta Isisnofret, la grande sposa reale, compare su una stele rupestre in cui scortava il faraone accompagnata dai tre figli maggiori che aveva dato al re. Fra questi figurava Bentanat, mentre Merytamon, la bella figlia di Nefertari, non partecipava alla cerimonia. Evidentemente i favori del sovrano andavano alla famiglia di Isisnofret, anche se il principe ereditario, Imenherkhepeshef, figlio di Nefertari, ribattezzato Sethirkhopshef, era tutt'ora in vita.

Il Gebel Silsile era un luogo sacro. Vi regnava Ta-Uret, la grande madre, garante della fertilità promessa all'Egitto.[16] Già Hatshepsut vi aveva fatto sistemare dei «cenotafi» per i suoi familiari, fra cui il grande intendente Senenmut. Vi si celebravano importanti cerimonie, nel momento in cui il fiume era in magra. Gli inni al Nilo incisi sulle rocce per ordine dei ramessidi avevano lo scopo di ricondurre l'Acqua Pura, l'onda della fertilità. Già Nefertari le aveva reso omaggio, mentre Isisnofret non era stata presente allo svolgersi del grande mistero nubiano. Ora che Nefertari era morta, il suo posto toccava alla grande sposa reale ancora viva.

Queste iscrizioni rupestri del Gebel Silsile[17] e di Assuan[18] sono un ben magro compenso tributato da Ramsete e da Khaemuaset, gran sacerdote di Ptah, alla «regina esclusa», destinata a restare nell'anonimato durante i giorni più splendidi del regno di Ramsete. Nessuno dei documenti ufficiali rinvenuti fino a oggi, neppure quelli scambiati fra le due corti in occasione del trattato di pace, fanno allusione alla regina e recano il nome di Isisnofret. Però più tardi a Menfi i suoi due figli maggiori, Khaemuaset e il generale Ramsete, eressero per lei dei monumenti.[19]

Le rivendicazioni abusive di Ramsete

Le notizie dal paese di Hatti si fecero meno frequenti, e a un certo momento Hattusili cessò di parlare della dote promessa. Secondo la sua abitudine, Usermaatra reagì con impazienza, esprimendo la sua sorpresa per il ritardo nelle trattative e insistendo sulla dote, che riteneva importante. Per evitare che la situazione si deteriorasse in modo irreparabile, intervenne a rispondere la regina Pudukhepa, a cui probabilmente era consentita maggiore libertà di espressione. Dalla sua risposta si può arguire che Ramsete avrebbe dichiarato di aver bisogno della dote promessa «per sanare il suo bilancio»!

La reazione della regina fu ferma e decisa. Contrappose all'egiziano termini franchi e argomenti diretti.

> Quanto a te, fratello mio, mi scrivi così: «Mia sorella mi ha scritto: Ti manderò (mia) figlia. Tuttavia la tieni lontana da me, senza gentilezza: perché non me l'hai ancora data?»
>
> Tu non dovresti diffidare, ma credere! Io ti avrei mandato mia figlia da molto tempo, ma (sono sopravvenute difficoltà)... bruciati nel palazzo. Ciò che resta, Urhi-Teshub lo ha donato ai grandi dei. Poiché Urhi-Teshub è là (al tuo fianco) domandagli se è così o no! Quale figlia sulla terra o nel cielo posso io donare al mio fratello?...
>
> Lo obbligherei forse a sposare una figlia di Babilonia, di Zulabi o di Assiria?
>
> Il mio fratello non possiederebbe niente? (Salvo) se il figlio della dea solare o il figlio del dio della tempesta non ha niente... (allora) crederò che non hai niente neanche tu.
>
> Che tu, fratello mio, desideri arricchirti a mie spese... non è fraterno né ti fa onore!...

Pudukhepa aveva dunque colto l'occasione per rimproverare a Ramsete il suo agire scorretto in rapporto al trattato di pace, poiché non aveva rispedito al paese di origine il fuggiasco Urhi-Teshub, che lo zio Hattusili aveva reclamato. Per di più, non mancava di fare allusione a certe voci tendenziose che circolavano alla corte di Babilonia sul comportamento poco leale di Usermaatra.

Tuttavia la situazione si rasserenò ben presto, poiché Ramsete poté mandare alla regina questo lieto messaggio:

> Ho visto la tavoletta che la mia sorella mi ha inviato e ho ben compreso tutti gli argomenti su cui la grande regina di Hatti, mia sorella, mi ha scritto... il grande re, il re di Hatti, mio fratello, mi ha scritto dicendo: «Che vengano uomini a versare l'olio fino sulla testa della vergine, e possa essere condotta nella casa del grande re, il re d'Egitto».
>
> Eccellente, eccellente questa decisione di cui il mio fratello mi ha scritto... i due grandi paesi diverranno una (sola) terra per sempre!

Ramsete badò dunque a non perdere tempo e fece partire al più presto la sua delegazione, che andò a ungere ritualmente la principessa con gli oli più fini, tanto pregiati in tutti i paesi confinanti. Questo avvenne probabilmente all'inizio di *Shemu* dell'anno 1246 a.C., e Pudukhepa dichiarò solennemente:

> L'olio fino fu versato sulla testa di (mia) figlia e gli dei dell'inferno furono cacciati. Quel giorno i due grandi paesi divennero una (sola) terra e voi, i due grandi re, avete scoperto la vera fraternità.

Ramsete e la capitale in attesa della principessa

La splendida città di Pi-Ramses si preparava a ricevere la principessa, bella fra le belle (Ramsete non ne dubitava, perché il suo ambasciatore speciale presso Hattusili, Huy, luogotenente dei carristi e comandante della fortezza di Tjaru, glielo aveva confermato).

A Pi-Ramses fervevano i lavori. La città, con il suo piano urbanistico sapientemente studiato, riuniva intorno al Palazzo Reale gli uffici dell'amministrazione civile e militare.

Certo Menfi, con gli arsenali, le caserme, i moli (*Peru-Nefer*) restava la piazzaforte. Ma anche Pi-Ramses disponeva di queste strutture, intorno al Palazzo Reale e ai templi dei quattro punti cardinali. Oltre alle caserme, le dimore degli alti funzionari e la residenza principesca di Pasar sorgevano non lontano dai santuari di Ptah e di Sekhmet. Il grande complesso allestito in occasione del primo giubileo aveva un cortile ornato di sei obelischi di granito. La vasta sala con le colonne alte sei metri ricordava la grande sala ipostila di Karnak. I colossi del faraone aumentavano continuamente di numero, e già Ramsete aveva ordinato ai cavatori e agli scultori un'immensa statua che doveva raffigurarlo in piedi, affiancato (contro la gamba sinistra) da un'armoniosa statua femminile che doveva evocare la figlia del re ittita. Non restava che incidervi il nome che la principessa avrebbe ispirato a Sua Maestà quando gli fosse comparsa davanti.

Erano già in costruzione le dimore riservate alla futura grande sposa reale e al personale del seguito.

La residenza della principessa comprendeva appartamenti arredati con raffinata eleganza e ornati di affreschi floreali alle pareti. I pavimenti sembravano aiuole fiorite dove fra le corolle dei fiori di loto guizzavano pesci dalle scaglie sfavillanti. Dalle eleganti logge delle terrazze si poteva contemplare il lago della residenza, formato dalle Acque di Avari che uscivano dal ramo del Nilo chiamato Acque di Ra. Il giardino era stato piantato in tutta fretta perché la fioritura primaverile potesse rallegrare gli occhi della principessa. Rose e malvoni, cespi di camomilla, papaveri e fiordalisi importati da Canaan e dall'Amurru, ma anche papiri e fiori di loto più tipicamente egiziani smaltavano già i prati e il laghetto.

Quelle aiuole, quei pergolati, le voliere di soavi tortorelle non circondavano certo le dimore ittite, e quando la principessa avesse preso possesso della nuova residenza avrebbe capito perché Pi-Ramses, con le finestre e le porte inquadrate da piastrelle in colori propiziatori, veniva chiamata *La città turchese*.

S'imbiancavano di nuovo le facciate e i muri di cinta delle case, si pulivano e si lastricavano le strade, si arricchivano i giardini fioriti intorno ai templi. Gli orticoltori e gli apicoltori della casa reale si affannavano a preparare riserve abbondanti per l'arrivo della principessa.

I più abili ebanisti della Nubia lavoravano a produrre seggi, poltrone e cassapanche, gli orefici erano impegnati a cesellare i più preziosi gioielli. Le vetrerie vicino al Palazzo Reale fabbricavano fiale e vasi per unguenti e profumi.

Il letto della principessa, con le lenzuola profumate di lino finissimo, era protetto da un'imponente zanzariera sostenuta da colonnine di legno del paese di Kush, intarsiate di avorio e placcate d'oro e il materasso era riempito di piumino di tortore.

Infine gli appartamenti della principessa erano completati da un guardaroba dove la attendevano tele di lino così fini da essere trasparenti,[20] insieme con vesti pieghettate dalle maniche a forma di ali di uccello, con cinture di vivi colori a cui talvolta erano intessute minuscole perle.

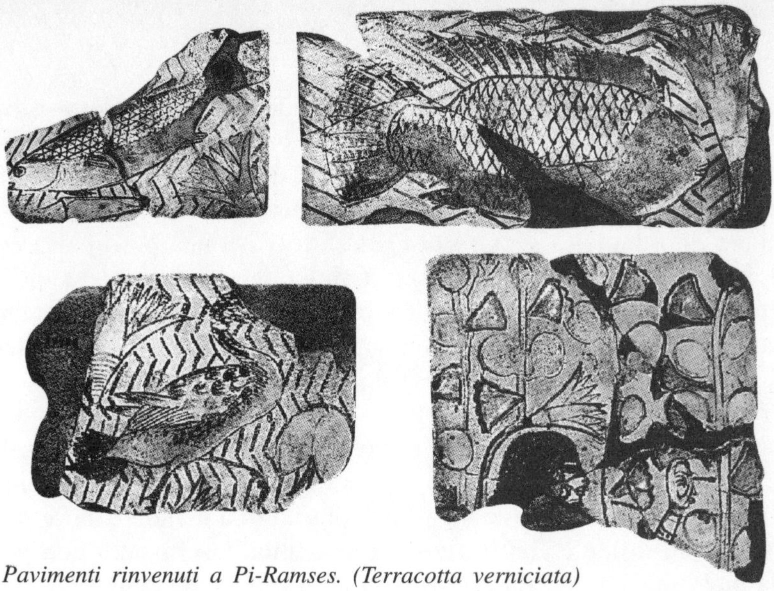

Pavimenti rinvenuti a Pi-Ramses. (Terracotta verniciata)

Dipinto del Nuovo Regno che rappresenta un giardino tipicamente egiziano.

Il matrimonio

La cronaca del viaggio della principessa, dalla capitale Hattusa fino all'arrivo al palazzo di Pi-Ramses, fu incisa per ordine di Sua Maestà ad Abu Simbel su una grande stele nella roccia di Meha, a sud della terrazza del tempio rupestre, perché non c'era più spazio all'interno del santuario. Il lontano ricordo dello scontro di Qadesh trovava una prodigiosa conclusione nel matrimonio di Ramsete con la figlia del suo più potente nemico.

Il faraone fece incidere il testo, più o meno abbreviato, nel tempio di Karnak, a Elefantina e nell'Alta Nubia, nei templi di Aksha e ad Amara.

La stele[21] inizia naturalmente con una serie di elogi ditirambici, esaltando il faraone dei miracoli.

Seguono alcuni passi di lettura e interpretazione difficile, da cui sembra che il re ittita, colpito da una sciagura (a cui pare alluda anche Pudukhepa nella risposta a Ramsete) avesse infine consentito a mandare al faraone doni sostanziosi, insieme con la figlia primogenita. Usermaatra non poté celare la gioia di fronte al felice risultato di tutte le sue manovre e aggiunse un nuovo miracolo.

Il sovrano meditò sulla sorte che attendeva l'esercito inviato incontro al corteo:

> In questi giorni di pioggia e neve, come faranno quelli che mando in Siria? Decise di offrire una ricca oblazione a suo padre (Seth) dicendo: «Il cielo è nelle tue mani, la terra ai tuoi piedi, tutto ciò che tu ordini si compie; per questo, grazie alle capacità prodigiose che mi hai dato in sorte, non ci sarà pioggia, freddo e neve.»[22]
>
> Seth esaudì tutto quello che gli era stato chiesto: subito il cielo si rasserenò e la stagione Shemu prese il posto della stagione Peret. I dignitari e l'armata del sovrano partirono con passo leggero e cuore allegro.

L'itinerario seguito dalla principessa

Dopo il lungo viaggio della principessa, il cui percorso era stato senza dubbio preparato da esploratori e genieri, per facilitare il passaggio fra gole e montagne e scortato da drappelli militari, le comunicazioni fra i due paesi divennero molto più facili. Lasciando Hattusa, la principessa e il fastoso seguito avevano dovuto raggiungere Kadish, a sudest, poi si erano diretti a sud attraverso i valichi del Tauro, verso Adana, non lontana dalla costa mediterranea, passando per il Kizzuwadna. Di qui erano arrivati ad Aleppo e infine a Qadesh, sull'Oronte. Nei dintorni di Pi-Ramses del Canaan, alla frontiera di Temesq (Damasco), la regina Pudukhepa aveva detto addio alla figlia, che aveva accompagnato fino al limite meridionale del paese di Amurru.

Abu Simbel, esterno del grande tempio. La «Stele delle Nozze».

Sommità della stele.

Disegno della scena delle nozze. La principessa, accompagnata da Hattusili, avanza verso la sala del trono dove Ramsete è circondato da Seth e da Ptah-Tenen.

Particolare della principessa.

Spiegazione del secondo prodigio

I testi ci hanno rivelato che Seth, patrono della dinastia, per evitare i disagi del freddo e della neve aveva compiuto un «prodigio», sostituendo ai rigori dell'inverno siriaco un improvviso clima estivo. In realtà Ramsete, astuto politico, abilissimo a trarre vantaggio da ogni evento, aveva approfittato dell'*estate di san Martino*, ben nota agli astronomi e ai geografi, per attribuirsi un nuovo prodigio.[23]

Il primo prodigio

D'altra parte, un nuovo studio dei testi ci consente di sfatare la leggenda di «due miracoli» provocati da Ramsete. Si tratta di un avvenimento precedente, che sarebbe alla base dell'improvviso cambiamento di posizione di Hattusili nei confronti del faraone[24]. Il paese di Hatti, come abbiamo visto, attraversò un periodo di grave siccità accompagnato da un calore anormale all'inizio dell'inverno. Nella stele del matrimonio, infatti, si leggono queste parole, uscite dalla bocca di Hattusili:[25]

> I tributi... li porteremo al tuo augusto palazzo. Eccoci ai tuoi piedi, oh re possente, fai di noi tutto ciò che avrai deciso, oh Ramsete!
>
> Il grande capo dei *Kheta* spedì missive per placare Sua Maestà di anno in anno, Ramsete. Ma neanche una volta egli prestò orecchio. Quando videro il paese in questa infelice situazione, sotto l'impero delle grandi anime del Signore delle Due Terre, Ramsete, allora il gran capo di Hatti disse al suo esercito e ai suoi capi:
>
> «E che dunque? Il nostro paese è devastato, il nostro signore Sutek (Seth) è in collera contro di noi, il cielo non dà più acqua di fronte a noi...[26] Spogliamoci di tutti i nostri beni, prima di tutto la mia primogenita, e portiamo i nostri presenti in onore del dio vivente, perché ci accordi la pace e si possa vivere, oh Ramsete!»

Queste gravi perturbazioni climatiche sarebbero state sfruttate dal faraone per far pressioni su Hattusili e costringerlo a inchinarsi alle sue esigenze (lusinghiere nozze con la principessa, accompagnate da una ricca dote). Poiché Ramsete aveva ottenuto ciò che reclamava, Seth non aveva più ragione di esercitare la sua collera contro gli ittiti. Sistemò il corso delle stagioni e la siccità scomparve. La principessa si mise in cammino verso l'Egitto in un clima invernale. Ramsete aveva operato un primo miracolo.

Un secondo miracolo doveva quindi verificarsi. Ramsete aveva mandato una delegazione incontro alla principessa. Approfittando dell'imminente comparsa dell'*estate di san Martino*, proclamò che non poteva permettere che i delegati soffrissero i rigori di un clima a cui non erano abi-

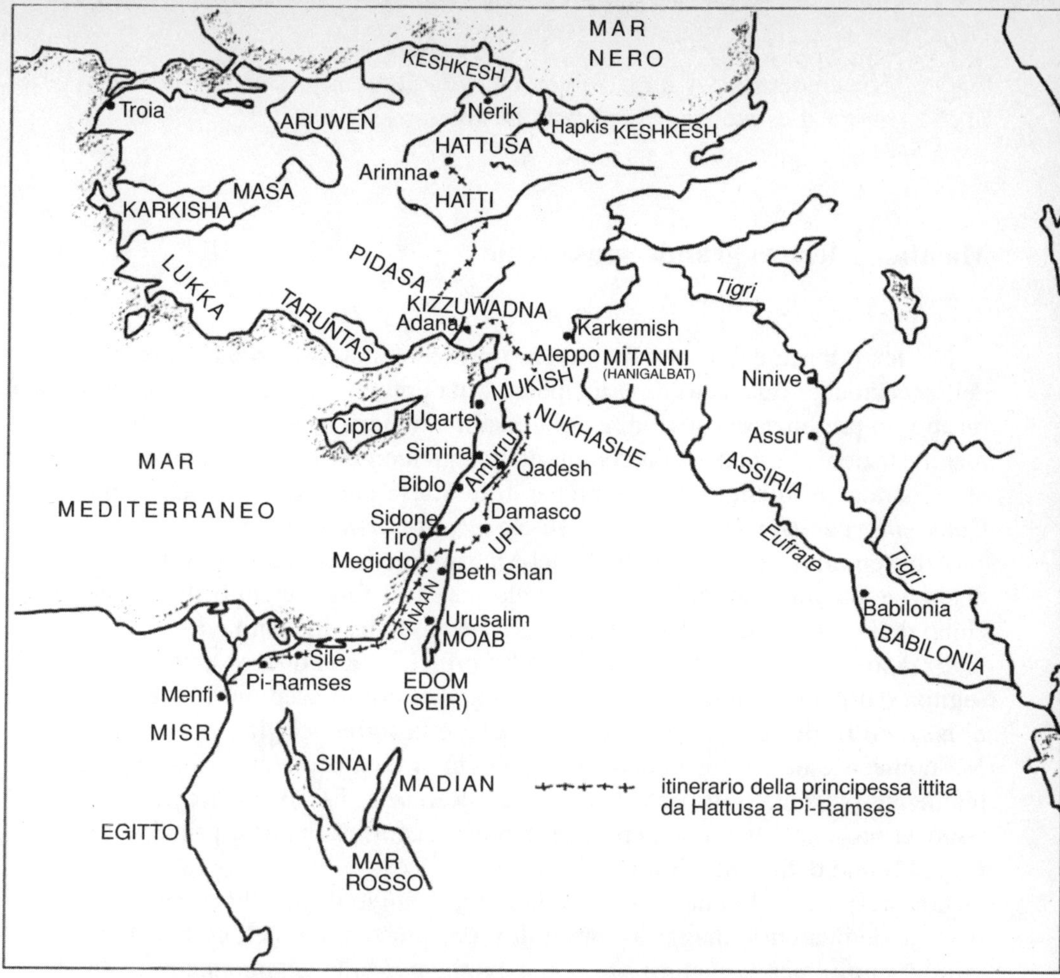

Interno del grande tempio di Abu Simbel: il «decreto di Ptah» fra i due ultimi pilastri osirici sud.

tuati e fece credere a un nuovo intervento di Seth sulle intemperie,[27] affinché «giorni d'estate sopravvengano in inverno».

Maathorneferura grande sposa reale

Nel terzo mese della stagione inverno-primavera dell'anno 34 del regno dell'eccezionale fidanzato, la principessa ittita entrava nel palazzo di Usermaatra, in presenza dei sovrani e dei vassalli stranieri, accolta da grandiose manifestazioni. Fu battezzata con un nome egiziano che fu immediatamente registrato sui monumenti già preparati in attesa del suo arrivo. Divenne *Colei-che-vede-Horo-incarnazione-di-Ra (Maat-hor-neferu-ra).*

Alla sommità della grande Stele del Matrimonio incisa ad Abu Simbel si distingue ancora, malgrado i guasti nella pietra, il faraone sotto il baldacchino della grande sala delle udienze, affiancato dalle due entità divine che realizzano i suoi miracoli: Seth e Ptah. La principessa si dirige verso di lui, seguita dal padre Hattusili, che porta in capo il primo esempio a noi noto di berretto frigio. L'iscrizione proclama che è la figlia del gran re di Hatti. Ma non esiste alcun documento scritto in cui si dica che Hattusili avrebbe realmente presentato di persona la figlia a Ramsete: i testi riferiscono soltanto la presenza di Pudukhepa che avrebbe accompagnato la principessa fino al limite delle zone di influenza fra i due paesi.

Gli orefici cesellarono degli scarabei con il nome di Maathorneferura, i poeti le dedicarono omaggi in forma di rebus plastici, amuleti composti di crittogrammi[28] per scrivere il suo nome egiziano. Ma le testimonianze sulla sua persona sono rare e non si conosce neppure il suo nome ittita. Tuttavia gli archivi di Boghazköy hanno conservato copia di una lettera che Hattusili inviò a Ramsete, in risposta all'annuncio che Maathorneferura aveva dato alla luce una bambina: «Peccato che non sia un maschio, lo avrei volentieri destinato al mio trono».[29]

La benedizione di Ptah

Le nozze fra il faraone e la principessa ittita erano state benedette da Seth, ma anche da Ptah-tenen. Fu forse per questo che la grande iscrizione chiamata oggi *Benedizione di Ptah* fu incisa ad Abu Simbel?

Il punto culminante del testo era l'allusione a un nuovo grande prodigio,[30] annunciato tre anni prima: l'arrivo di Maathorneferura a Pi-Ramses, nel febbraio dell'anno 34 del regno. Circa nove mesi dopo le nozze, nell'anno 35, il primo mese della seconda stagione, questa data poteva coincidere con la nascita della nipotina egiziana del gran re ittita. Pare che, seguendo un'usanza molto diffusa in Egitto, il nome della principessina sia stato forgiato su quello della madre: fu chiamata Neferura.[31]

Un altro miracolo

Ora Usermaatra decise di porsi sotto l'egida del potente patrono dei giubilei e unì al suo nome di Horo l'epiteto *Signore delle feste Sed, come suo padre Ptah-tenen*. Poiché il terremoto dell'anno 31 del regno aveva seriamente danneggiato il suo tempio di Meha, sfigurando uno dei colossi della facciata, il faraone non lo interpretò come un presagio di malaugurio per la sua persona. Al contrario. Proclamò che la terra aveva tremato come segno del favore divino, per annunciare il futuro miracolo: le nozze con la figlia del suo antico e potente avversario. Riprese dunque un tema già esposto nella Stele del Matrimonio, ma presentandolo in forma di dialogo con Ptah-tenen,[32] che doveva ora divenire suo padre al posto di Amon.

Nel grande tempio di Meha, sul muro costruito fra i due pilastri osirici sud dell'atrio ipostilo per stabilizzarli dopo il terremoto, fu incisa una lunga iscrizione in geroglifici. Se ne rinvenne un'altra versione nel tempio di Aksha e forse altre se ne potranno un giorno scoprire a Menfi e a Pi-Ramses. Fin dall'inizio è proclamata la nascita divina del re: la legittimità del suo potere è riconfermata da Ptah. La maternità di Tuy sembra essersi dileguata: Sekhmet, divina compagna del signore dei giubilei, è citata come madre del faraone.

Ramsete nella famiglia divina

> Io sono tuo padre fra gli dei, le tue carni sono quelle del dio. Ti ho generato nella tua nobile madre, perché sapevo che saresti stato un protettore e avresti compiuto buone azioni per il mio *ka*. Quando tu nascesti al sorgere di Ra, io ti elevai davanti agli dei.

L'iscrizione enumera tutte le benedizioni che toccheranno a Ramsete e al paese: felicità, saggezza, potere, ricchezza dei campi, delle miniere e delle industrie. Ma l'essenziale era ribadire che, se le nozze con la principessa ittita si erano realizzate, era stato per opera del dio che ne aveva avvertito il figlio:

> Io ho provocato delle scosse (*menmen*) per te, per annunciarti il grande miracolo sacro: il cielo ha tremato e quelli che erano là si erano rallegrati di ciò che ti accadeva. Le montagne, le acque e i muri che so-

no sulla Terra sono stati squassati perché hanno visto il decreto che ho deciso per te... I popoli di Hatti saranno i servi del tuo palazzo... Io ho posto questo nei loro cuori per portarli inginocchiati davanti al tuo *ka* (e portare) i tributi del loro capo e i loro presenti per la potenza di Tua Maestà, e sua figlia davanti a loro...

Dopo tali favori, il faraone si sentì in dovere di esprimere a Ptah-tenen la sua profonda pietà filiale. Di qui la descrizione dei numerosi monumenti dedicati a questo padre, nella città di Menfi dalle bianche mura. Del grande tempio menfita di Ptah ci sono rimaste delle rovine che consentono ancora di immaginare la sua estensione, gli annessi, le cappelle, i maestosi piloni e le statue monumentali.[33] Nel palmeto di Menfi sono state esumate diverse effigie del re, da cui il grande colosso sdraiato, capolavoro dell'arte ramesside, non meno celebre della famosa statua di Usermaatra conservata al Museo di Torino.

Il tempio di Ptah a Menfi, costruito in materiali perenni, con eccellente muratura di pietre rifinite in oro e vere gemme...[34] Io l'ho fornito di sacerdoti e profeti, di servi, campi, bestiame, l'ho reso adatto a celebrarvi cerimonie festive con offerte sacre e miriadi di cose...

a

b

Tomba bruciata di Bentanat. (Valle delle Regine)

a. La grande sposa reale Bentanat e la figlia a lei nata da Ramsete.

b. Bentanat porge l'offerta reale di Maat.

Busto policromo di Merytamon.
(Museo del Cairo.)

15

Il tempo della grande pace e il re-dio

Le grandi dame reali

NON sappiamo quale ruolo particolare sia stato affidato alle seconde grandi spose reali di Ramsete, Bentanat e Merytamon, che occuparono un posto importante presso il faraone ancora prima della morte della regina madre Tuy (intorno agli anni 22-23). Dodici anni dopo (anni 34-35) sarebbero state soppiantate da Maathorneferura, accanto alla quale un'altra figlia di Ramsete, Nebettaui, doveva diventare una nuova grande sposa reale. Ne ricevette infatti il titolo e il suo ipogeo fu preparato nella Set-Neferu (tomba numero 60).

Bentanat pare godesse di particolare favore presso il re. Nel suo sepolcro del Set-Neferu (tomba numero 71) è rappresentata mentre porge agli dei l'offerta di Maat, ossia si assume il compito di mantenere l'equilibrio nel regno, contribuendo così all'armonia universale: una vera funzione da re. Inoltre diede al faraone una figlia, rappresentata due volte nella stessa tomba[1] e indicata come *Figlia del re, del suo corpo*.

Il suo nome, Bentanat (*figlia della dea Anat*) indicherebbe ancora le radici siriache della madre? Nessun documento scritto fino a oggi può aiutarci a scoprire le origini di Isisnofret, non più che quelle di Nefertari.

Le due prime grandi spose reali, designate da Seti e probabilmente Tuy nel momento in cui fu allestito l'harem del giovane principe, dovevano essere state scelte con molta cura fra le principesse ereditarie. Ma in nessun testo si trova menzione della loro famiglia. Se tuttavia si volesse tentare qualche ipotesi, si potrebbe pensare che Nefertari fosse un'erede dei faraoni della XVIII Dinastia. Isisnofret, da parte sua, potrebbe essere stata scelta fra le discendenti dei grandi antenati evocati sulla stele dell'anno 400, che Ramsete si preparava a erigere nel tempio di Seth.

Ramsete e il principe Khaemuaset[2]

Fra tutti figli del faraone, Khaemuaset, nato da Isisnofret, è il più celebre e anche quello di maggior talento. I rampolli delle prime grandi spose seguirono o la carriera militare o quella sacerdotale: tra i primi quindici figli conosciuti non si nota nessuno che abbia una forte personalità. Ben diverso è il caso di Khaemuaset, quarto figlio del re.

Potremmo presentarlo come l'«intellettuale» della famiglia, sempre dedito a ricerche nei testi sacri e alla cura degli antichi monumenti. Divenuto sacerdote di Ptah a Menfi, svolse un ruolo assai attivo durante le esequie del sacro toro Api[3] nell'anno 16. Lo ritroviamo nell'anno 30 mentre organizza la sepoltura di un nuovo toro Api. La mummia del sacro animale fu deposta nella stessa tomba del precedente per utilizzare una cappella comune. Per Khaemuaset, esperto di opere architettoniche, era una buona occasione per introdurre innovazioni nel sistema di sepoltura e di scavi sotterranei. Il suo esempio fu seguito fino a epoca tarda per i cimiteri degli animali sacri: il più celebre è quello di Tuna el-Gebel, vicino a Hermopoli, dove i cinocefali e gli ibis del grande Thot sono sepolti in una complessa rete di gallerie.

Khaemuaset fece anche costruire, sopra la necropoli sacra, un tempio riservato al culto dei tori Api e alle cerimonie che dovevano precedere la sepoltura.

Con l'anima di un vero archeologo si dedicò poi a una vasta opera di restauri nel deserto di Saqqara e di Giza. Senza dubbio si ricordava dell'iniziativa intrapresa da suo padre, nei giorni lontani del suo regno, di restaurare le tombe dei primi faraoni ad Abido. Ispirandosi a quell'esempio, riportò agli antichi splendori la piramide a gradoni di Zoser (III Dinastia), quella di Shepseskaf (IV Dinastia) e quelle di Unas e Sahura (V Dinastia), nonché il tempio solare di Neuserra (V Dinastia). Ogni rifacimento era accompagnato da un'iscrizione che precisava il nome del sovrano a cui il monumento era dedicato e il servizio riorganizzato del personale e delle offerte.[4]

Il principe dovette esercitare la sua influenza su alcuni giovani scribi, che si appassionarono alle ricerche del loro signore. Fiorirono gli studi su Zoser e il suo architetto Imhotep, che avevano abbandonato l'architettura in legno e terra pressata per costruire in pietra. Così, al tempo di Ramsete, si celebrava giustamente Zoser come *l'inauguratore della pietra*.

Il buonsenso dei letterati

Tuttavia, malgrado questo fervore di restauri, i letterati e i saggi non potevano fare a meno di meditare sulla fragilità di queste prestigiose testimonianze materiali, in confronto all'eternità dello spirito creatore.

Gli scribi sapienti sono giunti al termine della loro vita,
tutti i loro contemporanei sono caduti nell'oblio,
non si sono costruiti piramidi di bronzo
con stele di ferro.
Non hanno lasciato eredi nati dalla loro carne
che possono proclamare il loro nome
ma a guisa di eredi hanno lasciato
i libri di precetti che avevano scritto.
Hanno affidato alle loro opere la missione di essere
i loro sacerdoti funebri
e le tavolette da scrittura sono divenute il loro «diletto figlio»,
le loro opere sono le piramidi,
il loro calamo è il rampollo, la pietra incisa è la sposa.
I potenti e gli umili sono divenuti loro figli.
Perché lo scriba, è lui il loro capo.
Avevano costruito per loro portali e castelli
ma portali e castelli sono distrutti.
I sacerdoti sono scomparsi,
le loro stele sono coperte di polvere,
le loro tombe sono dimenticate.
Tuttavia si proclamano i loro nomi,
per l'eccellenza delle loro opere,
e il ricordo degli autori è eterno.
Diventa scriba e mettiti questo in cuore
perché il tuo nome abbia la stessa sorte:
più utile è un libro che una stele bene incisa,
o un solido muro.
Sostituisce templi e piramidi, perché il nome sia proclamato.
...L'uomo perisce, il corpo ridiventa polvere,
tutti i simili tornano alla terra
ma il libro farà sì che il suo ricordo
sia trasmesso di bocca in bocca.
Meglio vale un libro che una solida casa,
e un tempio in Occidente,
meglio di un castello fortificato
e una stele eretta in un santuario.
...Sono passati i saggi profeti
e i loro nomi sarebbero dimenticati
se i loro scritti non rendessero eterno il loro ricordo.
(Estratti dal papiro Chester Beatty IV, verso Nuovo Regno.)

La fama di Khaemuaset ha attraversato i secoli, come quella di Ramsete. Erodoto ricorda che visitando l'Egitto era venuto a conoscenza di un'iscrizione in cui si segnalava l'opera del principe a favore della piramide di

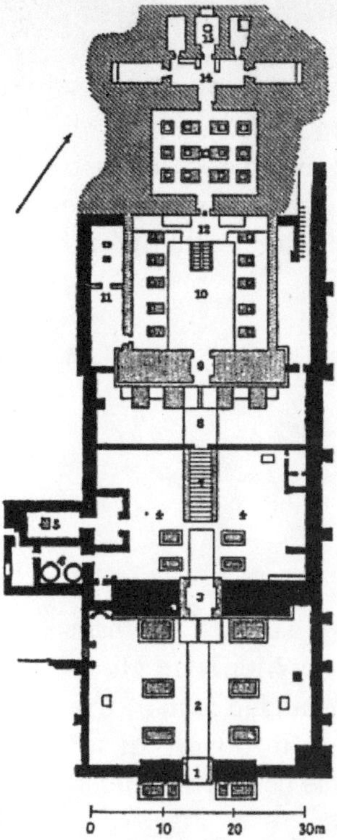

Particolare della parte sud del dromos.

Pianta del tempio di Uadi es-Sebua.

L'insieme del dromos *e del pilone.*

L'immagine di Ramsete a Uadi es-Sebua figura direttamente fra le entità divine.

Ritocco sui primi rilievi di Abu Simbel: l'immagine di Mut è spinta indietro per introdurre, accanto a lei, quella del re sotto forma del figlio divino Khonsu.

Cheope. E fu Khaemuaset che esumò a Giza la statua del figlio primogenito di Cheope, il principe Kauab, e la espose nel tempio di Menfi.

Si prese come assistente il proprio figlio primogenito, un nuovo Ramsete, mentre il secondogenito, Hori, divenne a sua volta gran sacerdote di Ptah. Molto più tardi un nipote, dello stesso nome, ebbe la carica di visir del Nord e come tale ebbe l'incarico di proclamare e organizzare le feste *Sed* del faraone, incarico che svolse durante le prime cinque feste, fino all'anno 42 del regno.

Dal terzo al quarto giubileo

Il terzo giubileo

Anche questo giubileo fu organizzato e condotto da Khaemuaset. I principi stranieri furono invitati e ospitati a Pi-Ramses e poi a Menfi fra gli anni 36 e 37 del regno. Usermaatra Setepenra aveva sessantadue anni e, irradiato dagli effluvi del divino padre Ptah-tenen, si vide in dovere di rettificare le antiche immagini della sua persona, rappresentate nei primi santuari.

Il nuovo aspetto di Ramsete

Convocò dunque Huy, antico ambasciatore presso la nobile dama ittita e ora promosso alla carica di viceré di Nubia al posto di Pasar. Gli diede l'incarico di far ritoccare tutte le immagini del tempio ipogeo di Meha, in cui compiva riti liturgici davanti alle forme divine. Ora la sua immagine doveva comparire in mezzo agli dei. Huy fece cancellare una delle figure di ogni gruppo divino per farle incidere un po' più indietro. Al suo posto introdusse la figura del suo re, in quanto membro ereditario della triade così ricostituita. Poiché il gesso che mascherava i ritocchi è oggi caduto, si può ancora distinguere nell'atrio ipostilo e nella grande sala di Meha la traccia delle composizioni originali.

Questa conferma della divina promozione rientrava in un programma da lungo tempo tracciato. La decorazione del tempio nubiano di Derr, dedicato alla gloria di Ra, era ancora in costruzione e non ci fu bisogno di modificare i bassorilievi. L'immagine divina del faraone è presente come rebus vivente del suo nome di consacrazione. La sua statua umana dominata dal disco solare di Ra, tiene in una mano lo scettro *User* e nell'altra la penna di *Maat*: *User-Maat-Ra*, il nome dell'incoronazione. Nelle sale laterali sud del «tesoro» di Meha furono completati i bassorilievi parietali che ricordano le preziose statuette del culto deposte sulle panche di pietra «ricavate» nella roccia. La figura di Ramsete con il volto umano e con il corno divino che circonda l'orecchio, o altrove con la testa di falco, figura fra gli dei. È chiamato semplicemente *Pa-Netjer, il dio*!

Rapporti cordiali con il paese di Hatti

I contatti che Ramsete ha con la famiglia reale ittita sono gli unici momenti in cui sembra liberarsi del ruolo divino. I rapporti fra i due sovrani erano divenuti sempre più cordiali. Dalla loro corrispondenza apprendiamo che il principe ereditario Hishmi-Sharuma si recò in Egitto durante i mesi invernali. K.A. Kitchen[5] suppone che il principe abbia tratto vantaggio da questo soggiorno per apprendere quell'arte egiziana di vivere che era tanto diversa da quella degli ittiti: ammirò le decorazioni in rilievo degli edifici religiosi, i geroglifici monumentali, i santuari rupestri. Su questo modello fu costruito il grande tempio anatolico di Yazilikaia nei pressi di Boghazköy.

È certo che ci furono contatti amichevoli fra il principe ittita e i figli di Ramsete. Sorprende tuttavia il fatto che il faraone non abbia pensato a un matrimonio fra una delle sue figlie, nata da una sposa secondaria (una principessa reale non poteva sposare uno straniero), con Hishmi-Sharuma. Almeno, non è rimasta traccia di un tale progetto.

Ma Ramsete voleva qualcosa di più: desiderava una visita di Hattusili in persona. Le proposte da lui fatte al «fratello» ittita rimasero senza riscontro. Una delle riposte meno gentili di Hattusili fu questa frase lapidaria: «Che il mio fratello mi scriva e mi dica almeno che cosa faremmo noi laggiù?» Allora Ramsete si sforzò di essere più convincente:

> Il dio Sole d'Egitto e il dio della Tempesta di Hatti hanno operato in modo che il mio fratello veda il suo fratello. Possa il mio fratello accettare il mio buon invito di venire a trovarmi. Allora potremo conoscerci nel luogo dove il re (Ramsete) siede sul suo trono. Andrò io stesso a Canaan incontro al mio fratello, per vederlo a faccia a faccia e riceverlo nel cuore della mia terra.

Questi rapporti fra le due corti favorivano un'intensa corrispondenza fra le due cancellerie; a ciò si aggiunge il fatto che il faraone riceveva frequenti richieste soprattutto nel campo della medicina dai medici egiziani, la cui fama da molti secoli si era diffusa al di là dei confini.

Un viceré costruttore

Intanto Ramsete voleva riprendere il programma di costruzioni progettato per la Nubia egiziana dopo la fondazione dei templi rupestri di Meha

Il gran sacerdote di Amon, Bakenkhonsu.
(Museo del Cairo)

Tempio di Derr. Il re accompagna la barca sacra nel suo cammino verso l'Egitto.

Sommità centinata della «Stele di Bakhtan», dove si fa allusione alla seconda principessa ittita. (Epoca tarda)

e di Ibshek. Sostituì il suo vecchio servitore Huy con un giovane e dinamico funzionario, Sethau, che pose alla testa della grande provincia meridionale comprendente le regioni di Uauat e di Kush. Oltre a portare a termine il santuario di Derr, doveva intraprendere la costruzione del grande tempio di Amon, dove arrivavano le carovane provenienti dal grande deserto libico, accanto a una piccola cappella dedicata allo stesso dio da Amenofi III.

Era un nuovo posto di tappa per la barca sacra che navigava sulle acque dell'inondazione e partendo da Meha e da Ibshek attraccava al molo di Derr. Di qui ripartiva per fermarsi di nuovo nel dominio di Amon, detto oggi Uadi es-Sebua (la valle dei Leoni, così chiamata per il viale di sfingi dalla testa d'uomo o anche di sparviero, che portava al pilone d'ingresso). Ora era importante introdurre direttamente l'immagine di Ramsete fra le entità divine. Si può ancora ammirare sulle pareti di questo ipogeo Sua Maestà sul trono, insieme con diverse divinità, il che non escludeva certo che il faraone rendesse loro il dovuto omaggio.

Il Primo Profeta di Amon, Bakenkhonsu

Nell'anno 39, dopo il ritiro, o il decesso, del brillante Pasar (anno 38), Ramsete nominò il nuovo gran sacerdote di Amon, Bakenkhonsu,[6] che aveva dedicato l'intera vita al servizio del tempio. Figlio del Secondo Profeta Roma, aveva passato la prima infanzia accanto al padre. Poi, dopo aver frequentato la scuola del tempio di Mut a Karnak, ebbe la carica di capo della Scuderia di Addestramento di Seti I. Divenne poi semplice prete *Uab* (puro) e in seguito per undici anni ebbe il titolo di padre divino. Fra i trentatré e i quarantotto anni tenne l'alta carica di Terzo Profeta, per divenire poi Secondo Profeta. Era giusto che durante i suoi ultimi ventisei anni di sacerdozio occupasse il seggio di Primo Profeta di Amon.

A queste mansioni dedicò tutta la sua attività, occupandosi soprattutto dell'arricchimento architettonico del Tempio dei Templi a Karnak. Si circondò di architetti e artigiani abilissimi, fra cui si ricorda Nakhgieuty, sovrintendente dei Carpentieri e capo degli Orefici, famoso per aver placcato con foglie d'oro e di elettro diverse porte dei santuari e, pare, addirittura ventisei barche sacre portatili!

Verso un'evoluzione del culto

Oltre ad arricchire i santuari di Karnak, Ramsete in questo periodo pensava a un'evoluzione del culto nel senso della riforma che aveva intrapreso da molti anni. Voleva aprire ai comuni mortali l'accesso alla casa degli dei, come aveva aperto alla scrittura la corporazione degli artigiani. Per realizzare questo progetto scelse il terreno a est di Karnak, dove i predecessori di Amenofi III avevano fatto erigere l'obelisco unico,[7] segno indiscutibile di un culto solare nel dominio di Amon.

Poco oltre l'obelisco, sullo stesso asse, fece costruire un nuovo edificio con una statua monumentale di Usermaatra: attraverso una larga finestra che dava verso Oriente i sudditi potevano rivolgere direttamente le loro preghiere al faraone-dio perché intercedesse presso i suoi pari, nel mondo delle forze superiori.

Bakenkhonsu aveva esercitato il sacerdozio con grande bontà e le sue doti di costruttore e decoratore, e talvolta anche di giudice, gli avevano concesso il diritto di porre una sua statua nel tempio. Nelle iscrizioni del monumento dichiarava:

> Fui un buon padre per quelli che comandavo, elevavo i giovani, tendevo la mano ai poveri, assicuravo la sopravvivenza a quelli che erano in miseria, realizzavo cose utili nel tempio, come direttore dei lavori, e per il mio signore feci un tempio chiamato *Ramsete-amato-da-Amon-che-ascolta-le-preghiere*. Ho eretto obelischi di granito la cui bellezza giunge al cielo. Un pilone si alza di fronte a Tebe. È irrigato e i giardini sono ricchi di alberi. Feci delle grandi porte placcate di elettro che raggiungono il cielo... Costruii grandi barche fluviali per Amon, Mut e Khonsu...

Bakenkhonsu implora Amon perché gli accordi un'«esistenza di centodieci anni».

Questo tempio fu una delle più belle realizzazioni architettoniche di Bakenkhonsu. Il suo nome è legato alla facciata del monumento, che ai suoi tempi si usava chiamare la *porta di Beki*.[8]

Il tempo del quarto giubileo

All'inizio dell'anno 40 del regno, il gran sacerdote di Ptah, Khaemuaset, e il visir Khay annunciarono a tutto il paese il quarto giubileo. Al nome di *Ramsete-amato-da-Amon* si doveva aggiungere d'ora in poi *dio, sovrano di Eliopoli*. Erano lontani i tempi in cui la bella capitale del re guerriero era chiamata *Grande-di-vittorie*. Il regno della spiritualità si rifletteva ora sulla città che divenne *la-grande-anima-di-Ra-Horakhty*.

L'Egitto si andava abituando alle spettacolari feste *Sed*. Per l'occasione ad Abido il gran sacerdote di Osiride ordinò nuove statue di metallo prezioso in onore del re.

L'opulenza può generare degli eccessi

Le province straniere venivano regolarmente a versare i tributi, la Nubia continuava a fornire l'oro, l'opulenza regnava sul paese che non era più obbligato a imporre arruolamenti di truppe. Solo i grandi lavori di costruzione richiedevano le classiche requisizioni di manodopera, soprattutto durante i periodi di inondazione. L'amministrazione godeva di una grande stabilità, purché i funzionari restassero irreprensibili. Purtroppo questo non si verificava nella corporazione degli artigiani del *Luogo dell'Equilibrio (Set-Maat)*, dove si lamentarono pratiche disoneste vecchie come il mondo: utilizzo di operai e artisti per esigenze personali, e così via.

D'altra parte, il visir Khay non era attento come il vecchio visir Pasar per quello che riguardava il benessere degli artigiani. Serpeggiava il malcontento, si alzavano reclami per rinvii nel pagamento dei salari. Cominciò a farsi sentire una certa negligenza nei lavori. Sulle schede degli scribi capisquadra sono registrati congedi eccessivi, scuse mendaci: casi di ubriachezza, di malattie spesso fittizie, feste di famiglie troppo frequentemente ripetute, lavori personali o fatti per conto dello scriba della tomba... il cattivo esempio veniva dall'alto.

La visita di Hattusili?

I riti giubilari divenivano ora necessari per il ringiovanimento effettivo del sovrano. A sessantacinque anni Usermaatra soffriva dei primi sintomi di artrosi cervicale[9] che lo costringeva a muoversi con una certa difficoltà e a tenere la testa inclinata da un lato.

L'impegno maggiore riguardava i lavori di Karnak, la manutenzione del bel tempio di Abido e soprattutto i templi della Nubia. Più di tutto desiderava una visita di Hattusili, che ora incontrava una nuova difficoltà: lo stato di salute del sovrano di Hatti, che era colpito da una dolorosa infiammazione ai piedi. Non pare che fosse una scappatoia. Si venne a sapere che la regina Pudukhepa fece un sogno in cui uno spirito superiore le suggeriva, per ottenere la guarigione

> di fare un dono alla dea Ningal come segue: se la malattia di Sua Maestà, dolori ai piedi, guarisce rapidamente io farò fare dieci flaconi di lapislazzuli intarsiati d'oro per Ningal.

La dea non tardò a ricevere i doni promessi, come si può arguire da diversi indizi. Certe allusioni nella letteratura egiziana o nella corrispondenza scambiata con i sovrani vicini, e soprattutto una lettera dalla quale si apprende che il sovrano ittita «aveva lasciato la città» per recarsi in Egitto, ci consentono di supporre che i due grandi firmatari del trattato si siano incontrati. Ci fu allora un incontro anche fra lo zio e il nipote pentito, Urhi-Teshub? La cronaca restò muta a questo riguardo.

A parte questo, gli scambi tra le due potenze non ebbero più alcun problema.

In seguito i rapporti fra i due paesi s'intensificarono, ansiosi com'erano di mantenere quella pace che si erano saputi conquistare. Per i rozzi abitanti dell'Anatolia, la scienza egizia era fonte di perenne ammirazione. Bisognava lasciare una traccia tangibile di questa visita straordinaria. Ora si parlava di un'altra principessa, capace di dare al faraone una nuova giovinezza. Hattusili acconsentì e al ritorno nella sua capitale Hattusa ne informò la venerabile Pudukhepa.

I medici egiziani

Come al solito, le richieste ittite rivolte al faraone riguardavano spesso i famosi medici, capaci di guarire grazie alla conoscenza delle piante officinali, ma anche del corpo umano.[10] Quando Hattusili trasmise a Ramsete la preghiera di un suo vassallo bisognoso di cure mediche, un certo Kurunta, il faraone rispose che avrebbe mandato il suo specialista migliore, già molte volte richiesto dai paesi stranieri.

Un aneddoto divertente, adatto a sottolineare la fama dei medici egiziani e insieme l'umorismo caustico e un po' impertinente che l'artrosi non aveva ancora spento in Ramsete, riguarda una richiesta personale di Hattusili, preoccupato per la sterilità della sorella che durava ormai da lunghi anni. Ecco la risposta del faraone:

> Vediamo! Ora parliamo di Maranazi, la sorella di mio fratello. Io, tuo fratello, la conosco bene. Avrebbe soltanto cinquant'anni?... Mai! Ne ha sessanta, è evidente. Nessuno può preparare medicine che le consentano di avere dei figli (a quell'età)!
>
> Ma naturalmente nel caso in cui il dio Sole e il dio della Tempesta lo desiderino, manderò (un buon mago) e un buon medico molto capaci e le prepareranno qualche farmaco in vista della procreazione...

Un nuovo matrimonio del faraone

Alla fine di questo quarantesimo anno di regno Ramsete, ormai *dio, sovrano di Eliopoli*[11] si preparava alle nozze con un'altra principessa ittita. Maathorneferura, che risiedeva a Pi-Ramses, era lieta di rivedere la sorella? Non sarebbe stata costretta a lasciare la reggia e ritirarsi nel grande harem di Mi-Ur o in quello di Menfi, per lasciare il posto alla nuova sposa accanto al faraone? Nessun indizio ci permette di rispondere.

Sappiamo invece che la dote assegnata dal sovrano di Hatti alla figlia dovette essere imponente e fu arricchita dai tributi di tutti i vassalli. In Egitto i poeti furono sollecitati a cantare l'evento e in molti templi furono erette stele da cui si apprende che i tesori della dote furono trasportati in Egitto miracolosamente, per opera degli dei.

Malgrado l'abbondante letteratura, il nome della seconda sposa ittita di Ramsete resta ancora sconosciuto. I documenti scarseggiano per quest'ultimo periodo della vita del grande sovrano.

La morte di Hattusili

Nell'anno 42 del regno i piccioni viaggiatori, seguiti dai messaggeri ufficiali vennero ad annunciare al faraone che il grande sovrano di Hatti era passato nel vasto e temibile regno del dio delle Tempeste. Gli succedette al trono il principe Hishmi-Sharuma, con il nome di Tudkalia IV. I rapporti fra i due paesi rimasero buoni, per deteriorarsi poi lentamente dopo la morte di Ramsete.

L'epoca del quinto giubileo

Il principe Khaemuaset, sempre assistito dal visir Khay, celebrò lui stesso per l'ultima volta il quinto giubileo di suo padre che stava per entrare nel sessantottesimo anno. Qualche mese prima Ramsete aveva organizzato una cerimonia solenne per le nozze del suo ventitreesimo rampollo, Samontu,[12] senza dubbio figlio di una sposa di secondo rango, con la giovane Iriet, figlia di un opulento capitano navale siriaco... La tentacolare famiglia del faraone si estendeva nelle direzioni più diverse. E il faraone mirava ad ampliare le frontiere sul piano politico, oltre che su quello delle credenze religiose.

Il tempio di Amon è portato a termine

Nell'anno 44 Ramsete ordinava a Sethau, il suo viceré di Nubia, di affrettare i lavori per portare a termine il grande tempio rupestre di Amon, allo sbocco delle piste carovaniere (Uadi es-Sebua) e a questo scopo lo autorizzava ad arruolare manodopera nelle regioni vicine. Questa misura avrebbe avuto per effetto anche di neutralizzare certe tribù beduine, che erano troppo attirate dai prodotti trasportati dalle carovane. Sethau, che aveva pochi scrupoli, ordinò a Ramose,[13] comandante delle truppe locali, di compiere una razzia nelle oasi della Libia meridionale, nel paese di Irem. Così i tjemeu originari della Marmarica vennero a lavorare al grande tempio di Amon nella Nubia.

Il tempio semipogeo di Gerf Hussein[14]

Appena portato a termine il complesso sacro di Uadi es-Sebua, dotato di un imponente dromos fra il deserto e il fiume, Sethau doveva procedere agli scavi e alla costruzione del monumento da dedicare a Ptah-tenen, patrono dei giubilei. Doveva sorgere sulla stessa riva occidentale, ma un po' più a nord dell'Uadi Allaki, e doveva essere anch'esso un semipogeo. La parte anteriore era costruita in muratura, con un viale fiancheggiato da sfingi e un cortile a cielo aperto circondato da un peristilio con pilastri osirici. Poi si penetrava nel sacrario, scavato nella roccia.

Non sembra che Sethau fosse molto diligente nell'esecuzione dei lavori. Convocò artisti della metropoli perché scolpissero sul posto dei bassorilievi «modello». Nel tempio di Uadi es-Sebua dedicato ad *Amon-delle-Strade* si può ancora constatare la differenza fra questi modelli e il resto della decorazione, eseguita da scadenti artigiani locali: differenza molto visibile nel trattamento delle sfingi e dei colossi osirici, dai volti veramente penosi! Nel semipogeo dedicato a Ptah, le statue raggruppate nelle diverse nicchie, e soprattutto quelle della grande nicchia posta sul fondo, avevano subito numerosi ritocchi, tutte le altre figure osiriche avevano una grossolanità che dava al santuario rupestre l'aspetto di una triste parodia del prestigioso ipogeo di Meha. Solo il primo colosso della serie a sud, scolpito da un artista qualificato, presentava un volto trattato con un certo senso estetico.[15] Si voleva forse intenzionalmente accentuare il carattere ctonio del santuario?

Il tempio doveva essere anche la sede provvisoria della barca sacra, che partendo da Meha e da Ibshek doveva scivolare sulle acque dell'inondazione e condurre l'onda benefica, di tappa in tappa, fino a *To-mery*. In fondo al sacrario una grande nicchia era riservata non più a tre, ma a quattro entità divine, sedute su una panca. Da sud a nord vi si trovano le statue di Ptah, con la testa dominata da un falco ad ali spiegate, Usermaatra accanto a Ptah-tenen, infine Hathor. Il faraone era rappresentato anche al di sopra della nicchia, in una scena in cui faceva offerte alla barca divina.

Qui Ramsete è citato, almeno sette volte, come *Ramsete-il-dio (pa-netjer)*.[16] Inoltre nell'atrio ipostilo, che presenta al centro i sei pilastri osirici affiancati da statue del re in «costume dei viventi» (torso nudo e perizoma da cerimonia), furono scavate otto nicchie una di fronte all'altra, che contenevano le statue di Ramsete circondato da forme divine.

In quest'ultimo semipogeo la sua divinità è definitivamente affermata, nel santuario stesso del dio che gli aveva già conferito tutti questi diritti

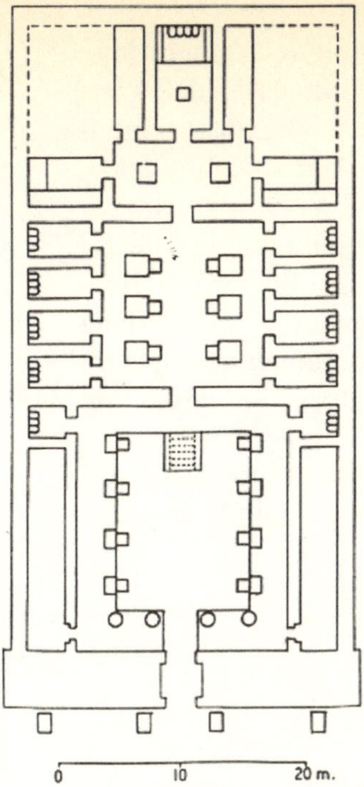

Terrazza del tempio con vista sul Nilo.

Pianta del tempio di Gerf Hussein.

Atrio ipostilo, in ipogeo, ornato di pilastri osirici.

Particolare del pilastro osirico «modello».

con il *decreto di Ptah* nel tempio di Miam. Con il ritorno dell'inondazione Ramsete era strettamente associato al rinnovamento annuale, nella sua qualità di «Figlio del Sole». «Ecco perché i pilastri osirici dei quattro grandi santuari nubiani lo rappresentavano vivo, con il torso e le gambe nude, e non anche rivestito del sudario dei morti.»

Ramsete aveva dunque dedicato i suoi ultimi templi nubiani alle tre grandi entità divine: Ra (Derr), Amon (Uadi es-Sebua) e Ptah (Gerf Hussein), patroni delle grandi suddivisioni dell'esercito e inoltre aspetti della tri-unità. Nell'imponente ipogeo di Meha, dove la sua immagine appariva inquadrata da queste tre entità divine, non costituiva forse lui stesso una forma visibile di Seth, patrono della quarta divisione?

Vigilanti stazioni del miracoloso percorso annuale dell'inondazione, i quattro santuari nubiani di Ramsete costituivano la sua invincibile guardia.

Il sesto giubileo e la stele dell'anno 400

Alla fine del quarantacinquesimo anno di regno era venuto il tempo del sesto giubileo. Khaemuaset, già appesantito dall'età, delegò il gravoso incarico di organizzatore dei giubilei al visir Khay.

Ramsete aveva ormai settant'anni. Per muoversi doveva appoggiarsi a un bastone, con la schiena curva,[17] come l'immagine di Atum. Nel suo fastoso palazzo, si preoccupava soprattutto di consolidare le radici della dinastia e l'avvenire dell'opera di pace.

Decise dunque di consacrare nel tempio di Seth (il primo che aveva costruito, a sud della futura capitale) una stele dedicata al dio che proclamava suo antenato. La stele, nota con il nome di *Stele dell'anno 400*, fu scoperta a Tanis da Auguste Mariette nel 1863[18] e costituisce un elemento storico di estrema importanza, anche se presenta ancora alcune ambiguità di interpretazione.

La sommità centinata della stele presenta al centro l'immagine di Ramsete che offre vasi di vino a Seth. Il dio è raffigurato nel costume dell'asiatico Baal, ma tiene in una mano lo scettro *Uas*, egiziano, e nell'altra il segno *Ankh*. Dietro Ramsete è probabilmente rappresentato suo padre Seti, come sembra indicare l'enunciato dei suoi titoli, nell'aspetto che aveva prima di diventare re. Tuttavia, certamente per segnalare la predestinazione a salire al trono,[19] dietro il perizoma pende la lunga coda animale, simile a quella che porta Ramsete.

Il testo della stele, in qualche punto poco chiaro, fa capire che Ramsete la dedicò «al grande nome dei suoi padri» per onorare il nome del «padre dei suoi padri» (Seth) e anche quello del defunto Seti. Segue la data indicata: anno 400. Per la prima volta nella storia dell'Egitto si trova l'indica-

Sommità centinata della «Stele dell'Anno 400».

Ramsete, seguito da Seti I, venera Seth-Baal. (Disegno)

a

b

a. Horo-Hurun protegge Ramessu, scritto in rebus.

b. Il rebus:
ra = globo solare
mes = il fanciullo reale
su = la pianta che tiene in mano.

zione di un'era, perché ogni regno, dopo la I Dinastia, ricominciava una nuova numerazione degli anni!

Ora, quattrocento anni prima, in questo luogo era venerato Seth-*nubty*, figlio di Ra, il grande antenato (la data potrebbe corrispondere all'inizio dell'occupazione degli hyksos).[20] Quattro secoli dopo, continua l'iscrizione, il quarto mese d'estate e il quarto giorno di questo regno arriva in questo stesso luogo Seti (ora defunto).

Seguono tutti i titoli che Seti portava prima di salire al trono, fra cui quello di visir.

Dunque gli antenati di Ramsete erano tutti setiani, radicati in questa regione dove si ritrovavano Pa-Ramessu e Seti, che furono due alti funzionari prima di fondare la XIX Dinastia. Seth, patrono degli uomini dai capelli rossi, aveva trasmesso la fiammeggiante capigliatura ai suoi discendenti, tra cui il più illustre, Ramsete. L'atmosfera solare e setiana che pervade la dinastia è ancora sottolineata dalla serie sorprendente di riferimenti al numero quattro. I teologi volevano forse suggerire, con questa data fittizia dell'anno 400, che Seth era «il quarto dio su un piede di uguaglianza con la triade di stato»? si domanda E. Hornung.[21]

Questa *Stele dell'anno 400* sembra costituire una specie di testamento spirituale di Ramsete, giunto al crepuscolo della sua vita.[22] Intendeva confermare un'ultima volta la sua discendenza da Seth e quindi la sua legittimità: ma anche, con questa immagine ibrida, e si potrebbe dire ecumenica, di Seth-Baal voleva sottolineare l'identità indiscutibile delle entità divine fra loro, che divenivano così fattori di pace fra i diversi paesi.

La morte di Meryatum

Il principe Meryatum,[23] figlio di Nefertari, sedicesimo rampollo del faraone, risiedeva a Eliopoli, dove era divenuto sommo sacerdote. Morì quando suo padre compiva i settant'anni. Alle sue esequie, fra gli innumerevoli membri della famiglia erano presenti i tre fratelli maggiori: il principe ereditario Sethirkhopshef, primogenito di Nefertari, il generale Ramsete e il gran sacerdote di Ptah, Khaemuaset, entrambi figli di Isisnofret.

Il settimo giubileo

Nell'anno 48 del regno furono di nuovo celebrate le cerimonie da cui Ramsete sperava tanto aiuto. Unennefer, gran sacerdote di Osiride e amico del faraone, gli aveva consacrato una nuova statua ad Abido.

Nell'anno 50 Unennefer lasciava questa terra per andare a raggiungere Osiride. Le sue funzioni si trasmisero immediatamente a suo figlio Hori, a cui in seguito doveva succedere Yuyu, suo nipote. Ma i lutti continuavano a colpire la reggia. Poco dopo moriva anche il figlio maggiore di Isisnofret, il generale Ramsete.

L'ottavo giubileo

Il faraone era vecchio e stanco. Aveva visto morire i figli primogeniti delle due prime grandi spose. Le cerimonie del giubileo lo stancavano, e pare che vi abbia assistito solo da lontano.

Ma doveva continuare a favorire l'armonia fra le varie credenze e i vari culti, nello spirito del trattato sottoscritto con il sovrano di Hatti. In questo campo poteva ancora operare. Comandò dunque l'esecuzione di un imponente gruppo statuario di granito grigio che rappresentava un magnifico, monumentale falco con la testa di calcare. Il falco proteggeva fra le zampe la figura di un piccolo principe accovacciato, che portava sul capo il disco solare, *Ra*, e teneva un dito in bocca, *mes*, e in mano la pianta *su*. Ecco ricostruito il nome del faraone, *Ra-mes-su*, figlio della forza solare. Ma sullo zoccolo dell'uccello monumentale non si legge il nome di Horo. Il sovrano è invece *amato-da-Hurun*, entità divina venerata soprattutto nelle regioni semitiche della Siria-Palestina,[24] ma anche nel paese degli ittiti.[25] Le colonie asiatiche di questa regione orientale del Delta erano senza dubbio soddisfatte potendo riconoscere nel potente Horo un aspetto di Hurun.

Del resto, l'Egitto del Delta aveva già concesso diritto di asilo a questo dio cananeo sin dalla XVIII Dinastia e dalle guerre orientali di Amenofi II.

Nell'anno 52 possiamo dedurre dalle iscrizioni che il principe Khaemuaset, per ordine del faraone, era considerato principe ereditario (ma non coreggente). Se ne comprende il motivo quando si apprende che l'erede Sethirkhopshef morì poco dopo, nell'anno 53 del regno.

Il nono giubileo

Le solenni cerimonie si svolsero nell'anno 54. Il principe Merenptah diede incarico a Yupa, figlio di Uriya, grande intendente del tempio di Amon e del Ramesseo, di darne l'annuncio al paese (1226-1225 a.C.). In questo periodo il faraone ebbe il dolore di farsi portare al capezzale di Khaemuaset, che stava morendo.

Khaemuaset, gran sacerdote di Ptah, che fu il primo archeologo del mondo, moriva dopo quarant'anni trascorsi al servizio di Ptah-tenen. Pare che avesse disposto di essere inumato in una delle gallerie sotterranee del Serapeo di Menfi, di cui era stato l'iniziatore. Comunque, Auguste Mariette, direttore generale delle Antichità in Egitto,[26] nel 1853 scoprì in questi locali delle tracce che erano certamente appartenute all'arredamento funebre del principe: la maschera d'oro e alcuni oggetti del tesoro, fra cui prestigiosi gioielli in oro cloisonné, con il nome del faraone, che erano probabilmente doni di suo padre.[27]

Il decimo giubileo

Questo giubileo si svolse nell'anno 57, in occasione degli ottantadue anni del faraone e fu organizzato dal nuovo visir del Sud, Neferrenpet.

All'inizio dell'anno 60 il trono era virtualmente vacante. Il principe Merenptah, ultimo dei figli delle prime grandi spose reali che avesse diritto alla successione, fu probabilmente investito delle responsabilità di reggente. Si può supporre che avesse sposato sua sorella Isisnofret II,[28] e anche Bentanat II, figlia di sua sorella Bentanat I.[29] La giovane Isisnofret II era insieme sua nipote e sua sorella minore perché era frutto delle nozze di Ramsete con sua figlia Bentanat I, divenuta grande sposa reale.

L'undicesimo giubileo di Ramsete

Intanto i giubilei continuavano a ripetersi. L'undicesimo fu proclamato negli anni 60-61 dal visir del Sud, Neferrenpet, sindaco di Tebe. Il faraone ormai non usciva più dalla reggia: i circuiti sanguigni del cervello erano attaccati dai postumi di un'arteriosclerosi.[30] La sua esistenza vegetativa era ritmata dalle esigenze di protocollo che il personale di palazzo si preoccupava di far rispettare in tutti i momenti della giornata.[31] Gli alti funzionari vigilavano la toilette del dio, i lavacri rituali, l'abbigliamento, rimettendogli con le dovute cerimonie ogni veste e ogni acconciatura. Parrucchieri, manicure, pedicure, dentisti, barbieri si affaccendavano intorno a un essere quasi assente.

Poi il ministro della Mensa disponeva il servizio di tavola, durante il quale i cibi venivano presentati con solennità, come si faceva per le statue divine nei templi.

Ramsete pronto a riprendere il suo viaggio nell'eternità davanti alla sua immagine di gloria ad Abu Simbel (sessantasette anni di regno effettivo).

I medici, così famosi in Egitto e nei paesi stranieri, erano impotenti. Solo le piante miracolose da cui sapevano estrarre sapienti infusi potevano calmare i dolori. Ramsete li beveva, spesso mescolati al *kyphi*, la sua bevanda preferita che ora gli procurava qualche momento di sonno tranquillo.

Il dodicesimo, tredicesimo e quattordicesimo giubileo

Allora si accelerò il ritmo delle feste *Sed*, contando sulla loro misteriosa potenza per ottenere un ultimo miracolo:

Il dodicesimo giubileo fu celebrato negli anni 61-62.

Il tredicesimo durante gli anni 63-64.

Il quattordicesimo durante gli anni 65-66.

Era appena cominciato il sessantasettesimo anno di regno[32] quando il cuore di Ramsete, che batteva da novantadue anni, si arrestò. La grande guida, il fedele Anubi dalla testa di cane, era venuto a prenderlo per mano. Si era all'inizio della stagione dell'Inondazione, nel 1213 a.C.

Tale era Ramsete Sole d'Egitto

Così visse Usermaatra Setepenra, Ramsete Meriamon.

Nessun faraone ha lasciato tanti documenti scritti su ciò che voleva essere e ciò che aveva compiuto; nessuno ci ha lasciato così numerose testimonianze monumentali per consentirci di comprendere la motivazione delle sue imprese.

Ma si devono prendere alla lettera le esagerazioni sbalorditive di certi racconti, che mirano a trasformare le più modeste realtà in imprese eroiche?

È ragionevole prestare fede alla storia di un'eccezionale precocità giovanile, che lo avrebbe reso degno di essere associato al trono da un padre di incontestabile valore?

Si deve credergli quando, con ostentata presa di posizione, rinnega gli autori della riforma amarniana?

È possibile estasiarsi davanti ai miracoli e ai prodigi che costellano la sua esistenza?

Certo, tutto appare smisurato ai nostri occhi di occidentali moderni, a cominciare dalla sorprendente longevità, dalla durata del regno, dalla numerosa progenie.

È sicuro che generò più di cinquanta figli e un numero non minore di figlie. Accolse nei suoi harem numerose principesse straniere che insieme con le nobili dame egiziane contribuirono ad arricchire la prole.

Molti fra noi sono urtati dall'enfasi iperbolica dei titoli e degli elogi rivolti al faraone che si presentò al suo popolo non più come figlio di un dio, ma come un dio lui stesso. Tuttavia i testi ci rivelano una realtà evidente. Ramsete fu certamente dotato di capacità eccezionali se, così giovane, divenne coreggente del padre.

E la famosa battaglia di Qadesh? Fu forse una sconfitta? In quel momento fu un «pareggio», come si suol dire. Il giovane faraone commise un'imperdonabile leggerezza ed evitò per miracolo una catastrofe. Fu sicuramente un'imprudenza, poiché prestò fede a informazioni non controllate e si gettò contro la roccaforte con la sola divisione di Amon. Ma nel piano strategico si era preoccupato di stabilire il giorno dell'arrivo dei fedelissimi nearini, e questo fu un fattore essenziale per salvare la situazione. No, Ramsete non ha mentito: facendo illustrare il bollettino della battaglia, fece rappresentare la rocca nemica come non-investita.

Il ricordo di questa battaglia dovette ossessionare il faraone per molti anni. La riconquista delle posizioni perdute nelle terre di Canaan e di Amurru fu il suo obiettivo, temporaneamente raggiunto con l'effimera presa di Dapur. Si rese conto allora che la lotta era ineguale e inutile contro un avversario così potente, che poteva valersi della complicità di città-stato sempre pronte a scagliarsi contro il sovrano d'Egitto. Meglio valeva ricorrere alla diplomazia!

Per cancellare definitivamente il doloroso ricordo di Qadesh, e la perdita dell'Amurru, doveva riprendere le trattative e mostrare la sua superiorità ottenendo la figlia dell'antico avversario. Questo fu certamente il momento culminante del regno. Ma ebbe la fortuna di trattare con un uomo leale e pacifista come il sovrano ittita. Il vero Ramsete si rivela nella corrispondenza scambiata con Hattusili e la regina Pudukhepa. Si scopre allora un uomo dalle reazioni impetuose, molto lucido, talvolta caustico, che sa abilmente mitigare le proprie esigenze spesso eccessive e modificare le proprie posizioni secondo le circostanze.

Del resto, i sotterfugi hanno costellato la sua esistenza e modellato il personaggio. Fu l'uomo dei miracoli. Saper sfruttare le circostanze a tutti i livelli, tanto le sue straordinarie capacità giovanili quanto lo scavo miracoloso di un pozzo nel deserto dell'Uadi Allaki, l'intervento di Amon nella battaglia di Qadesh quanto la siccità in Anatolia, l'estate di san Martino e le scosse sismiche che distrussero uno dei suoi colossi quanto l'inondazione eccezionale che segnò il suo primo giubileo trentennale...

Le origini non reali, la chioma rossa (probabilmente atavica), che lo classificava nella categoria degli uomini di Seth-il-perturbatore, lo spinsero senza dubbio a esorcizzare in qualche modo quello che poteva essere un handicap al suo prestigio. Doveva affermarsi come essere eccezionale, capace di realizzare imprese memorabili. In quest'ottica, Ramsete fu il primo «uomo di pubbliche relazioni». Parlò, si spiegò, fece scrivere... insomma volle informare. E piegò ai suoi voleri la storia.

La sua lunga esistenza, anche se qualche volta si sarebbe potuto fraintendere, non fu tutta dedicata alla guerra. Solo quindici anni di spedizioni militari e scontri sporadici, all'inizio del regno, su sessantasette anni di governo. Il secondo periodo è dedicato in parte a stabilire la pace e gli accordi con i paesi stranieri. Nel terzo periodo, nei lunghi anni di pace con il Medio Oriente e di opulenza nel paese, s'impegnò a governare saggiamente per il bene del popolo.

Spirito illuminato, circondato da alti funzionari di grande valore (non solo egiziani, ma orientali semiti, fra cui cananei, amorriti, hurriti) Ramsete appare come il segreto continuatore della riforma amarniana. Non solo incitò gli artisti a riprendere talune tecniche di decorazione, ma comprese la necessità di introdurre nelle credenze religiose un concetto ampliato, «epurato» del divino. Tuttavia, per mascherare e proteggere questa evoluzione, doveva rinnegare in pubblico quelli che l'avevano ispirata, così fu un rinnegato. Contribuì visibilmente al deterioramento del tempio di Deir el-Bahri e dei cenotafi della famiglia di Hatshepsut nel Gebel Silsile, poi alla distruzione della città di Akhenaton, infine alla scomparsa delle reliquie amarniane in tutto il paese. Soppresse intenzionalmente Hatshepsut e i principi dell'eresia amarniana dalle liste pubbliche dei faraoni.

Più vicino al popolo, ai suoi bisogni e alle sue aspirazioni di quanto lo fossero stati i suoi predecessori, diede al governo un indirizzo sociale e un'impronta ecumenica. Cercò di ravvicinare le concezioni egiziane del divino e delle figure divine a quelle dei suoi vicini semiti. Elevò monumenti a Seth-Baal, a Horo-Hurun, a Hathor-Astarte. Ovunque soldati e artigiani stranieri vivessero sulle rive del Nilo, le loro divinità avevano diritto di cittadinanza: Qadesh, Anat, Astarte, Reshep e altri furono venerati nei loro templi.

Abilissimo nello sfruttare le circostanze, seppe trarre vantaggio dall'era sothiaca in cui la sua famiglia era salita al trono. Monopolizzò il sorgere eliatico della stella Sothis e l'arrivo dell'inondazione il giorno di Capodanno, presentando il fenomeno come risultato della sua opera personale, condivisa con la bella Nefertari «per amore della quale sorge il sole». Signore dell'Inondazione, come già si era presentato anche Amenofi-Akhenaton, dominava il calendario da cui riprendeva il ritmo di ogni vita.

L'unico interrogativo a cui non possiamo ancora rispondere riguarda il vero comportamento di Ramsete verso la regina Isisnofret.

La sola grossa pena della sua vita, risvolto negativo della sua eccezionale longevità, fu di vedere morire la maggior parte dei figli maggiori. Nel 1213 il suo successore, il tredicesimo principe ereditario Merenptah, era già un uomo maturo quando salì al trono. Morendo, Ramsete lasciava dietro di sé le fonti della sua leggenda. Dei suoi innumerevoli figli, solo Khaemuaset, con la sua fama di sapiente e di mago ha lasciato traccia nella letteratura. Nel tempio di Khonsu a Karnak il ricordo delle fastose nozze con la principessa ittita era ancora vivo nel IV secolo a.C. Ma vi si erano infiltrate confuse dicerie, i sacerdoti attribuivano alla principessa una malattia che doveva essere guarita dalla statua del loro dio. Questo racconto fu inciso su una stele che narrava la storia della principessa ed è conservata al Louvre. Leconte de Lisle ne ha tratto ispirazione nei *Poèmes barbares*.

Al di là delle frontiere i redattori della Bibbia evocarono diverse volte il paese di Ramsete e la sua fastosa capitale. Poi, quando verso la metà del V secolo a.C. Erodoto visitò l'Egitto, gli parlarono del «Ramsinita» e dei piloni del suo tempio di Menfi. Gli cantarono le lodi del faraone, il cui nome era confuso con quello dell'antico Sesostri. Gli raccontarono che l'alto clero di Ptah aveva rifiutato a Dario il permesso di erigere per sé, davanti al loro tempio, «un colosso di trenta cubiti paragonabile a quelli di Sesostri l'egiziano», circondato da sua moglie e dai suoi figli. Il grande re convenne che «non essendo riuscito a vincere gli sciiti, non aveva compiuto imprese che potessero eguagliare quelle del faraone» (Erodoto, *Storie*, II, CX).

Più tardi ancora, Diodoro Siculo (I, 54 e 73) evocava la nascita miracolosa del re, «figlio di Ptah-Efesto». In base a notizie tratte da Ecateo, visitò e descrisse il Ramesseo, che chiamò *Tomba di Osimandias* (deformazione di Usermaatra). Ammirò il famoso colosso crollato del primo cortile e fece allusione al *cerchio d'oro* che brillava sul tetto a terrazza. Commentò persino la battaglia di Qadesh contro il paese degli ittiti che chiama *Bactria*...

Il nome di Ramsete brilla ancora ai nostri giorni e simboleggia da solo tutta la gloria dei faraoni. Forse ci riserva qualche sorpresa, con la scoperta di un nuovo «prodigio»!

Note

Perché scrivere ancora su Ramsete?

1. N. Grimal, *Histoire de l'Égypte ancienne*, Fayard, Parigi 1988, pp. 298-329.
2. C. Vandersleyen, *L'Égypte et la Vallée du Nil – 2: De la fin de l'Ancien Empire à la fin du Nouvel Empire*, PUF (Nouvelle Clio), Parigi 1995, pp. 513-556.
3. K.A. Kitchen, *Pharaon Triumphant. The Life and Time of Ramesses II, King of Egypt*, Warminster 1983. Traduzione italiana: *Il faraone trionfante, Ramesse II e il suo tempo*, Laterza, Roma-Bari 1987.
4. K.A. Kitchen, *Ramesside Inscriptions, Historical and Biographical*, otto volumi, Oxford 1972-1990.
5. Cnrs: Centro nazionale della ricerca scientifica.
6. Cedae: Centro di studi e documentazioni sull'Antico Egitto.
7. La mia antica squadra vi effettua lavori e ricerche già da due anni.

Capitolo 1. L'ultimo miracolo di Ramsete

1. Per uno studio recente sui cinque giorni epagomeni, si veda A. Spalinger, «Some Remarks on the Epagomenal Days in Ancient Egypt», *JNES* 54, n. 1 (1995), pp. 33-47.
2. A proposito delle feste del Nilo, soprattutto in base agli autori del periodo greco-romano, si può consultare con profitto il libro di D. Bonneau, *La Crue du Nil, divinité égyptienne, à travers mille ans d'histoire (332 a.C.-641 d.C.)*, Klincksieck, Parigi 1964.
3. Si veda il papiro Anastasi I, tav. XII, 3; tav. XVIII; vol. II, tav. V, fig. 5. K. Sethe, «Der Name Sesostris, der Kurzname Ramses II», *ZÄS* XLI (1904), pp. 53-57. W. Hayes, *The Scepter of Egypt*, I, New York 1959, p. 345. Alla fine dei tempi faraonici, la gloria di Sesostri III e quella di Ramsete II erano confuse nella leggenda, perché il diminutivo *Sesu*, tratto dalla sillaba finale della parola Ramesses, fu attribuito al nome *Sesoosis*, deformazione di Sesostri.
4. Per i riti funebri in generale, sarà utile consultare lo studio di I. Franco, *Rites et croyances d'éternité*, Pygmalion/Gérard Watelet, *(Bibliothèque de l'Égypte Ancienne)*, Parigi 1993.
5. Anubi, il cane nero che vive nelle tenebre perché è legato alla sorte del defunto durante tutto il suo periplo ctonico. Pare che accolga il morto al momento dell'entrata nell'aldilà, per proteggerlo e guidarlo fino all'uscita dal suo «purgatorio». È una prefigurazione di san Cristoforo, ma presenta un aspetto complesso da cui si può dedurre che si confonde con il morto stesso durante la sua trasformazione da Osiride-il-padre in Horo-l'erede. Horo è la sua forma visibile. È veramente la transizione fra la morte e la vita, ragione per cui gli si attribuisce talvolta la testa dell'ariete del sole in trasformazione. Per Anubi-Luna, si veda

R.R. Ritner, «Anubis and the Lunar Disc», *JEA* 71 (1985), pp. 149-155, seguito da un commento di Dom Bede Millard U.S.B., in *JEA* 73 (1987), p. 238.

6. Queste entità sono sempre citate nello stesso ordine. Sulle rappresentazioni funebri hanno l'aspetto di piccole mummie in piedi su un fiore di loto che fiorisce davanti a Osiride, signore dell'aldilà. Proteggono generalmente il fegato (Amset), la milza (Hapi), il polmone (Duamutef) e l'intestino tenue (Kebesenuf): S. Aufrère, *RdE* 36 (1985), p. 23; s'incontrano talvolta delle inversioni nelle attribuzioni: Amset per lo stomaco, Hapi per l'intestino tenue. Sono essenziali per la ricomposizione del futuro Horo e formano la «corporazione divina posta da Anubi a protezione del sarcofago». Sono considerate come residenti nella parte settentrionale del cielo, «dietro la Coscia» (l'Orsa Maggiore): P. Barguet, *Le Livre des Morts des anciens Égyptiens*, Cerf (Littératures Anciennes du Proche-Orient 1), Parigi 1967, p. 60 (cap. 17). Costituiscono tutto il meccanismo che ridarà al corpo la vitalità, riunendo il cuore e i reni messi nell'interno della mummia.

7. Solo gli scritti degli autori greco-romani che hanno visitato l'Egitto ci hanno lasciato delle descrizioni coerenti sui procedimenti di mummificazione. Si tratta di Erodoto, *Storie*, libro II (Euterpe), § 85-88, e Diodoro Siculo, *Nascita degli dei e degli uomini*, libro I, § 10c 1.

8. Questi granelli di polvere nelle narici della mummia di Ramsete sono stati scoperti quando il corpo del faraone è stato studiato e «curato» a Parigi. La stessa osservazione vale per l'anello d'oro che attaccava il cuore o anche per la presenza di tabacco selvatico sulla parete addominale.

9. Particolare caratteristico della mummia di Ramsete e di quella di suo padre Seti I: la posizione delle braccia sul petto. Quando gli officianti incrociarono le braccia reali circondate da bende, fecero passare il braccio sinistro sopra il braccio destro, contrariamente a quello che si faceva in precedenza: G. Elliot Smith, *The Royal Mummies*, catalogo generale del Museo del Cairo, Il Cairo 1912, pp. 61 e 64.

10. La presenza di questi due animali davanti ai sarcofaghi reali, e il significato di questi simboli sono spiegati in Ch. Desroches Noblecourt, *Lointaine: Amours et fureurs de la Lointaine*, Stock-Pernod, Parigi 1995, cap. IV, pp. 93-117.

11. Quest'ultima, simbolicamente orientata verso est nell'universo della tomba, doveva presentare il lato sinistro a nord e il fianco destro a sud. Effettivamente, il cobra era stato posto sulla gamba sinistra e l'avvoltoio contro la gamba destra (il fatto è stato constatato sulla mummia di Tutankhamon).

12. L'accostamento con la *corona della giustizia*, che si ritrova diverse volte nei Vangeli, è stato fatto da N. de Garis Davies e A.H. Gardiner, *The Tomb of Amenemhet*, Londra 1915, p. 111 n. 3. Per la *corona di giustificazione* si veda lo studio di Ph. Derchain, «Essai d'analyse d'un rite ptolémaïque», *CdE* XXX, n. 60 (luglio 1955), pp. 225-287.

13. Come è noto, nessuna siringa della Valle dei Re con le sepolture dei faraoni del Nuovo Regno (XVIII-XX Dinastia), a eccezione della tomba di Tutankhamon, è stata risparmiata dai saccheggiatori. Per la descrizione delle suppellettili e del mobilio funebre di Ramsete mi sono basata sul magnifico esempio fornito dal piccolo re. Tuttavia i rari indizi rinvenuti nelle tombe saccheggiate mi hanno permesso di constatare che il rituale era lo stesso per la maggior parte degli altri faraoni. Per ulteriori particolari si veda Ch. Desroches Noblecourt, *Toutankhamon, vie ed mort d'un pharaon*, Hachette/Rainbird 1963, ultima edizione francese Pygmalion/Gérard Watelet, Parigi 1977.

14. Per la «confermazione del potere reale a Capodanno», si veda J.-Cl. Goyon, *Confirmation du pouvoir royal au nouvel an* [Brooklyn Museum papyrus 47.218.50], IFAO, (*Bibliothèque d'Étude* 52), Il Cairo 1972.

15. Grazie ai «richami controllati» che figurano sui resti delle giare di vino di Ramsete conservate al Ramesseo, si è potuto apprendere che i vigneti del re erano situati in almeno quattro luoghi diversi.

16. Si veda Ch. Maystre, «Le Tombeau de Ramsès II», *BIFAO* XXXVIII (1939), pp. 183-190. Questa tomba di Ramsete II (n. 7 della Valle dei Re), molto deteriorata per le rapine degli uomini e per i crolli della roccia, non era mai stata frugata sistematicamente dopo il saccheggio subito nell'antichità, e di conseguenza era assai poco conosciuta. Più di cinquant'anni fa fu oggetto di uno studio preliminare di Ch. Maystre e A. Piankoff, i quali avevano rinvenuto, e poi pubblicato, le *Litanie del Sole*. Io avevo inserito il suo studio nel programma dei lavori intrapresi a ovest di Tebe dal Cnrs francese e dal Cedae egiziano, e relativi ai monumenti del grande re. Da due anni i miei successori ne hanno intrapreso la

prospezione, che senza dubbio ci riserverà importanti scoperte. Di fronte all'entrata della tomba Ramsete aveva fatto scavare un'immensa struttura sotterranea dedicata ai suoi figli. Le ricerche sul luogo vengono proseguite da americani ed egiziani.

17. Questa dichiarazione del demiurgo si incontra per la prima volta nei *Textes des Sarcophages*, 464 a-b, cap. 1130.

18. A proposito di questo rito, si veda un recente studio di A.M. Roth, «Fingers, Stars and the Opening of the Mouth: the Nature and Formation of the *Ntrwy*-blades», *JEA* 79 (1993), pp. 57-59.

Capitolo 2. La strana odissea di una mummia reale

1. Come ho già avvertito il lettore, e poiché l'arredo funebre di Ramsete è stato saccheggiato nell'antichità, ho basato la descrizione dell'apparato funebre di Ramsete su quello di Tutankhamon, che tuttavia è anteriore di circa centovent'anni. Uno spirito ipercritico potrebbe immaginare che durante questo periodo siano avvenuti dei notevoli cambiamenti nei costumi funerari, ma non è così. Ne abbiamo la prova in un antico disegno su calcare (un ostracon), in cui è tracciato il piano della siringa di Ramsete IV, che morì sessantacinque anni dopo Ramsete II. In questo disegno parzialmente conservato si può ancora riconoscere la traccia dei quattro picchetti che sostenevano la tela di lino, il tutto deposto nel sarcofago del re.

2. Uno studio completo delle quattro cappelle in legno dorato di Tutankhamon, conservate nel Museo del Cairo, è stato fatto da A. Piankoff, *The Shrines of Tut-Ankh-Amon*, 2 voll., Pantheon Books (*Bollingen Series* XL), New York 1954-1955.

3. O *Kher-ahau*: questo termine ancora unico, che s'incontra nel papiro Abbott V, 3, si deve applicare a questa grande struttura sotterranea che è stata recentemente rimessa in luce nella Valle dei Re. Gli scavi sono stati provvisoriamente sospesi: ma potranno rivelare numerose sorprese. L'archeologo americano K. Weeks ha potuto leggere sulle pareti di questa strana siringa i nomi di tre dei figli di Ramsete: Imenherkhepeshef, Ramsete e Seti. Gli scavi saranno ripresi nel giugno 1996.

4. Sulla storia di quest'ultimo grande re del Nuovo Regno si veda lo studio assai completo di P. Grandet, *Ramsès III, histoire d'un règne*, Pygmalion/Gérard Watelet, (*Bibliothèque de l'Égypte Ancienne*), Parigi 1993.

5. È quanto si apprende dal papiro Mayer, conservato al Free Public Library Museum di Liverpool. Per poter seguire lo svolgersi dei processi più clamorosi sui saccheggi delle tombe reali e sulla storia dei loro autori, si veda lo studio di P. Vernus che si basa sui documenti rinvenuti in proposito: *Affaires et scandales sous les Ramsès, la crise des valeurs dans l'Égypte du Nouvel Empire*, Pygmalion/Gérard Watelet, (*Bibliothèque de l'Égypte Ancienne*), Parigi 1993.

6. Nella tomba di Seti I, erano state deposte fra le altre le mummie di Amenofi I, di Thutmose I e Thutmose III, Seti I, Ramsete I, Ramsete II e Ramsete IX. Nella tomba di Amenofi II le mummie di Thutmose IV, Amenofi III, Merenptah, Siptah, Ramsete IV e Ramsete VI. Una coincidenza: i sovrani che Ramsete aveva fatto sopprimere dalle liste reali incise nei templi o sui muri delle cappelle dei suoi contemporanei, sono assenti. Le mummie di questi ultimi pare non figurassero nei due «nascondigli» reali. Il caso (o il destino) ancora una volta sembra aver piegato le circostanze alla volontà del faraone.

7. Il capitolo 166 del *Libro dei Morti* che porta la formula magica relativa al capezzale posto sotto la testa del morto per sua protezione, risale all'epoca della XXI Dinastia. Il testo termina con l'indicazione, fornita dai sacerdoti, secondo la quale «il libro è stato trovato al collo del re Usermaatra» (Ramsete II) nella necropoli. Questa scoperta fu fatta senza dubbio quando si constatò il saccheggio della tomba di Ramsete II. Così si apprende che una formula di protezione, su papiro, era stata posta durante la XXI Dinastia sotto la nuca del re. Il testo è stato tradotto da J. Cerny, *BIFAO* XLI (1942), p. 118 segg.

8. Si veda G. Maspero, *Les momies royales de Deir el-Bahari*, Il Cairo (*MMAF* 1), 1889, pp. 511-526.

9. Sulla vita di questo eminente personaggio si può consultare con interesse il libro di É. David, *Mariette Pacha, 1821-1881*, Pygmalion/Gérard Watelet, (*Bibliothèque de l'Égypte Ancienne*), Parigi 1994.

10. È probabile che la più antica *shaubti* conosciuta in bronzo, con il nome di Ramsete II (Berlino n. 2502, P.A. Clayton, «Royal Bronze Shawabti Figures», *JEA* 58 (1972), pp.

167-175), provenga dal saccheggio del nascondiglio reale di Deir el-Bahri, come pure i tre bei vasi rituali cilindrici in fritta smaltata blu turchese con decorazioni nere (chiamati erroneamente canopi) conservati al Museo del Louvre.

11. H. Burton, che nel dicembre 1913 penetrò nella tomba assai deteriorata di Ramsete, rinvenne fra i cocci che la riempivano dei frammenti di vasi esattamente analoghi (N. Reeves, *Valley of the Kings, a Decline of a Royal Necropolis*, New York 1990, p. 321). Per le difficoltà che il Louvre dovette affrontare nell'acquisto di questi vasi si veda M. Kanawaty, «Les vases bleus de Ramsès II», *Memnonia* VI (1995), pp. 175-191.

12. L'avventura in chiave romanzesca di questa scoperta è stata ripresa nel 1969 dall'eccellente film egiziano *La mummia*, di Chadi Abdel Salam.

13. È il secondo di questo genere, dopo quello che Bonaparte aveva organizzato al Cairo nel 1798. La stele di Rosetta vi era stata deposta subito dopo la sua scoperta nel Delta.

14. Pierre Loti, *La mort de Philae*, Calmann-Lévy, Parigi, cap. IV, *Cénacle des momies*, pp. 47-66 e soprattutto pp. 59-60.

15. Tutta l'avventura di Ramsete, dalla partenza dal Cairo fino al ritorno, e la descrizione dei diversi interventi di cui è stato oggetto sono esposte in L. Balout e altri, *La momie de Ramsès, contribution scientifique à l'égyptologie* (introduzione e conclusione: Ch. Desroches Noblecourt), edizione Recherches sur les civilisations (ADPF), Parigi 1985, ampiamente illustrato.

Capitolo 3. Nascita di una dinastia

1. Questa bellissima collana, rinvenuta tra gli oggetti funerari della regina a Tebe, fatta di una pesante catena anch'essa d'oro da cui pendevano tre grandi mosche stilizzate è conservata al Museo del Cairo.

2. Cfr. il catalogo dell'esposizione dedicata a questo regno della bellezza e della forza, *Aménophis III, le pharaon soleil*, Grand Palais, Parigi 1993.

3. Cfr. Ch. Desroches Noblecourt, *Toutankhamon, vie et mort d'un pharaon*, Rainbird 1963, Pygmalion/Gérard Watelet 1977.

4. R. Hari, *Horemheb et la Reine Moutnedjemet ou la fin d'une dynastie*, Belles Lettres, Ginevra 1965. Per la tomba di Horemheb, cfr. E. Hornung, *Das Grab des Haremhab im Tal der Könige*, Berna 1971.

5. J. M. Kruchten, *Le Décret d'Horemheb*, Università di Bruxelles 1981.

6. Per l'identità del padre di Pa-Ramessu, futuro Ramsete I, si veda E. Cruz-Uribe, «The Father of Ramses I», *JNES* 37 n. 3 (luglio 1978), pp. 237-244, a proposito della stele 0.1.11456 del comandante d'armata Suty < Seti. Si deve osservare che il nome di Seti appare soltanto a partire dall'epoca amarniana: W.F. Albright, «Cuneiform Materials», *JNES* 5 (1946), p. XI. Sulle origini della famiglia si veda la Stele dell'anno 400 (vedere in seguito). Una buona edizione ne è stata data da R. Stadelmann, «Die 400-Jahr-Stele», *CdE* XL n. 79 (gennaio 1965), pp. 46-60.

7. Quanto all'ubicazione delle *strade di Horo*, D. Valbelle, «La (les) route (s) d'Horus», IFAO, (*Bibliothèque d'Étude* 106-4), Il Cairo 1994, pp. 379-386, dimostra che si tratta del punto di partenza della strada che porta in direzione di Gaza, e non della strada stessa. Redford era della stessa opinione. A. Gardiner attribuiva questo nome alla strada costiera che arriva fino a Tiro, «The Ancient Military Road Between Egypt and Palestine», *JEA* 6 (1920), pp. 99-116.

8. Per la roccaforte di Tjaru, si veda A.H. Gardiner, *Ancient Egyptian Onomastica* II, Londra 1947, pp. 202*-204*, e A.R. Schulman, *JARCE* IV (1965), p. 66.

9. A quest'epoca il faraone avrebbe dovuto essere assistito da due visir. Ma non sappiamo se Pa-Ramessu fu il visir del Nord o il visir del Sud, e neppure se vi fossero veramente due visir presso Horemheb. Spesso si è parlato del principe Seti, che sulla Stele dell'anno 400 è indicato come visir.

10. I corsi dei muri erano composti da piccoli blocchi di arenaria. Ce ne volevano tre per arrivare alla misura dei blocchi utilizzati in precedenza, di qui il loro nome di *talatates*, tratto dal numero *talata* = tre in arabo.

11. W. Helck, *Zur Verwaltung des Mittleren und Neuen Reichs*, Leida 1958, pp. 310-311 e p. 447.

12. Alcuni autori, fra cui K.A. Kitchen, ritengono che Seti figlio di Pa-Ramessu avesse pressappoco una ventina d'anni a quest'epoca (cfr. K.A. Kitchen, *Il faraone trionfante, Ramesse II e il suo tempo*, Laterza, Roma-Bari 1987, p. 30).

13. A proposito dell'incoronazione di Ramsete si veda cap. 4, p. 61.

14. Per la corporazione degli operai addetti alla tomba del faraone cfr. cap. 4, nota 17.

15. È necessario dunque rivedere la nostra interpretazione moderna di ciò che si usa chiamare «usurpazione». Ramsete è certamente restato fedele alla memoria di Horemheb; in caso contrario dovremmo constatare una mostruosa ingratitudine da parte dell'antico visir.

16. K.A. Kitchen, *op. cit.*, p. 33. Questo testo era stato inciso sullo zoccolo di una statua di Ramsete I, consacrata nel tempio di Medamud (a sud di Luxor).

17. Ecco un esempio edificante che risale alla XX Dinastia: il tempio di Amon a Karnak possedeva 56 città cananee, e quello di Ra, 103 città! cfr. A.H. Gardiner, *JEA* 27 (1941), pp. 23-24, e B. Menu, *Le régime juridique des terres et du personnel attaché à la terre dans le Papyrus Wilbour*, Lilla 1970, pp. 92-93.

18. Queste stele furono scoperte nel 1829 durante la famosa spedizione franco-toscana in Egitto organizzata da Champollion. Quest'ultimo ne portò con sé una, che oggi si trova al Museo del Louvre (C 59).

19. L.A. Christophe, «Les dernières années des rois Ramsès I et Ramsès II», *ASAE* LI, 2º fascicolo (1951), p. 352.

Capitolo 4. La coreggenza del principe Ramsete sotto il regno di Seti I, 1294-1279 a.C.

1. Cfr. Ch. Desroches Noblecourt, *Lointaine*, cit., p. 41 segg.; Ch. Desroches Noblecourt e Ch. Kuentz, *Le petit temple d'Abou Simbel* I, Cedae, Il Cairo 1968, pp. 118-119. e R. Parker, *The Calendars of Ancient Egypt*, Chicago 1950, (Studies in Ancient Oriental Civilization 26), pp. 30-51. L'«alba eliaca della stella Sothis» segna dunque questo giorno benedetto in cui i due anni (quello agricolo e religioso da una parte, quello civile dall'altra) venivano a coincidere, e questo incontro avveniva in Egitto all'arrivo dell'inondazione, intorno al 18 luglio. Gli egiziani indicavano come «data sothiaca» quel giorno di Capodanno in cui, per il calendario civile, la stella Sothis, che resta invisibile per settanta giorni, ricompare all'alba. Poiché l'anno civile perdeva un giorno ogni quattro anni, è chiaro che in questo calendario le stagioni restavano spostate. Così il papiro Ebers (Urkunden IV, p. 44, 5-6) indica la ricomparsa della stella Sothis (Sirio) osservata il nono giorno del regno del re dell'Alto e Basso Egitto *Geserkara* (Amenofi I): festa dell'anno nuovo, terzo mese dell'estate, nono giorno: ricomparsa della stella Sirio. Per i contadini, l'Inondazione (il loro vero giorno di Capodanno) e l'alba eliaca di Sirio (ossia la comparsa di Sothis e del sole quasi simultanea) avvenivano sempre il primo giorno del primo mese della prima stagione (*Akhet*: Inondazione).

2. Questo *Tempio di Milioni di Anni* di Ramsete II, costruito per il rinnovamento annuale del faraone e chiamato oggi Ramesseo, fu cantato da Shelley sotto il nome di *Tomba di Osimandias* (alterazione del nome di incoronazione di Ramsete: Usermaatra).

3. La tomba della coppia Thia e Thiya (cfr. Andrea e Andreina) fu rinvenuta da G.T. Martin: *JEA* 69 (1983), pp. 5-12, e *JEA* 70 (1984), pp. 25-29. La decorazione assai vivace si ispira ancora al genere pittorico adottato in epoca amarniana; la coppia compare imbarcata sul vascello di piacere, dopo aver fatto salire a bordo del rimorchiatore i due cavalli dei principi in cammino per il pellegrinaggio di Abido.

4. Grande iscrizione dedicatoria di Abido, linee da 43 a 48.

5. Il problema della coreggenza, non si sa perché, è stato spesso contestato. Il fatto oggi è generalmente ammesso, si discute soltanto sulla sua durata. Per la coreggenza di Ramsete al tempo di suo padre, si veda K.C. Seele, *The Coregency of Ramses II with Sethy I and the Date of the Great Hypostyle Hall at Karnak*, Chicago 1940, per le incoronazioni, pp. 23-49. Si veda anche W.J. Murnane, «The Earlier Reign of Ramesses II and his Coregency with Seti I», *JNES* 35 (1976), pp. 153-190; Id., «The Early Reign of Ramesses II», *GM* 19 (1976), pp. 41-43; Id., *Ancient Egyptian Coregencies*, Chicago 1977, p. 60 segg. Si veda anche A. Spalinger, «Traces of the early Career of Ramesses II», *JNES* 38 n. 4 (gennaio-ottobre 1979), pp. 271-286: a questo proposito Spalinger dimostra che, nei documenti incisi per ordine di Seti, si tratterebbe certamente del principe Ramsete, e non di un defunto fratello maggiore (p. 274). K.A. Kitchen, *JNES* 39 (1980), p. 169 segg.

6. Per quanto possano essere esagerati i termini di questo racconto, è impensabile che Ramsete non abbia tratto vantaggio da un avvenimento reale. Un testo di questa natura, tracciato in geroglifici, scrittura degli dei, e in un luogo sacro non poteva riferirsi a un fatto fittizio.

7. Pasar, che era a quell'epoca capo dei Segreti delle Due Dee, guardiano delle corone riunite sotto forma di *pshent* gli depose probabilmente sulla testa questi augusti emblemi.

8. J.H. Breasted, *Ancient Records of Egypt* III, Chicago 1906, p. 95: «È chiaro che tutta l'incoronazione di Hatshepsut, come la sua nascita soprannaturale, è una creazione artificiale, una finzione di tarda origine ispirata da una necessità politica. Come tale risulta parallela alla rappresentazione assai simile di Ramsete II nella sua grande iscrizione di Abido, con la sola differenza che là si afferma che suo padre è rimasto come coreggente sul trono».

9. Cfr. J.H. Breasted, «Ramses II and the Princes in the Karnak Reliefs of Seti I», *ZÄS* 37 (1899), pp. 130-139, e *Ancient Records of Egypt* III, pp. 59-67 e fig. 3-6.

10. Il nome di questo personaggio fantasma, la cui immagine è stata rimaneggiata da Ramsete, è stato decifrato: si tratta di un certo *Mehy*. Tuttavia il mistero rimane. Era un pretendente al trono? Era un assistente del re che eccezionalmente aveva il diritto di figurare immediatamente dietro il re in questo posto privilegiato? Cfr. W.J. Murnane, *The Road to Kadesh*, Chicago 1985, pp. 163-175.

11. Quando Ramsete divenne faraone a pieno diritto, fece seguire il suo nome di incoronazione *User-Maat-Ra* dall'epiteto *Setep-en-Ra*: «Scelto dal Sole».

12. A.H. Gardiner - T.E. Peet - J. Cerny, *Inscriptions of Sinai* II, Londra 1955, pp. 176-177.

13. Il Louvre possiede una magnifica stele (C 213) che rappresenta il sovrintendente dell'harem di Menfi, Hormin, ricompensato dal suo re Seti, il quale dalla «finestra di apparizione» del suo palazzo gli presenta in dono delle collane d'oro.

14. Per Pasar, che divenne visir, si veda J. Yoyotte, *Annuaire EPHE* 74 (1966), pp. 87-88, e V.A. Donohue, «The Vizier Paser», *JEA* 74 (1988), pp. 103-123.

15. Da non confondere con Imenemipet, viceré di Nubia nella stessa epoca, che compare su un muro del tempio di Beit el-Uali.

16. Una magnifica stele di Didia, in granito nero, che presenta immagini divine in altorilievo insieme con tutta la sua genealogia, è conservata al Museo del Louvre (C 50).

17. J. Cerny, *A Community of Workmen at Thebes in the Ramesside Period*, IFAO, (*Bibliothèque d'Étude* 50), Il Cairo 1973. Si veda anche D. Valbelle, *Les ouvriers de la tombe. Deir el Medineh à l'époque ramesside*, IFAO, (*Bibliothèque d'Étude* 96), Il Cairo 1985. M.L. Bierbrier, *Les bâtisseurs de Pharaon, la confrérie de Deir el Medineh*, Éditions du Rocher, Monaco 1986, traduzione francese dell'opera *The Tomb-Builders of the Pharaohs*, 1982.

18. E. Hornung, *Das Grab Sethos' I*, Zurigo 1991.

19. Il *Kadja* è l'artigiano che adopera il *kedj* > *gesso*.

20. Scriba delle immagini: *sesh-ked*.

21. Scultore: *tja-medjat*.

22. N. De Garis Davies, *The Tomb of Ramose*, Società egiziana di esplorazione, Londra 1941, tav. XXXVII.

23. Per quanto questo possa sorprenderci, sembra che la tomba di Seti I sia stata scavata e decorata in una decina d'anni. Altre siringhe, non meno importanti, quelle di Ramsete IV e di Ramsete VI dovettero essere eseguite in tempi molto simili. Queste constatazioni, o stime, si sono potute fare quando abbiamo studiato le iscrizioni lasciate dagli operai sulle rocce delle valli funebri reali. Cfr. J. Cerny e Ch. Desroches Noblecourt, *Les Graffiti de la montagne thébaine* I, Cedae, Il Cairo 1970, pp. XVI-XVII.

24. All'Istituto orientale di Chicago è conservata una stele frammentaria (O.I. 11456), sulla quale il padre di Pa-Ramessu (Ramsete I), con il nome di Suty (Seti) è affiancato da suo figlio e da suo fratello, Khaemuaset, tutti militari, naturalmente. Si veda E. Cruz-Uribe, «The Father of Ramses I», *JNES* 37, n. 3 (luglio 1978), pp. 239-240.

25. Si veda Nicolas Grimal, *Histoire de l'Égypte ancienne*, Fayard, Parigi 1988, p. 300.

26. W.C. Hayes, *Glazed Tiles from a Palace of Ramesses II at Kantir*, The Metropolitan Museum of Art (*Papers 3*), New York 1934.

27. Il semipogeo di Beit el-Uali, durante le operazioni di salvataggio dei templi di Nubia, è stato trasferito a sud della grande diga di Assuan (il Sadd el-Aali), e ricollocato a nordovest del tempio di Kalabsha, egualmente spostato. La parte ipogea è rimasta naturalmente nella roccia. In epoca cristiana il piccolo santuario era stato trasformato in chiesa. Una delle caratteristiche della decorazione consiste nel fatto che è stata trattata in parte a «rilievo inciso», come in epoca amarniana.

28. In questo caso, i due pannelli costituirebbero solo una specie di commento decorativo delle scene tradizionali dei piloni, dove il faraone si oppone simbolicamente agli aggres-

sori del suo paese, tanto a sud come a nord. Il prototipo figura già sulla pala di Narmer (Museo del Cairo).

Capitolo 5. La consacrazione

1. Le date dell'epoca ramesside non sono ancora completamente fissate e variano entro un limite di una decina d'anni. Alcuni studiosi fanno iniziare quest'era verso il 1304 a.C. e altri nel 1290. Noi abbiamo scelto di seguire la cronologia adottata da Kitchen che, tenendo conto delle date fornite dai paesi vicini, sembra essere più adeguata. Cfr. M.L. Bierbrier, *JEA* 66 (1980), pp. 177-178, recensione dello studio di E. Wente e Ch. van Siclen sulla cronologia del Nuovo Regno e sulle discussioni a proposito della salita al trono di Ramsete II. Si veda anche R. Redford, «The Earliest Years of Ramesses II, and the Building of the ramesside Court at Luxor», *JEA* 57 (1971), pp. 110-119; K.A. Kitchen, recensioni degli studi di J.D. Schmidt e F. Gomaà sul regno di Ramsete II, in *JEA* 61 (1975), p. 269, e R. Krauss, «Zur historischen Einordnung Amenmesses und zur Chronologie der 19./20. Dynastie», *GM* 45 (1981), p. 30. L'incoronazione di Ramsete, celebrata dopo le esequie di Seti, si svolgeva sotto i migliori auspici, poiché aveva luogo durante la stagione dell'Inondazione: Urk. IV, 262, 7-8.

2. A proposito dell'insistenza di Ramsete nel dimostrare che era veramente il principe ereditario, Ch. Desroches Noblecourt, «Une coutume égyptienne méconnue», *BIFAO* 45 (1947), pp. 185-232, specialmente p. 209.

3. W.F. Albright, «Cuneiform Materials», *JNES* 5 (1946), p. 21.

4. Si ricordino i celebri architetti di Luxor sotto Amenofi III, Hor e Suty.

5. E. Cruz-Uribe, «The Father of Ramses I», *JNES* 37 n. 3 (luglio 1978), pp. 237-244.

6. Nina de Garis Davies e A.H. Gardiner, *The Tomb of Houy Viceroy of Nubia in the Reign of Tutankhamun*, n. 40.

7. Questo procedimento fu applicato nell'ala sud dell'ipostilo di Karnak, mentre l'ala nord, che risale all'epoca della coreggenza, è decorata di bassorilievi tradizionali.

8. Si veda R. Parker, *The Calendars of Ancient Egypt*, Chicago 1950 (Studies in Ancient Oriental Civilization 26), p. 39, § 198.

9. Detto anche *ripetizione delle nascite* in quanto inizio dell'eternità. Questa espressione fu anche utilizzata per periodi meno «cosmici» da Amenemhat I, Hatshepsut, Tutankhamon e Horemheb. Si veda E. Blumenthal, *Untersuchungen zum ägyptischen Königtum des Mittleren Reiches*, Berlino 1978.

10. Il periodo sothiaco avrebbe avuto inizio al più presto nel 1318 al più tardi nel 1312. Si veda R. Parker, *op. cit.*, pp. 38 e 59, in cui si precisa: il 5 luglio 1313 a Menfi-Eliopoli. L.A. Christophe, «Les fêtes agraires du calendrier d'Hathor», *Cahiers d'Histoire Égyptienne* VII (Il Cairo, febbraio 1955), p. 44 e n. 43. Questa nuova era, *Rinnovamento delle nascite (Uhem mesut)* doveva coincidere con l'era descritta da Teone di Alessandria come *Era di Menofre*, identificata con quest'ultimo ciclo sothiaco a.C. e l'avvento al trono di Seti I. Si veda J. von Beckerath, *Tanis und Theben, hist. Grundlagen der Ramessidenzeit in Ægypten, ägyptologische Forschungen* 16, Monaco 1951, p. 105 segg. Per il rinnovamento del periodo sothiaco sulla stele di Nauri (Nubia), si veda F. Ll. Griffith, «The Abydos Decree of Seti I at Abydos», *JEA* 13 (1927), pp. 193-208, e K. Sethe, «Sethos I. und die Erneuerung der Hundsternperiod», *ZÄS* 66 (1930), pp. 1-7.

11. Gli *Sha-ra-d-ny*. Cfr. stele di Tanis, J. Yoyotte, «Les stèles de Ramsès II à Tanis (1re partie)», *Kemi* 10 (1949), pp. 66-69.

12. J.-Cl. Goyon, *Confirmation du pouvoir royal au Nouvel An [Brooklyn Museum papyrus n. 47.218.50]*, IFAO, (*Bibliothèque d'Étude* 52), Il Cairo 1972.

13. P. Barguet, *Le temple d'Amon-Rê à Karnak, essai d'exégèse*, IFAO, (*RAPH* 21), Il Cairo 1962, p. 314.

14. Da D. Meeks e Ch. Favard-Meeks, *La vie quotidienne des dieux égyptiens*, Hachette, Parigi 1993, pp. 276-278.

15. S. Aufrère, *L'univers minèral dans la pensée égyptienne*, IFAO, (*Bibliothèque d'Étude* 105/1 e 2), Il Cairo 1991.

16. Ch. Desroches Noblecourt, *Lointaine*, cit., p. 24, pp. 99-106, pp. 115-117.

17. Agli inizi del regno di Amenofi IV questi segni sono tenuti dalle piccole mani con cui terminano i raggi solari, e che comunicano la vita alle narici della coppia reale. Cfr. la scena della finestra d'apparizione, da cui i sovrani distribuiscono le ricompense nella tomba tebana di Ramose, e Ch. Desroches Noblecourt, *op. cit.*, fig. p. 106.

18. Cfr. Ch. Desroches Noblecourt, *Vie et mort d'un pharaon, Toutankhamon*, Hachette/Rainbird, 1963, Pygmalion/Gérard Watelet, Parigi 1977, p. 82, fig. XVIII. La forma di questi bastoni si era forse modellata su quella del cadmus degli ittiti.

19. Si veda la celebre pala di Narmer, conservata al Museo del Cairo, Ch. Desroches Noblecourt, *op. cit.*, pp. 20 e 22.

20. Id., *ibid.*, pp. 47-50.

21. Questa scena presenta delle varianti: a Karnak, in Abido, Ramsete è circondato dalle madri primordiali anch'esse assise. Ad Abu Simbel, nel piccolo tempio, Ramsete in piedi è inquadrato soltanto da Horo e Seth: le due madri primordiali non sono visibili, ma sulla testa del re sta lo *pshent*. Questa sintesi straordinaria allude anche alla consegna dell'altra corona, il casco di pelle di struzzo indossato dal faraone durante le sue occupazioni quotidiane. Infatti l'iscrizione che domina l'imposizione dello *pshent* ricorda che il faraone riceve pure il casco di pelle, il *kheperesh* (Ch. Desroches Noblecourt e Ch. Kuentz, *Le petit temple d'Abou Simbel*, Il Cairo 1968, t. II tav. XLI-XLII, t. I p. 55 e n. 230 p. 186).

22. Pe: Buto, città santa del Delta, situata al livello più basso della terra d'Egitto.

23. Nekhen: Hieracopoli, città santa dell'Alto Egitto, situata sul punto culminante del terreno.

24. Questa cerimonia si svolgeva forse nel tempio stesso di Karnak, durante una fase successiva? Taluni rilievi di templi o di ipogei rappresentano così il faraone incoronato da un'entità divina locale. La più armoniosa di queste immagini è conservata sul piramidion dell'obelisco crollato della regina Hatshepsut, nelle vicinanze del grande lago sacro del tempio di Amon a Karnak.

25. Samut, scriba della *Casa della vita* come suo figlio e i suoi due nipoti, fece incidere questo protocollo nel *Tempio di Milioni di Anni* di Ramsete, il Ramesseo: «Disegnatore del Signore delle Due Terre in tutti i suoi monumenti appartenenti a Karnak (Ipet-Sut). Colui che scrisse il grande nome del dio vivente nel Ramesseo, nella *Casa di Amon* a ovest di Tebe». Cfr. A.H. Gardiner, «The Coronation of King Haremhab», *JEA* 39 (1953), p. 28, e *JEA* 24, pp. 160-161. Per l'annuncio del protocollo del re in tutte le province si veda Urk. IV, pp. 80-81.

26. Questo epiteto pare compaia verso la fine dell'anno 2, terzo mese della stagione d'estate (*Shemu*), ventiseiesimo giorno.

27. Papiro di Brooklyn, XVI, 6-7.

28. Ch. Desroches Noblecourt, *Lointaine*, cit., pp. 85-89.

29. Geb, che aveva per compagna Nut, la volta celeste, evoca tutte le forze che la terra contiene.

30. Neith, una delle poche entità divine femminili considerate come demiurgo. La sua ricca teologia, evocata sulle pareti del tempio di Esna, nell'Alto Egitto, è stata pubblicata in modo magistrale da S. Sauneron, *Les fêtes religieuses d'Esna aux derniers siècles du paganisme*, IFAO, (*Esna V*), Il Cairo 1962.

31. L'albero *ished* è, per elezione, l'albero di Ra, ma non si deve dimenticare che in esso risiede l'anima di Osiride. Si veda S. Sauneron, *Le rituel de l'embaumement, papyrus Boulaq III et papyrus Louvre 5.158*, Il Cairo 1952, p. 29, 13-15.

32. Il calamo (*aref*) è una canna masticata a una delle estremità in forma di pennello, con la quale scrivevano gli scribi.

33. Ch. Desroches Noblecourt, *op. cit.*, pp. 130-135.

34. Il fatto che l'epiteto *Setepenra* sia stato aggiunto al nome di incoronazione indica appunto che l'immagine evoca la ripetizione della cerimonia, uno o due anni dopo quella iniziale. In questa composizione del Ramesseo, la prospettiva è suggerita dai livelli diversi dove figurano gli attori della cerimonia. Atum incarna pure Amon in questo periodo giubilare del ritorno dell'inondazione.

35. Il Museo del Cairo conserva una preziosa statuetta di schisto verde che rappresenta Ramsete con il torso ritualmente nudo e vestito di un semplice perizoma corto pieghettato, mentre si arrampica su un grande ramo di persea sui cui frutti è inciso il suo nome Usermaatra: evidentemente un ex voto dell'incoronazione, e contemporaneo della cerimonia. Infatti a partire dal secondo anno del suo regno, il nome di incoronazione di Ramsete è seguito dall'epiteto *Setepenra, Scelto dal Sole*. Si veda W.J. Murnane, *Ancient Egyptian Coregencies*, Chicago 1977, p. 63 segg. (Il Cairo n. 37.423 proviene dal «nascondiglio» di Karnak).

36. La festa di Opet cominciò il diciannovesimo giorno del secondo mese della stagione *Akhet*.

37. Queste festività avevano una tale importanza che hanno sfidato i secoli. Fra le popolazioni tebane si svolge ancora oggi l'augusta processione fra i due templi, e ogni anno si assiste al trasporto di una barca coperta di bandierine e scortata da un corteo di danzatori e musici, in una festività musulmana che è venuta a innestarsi su un tema antico. Si tratta della festa di un santo locale, chiamato Abu el-Haggag, al quale si attribuiscono alcuni miracoli; la sua tomba-moschea è stata inclusa nel lato meridionale della torre est del primo pilone del tempio di Luxor.

38. I muri laterali di questo imponente colonnato sono preziose testimonianze per lo studio di questa festa, le cui fasi sono state scolpite sulle pareti. Cfr. W. Wolf, *Das schöne Fest von Opet*, Lipsia 1931.

39. Gustave Lefebvre, *Histoire des grands prêtres D'Amon de Karnak jusqu'à la XXI*[e] *dynastie*, Geuthner, Parigi 1929, pp. 117-118.

40. Per il tempio di Amon a Karnak (*Ipet-sut*), si veda lo studio magistrale di Paul Barguet, *Le temple d'Amon-Rê à Karnak, essai d'exégèse*, IFAO, (*RAPH* 21), Il Cairo 1962, p. 307.

41. Si veda Ch. Kuentz, *La face sud du massif est du pylône de Ramsès II à Louxor*, Cedae, (*collezione scientifica*), Il Cairo 1971. La grande iscrizione dedicatoria in cui si parla della visita di Ramsete alla *Casa della vita* figura alle tavv. XXI-XXV.

42. Id., *p. cit.*, tav. XXI, in cui è rappresentata la facciata progettata del pilone. È composta di due torri trapezoidali davanti alle quali si scorgono due colossi seduti e due obelischi. Quando il grande cortile fu terminato, sul muro sud fu nuovamente riprodotta la facciata del tempio. A quest'epoca Ramsete aveva ulteriormente abbellito la sua costruzione e all'estremità delle torri est e ovest erano stati aggiunti due colossi in piedi. Questi colossi esistono ancora davanti al tempio.

43. Dai testi apprendiamo che il lavoro fu portato a termine nell'anno 3 del regno, quarto mese dell'inondazione, decimo giorno.

44. Nebneteru, padre del visir dell'Alto Egitto, Pasar.

Capitolo 6. I primi quattro anni di regno

1. G. Lefebvre, *Histoire des grands prêtres d'Amon de Karnak jusqu'à la XXI*[e] *dynastie*, Geuthner, Parigi 1929, pp. 119-123.

2. Questo figlio si chiamava Hori.

3. Fu talmente fedele alla politica di Ramsete che ebbe la concessione di farsi costruire a Tebe ovest un tempio in mezzo a quelli dei re, cfr. B. Porter e R. Moss, *Topographical Bibliography of Ancient Egyptian Hieroglyphic Texts, Reliefs, and Paintings* II. *Theban Temples*, Clarendon Press, 2[a] ed., Oxford 1972, p. 421.

4. L'iscrizione porta la data del primo anno del regno, terzo mese di *Akhet* (Inondazione), ventitreesimo giorno (mese di *Hathyr*). La prima buona pubblicazione di questo testo è dovuta a H. Gauthier, *La grande inscription dédicatoire d'Abydos*, pubblicata con note e glossario, IFAO, (*Bibliothèque d'Étude* 4), Il Cairo 1912.

5. R.A. Parker, *The Calendars of Ancient Egypt*, Chicago 1950, (Studies in Ancient Oriental Civilization 26), pp. 30-51 e § 197.

6. H. Gauthier, *Le Livre des rois d'Égypte* III-1, IFAO, (*MIFAO* 19), Il Cairo 1913, pp. 33-34.

7. Ch. Desroches Noblecourt, *Lointaine*, cit., pp. 171-175.

8. Cl. Vandersleyen, *L'Égypte et la vallée du Nil* 2, *De la fin de l'Ancien Empire à la fin du Nouvel Empire*, PUF (Nouvelle Clio), Parigi 1995, pp. 515-516, da un ostracon del Ramesseo (E. Wente, «The Gurob Letter to Amenhotep IV», *Mélanges Nims* 1980, p. 209).

9. G. Lefebvre suppone che al gran sacerdote Bakenkhonsu si debba attribuire l'erezione dei due obelischi di Luxor. È anche possibile che i due slanciati monumenti di pietra siano stati elevati al tempo in cui l'alta carica era rivestita da Nebunenef, suo predecessore.

10. Tre anni dopo Ramsete poteva comandare ai suoi scultori di farvi figurare i diversi episodi della battaglia di Qadesh. In tutto il paese ferveva l'opera architettonica comandata da Usermaatra. Quando non si trattava di creazioni, il re aveva ordinato di completare le costruzioni dei suoi predecessori, oppure di arricchirle a suo nome. È la ragione per cui spesso gli si è rimproverato di essersi accaparrato i santauri dei suoi antenati. Non è esattamente la realtà. Un buon numero di altri sovrani hanno sostituito i loro nomi a quelli dei faraoni precedenti; questo fu anche il caso di Ramsete, spesso per ragioni religiose che riguardavano la lunga catena dei faraoni successivi. Spesso Ramsete si accontentò di aggiun-

gere il suo protocollo accanto a quello di uno dei suoi predecessori. Un ottimo esempio è quello di un tamburo di colonna conservato al Museo del Cairo, a nome di Thutmose IV (provenienza Elefantina) la cui decorazione fu completata da Ramsete, che vi fece incidere la sua effigie con l'acconciatura del *kheperesh*, completata dai due cartigli sotto la protezione del falco di Horo (Il Cairo n. 41.560). Catalogo dell'esposizione *Ramsete il Grande*, Parigi 1976, n. X, p. 57.

11. Quando il tempio di Dakke, costruito nella Bassa Epoca e dedicato a Thot, signore dell'Inondazione, nel sito in cui i romani avevano fissato il limite della loro espansione in Nubia, fu smontato per essere ricostruito fuori delle acque del lago Nasser, se ne scoprirono le fondamenta. Erano fatte con blocchi che provenivano da un edificio dedicato da Thutmose III all'Horo di *Baki*. Questo santuario possedeva rilievi di grande bellezza, ancora rivestiti della loro policromia, malgrado fossero rimasti sommersi nella zona inondata otto mesi all'anno, dopo la costruzione della prima diga di Assuan. Sfortunatamente non è stato possibile salvare tutti i blocchi.

12. Sotto l'aspetto di questo Horo si deve probabilmente vedere la forza setiana.

13. Il cubito reale (*meh*) misura 523 mm; si veda H. Carter e A.H. Gardiner, «The Tomb of Ramesses IV and the Turin Plan of Royal Tombs», *JEA* 4 (1917), p. 136.

14. La Stele di Kuban è oggi conservata in Francia, precisamente a Grenoble, nella città cara a Champollion. Fu scoperta verso il 1843 da Prisse d'Avennes fra le rovine della fortezza di Kuban, e fu acquistata dal conte Louis de Saint-Ferriol che la trasportò nel suo castello di Uriage-les-Bains. Nel 1916 suo figlio, il conte Gabriel, la donò al Museo di Grenoble. Una delle edizioni complete del testo fu fatta dall'abate P. Tresson, *La Stèle de Kouban*, IFAO, (*Bibliothèque d'Étude* 9), Il Cairo 1922. La traduzione è stata fatta da J.H. Breasted, *Ancient Records of Egypt* IV, § 282-293, p. 117 segg. A. Moret e G. Davy, *Des Clans aux Empires*, ricordano nel 1923 (p. 171) che *il faraone è il re dell'acqua... è chiamato «colui che dona l'acqua alla terra* (Gardiner, *Admonitions of an Ancient Sage*, p. 55); anzi nel deserto *l'acqua scaturisce al suono della sua voce, appena lui la chiama* (Moret-Davy, *op. cit.*, pp. 252, 4-5). Infine, nel momento critico, quando il Nilo è al punto più basso della magra, il faraone getta nel fiume l'ordine scritto di cominciare la piena (Stele di Silsile, Ramsete II e Ramsete III). Per lo studio del re e dell'acqua si veda *Colloque A. Voguë*, 1992, pubblicato da B. Menu, IFAO, (*Bibliothèque d'Étude* 110), Il Cairo 1994.

15. Miam = Aniba. Capitale della Nubia egiziana fino al termine della XVIII Dinastia. All'inizio della XIX Dinastia la capitale fu trasferita ad Amara e divenne la nuova residenza del viceré.

16. Buhen, all'altezza della seconda cateratta, al confine con il Sudan o paese di Kush (l'antica Alta Nubia). Il suo nome attuale è Uadi Halfa.

17. Nella scena della pesatura delle azioni del defunto effettuata con una bilancia, Thot con il becco da *ibis* verifica l'esatta taratura di questo strumento. I greci hanno dato a questa scena il nome di psicostasia.

18. Figlio del principe, allusione al fatto che suo padre Seti non era ancora succeduto a Ramsete Menpetira (Ramsete I).

19. Grossa treccia di capelli portata lateralmente, caratteristica dei giovani principi.

20. Nei graffiti rupestri della Bassa Nubia sono stati effettivamente trovati riferimenti ai re delle prime dinastie.

21. 120 cubiti equivalgono a un po' più di 62 metri.

22. 12 cubiti sono circa sei metri e mezzo.

23. Informazione gentilmente fornita da J. Piotrovsky, direttore della spedizione archeologica sovietica nello Uadi Allaki.

24. La scoperta della capitale ittita Hattusa (oggi Bogazköy) è dovuta al pioniere di questa scienza, Charles Texier. Uno dei nostri migliori specialisti della cultura ittita era, ancora qualche anno fa, Emmanuel Laroche. I *Dossiers de l'Archéologie* n. 193 (maggio 1994) ci danno un'ottima visione dei monumenti di questo paese (attualmente in Turchia).

25. Queste guarnigioni si logoravano a forza di reprimere le rivolte locali organizzate dagli ittiti.

26. A proposito dell'organizzazione dell'esercito egiziano si veda R.O. Faulkner, «Egyptian Military Organization», *JEA* 39 (1953), pp. 32-47. L.A. Christophe, «L'organisation de l'armée égyptienne à l'époque de Ramsès II», *La Revue du Caire* 1957, pp. 387-405. A.R. Schulman, *Military Rank, Title and Organization in the Egyptian New Kingdom*, Berlino 1964. J. Yoyotte e J. Lopez, «L'organisation de l'armée et les titulatures des soldats

au Nouvel Empire égyptien», *BiOr* XXVI n. 1/2 (gennaio-marzo 1969), p. 14 segg. D. Redford, *Egypt, Canaan and Israel in Ancient Times*, The American University in Cairo Press, Il Cairo 1992, pp. 214-221.

27. D. Redford, *op. cit.*, p. 217.

28. Si veda *Urk*, IV, 1659, e D. Redford, *op. cit.*, p. 218.

29. Cfr. Papyrus Harris I, 57, 8-9.

30. L.A. Christophe, «L'organisation de l'armée égyptienne à l'époque de Ramsès II», *La Revue du Caire* 1957, p. 300.

31. Gli *shardani*, che si erano precedentemente insediati in Asia Minore, tentarono di invadere l'Egitto. Quelli che furono fatti prigionieri divennero valorosi membri dell'esercito egiziano. Quelli che più tardi furono respinti dagli eserciti di Ramsete III trovarono rifugio in un'isola del Mediterraneo occidentale, a sud dell'Italia, a cui diedero il loro nome: shardani > Sardegna.

32. I *qeheqs* erano originari del deserto occidentale.

33. I *mashauash* erano abitanti del deserto libico.

34. D. Redford, *op. cit.*, p. 219 e A.R. Schulman, *JARCE* 2 (1963), pp. 75-98.

35. Cfr. S. Sauneron, «La manufacture d'armes de Memphis», *BIFAO* 54 (1954), pp. 7-12.

36. K.A. Kitchen, *Il faraone trionfante*, cit., p. 198.

37. D. Redford, *op. cit.*, p. 203.

38. La polizia formata dai *Medjay*, di origine nubiana, era assai efficace. Riguardo al trapianto delle popolazioni ribelli di Canaan e l'azione dei sindaci di questa regione, cfr. D. Redford, *op. cit.*, pp. 207-208, e soprattutto W. Helck, *Die Beziehungen Ägyptens zu Vorderasien im 3. und 2. Jahrtausend v. Chr.*, (*ÄA* 5), 2ª ed., Wiesbaden 1971, pp. 342-343.

39. La stele trionfale dedicata a questo argomento da Thutmose III nel tempio di Amon a Karnak è ora conservata al Museo del Cairo (*Urk.* IV, 662, 5). Si deve a L.A. Christophe uno studio assai chiaro e lucido della battaglia in base ai testi stessi: «Notes géographiques. À propos des campagnes de Thoutmosis III», *RdE* 6 (1950), pp. 97-106. Sotto Thutmose III non ci fu nessuna battaglia a Megiddo. Si veda W. Helck, *Der Einfluss der Militärführer in der 18. ägyptischen Dynastie*, (*Untersuchungen zur Geschichte und Altertumskunde Ägyptens*, 14), Lipsia 1939, p. 14, e R.O. Faulkner, «The Battle of Megiddo», *JEA* 28 (1942), pp. 2-15.

Capitolo 7. Qadesh I. A proposito della battaglia di Qadesh

1. Hanigalbat è il paese dei mitanni (o di Mitanni), situato a nordovest dell'Eufrate.

2. P. Grandet, *Ramsès III, histoire d'un règne*, Pygmalion/Gérard Watelet, (*Bibliothèque de l'Égypte Ancienne*), Parigi 1993, p. 30.

3. A.H. Gardiner, «The Ancient Military Road between Egypt and Palestine», *JEA* 6 (1920), pp. 99-116.

4. Cfr. cap. 3, p. 50.

5. L'attuale Ras Shamra, situata sulla costa di fronte all'isola di Cipro. A proposito dei rapporti di Niqmat I con la fine dell'epoca amarniana, si veda Ch. Desroches Noblecourt, «Interprétation et datation d'une scène gravée sur deux fragments de récipient en albâtre provenant des fouilles du palais d'Ugarit», in Cl. Schaeffer, *Ugaritica* III, pp. 179-230. Un secondo principe Niqmat di Ugarit regnava sulla città all'epoca di Ramsete II. Negli scavi è stata pure rinvenuta una spada di Merenptah.

6. Regione situata tra Beth Shan e Yenoan.

7. A.H. Gardiner, *The Kadesh Inscription of Ramesses II*, Oxford University Press, Oxford 1960, p. 4.

8. A questa lettera in cui si fa allusione alla battaglia si possono ancora aggiungere alcuni sporadici indizi ittiti. I particolari in genere concordano, a grandi linee, con quelli forniti dai documenti egiziani.

9. Ciò che ancora sopravvive di queste scene di battaglia, all'entrata del semipogeo di Derr, è in gran parte deteriorato e resta poco visibile.

10. La bibliografia relativa al bollettino della battaglia di Qadesh è assai vasta. I titoli generali a cui possiamo riferirci sono anzitutto la magistrale pubblicazione comparata dei diversi testi, stabilita da Ch. Kuentz, *La bataille de Qadesh*, IFAO, (*MIFAO* 55), Il Cairo 1928. Le migliori traduzioni sono: J.H. Breasted, *Ancient Records of Egypt* III, 1906, § 306 segg., p. 134 segg. Id., *The Battle of Kadesh, a Study in the Earliest Known Strategy*, (Uni-

versity of Chicago's Decennial Publications), Chicago 1903. A.M. Blackman, *The Literature of the Ancient Egyptians*, 1927, p. 261 segg. (traduzione in base ad A. Erman, *Die Literature des Ægypter*, 1923, p. 325 segg.). J. Wilson, «The Texts of the Battle of Kadesh», *AJSL* 43 (1927), p. 266. R.O. Faulkner, «The Battle of Kadesh», *MDAIK* 16 (Mélanges Junker, 1958), pp. 93-111. A.H. Gardiner, *The Kadesh Inscriptions of Ramesses II*, Oxford University Press, Oxford 1960 (traduzione con commento filologico dei testi del bollettino e del poema). Per le diverse illustrazioni del bollettino, si veda l'album di W. Wreszinski, *Atlas zur altägyptischen Kulturgeschichte* II, Lipsia 1935, riproduzioni fotografiche e disegni complementari tavv. 63-95. Per lo studio completo del bollettino della battaglia che figura nel grande tempio di Abu Simbel, accompagnato dal disegno di tutto il bassorilievo pubblicato su un foglio piegato di 2,70 m di lunghezza, Ch. Desroches Noblecourt, S. Donadoni, E. Edel e altri, *Grand temple d'Abou Simbel: la bataille de Qadesh*, Cedae, (*collezione scientifica*), Il Cairo 1971, tav. IV.

11. Si veda l'articolo di Ch. Kuentz, «Épopées et tableaux historiques», nel numero speciale di *L'Amour de l'Art* dedicato all'Egitto (n. III, serie 34, 35, 36), pp. 230-234.

12. Si tratta del papiro Sallier III, conservato al British Museum di Londra, di una pagina del papiro Raïfé al Museo del Louvre, e di un cattivo testo frammentario, papiro Chester Beatty III verso: cfr. *Hieratic Papyri in the British Museum* III, Londra 1935 (edizione A.H. Gardiner), tavv. 9 e 10. Nei quattro templi dove figura il poema, è sempre inciso su una parete diversa da quella che presenta il bollettino.

13. Come sottolinea giustamente J.H. Breasted, *Ancient Records of Egypt* III, p. 126.

14. I nearini, termine asiatico semitico che significa insieme *giovani soldati* e *veterani dell'esercito*, potrebbero essere stati originari di una provincia situata fra Takhesy e Naharina. Sono certamente i nearini che troviamo descritti come «la prima forza di combattimento, formata dall'élite dell'esercito (di faraone) che era di stanza sulla costa del paese di Amurru».

15. Alcuni commentatori propongono un itinerario leggermente diverso: Ramsete avrebbe attraversato la Galilea e le fonti del Giordano. La strada presa dai suoi eserciti è dunque ancora in discussione. Pare invece si debba abbandonare un'altra ipotesi, secondo la quale Ramsete, avendo ricevuto conferma della presenza ittita vicino ad Aleppo, avrebbe tentato di raggiungere il nemico aggirandolo da est. A questo scopo avrebbe attraversato la catena montuosa a duemila metri di altezza. Questa ipotesi si basa su un documento impreciso (la lettera di un generale ittita). A proposito di questa eventuale strategia, si veda E. de Vaumas, «Sur le mouvement tournant effectué par Ramsès II à la veille de la bataille de Qadesh», Mélanges de l'Université Saint-Joseph 46 (*Mélanges offerts à Maurice Dunand*, t. II), 1970-1971, pp. 53-67.

Capitolo 8. Qadesh II. La battaglia davanti alla rocca

1. *Shabtuna*, oggi la borgata di Riblah.

2. Si veda il racconto popolare molto apprezzato durante la XVIII Dinastia, intitolato «Come Tutii prese la città di Joppe». Cfr. G. Lefebvre, *Romans et contes égyptiens de l'époque pharaonique*, Maisonneuve, Parigi 1949, pp. 125-130.

3. Il leone, classico simbolo della regalità, è anche conosciuto come guardiano delle uscite, si veda per esempio Ch. Desroches Noblecourt, *Lointaine*, cit., p. 139.

4. Questo leone è comparso di fianco a Ramsete nella sua battaglia con gli asiatici, rappresentata su un muro del tempio di Beit el-Uali. Anche ad Abu Simbel galoppa accanto al carro reale che guida i prigionieri di Kush (Irem) davanti al trono di Amon.

5. D. Redford, *Egypt, Canaan and Israel in Ancient Times*, The American University in Cairo Press, Il Cairo 1992, p. 184.

6. Altri scudi nemici sono rettangolari e di misura più piccola.

7. Da quanto sappiamo, si può ritenere che il corpo di un ufficiale superiore doveva essere trattato superficialmente per ricevere poi la mummificazione e la sepoltura in Egitto, secondo i voti di qualsiasi egiziano. Che ne era, in un paese lontano, dei soldati uccisi in battaglia? Venivano avviluppati in pelli di montone e gettati nel fiume, per ricevere una sepoltura analoga a quella di Osiride, il dio annegato? Il problema non è stato ancora sollevato.

8. Al proposito si veda E. Edel, *ZDPV* 69, p. 164, e A.H. Gardiner, *The Kadesh Inscriptions of Ramesses II*, Oxford University Press, Oxford 1960, p. 44.

9. Durante la sua infanzia e una parte dell'adolescenza, questo figlio primogenito nato

da Nefertari fu chiamato Imenherunemef, ciò che con il suo significato (Amon è alla sua destra) allude alla protezione che il giovane principe riceveva dal dio dinastico. Poiché ha dato prova del suo valore per la prima volta durante la battaglia, ora il suo nome ricorda che Amon ha saputo armare il suo braccio: *Imenherkhepeshef = Amon è (sul) suo braccio armato*.

10. Altezza dei cavalli 7,7 mm, lunghezza 8 mm.

Capitolo 9. Ramsete e il linguaggio dei templi I. La fondazione del Ramesseo

1. Si veda un recente studio su Imeneminet: M. Trapani, «La carriera di Imeneminet, Soprintendente ai lavori di Ramesse II», *BSEG* 19 (1995), pp. 49-68.

2. El-Arish, sulla costa mediterranea, era un luogo di pena dove si mandavano quelli che avevano commesso reati gravi. La loro punizione, dopo il processo, era l'ablazione delle cartilagini del naso (punizione ricordata, contro i prevaricatori, da Horemheb nel suo famoso editto). I greci, avendo appreso questo costume, chiamarono la città Rhinocorura (la città dei nasi tagliati).

3. Quella stessa strada riaperta da Seti I, in cui ogni fortificazione proteggeva il passaggio e i punti d'acqua.

4. Al tempo in cui Erodoto visitò l'Egitto (V secolo a.C.), ci volevano nove giorni di navigazione fluviale per andare da Eliopoli a Tebe (*Storie*, libro II, cap. IX).

5. Il termine *amarniano* deriva dal nome moderno Amarna dato al sito dove sorse la capitale fondata da Amenofi IV e da lui chiamata *Akhet-Aton* (*l'orizzonte di Aton*). Nella stessa epoca il re prendeva il nome di Akhenaton (*Colui che piace o che è utile, al disco solare*).

6. Hermopoli è il nome dato dai greci alla città che accoglieva il grande tempio di Thot, da loro identificato con il dio Ermete. Nell'antichità si chiamava *Khemenu, la città degli otto*, gli otto geni delle forze iniziali, quattro maschi e quattro femmine, che stavano nel «limo originario», senza luce, e il cui incontro fuori delle acque primordiali provocò la nascita del sole, ossia il «big bang».

7. Papiro Leida I 350, A.H. Gardiner, «Hymns to Amon from a Leiden Papyrus», *ZÄS* 42 (1905), pp. 12-42; J. Zandee, *De hymnen aan Amon van Papyrus Leiden I 350*, (*OMRO* 28), Leida 1947, 4, 21-22; e la traduzione francese di A. Barucq e F. Daumas, *Hymnes et prières de l'Égypte ancienne*, Le Cerf, (Littératures anciennes du Proche-Orient 10), Parigi 1980, pp. 206-229.

8. Il gruppo di queste tre entità divine circonda già l'immagine di Tutankhamon su una delle trombe del suo tesoro, catalogo dell'esposizione *Toutankhamon et son époque*, Parigi 1976, p. 182, ed E. Hornung, *Les dieux de l'Égypte, l'Un et le Multiple*, Éditions du Rocher, Monaco 1986, p. 200.

9. Diodoro Siculo, I, 47.9. Osimandias corrispondeva al nome deformato di Ramsete: Us er maatra.

10. Quando Diodoro Siculo visitò la *Tomba di Osimandias*, il tempio era ancora apparentemente in buono stato. Ma il nostro viaggiatore pare essersi informato presso le vecchie fonti di circa trecento anni, che gli furono riferite più o meno bene: così per quanto riguarda lo stato del grande colosso crollato.

11. La lunghezza totale del tempio propriamente detto era di 180 m, la larghezza di 60 m.

12. Per completare questa breve esposizione si veda il mio studio a proposito del busto di una delle statue che appartennero ai pilastri osirici di Amenofi IV, in «La statue colossale fragmentaire d'Aménophis IV offerte par l'Égypte à la France», Fondazione Eugène Piot (Académie des Inscriptions et Belles-Lettres), *Monuments et Mémoires* 59 (1974), pp. 1-44.

13. *Libro dei Morti*, cap. 17: «Quanto a Osiride, è l'ieri... quanto a Ra, è il domani».

14. Il suo titolo era esattamente *Primo Profeta di Amon*.

15. Pare che fra le rovine non sia rimasta alcuna traccia che ci consenta di affermare che l'immenso colosso crollato aveva la sua controparte al nord della porta. L'amore della simmetria, così tenace nella mentalità egiziana, farebbe pensare tuttavia che questa fosse forse l'intenzione del faraone. Diversi autori ne sono persuasi, come N. Grimal, *Histoire de l'Égypte ancienne*, Fayard, Parigi 1988, p. 321.

16. Questo tempio è il Ramesseo, dove il culto del re era accoppiato a quello di Amon.

17. Queste dodici colonne si ritrovano naturalmente nella navata delle chiese romaniche. Si vedono ancora nella chiesa del monastero di santa Caterina del Sinai, fondato da

Giustiniano nel 542 e portato a termine nove anni dopo. Ognuna rappresenta un mese dell'anno e il santo a cui è dedicata è venerato durante l'intero mese. Si tratta di colonne monolitiche, dipinte in bianco, con capitelli verdi decorati con tralci di uva.

18. Il fregio è costituito dalla ripetizione della parola *neheb*.

19. È appunto durante i lunghi anni di studi e rilevamenti nel Ramesseo, con la mia squadra del Cnrs che dirigevo, i colleghi che avevo potuto far venire per mezzo dell'Unesco e i membri del Cedae egiziano, che mi è stato possibile procedere a tutte le constatazioni sull'architettura del Ramesseo esposte qui. La maggior parte è ancora inedita.

20. Questi fenomeni sono commentati in Ch. Desroches Noblecourt, *Lointaine*, cit., pp. 37-45.

21. Per l'identificazione degli elementi che compongono il pilastro *Ged* esistono interpretazioni diverse, ma non definitive: un albero privato dei rami, un sostegno che regge quattro tavolette, simbolo dei quattro punti cardinali? Nell'epoca tarda questo segno *Ged* sarebbe stato interpretato come la colonna vertebrale di Osiride. Si deve tenere presente che evoca la nozione di ciclo compiuto, e che la sua origine è solare.

22. Su tutto il muro esterno a sud del suo tempio, Ramsete progettava di far raffigurare un'immensa lista delle feste celebrate nel corso dell'anno: un vero e proprio *Calendario delle feste*, accompagnato da indicazioni riguardanti le offerte preparate per ciascuna di queste festività, che duravano spesso diversi giorni.

23. Anche qui Ramsete si ispirava alle riforme amarniane, in gran parte riferite al corso dell'anno: le 365 tavole di offerte del grande tempio, o ancora i 12 bacili del santuario di Maru-Aton ad Amarna, orientati verso il sud. Si veda Ch. Desroches Noblecourt, «Les trois saisons du dieu et le débarcadère du ressuscité», *MDAIK* 47 (*Festschrift für Werner Kaiser*, 1991), pp. 72-76.

24. Si veda cap. 5, *La consacrazione*.

25. Le importanti vestigia offerte dalle rovine del Ramesseo, in cui le strutture del recesso segreto sono in parte scomparse, hanno potuto essere completate grazie al confronto con le costruzioni del tempio di Medinet Abu, che era quasi la replica del tempio di Ramsete II.

26. Arma di origine asiatica adottata dagli egiziani dopo le loro guerre con i vicini dell'Est. Un'*harpe* con il nome di Ramsete è conservata nel Museo del Louvre: cfr. Ch. Desroches Noblecourt ed altri, catalogo dell'esposizione *Ramsete il grande*, Grand Palais, Parigi 1976, n. 47, p. 229.

27. Ogni tempio costruito da Ramsete presentava la lista in continuo aumento della sua prole, in lunghe sfilate di figlie e di figli. Al piccolo numero di quelli che aveva fatto citare nel santuario di Meha, succedeva una lista più importante, a Derr e a Uadi es-Sebua, o ancora ad Abido. Nel Ramesseo si contano fino a oggi ventitré figli. K.A. Kitchen ci dà un elenco dei figli di Ramsete conosciuti fino a oggi, accompagnato dai loro titoli: vi si leggono quarantanove nomi (*Ramesside Inscriptions* II, pp. 858-868), rilevati nei templi del Ramesseo, Luxor, Karnak, Tanis, Abu Simbel, Derr, Uadi es-Sebua, Gerf Hussein, Abido e su un ostracon del Museo del Cairo. A proposito dei figli di Ramsete nel Ramesseo, si veda Ch. Leblanc e M. Mohamed Fekri, *Memnonia* I (1990-1991), pp. 91-108. La lista totale delle principesse è leggermente più lunga. Come si potrà constatare in questo libro, la maggioranza di questi rampolli reali è restata nell'ombra: una dozzina al massimo è uscita dall'anonimato.

28. A proposito dei funzionari che lavorarono al Ramesseo, si può consultare W. Helck, *Materialen zur Wirtschaftsgeschichte des Neuen Reiches* I/1, Magonza 1960, p. 103.

29. Come si è visto, Yupa, che aveva assistito, o forse partecipato alla battaglia di Qadesh, era a quell'epoca palafreniere nelle scuderie dei cavalli reali. Cinquant'anni dopo era diventato il grande responsabile di tutto il complesso del Ramesseo, e delle sue ricche dipendenze. Nell'anno 54 del regno partecipò alla proclamazione del nono giubileo del re. Suo figlio Hatiay divenne capo della milizia dei *Medjay* e fu uno dei collaboratori del gran sacerdote di Amon, Bakenkhonsu, nella costruzione del tempio di Ramsete II a est di Karnak. Per ricerche più approfondite sui monumenti della famiglia di Uriya e Yupa, maggiordomi del Ramesseo, consultare J. Ruffle e K.A. Kitchen, «The Family of Urhiya and Yupa, High Stewards of the Ramesseum», *Studies in Honour of H.W. Fairman*, Aris & Phillips, Warminster 1979, pp. 55-74. Questi grandi intendenti erano tuttavia soggetti a controlli effettuati da ispettori dei templi del paese, quali Amenmose, figlio di Pendjerti, che esercitò questa professione sotto Ramsete II; si veda L. Habachi, «The Royal Scribe Amenmose,

Son of Penzerti and Mutemonet: his Monuments in Egypt and abroad», *Studies in Honor of G. Hughes*, Chicago 1977, (Studies in Ancient Oriental Civilization 39), pp. 83-103. Si veda anche la recensione di questo articolo fatta da M. Gitton, *CdE* 55 n. 109-110 (gennaio-luglio 1980), p. 103, che parla delle origini (meridionali) di questo personaggio.

Capitolo 10. Ramsete e il linguaggio dei templi II. Il mammisi del re a Tebe Ramsete e i templi della Nubia

1. Per una relazione più completa sull'evoluzione del fenomeno si veda Ch. Desroches Noblecourt, *Lointaine*, pp. 121-126 e anche il cap. 4, *Symbole universel et déesse mère*, pp. 93-117.

2. Durante la V Dinastia il genio fecondatore appare sotto la forma del Sole Ra, come riferisce il papiro Westcar: si veda G. Lefebvre, *Romans et contes égyptiens de l'époque pharaonique*, Maisonneuve, Parigi 1949, pp. 86-88.

3. Per la ristrutturazione dell'edificio si veda il mio articolo: «Le mammisi de Ramsès au Ramesséum», *Memnonia* I (1990-1991), pp. 26-43 e tavv. 3-6.

4. Le due regine dovevano probabilmente essere evocate nel primo cortile, Mut-Tuy contro il fianco destro della statua crollata del re. Se si fosse prevista un'altra statua come riscontro a questo colosso, il suo lato sinistro si sarebbe affiancato a una statua di Nefertari.

5. Per il significato dei sistri, e specialmente del sistro-porta, si veda Ch. Desroches Noblecourt, *Lointaine*, pp. 100-115.

6. Come si può dedurre dalle iscrizioni che recano la seconda ortografia del nome del re, non *Ramsete*, ma *Ramessu*. Quest'ultima sembra comparire solo a partire dall'anno 8 dall'incoronazione, di solito è utilizzata durante la seconda metà del regno. Figura nel tempio di Derr; cfr. A. Spalinger, «Historical Observations on the military Reliefs of Abu Simbel and other ramesside Temples in Nubia», *JEA* 66 (1980), pp. 96-97.

7. Per il simbolismo della grotta si veda fra l'altro Ch. Desroches Noblecourt, *La Grande Nubiade*, Stock-Pernoud, Parigi 1992, pp. 485-497.

8. Sopravvissuto ai danni causati dalle sabbie... e dall'inondazione grazie all'opera di salvaguardia dei monumenti della Nubia, è stato leggermente spostato dalle antiche rive e costituisce il centro di un'area nella quale anche il tempio di Dakke e la cappella di Maharraqa (Epoca Tarda) sono stati riedificati sulla lingua di terra nubiana salvata dalle acque, sessanta metri più in alto.

9. Così ogni anno il numero dei figli e delle figlie aumentava. Durante i lavori di salvataggio dei monumenti in Nubia avevo affidato al professor Jaroslav Cerny, in missione dell'Unesco presso il Cedae, l'incarico di stabilire la lista dei nomi dei figli di Ramsete sui muri di Uadi es-Sebua, tempio che comprende le liste più complete. Si trattava, pare, di cinquanta figli e cinquantuno figlie. Ma erano anche i nomi più difficili da leggere, a causa della pietra erosa dai venti carichi di sabbia. Queste copie inedite sono depositate presso il Cedae.

10. La futura Aniba oggi scomparsa sotto le acque del lago Nasser.

11. Per questa leggenda e le sue immense conseguenze si veda Ch. Desroches Noblecourt, *Lointaine*.

12. Il luogo ha conservato il nome di Korosko fino alla sua scomparsa sotto le acque della Grande Diga.

13. Il tempio di Ra-Horakhty è stato estratto dalla sua roccia e reintrodotto in una collina rocciosa di arenaria rosa in uno dei più bei siti della Nubia, dove sono riuniti il tempio di Amada e la tomba del viceré di Nubia sotto Ramsete IV, il signore Penut.

14. A proposito di Seth, cfr. H. Te Velde, *Seth, God of Confusion. A Study of his Role in Egyptian Mythology and Religion*, Brill (*Probleme der Ägyptologie* 6), Leida 1967, 2ª ed. 1977; tesi inedita di É. David, *Les villes du dieu Seth en Égypte*, Università di Lione, 2, 1987. Per alcuni punti essenziali, si veda Ch. Desroches Noblecourt, *Lointaine*, p. 84. Può sembrare contradditorio proporre l'assimilazione di Ramsete divinizzato con Seth, ma questo non doveva rappresentare un vero problema nell'intento del faraone. Confuso a Meha con l'Horo locale, rappresentava secondo il più arcaico dei protocolli Horo e Seth riuniti, che si ritrova nella decorazione delle grotte reali sotto forma del genio a due teste (falco e animale di Seth). Inoltre, Seth era sempre presente nella fraseologia reale. Non si diceva forse della regina: *Colei che vede il suo Horo e il suo Seth*?

15. Le rovine del Ramesseo, come quelle del tempio di Medinet Habu, ci mostrano che

i cinocefali adoratori del Sole non dominavano i piloni ma solo la porta di entrata affiancata dalle due torri.

16. Si tratta dei due colossi che ancora sopravvivono fra le rovine della fondazione di Amenofi III, sull'attuale sito di Kom el-Hettan. Si usa chiamarli comunemente *colossi di Memnone*, ma solo quello del Nord era stato battezzato così dai greci.

17. G. Roeder, «Ramses II. als Gott», *ZÄS* 61 (1926), p. 65, tav. 2. Ramsete distribuisce ricompense ai suoi soldati, ritto sui ginocchi di uno dei suoi colossi di Pi-Ramses. Questo colosso si chiama anche *Ra-in-heckau*. A proposito del culto reso ai colossi, si veda J. Yoyotte, *Kêmi* 10 (1949), pp. 87-88, J.-J. Clère, *Kêmi* 11 (1950), pp. 28, 32, 38. A proposito del colosso chiamato Heka-Tauy, Ch. Desroches Noblecourt e Ch. Kuentz, *Le petit temple d'Abou Simbel* I, Cedae, Il Cairo 1968, p. 148 e n. 67, p. 149 e n. 73. Per diversi altri nomi di colossi, fra cui quello di Karnak chiamato Mu-in-Kamutef, si veda F. Le Saout, *Karnak* VII (1978-1981), pp. 267-268.

18. A questi colossi era dedicato un culto e da diversi indizi si può supporre che uno degli officianti sarebbe stato Pasar, il visir stesso: si veda V.A. Donohue, «The Vizier Pasar», *JEA* 74 (1988), pp. 103-123.

19. Il colosso crollato del primo cortile del Ramesseo ne costituisce le tracce. A destra del re era rappresentata la sua venerata madre. Se questo colosso ebbe mai un riscontro, doveva essere accompagnato dall'immagine di Nefertari. Si veda nota 4.

20. È chiaro dunque che questa facciata dovette essere scolpita dopo l'anno 5, data della battaglia di Qadesh, dopo la quale il principe ricevette il nome definitivo.

21. Ashahebsed, che aveva consacrato a sud di Abu Simbel un settimo santuario a «Ramsete, grande dio signore della Nubia», sul terreno di Aksha, aveva fatto incidere sulla roccia un'iscrizione precisando che Sua Maestà aveva «condotto un gran numero di operai prigionieri del suo braccio possente, originari di terre stranieri». È probabile che sia i prigionieri ittiti sia quelli di Canaan e di Amurru abbiano partecipato agli scavi delle grotte, al fianco degli egiziani. Questo fedele funzionario godeva di tutta la fiducia del sovrano, che lo incaricò anche di «riorganizzare la terra di Kush nel grande nome di Sua Maestà».

22. A questo proposito condivido l'opinione di A. Spalinger, esposta nel *JEA* 66 (1980), pp. 83-99: «Historical Observations on the military Reliefs of Abu Simbel and other ramesside Temples in Nubia».

23. Ch. Desroches Noblecourt, *Lointaine*, pp. 149-154.

Capitolo 11. Il dopo-Qadesh

1. A proposito degli *shasu*: R. Giveon, *Les bédouins Shasou des documents égyptiens*, Leida 1971. L. Stager, *Eretz Israel* 18 (1985), pp. 56-64: gli *shasu* non sono certamente degli israeliti.

2. I testi che accompagnano le rappresentazioni della spedizione di Ramsete in Edom e Moab ci fanno capire che a un certo momento Imenherkhepeshef s'incontrò con un importante moabita a cui rimproverò di aver fatto il gioco del «malvagio» di Hatti. Si veda K.A. Kitchen, «New Light on the Asiatic Wars of Ramses II», *JEA* 50 1964), pp. 47-70, e J.C. Darnell e R. Jasnow, «On the moabite Inscriptions of Ramesses II at Louxor Temple», *JNES* 52 n. 4 (ottobre 1993), pp. 263-274, soprattutto pp. 268-273.

3. Esodo I, 11.

4. Si veda il papiro di Leida I, 348, verso 6, 6-7.

5. I testi ci segnalano degli *apiru occupati a spaccare pietre* durante una fase di costruzione del Ramesseo; si veda Y. Koenig, «Les textes hiératiques du Ramesséum, à Strasbourg», *Memnonia* III (1992), p. 54. A proposito del problema degli apiru, si veda J. Bottero, *Le problème des Habiru*, Parigi 1954.

6. Esodo I, 11: per la costruzione delle città-fondaco Pithom e Ramses.

7. *Atti degli Apostoli* 7, 22.

8. Si veda fra l'altro il papiro n. 1945.96 dell'Ashmolean Museum di Oxford.

9. A questo proposito si veda J. Mélèze-Modrzejewski, *Les Juifs en Égypte, de Ramsès II à Hadrien*, Armand Colin, Parigi 1991, p. 48.

10. Esodo da 7 a 12.

11. A proposito di questa catastrofe che evidentemente potrebbe essere all'origine della leggenda dell'Atlantide si veda R.L. Scranton, «Of Myth and Santorin», *Studies in Honor of George R. Hughes*, Chicago 1976, (Studies in Ancient Oriental Civilization 39), pp. 191-

199. Sarà bene consultare anche il recente studio di K. Polinger Foster e R.K. Ritner: *Texts, Storms and the Thera Eruption*, in *JNES* 55, vol. 1996, n. 1.

12. Mohammed Maksoud, ispettore capo del Sinai, che dirige gli scavi egiziani del Sinai del Nord, durante lo sgombero delle rovine di una roccaforte della frontiera orientale (livello datato del «secondo periodo intermedio», fra il Medio Regno e il Nuovo Regno) ha rinvenuto un frammento di lava che è stato analizzato in Francia ed è stato identificato come analogo a quelli che provenivano dalla catastrofe di Santorino.

13. Si veda Ch. Desroches Noblecourt, *Lointaine*, pp. 37-39, p. 136 tavv. III-IV.

14. Per le principali «piaghe d'Egitto», si veda Esodo 7, 14-25: il sangue; Esodo 7, 26-28: le rane; Esodo 9, 1-7: la peste del bestiame; Esodo 10, 21-29: le tenebre; Esodo 11 e 12, 29-42: la morte dei primogeniti.

15. Si veda Ch. Desroches Noblecourt, «Le bestiaire symbolique du libérateur Ahmosis», *Sonderdrück aus Studien zur Sprache und Religion Ägyptens* (*Festschrift W. Westendorf*), Gottinga 1984, pp. 883-892. A proposito della piaga provocata dalle cavallette (Esodo 10, 1-20), anche qui si coglie l'influenza di idee tradizionali, e non il risultato di osservazioni dirette. Se, come è noto, l'invasione delle cavallette è assai temuta in Oriente e soprattutto nell'Africa del Nord, in Egitto, tranne rare eccezioni, la cavalletta è emblema di protezione. Fin dai tempi dell'Antico Regno, nelle scene in cui l'ippopotamo del male viene arpionato, si sono rappresentate le cavallette protettrici sulle piante acquatiche (come le rane del Rinascimento, si veda Ch. Desroches Noblecourt, *Lointaine*, p. 97). Al tempo dei faraoni questa tradizione era così forte che si è trasmessa in Occidente ed è penetrata nel simbolismo primitivo cristiano: nei *moralia* di Papa Gregorio Magno, le cavallette diventano il simbolo dei pagani che si convertono a Cristo e si riuniscono in sciami per lottare contro Satana. Citiamo ancora un capitello di Vézelay, del XII secolo, in cui una cavalletta tiene testa a un basilisco, figura dell'anticristo, o ancora, nel XIV secolo, la Madonna attribuita a Giovanni Baronzio da Rimini con il Bambino Gesù che tiene nella mano sinistra un'enorme cavalletta!

16. K.A. Kitchen, *Il faraone trionfante*, pp. 101-102.

17. M. Bietak, «Canaanites in the eastern Nile Delta», *Egypt, Israel, Sinai – Archeological and historical Relationships in the biblical Period*, Symposium 1982, pubblicato da F. Rainey, Tel Aviv, pp. 41-56. L'autore esprime un'opinione meno perentoria in «Comments on the Exodus», *ibid.*, pp. 163-171.

18. D. Redford, «An Egyptological Perspective on the Exodus Narrative», *ibid.*, pp. 137-169.

19. J. Mélèze-Modrzejewski, *Les Jufus en Égypte, de Ramsès II à Hadrien*, Armand Colin, Parigi 1991.

20. Gli scritti più recenti di H. Cazelles su questo argomento: *À la recherche de Moïse*, Parigi 1979: «Peut-on circonscrire un événement Exode?», *La protohistoire d'Israël* (riunione di studi di diversi autori diretti da Laperrousaz), Parigi 1990, pp. 29-65.

21. Catalogo *Ramsete il Grande*, Galeries nationales du Grand Palais, Parigi 1976, opera collettiva pubblicata sotto la mia direzione. A proposito dell'Esodo, si veda A.-M. Loyrette, pp. XLIII-XLVI. La questione dell'Esodo resta ancora un argomento di discussione fra gli studiosi: alla fine del XIX secolo fu espressa persino l'opinione che il Pentateuco (i cinque primi libri della Bibbia, fra cui l'Esodo), non costituissero un corpo di tradizioni, ma soltanto un insieme di simboli, favole morali, e che la migrazione dall'Egitto non fosse che un'invenzione, un'allegoria senza reale fondamento (M.L. Wogue, professore al Seminario israelita di Parigi). Senza essere così categorici, autori più recenti hanno posto il problema su un piano strettamente scientifico: G.W. Ahlström, *Who were the Israelites?*, Eisenbrauns, Winona Lake (Indiana) 1986, o anche, prima di lui, G.E. Mendenhall, «The Hebrew Conquest of Palestine», *BA* 26 (1962).

22. Esodo 11, 3 – *Atti degli Apostoli* 7, 22.

23. Esodo 2, 23.

24. È così che il testo biblico designa il faraone dell'Esodo.

25. Senza contare i furti di tesori prima della fuga, Esodo 11, 2-3 – 12, 35-36: «...Ciascuno domandi al suo vicino... degli oggetti d'argento e degli oggetti d'oro... – ...e i figli di Israele fecero come Mosè aveva detto: domandarono agli egiziani degli oggetti d'argento degli oggetti d'oro e dei vestiti; ...così spogliarono gli egiziani».

26. Esodo 12 , 29-32; 13, 20; 14, 2.

27. Esodo 14, 2.

28. Esodo 13, 17.

29. Era direttore della Scuola Biblica di Gerusalemme.

30. Esodo 17, 8-16.

31. L'anno 7, nel 1273-1272 a.C., è giustamente indicato da K.A. Kitchen, *Il faraone trionfante*, cit., p. 96 e non più tardi, come proponevano A.R. Schulman, che collocava le guerre moabite dopo l'anno 10 del regno di Ramsete («The Treaty of Year 21», *Aspects of Ramesside Diplomacy*, *JSSEA* 8 (1978), pp. 125-126, e anche A. Spalinger, che proponeva di collocare questi avvenimenti «prima dell'anno 15» («Historical Observations on the military Reliefs of Abu Simbel and other Ramesside Temples in Nubia», *JEA* 66 1980, p. 96).

32. A proposito delle guerre moabite e della spedizione di Ramsete e Imenherkhepeshef nella Palestina meridionale, bisogna segnalare che a nord del golfo di Aqaba-Eilat, nel sito delle supposte miniere d'oro del re Salomone, il professore B. Rothenberg ha portato alla luce le tracce di una miniera di rame. I minatori semiti sfruttavano i prodotti della loro metallurgia insieme con gli egiziani fin dai tempi di Seti I e di Ramsete II: B. Rothenberg, *The Egyptian Mining Temple at Timna. Researches in the Arabah 1959-1984*, vol. I, Londra 1989: «La scoperta delle miniere ramessidi dedicate alla dea egiziana Hathor, segnò una svolta nella storia della ricerca araba. L'identificazione, dovuta a questa scoperta, delle operazioni di estrazione e fusione del rame su larga scala nella regione araba come industrie egiziane, dove le spedizioni minerarie egiziane lavoravano insieme con gli abitanti del luogo, i medianiti dell'Arabia nordoccidentale e gli amaleciti delle montagne del Negev, ha portato cambiamenti sostanziali nelle concezioni storico-culturali riguardanti le aree adiacenti al golfo di Eilat-Aqaba.

Le antiche idee sulle miniere di re Salomone e sui fonditori di rame dell'epoca salomonica sulle rive del Mar Rosso hanno dovuto essere completamente mutate alla luce di questa nuova testimonianza archeologica, che dimostra come l'Arabia sudoccidentale entrò nella sfera d'influenza dei faraoni del Nuovo Regno.

L'identificazione di una fase medianita del tempio di Timna con numerosi eccellenti doni votivi, come il superbo 'serpente di ottone', è assai significativa anche per la storia biblica del periodo dell'Esodo».

33. Si veda L. Habachi, «Les grandes découvertes archélogiques en 1954», *Revue du Caire, Supplément* 1955, Il Cairo, pp. 62-65.

34. K.A. Kitchen, *op. cit.*, p. 105.

35. L'ortografia Rames*su* è dunque frequentemente utilizzata a partire dall'anno 8.

36. I testi aggiungono: *nella terra di Naharina*; e per la città di Dapur, aggiungono: *nella terra di Hatti* (tempio di Luxor) o ancora: *nel paese di Amurru*.

37. W. Wreszinski, *Atlas zur altägyptischen Kulturgeschichte* II, Lipsia 1935, tav. 90. Fra le quattordici città ancora visibili sul primo pilone del Ramesseo, si devono notare Gerusalemme, Damasco, Ascalona, Betanat e Merem.

38. J.H. Breasted (*Ancient Records of Egypt* III, § 356) suggerisce, seguendo l'opinione di Horst Kengel, che Dapur potrebbe essere identificata con Tell Tuban, 25 chilometri a nord di Homs.

39. W. Wreszinski, *op. cit.*, tav. 78.

40. Tutti i particolari di questa scena, che presenta una composizione molto ricercata, sono descritti e analizzati nella pubblicazione del Cedae, (*collezione scientifica*) al Cairo: *Le Ramesseum* IV - *Les batailles de Tunip et de Dapour*, 1977.

41. Ostracon del Louvre N 2261.

42. Così come le stele provenienti da Qantir; cfr. G. Roeder, «Ramses II. als Gott», *ZÄS* 61 (1926), p. 65 e tav. 2. Si tratta di soldati di una delle guarnigioni di Pi-Ramses. Alcuni di loro, come si è già detto, erano dei semiti originari del vicino Oriente. Uno di loro si chiamava *Redj-quebut*. Il significato di questo nome è «squartatore»!

Capitolo 12. Il lungo cammino verso la pace

1. Gli egiziani avevano dato al loro paese diversi nomi, che per la maggior parte si riferivano a simboli religiosi e geografici. Uno dei più comuni era *Kemi*, o *Kemet* la terra nera, grazie al colore assai scuro del limo apportato annualmente dall'inondazione. Questo nome fu preso dai greci per definire quella che era una vera scienza utilizzata dagli egiziani e che scoprirono arrivando nel paese dei faraoni. Di qui il termine *chimica* che noi adoperiamo ancora oggi.

2. Le rovine di questo tempio furono rinvenute per puro caso una quindicina di anni fa, grazie all'opera di una spalatrice durante i lavori di fondazione di un gruppo scolastico. A circa sette metri di profondità è comparsa una statua monumentale della principessa Merytamon, divenuta grande sposa reale. La statua era sepolta, il suo viso intatto portava ancora i colori, ma le caviglie erano in frantumi. La statua affiancava da un lato un colosso di suo padre. Oggi sul luogo proseguono gli scavi scientifici. Cfr. Y. Al-Masri, «Preliminary Report on the Excavations in Akhmim by the Egyptian Antiquities Organization», *ASAE* 59 (1983), pp. 7-11.

3. Sethemuia, chiamato anche Imenemuia.

4. K.A. Kitchen, *Il faraone trionfante*, cit., p. 107.

5. Così, uno dei figli più giovani di Nefertari, Meryra il Maggiore, che figurava sulla facciata del piccolo ipogeo di Ibshek di fianco a suo padre, era l'undicesimo nella lista dei principi ereditari (K.A. Kitchen, *Ramesside Inscriptions* II, p. 859). Figura anche sulle due liste del Ramesseo e probabilmente morì prima dei trent'anni (K.A. Kitchen, *Il faraone trionfante*, cit., p. 145). C'erano dunque almeno undici principi già nati durante i primi anni del regno.

6. Tutte le stele scolpite come testimonianza di avvenimenti importanti, per ordine dei viceré, circondavano i due poggi rocciosi. Sono state spostate come i due ipogei e inquadrano nuovamente i santuari nel nuovo sito, sessanta metri più in alto.

7. Si veda a proposito Ch. Desroches Noblecourt, «Abou Simbel, Ramsès et les Dames de la Couronne», *Fragments of a shattered Visage* (*Monographs of the Institute of Egyptian Art and Archaeology* I, 1991), pp. 127-166, soprattutto pp. 134-135 e figg. 11-12, pp. 156-157.

8. Così nei due colossi di Ramsete provenienti da Heracliopoli, attualmente esposti nei giardini del Museo del Cairo (registro di entrata 45.975). Queste statue risalgono probabilmente al Medio Regno: Ramsete le fece rimaneggiare a suo nome. Le immagini delle due principesse, che portano la ciocca di capelli laterale, sono accompagnate dai loro nomi, che sostituivano quello della loro prima proprietaria. Ramsete aveva ugualmente riutilizzato altri due colossi della XIII Dinastia e li aveva fatti erigere davanti al pilone che precede la grande sala ipostila di Karnak. In uno era accompagnato dall'immagine di Bentanat (a sud), sull'altra aveva fatto figurare Merytamon (a nord). Questi colossi sarebbero stati riutilizzati dopo la seconda festa *Sed*, ossia dopo l'anno 34 del regno e il matrimonio del faraone con la principessa ittita. Si veda H. Sourouzian, *Les Colosses du IIe pylone du temple d'Amon-Ré à Karnak, remplois ramessides de la XVIIIe dynastie*, in *Cahier de Karnak*, X, 1995, pp. 522-524.

9. Si veda Ch. Desroches Noblecourt, *Lointaine*, cit., pp. 39-45.

10. Nefertari nel tempio era descritta come *bella di viso, elegante con la doppia piuma, con le mani pure quando suona i sistri, compiacendo così suo padre Amon*.

11. Nefertari, come pure la preghiera a *Ta-Uret* (Tueris), compare nell'anticamera del piccolo tempio.

12. Si tratta di un'immagine eccezionale, che evoca in modo suggestivo i flutti dell'inondazione, usciti dalla grotta mistica, sul punto di dilagare nel paese. Quando i templi portano nelle loro fondazioni l'immagine classica dei geni dell'inondazione, i personaggi, sempre muniti delle loro tavolette di offerte, penetrano in lunghe teorie nell'interno del tempio, rendendo omaggio alla forza creatrice. Nella grotta della regina soltanto due geni sono rappresentati *nel senso dell'uscita*: è la comparsa dell'onda di piena, provocata dal miracolo mimato dalla coppia reale.

13. Questo limite è indicato da E. Iversen, *Canon and Proportions in Egyptian Art*, Sidgwick and Jackson, Londra 1955, p. 70: *La figura maschile in piedi si misura dalla pianta dei piedi fino al limite dove la parrucca o la chioma incontrano la fronte*.

14. Erano i sedici cubiti raggiunti dalle inondazioni benefiche, all'altezza della città di Heracliopoli. Inoltre la cifra sedici in Egitto era associata all'idea della *gioia* (*deliciae*, scriveva più tardi Plinio il Vecchio). La gioia dunque per gli anni fausti. Durante l'epoca faraonica l'arrivo dell'inondazione egiziana non è mai stato rappresentato: tuttavia nell'epoca greco-romana l'immagine è molto comune: un uomo barbuto e sdraiato, circondato da sedici putti, che rappresentano i sedici cubiti.

15. Tutti gli elementi dell'altare solare (il solo che sia stato interamente conservato) figuravano all'esposizione *Ramsete il Grande* a Parigi. Furono tratte alla luce da Barsanti e messi al riparo da G. Maspero nel Museo del Cairo (registro di entrata 42.955), perché,

esumati da circa un secolo, si sarebbero certamente deteriorati. G. Maspero, «La chapelle nouvelle d'Ipsamboul», *ZÄS* 48 (1911), p. 94; catalogo dell'esposizione *Ramsete il Grande* al Grand Palais di Parigi 1976, pp. 151-160.

16. Un lungo studio di Lanny Bell proverebbe che questi colossi sono delle «statue del *ka*» reale: «Luxor Temple and the Cult of the Royal *Ka*», *JNES* 44 n. 4 (ottobre 1985), pp. 251-294, in particolare p. 256.

17. Si veda la nota 16.

18. A proposito della durata del viaggio fra l'Egitto e il paese di Hatti, si veda E. Edel, *Geschichte und altes Testament*, Tubinga 1953, p. 54.

19. Si veda per esempio E.B. Pusch, «Recent Work at Piramesse, Results of Excavations by the Pelizaeus Museum, Hildesheim, at Qantir», *Fragments of a shattered Visage* (*Monographs of the Institute of Egyptian Art and Archaeology* I, 1991), pp. 199-208.

20. La redazione di questo trattato ha suscitato l'interesse dei giuristi, che hanno constatato come il testo sia realmente moderno. Uno degli ultimi studi è stato pubblicato dal giudice Ch.-P. Loubière, «Les chroniques égyptiennes: le traité de paix égypto-hittite, une négociation vieille de 3200 ans», *Journal du Tribunal de Grande Instance de Paris*, 1993, pp. 1-22. L'autore conclude in questi termini (p. 15): «Il trattato è così un atto soggetto al diritto internazionale... che si afferma veramente come tale quando mette la guerra 'fuorilegge'. Questo principio fondamentale ci ricorda la Carta dell'ONU, che vieta di ricorrere alla forza come modo di regolare le differenze fra gli stati: la guerra ormai concepita come illecita, cede il posto ai procedimenti pacifici di negoziazione».

21. Cfr. Ch. Desroches Noblecourt, *Toutankhamon, vie et mort d'un pharaon*, Hachette/Rainbird, 1963; Pygmalion/Gérard Watelet, Parigi 1977, pp. 275-276: la vedova di Tutankhamon rifiuta di prendere uno dei suoi servitori come sposo e domanda al sovrano ittita di mandarle uno dei suoi figli.

22. Durante il Nuovo Regno numerosi testi ci segnalano il ruolo eminente e complementare della regina presso il faraone: cfr. *Urk.* IV, 1866, *Essa è al seguito di Tua Maestà, come Maat di Ra*. Si veda Ch. Desroches Noblecourt e Ch. Kuentz, *Le petit temple d'Abou Simbel*, Cedae, Il Cairo 1967, p. 181, n. 225. Ci è nota l'opera delle regine madri che furono reggenti fin dai tempi dell'Antico Regno. I testi che risalgono al Nuovo Regno, rinvenuti in numero assai maggiore, ci fanno intravedere l'influenza esercitata da Tiyi, sposa di Amenofi III, a cui i sovrani stranieri si rivolgevano con le loro lettere, o anche quella di Nefertiti e di Nefertari.

23. Per lo scambio di lettere che portavano le felicitazioni di Nefertari, di Tuy e di Sethirkhopshef ai sovrani ittiti, si veda E. Laroche, *Catalogue des textes hittites*, Parigi 1971, p. 23, n. 167-169.

24. Lettera di Pasar (= babilonese *Pashijra*), si veda E. Edel, *Der Brief des ägyptischen Wesirs Pasijara an den Hetiter-König Hattusili und verwandte Keilschriftbriefe*, Gottinga 1978.

25. Già J. Yoyotte riteneva che i due nomi dovessero appartenere allo stesso personaggio: *BiOr* 26 (1969), pp. 14-15. K.A. Kitchen, *Ramesside Inscriptions* II, pp. 850 e 860 (note a piè di pagina), si poneva il problema: *Imenherunemef... forse: Sethirkhopshef*, come anche M.L. Bierbrier, *JEA* 71 (1985), pp. 206-207. Infine K.A. Kitchen, *Il faraone trionfante*, cit., p. 145, nel 1982 pone il problema. Poi, più recentemente M.L. Bierbrier, «Elements of Stability and Instability in ramesside Egypt: the Succession to the Throne», *Fragments of a shattered Visage* (*Monographs of the Institute of Egyptian Art and Archaeology* I, 1991), p. 11: *Poiché nei nomi reali di questo periodo vi sono altri esempi di scambio fra Seth e Amon, come per esempio per il principe Sethemuia alias Imenemuia, ci sembra logico considerare i due nomi Imenherkhepeshef e Sethirkhopshef come varianti che indicano il medesimo principe.* Si deve anche sottolineare che ai due nomi si trovano aggiunti titoli analoghi: *Principe ereditario* (Repat), *scriba reale e generale*.

Capitolo 13. Ramsete al culmine della sua potenza

1. La scoperta della tomba di Tuy, madre di Ramsete, che ho studiato dal 1969 al 1973, mi ha consentito di rinvenire fra i resti dell'arredamento funebre, saccheggiato nell'antichità, delle «indicazioni di controllo» su giare di vino ivi deposte per ordine del re. La più tarda delle date segnate sui recipienti risale all'anno 22. Questa offerta di vini nuovi provenienti dai vigneti reali del Delta consente dunque di collocare le esequie della regina madre durante l'anno 23, o al più tardi 24. Prima di questa mia scoperta non si avevano più

tracce della regina dopo l'anno 12 del regno di suo figlio. Si veda Ch. Desroches Noblecourt, *Le Courrier du Cnrs* 9 (luglio 1973), pp. 261-262, seguito da un commento di E. Edel, «Zwei Originalbriefe der Königsmutter Tuja in Keilschrift», *SAK* 1 (1974), pp. 105-146.

2. *Nefer* significa «buono, bello, vivo (nel senso di vigoroso)». Al plurale *neferu* serve a esprimere le forze vive, creatrici. I *neferu* sono le giovani reclute militari. Le *neferut* sono le fanciulle in età di nozze. I *neferu* del dio costituiscono il suo potere fecondatore. *Nefer* è pure un loto da cui sorge il sole all'alba. La *Seth-Neferu* è dunque in rapporto con la rinascita dei defunti che sono sepolti in questa necropoli: «Il posto di ciò che ridona il vigore (il loto)».

3. Così la vediamo rappresentata contro la statua di Mut-Tuy conservata al Museo del Vaticano.

4. Tutte le tombe della Valle delle Regine rischiavano di deteriorarsi a causa del cattivo stato del calcare in cui sono state scavate. Perciò le pareti sono state tutte ricoperte di gesso fino e le decorazioni sono state modellate in superficie. Malgrado ciò, lo uadi era stato scelto per accogliere delle sepolture principesche. La ragione è che quest'area rocciosa era dominata da un'immensa grotta alta venticinque metri, dedicata a Hathor, il grembo universale, quello della grande dea che incarna la morte ma anche la gioia e l'amore. La dea accoglieva nel suo seno i defunti e doveva farli rinascere alla vita eterna. La grotta era divenuta un luogo di pellegrinaggio e di incubazione a partire almeno dall'inizio del Nuovo Regno. Si veda Ch. Desroches Noblecourt, *La Grande Nubiade*, Stock, Parigi 1992, cap. 23 e in particolare pp. 490-497. Di qui, in definitiva, dipendeva molto probabilmente la rinascita dei defunti reali inumati nella montagna tebana.

5. La comparsa della sfinge in Egitto pare risalga all'epoca di Horemheb, quando è rappresentata sdraiata accanto alla regina Mutnegemet, sul gruppo del Museo di Torino: H.W. Müller, «Die liegende und geflügelte weibliche Sphinx des Neuen Reiches», *MIO* 3 (1955), pp. 1-10.

6. C'è una statua della regina, in una collezione privata americana, in cui Tuy, regina eccezionalmente porta-insegna, è assimilata a Mut: Ch. Desroches Noblecourt, «Touy, mère de Ramsès II, la reine Tanedjemy et les reliques de l'expérience amarnienne», *L'Égyptologie en 1979, axes proritaires de recherche* (*Colloques internationaux du Cnrs* n. 595), pp. 227-243; per la statua, p. 238 fig. 65.

7. Tutte in fritta smaltata azzurro pallido, ritoccate in nero, non superano i 10 cm. La regina doveva possedere delle statuette funerarie molto più lussuose, in legno placcato d'oro, analoghe a quelle che furono rinvenute nel tesoro di Tutankhamon.

8. Cfr. Ch. Desroches Noblecourt, *Lointaine*, cit., cap. VII (gli abitanti dell'onda), pp. 157-167.

9. Dopo essere stato presentato a Parigi, all'esposizione *Ramsete il Grande*, questo incantevole ritratto è stato portato in Canada e negli USA, con questa stessa esposizione. Oggi lo si può vedere al Museo di Luxor. Si veda il catalogo dell'esposizione *Ramsete il Grande* a Parigi, Grand Palais, 1976, n. V, pp. 28-31.

10. Questi frammenti furono analizzati nel laboratorio del Museo del Louvre, prima di ritornare in Egitto; ciò permise di precisare che venivano da un oggetto fabbricato con le sabbie d'Egitto che sono molto ferruginose. Altri frammenti in vetro completamente trasparente erano già stati rinvenuti durante gli scavi di Tell el-Amarna, sito che risale alla XVIII Dinastia. Questo non ci deve sorprendere se si pensa agli occhi dello scriba del Louvre, la cui cornea fatta senza dubbio di vetro trasparente secondo un'analisi dell'Istituto di Ottica di Parigi che risale all'epoca delle piramidi (IV e V Dinastia). Vorrei segnalare inoltre che gli occhi delle due teste dei leoni che inquadrano il grande seggio di Tutankhamon sono pure in vetro trasparente (Museo del Cairo). E pensare che i manuali facevano risalire la fabbricazione del vetro trasparente soltanto all'epoca araba!

11. Tebe, così chiamata dai greci, sotto il faraone *Uaset* era situata nella regione di Hermontis, la Eliopoli del Sud.

12. Il testo qui citato è scelto fra quelli raccolti da K.A. Kitchen, *Ramesside Inscriptions* III-5, pp. 138-140, e *Il faraone trionfante*, p. 186. Per la prima edizione, A.H. Gardiner e J. Cerny, *Hieratic Ostraca* I, Oxford 1957, tavv. 81-82.

13. Questo nome, formato da quello del re seguito da *asha-heb-sed*, «ricco in giubilei», ci fa supporre che si tratti di una persona di origine straniera che avrebbe preso questo appellativo diventando funzionario di Seti I, sotto il regno del quale iniziò la sua carriera.

14. Si potrà consultare con profitto l'opera sulla medicina egiziana di G. Lefebvre, *Es-*

sai sur la médecine égyptienne de l'époque pharaonique, Geuthner, Parigi 1956.

15. *Nefertari per amore della quale sorge il sole* era il nome dell'ipogeo della regina ad Abu Simbel. Nefertari vi era stata posta in trono sotto l'aspetto di Sothis, da Hathor e Iside.

16. La spedizione di Ernesto Schiapparelli (*Relazione sui lavori della missione archeologica italiana in Egitto – Anni 1903-1920*, vol. I, *Esplorazione della «Valle delle Regine» nella Necropoli di Tebe*, Torino 1923) rinvenne persino certe commoventi vestigia di un piede mummificato della regina. Il plastico della tomba è esposto al Museo di Torino. La ricostruzione fotografica a colori e in grandezza naturale fu presentata una prima volta in occasione dell'esposizione *Ramsete il Grande* a Parigi. Ho potuto farla realizzare grazie all'opera dei membri della mia squadra di ricercatori del Cnrs e dei membri del Cedae del Cairo, addetti agli scavi della Valle delle Regine. Il materiale fotografico fu offerto dalla Kodak-France. In seguito questa ricostruzione fu presentata in diversi musei francesi. Altri paesi hanno oggi preso la stessa iniziativa. Attualmente la tomba di Nefertari, restaurata dopo i guasti provocati dalle infiltrazioni di umidità, è oggetto di numerosi commenti nella stampa: cfr. per esempio Ch. Desroches Noblecourt, *Archéologia* 291 (giugno 1993), pp. 42-53. Al termine dei lavori fu chiusa al pubblico, ma recentemente è stata riaperta alle visite, a condizione che siano osservate certe misure di sicurezza per la conservazione della sua preziosa decorazione.

17. Cfr. Ch. Desroches Noblecourt, *Lointaine*, cit., pp. 167-170.

18. Id., *op. cit.*, tav. XXIII.

19. Id., «Abou Simbel, Ramsès et les Dames de la Couronne», *Fragments of a shattered Visage* (*Monographs of the Institute of Egyptian Art and Archaeology* I), 1991, fig. 13, pp. 132-133. Bisogna rettificare le date che ho indicato per quest'epoca (anno 36), e collocare queste rappresentazioni intorno al primo giubileo.

20. Id., ibid., fig. 14, p. 132.

21. Relazione del direttore degli scavi dell'Organizzazione delle Antichità a Saqqara, in occasione del VI Congresso internazionale di egittologia a Torino (1-8 settembre 1991). Cfr. Mohammed Ibrahim Aly, «À propos du prince Khâemouas et sa mère Isetneferet; nouveaux documents provenant du Sérapéum», VI Congresso internazionale di egittologia, *Abstracts of Papers*, pp. 220-221. Pare che il monumento in cui compare il cartiglio di Isisnofret che accompagna la sfilata dei geni dell'inondazione possa provenire da una cappella costruita da Khaemuaset in ricordo di sua madre. Consultare anche S. Tewfik, «Recently Excavated Ramesside Tombs at Sakkara», *MDAIK* 47 (1991), pp. 403-409.

22. Si vedano a questo proposito le due statue reali rinvenute a Heracliopoli, fiancheggiate da Bentanat e da Merytamon, segnalate in precedenza al cap. 12, nota 8, p. 217.

23. Gli operai addetti alla necropoli reale abitavano in un insediamento oggi conosciuto con il nome moderno di Deir el-Medina. La pubblicazione di base ha fornito voluminosi rapporti sugli scavi, dovuti alla penna di Bernard Bruyère. I testi, assai numerosi, rinvenuti sul sito e nei dintorni sono stati per la prima volta studiati in un primo volume da J. Cerny, *A Community of Workmen at Thebes in the Ramesside Period*, IFAO, (*Bibliothèque d'Étude* 50), Il Cairo 1973. Vi sono altri numerosi studi dedicati alla vita di questo villaggio. Ecco delle opere d'insieme, dovute a D. Valbelle, *«Les ouvriers de la tombe», Deir el-Médineh à l'époque ramesside*, IFAO, (*Bibliothèque d'Étude* 96), Il Cairo 1985, o anche M.L. Bierbrier, *Les bâtisseurs de Pharaon, la confrérie de Deir el Medineh*, Éditions du Rocher, Monaco 1986, che è la traduzione francese dell'opera *The Tomb-Builders of the Pharaohs*, 1982.

24. La scena è rappresentata sulla stele n. 43.591 del Museo del Cairo, cfr. catalogo dell'esposizione *Ramsete il Grande* a Parigi, pp. 124-127 (commentato da Bernadette Letellier). A proposito della *Bella festa della Valle*, si veda S. Schott, *Das schöne Fest vom Wüstentale*, Wiesbaden 1953.

25. I due graffiti gemelli, in forma di stele rettangolare, sono stati pubblicati da J. Cerny, Ch. Desroches Noblecourt e altri, *Graffiti de la montagne thébaine*.

26. Cfr. A.H. Gardiner e J. Cerny, *Hieratic Ostraca* I, tavv. 74, 75. K.A. Kitchen, *Ramesside Inscriptions* II-7, cit., pp. 380-385. S. Allam, *Hieratische Ostraka und Papyri aus der Ramessidenzeit*, Tubinga 1973, pp. 20-24.

27. Il che purtroppo avvenne dopo il regno del grande re. Se ne incontrano le nefaste conseguenze nei clamorosi processi che illustrano la fine di questa epoca ramesside. Il recente studio di P. Vernus è assai iluminante a questo proposito: *Affaires et scandales sous les Ramsès*, Pygmalion/Gérard Watelet, (*Bibliothèque de l'Égypte Ancienne*), Parigi 1993.

28. Si ricordi l'interminabile processo di Mes o Mosè, a proposito della divisione di

una proprietà. La causa durò un secolo: ebbe inizio sotto Horemheb e terminò solo sotto Ramsete II, il che fornì un esempio supplementare del buon funzionamento della giustizia sotto il regno del grande re. Mosè fece incidere il racconto della causa, come pure alcuni dei documenti prodotti, sui muri della sua tomba a Menfi. A.H. Gardiner, *The Inscription of Mes, a Contribution to the Study of Egyptian Judicial Procedure* (*Untersuchungen zur Geschichte und Altertumskunde Ägyptens* IV), Lipsia 1905, pp. 89-140, e G.A. Gaballa, *The Tomb-chapel of Mose*, Warminster 1977.

29. Per calmare il risentimento di Hattusili, il faraone sottolinea con una certa enfasi che quest'ultimo è proprio il discendente legittimo di Supilluliuma I sul trono, bramato invece dall'usurpatore Urhi-Teshub.

30. Questa lettera «di pacificazione» di Ramsete a Hattusili è pubblicata da Goetze, *Journal of Cuneiform Studies*, (1947), pp. 241-251.

Capitolo 14. Giubilei e prodigi

1. Un'abbondante bibliografia di articoli e riferimenti sulla festa *Sed* è stata compilata da E. Hornung ed E. Staehelin. Si tratta di fonti indispensabili per l'egittologo che voglia affrontare questo argomento estremamente complesso e misterioso, sul quale nessun audace ha ancora osato avventurarsi: *Studien zum Sedfest*, Ginevra 1974.

2. La tomba di Kheruef, maggiordomo della regina Tiyi, fu scoperta nel XIX secolo, ma poi la sua entrata era rimasta bloccata e fu riscoperta da A. Fakhry; in seguito è stata pubblicata dall'Università di Chicago: *The Tomb of Kherouef, Theban Tomb 192*, Chicago 1980 (*Oriental Institute Publications* 102), traduzione dei testi a opera di E. Wente.

3. E. Naville, *The Festival Hall of Osorkon II in the Great Temple of Bubastis*, EES (*EEF* 8), Londra 1892, tav. XIV (3).

4. Citazione dell'Alto Nilo per il primo giubileo di Ramsete: A.H. Gardiner e J. Cerny, *Hieratic Ostraca* I, cit., tav. 9.

5. *La chioma di Ra*: probabilmente i raggi solari, *la criniera del leone solare*.

6. Cfr. Ch. Desroches Noblecourt, *Lointaine*, cit., pp. 109-111.

7. Ossia l'arte di ridare vita alle loro statue.

8. Per la *Shetait*, si veda I.E.S. Edwards, «The Shetayt of Rosetaou», *Egyptological Studies in Honor of Richard Parker*, pp. 27-36. Pare che l'antica Rosetau del Nord comprendesse la zona che si estendeva dal sud della piana di Giza fino a Zauiet el-Aryan.

9. Ch. Desroches Noblecourt, *op. cit.*, cap. IV, pp. 93-115 e *id.* «Abou Simbel, Ramsès et les Dames de la Couronne», *Fragments of a shattered Visage* (*Monographs of the Institute of Egyptian Art and Archaeology* I), 1991, pp. 138 e 164.

10. Ch. Desroches Noblecourt, *op. cit.*, pp. 56-61.

11. Ch. Desroches Noblecourt, *op. cit.*, pp. 61-75.

12. Questa immagine di Osiride è stata recentemente rinvenuta nella tomba n. 5 della Valle dei Re, dal Kent Weeks (Università americana del Cairo).

13. Ostracon Berlino 12337, K.A. Kitchen, *Ramesside Inscriptions* III-5, cit., pp. 145-146.

14. Per i danni provocati dalla catastrofe si veda L.A. Christophe, *Abou Simbel et l'épopée de sa découverte*, Bruxelles 1965, pp. 206-209.

15. Le buche pontaie, al suolo e sulle pareti, in cui erano state infisse le estremità delle tavole di legno, erano ancora visibili quando abbiamo studiato l'architettura interna del tempio prima del suo spostamento. Le stesse constatazioni si sono fatte accanto ai pilastri sud, il cui consolidamento è stato ottenuto grazie a una parete in muratura fra questi due pilastri. Qualche anno dopo Ramsete farà incidere su questa parete il *Decreto di Ptah*. Il grande problema, malgrado tutti gli sforzi di Pasar, era quello del primo colosso a sud.

16. Ch. Desroches Noblecourt e Ch. Kuentz, *Le petit temple d'Abou Simbel, étude archéologique et épigraphique* I, Cedae, Il Cairo 1968, n. 375, pp. 111-114, pp. 209-210; Ch. Desroches Noblecourt, *Lointaine*, cit., pp. 170-172.

17. Incisione rupestre del Gebel Silsile: K.R. Lepsius, *Denkmaeler aus Ægypten und Æthiopien* III, Lipsia 1849-1856, tav. 174 e.

18. Incisione rupestre di Assuan, id., *op. cit.*, tav. 175 h.

19. Così un gruppo frammentario della regina, a lei dedicato da Khaemuaset e dal generale Ramsete, i suoi due figli maggiori. Louvre E 2272. Si veda anche il cap. 13, n. 21.

20. Alcune di queste tele erano lunghe 28 cubiti e 4 palmi su 4 cubiti di larghezza (ossia più di 12 metri di lunghezza e 2 metri di larghezza), oppure avevano una lunghezza di

15 cubiti e una larghezza di 4 (dunque una lunghezza di 6 metri e una larghezza di 2 metri).

21. Il testo assai scarsamente leggibile della *Stele del Matrimonio* ad Abu Simbel fu oggetto di un lunghissimo lavoro di rilettura, che richiese più di trecento ore sul posto, per la copia e le nuove decifrazioni, fra il 1955 e il 1958 a opera del professor J. Cerny (lavoro riveduto dal professor E. Edel, entrambi in missione dell'Unesco presso il Cedae del Cairo, che io avevo appena fondato). Le mirabili copie, messe a punto in seguito a letture precedenti, sono state riprese da K.A. Kitchen nelle sue *Ramesside Inscriptions*. Un'importante revisione e un nuovo miglioramento del testo erano già stati fatti da Ch. Kuentz, *ASAE* 25 (1925), pp. 182-238.

22. Questa frase di Ramsete rivolta a Seth è stata tradotta da P. Vernus, che ne dà una nuova versione, *op. cit.*, p. 139.

23. Questa ingegnosa interpretazione è stata proposta da Ch. Kuentz, *ASAE* 25 (1925), pp. 181-238.

24. J. F. Borghouts, «The First Hittite Marriage Record: Seth and the Climate», *Mélanges Adolphe Gutbub*, Montpellier 1984, pp. 13-16.

25. Stele del Matrimonio, linee da 30 a 32: Ch. Kuentz, *op. cit.*, p. 231 segg.

26. Il papiro Anastasi II, tav. II, 1-5 e tav. IV, 7-10 (pubblicato da A.H. Gardiner, *Late Egyptian Miscellanies*), allude a questa siccità che affliggeva il paese di Hatti, in un invito rivolto dal capo di Hatti al capo di Kode: «Preparati che ci recheremo in Egitto, facciamo delle proposte a Ramsete, perché egli lascia vivere coloro che vuole! Ogni paese dipende da lui: il paese di Hatti è tutto in suo potere, se il dio (Seth) non accetta le sue offerte (il paese di Hatti) *non vedrà la pioggia*».

27. Come biasimare Ramsete per aver utilizzato il suo dio per intervenire sul clima da cui dipenderà il successo o la gloria di un'impresa quando si ritrovano, 3200 anni più tardi, lo stesso stato d'animo, gli stessi modi d'agire, la stessa fede in un dio complice, capace di trasformare le condizioni atmosferiche per ottenere una vittoria? In effetti, il 22 dicembre 1944, durante la battaglia delle Ardenne, nevica su Bastogne e le Ardenne, l'aviazione alleata è paralizzata, i mezzi blindati pure... Cito la relazione che segue di P. Montagnon, *La Grande Histoire de la Seconde Guerre mondiale: Julliet 1944/Décembre 1944 - De la reconquête des Philippines à la Bataille des Ardennes*, Parigi, Pygmalion/Gérard Watelet 1944, pp. 297-98:

Patton ha appena messo un'altra carta vincente nel suo gioco: il Padreterno!

Ha chiamato il suo cappellano e gli ha intimato, in sostanza: «Padre! componete una preghiera perché abbiamo bel tempo».

Il sant'uomo ha accondisceso – non si resiste a un'ingiunzione di Patton – e ha composto una preghiera di cicostanza: «Signore Onnipotente e Misericordioso, imploriamo la Tua Bontà divina perché Tu ti degni di contenere queste piogge eccessive contro le quali abbiamo dovuto lottare. Accordaci, nella Tua grazia, un tempo favorevole per la battaglia».

Estasiato, Patton fa stampare il testo in migliaia di esemplari che vengono distribuiti alla truppa!

23 dicembre – Che Patton venga esaudito? Le cinque. Gela. L'anticiclone siberiano si abbatte sulle Ardenne. Il cielo si rischiara, il suolo si indurisce. B 26 e P 47 non tarderanno a mostrarsi. I mezzi blindati potranno scendere rapidamente anche su terreno accidentato.

28. Per la lettura di questo nome si veda Ch. Desroches Noblecourt, «Hommage d'un poète à la Princesse Lointaine», *Kêmi* 12 (1952), pp. 34-45.

29. Questa informazione mi è stata comunicata dallo stesso professor E. Edel.

30. Il termine *prodigio* (*biayt*) indica, nei testi di Hatshepsut e di Amenofi III, *un'azione il cui risultato supera di gran lunga il risultato di azioni analoghe* (P. Vernus, *op. cit.*, p. 140). Ma nel testo di cui qui si tratta Ramsete aggiunge ancora un epiteto che esalta maggiormente l'evento, ed è la parola *misterioso* (*shetat*). Si arriva così alla nozione di *miracolo* di cui Usermaatra Setepenra si è servito per tutta la sua carriera per definire la sua natura eccezionale.

Ecco il brano della *Benedizione di Ptah* che si riferisce alla pace fra gli egiziani e gli ittiti e alle sue conseguenze. Pace che si è prolungata grazie all'*alleanza* delle due famiglie: un miracolo evidente che Usermaatra non avrebbe mai potuto sognarsi il giorno dopo la battaglia di Qadesh:

(Del popolo) Hatti ho fatto per te dei servi del tuo palazzo; ho trasmesso loro di organizzarsi in processione di supplicanti davanti al tuo ka, carichi di tributi per la potenza della Tua Maestà, vita, salute, forza, la sua figlia primogenita è alla loro testa per placare

il Signore delle Due Terre, il re del Sud e del Nord, Usermaatra Setepenra, figlio di Ra, Ramsete Meriamon, dotato di vita. Un grande prodigio misterioso di cui nessuno aveva idea.

31. Per seguire l'esempio di una delle figlie di Nefertari, che portava il nome di sua madre, e l'esempio di Isisnofret, una cui figlia si chiamava pure Isisnofret.

32. Cfr. A.A. Schlögl, *Der Gott Tatenen*, Gottinga 1980.

33. Per un tentativo di ricostruzione del tempio di Ptah e dei luoghi circostanti, si veda K.A. Kitchen, «Towards a Reconstruction of Ramesside Memphis: the Precinct of Ptah», *Fragments of a shattered Visage* (*Monographs of the Institute of Egyptian Art and Archaeology* I, 1991), pp. 87-92.

34. All'epoca in cui Erodoto visitò l'Egitto, il grande tempio di Ptah-tenen era ancora l'ammirazione dei suoi contemporanei (Hérodote, *Histoires* II, 108-110, 121-136, Erodoto, *Storie*, libro II). Certamente nella decorazione del tempio sono state utilizzate le gemme a cui qui si allude, come dimostra il papiro Boulaq n. 9 (Museo del Cairo, catalogo generale n. 58096), in cui si dice che un po' prima dell'anno 53 del regno *il diaspro rosso (a frammenti)* era usato *per le incrostazioni di melagrane e di un frutto*-bu *nel tempio «Glorioso-è-Ramsete II-nel-dominio-di-Ptah»*.

Capitolo 15. Il tempo della grande pace e il re-dio

1. Si tratta della tomba 71 del Seth-Neferu. Forse la principessa, per seguire l'esempio di altre figlie di re, ricevette il nome della propria madre e fu chiamata Bentanat II. In questo caso potrebbe essere divenuta la sposa di suo zio, il futuro Merenptah, tredicesimo figlio di Ramsete e di Isisnofret. Figura infatti su una statua di questo re rinvenuta davanti al tempio di Luxor. Cfr. Ch. Desroches Noblecourt, «Abou Simbel, Ramsès et les Dames de la Couronne», *Fragments of a shattered Visage* (*Monographs of the Institute of Egyptian Art and Archaeology* I, 1991), p. 134 e p. 140.

2. Si veda la tesi di F. Gomaà, *Chaemwese, Sohn Ramses' II. und Hoherpriester von Memphis*, Wiesbaden 1973.

3. Per il toro Api, si veda E. Otto, *Beiträge zur Geschichte des Stierkulte in Aegypten*, Lipsia 1938, pp. 11-34.

4. J. Yoyotte, *Les pèlerinages dans l'Égypte ancienne*, Le Seuil, Parigi 1960, (*Sources Orientales* 3), p. 58 e nota 126, citato da S. Aufrère, *L'univers minéral dans la pensée égyptienne*, IFAO, (*Bibliothèque d'Étude* 105-1 e 2), Il Cairo 1991, p. 99.

5. K.A. Kitchen, *Il faraone trionfante*, cit., p. 126.

6. Si veda G. Lefebvre, *Histoire des Grands Prêtres d'Amon de Karnak jusqu'à la XXIe dynastie*, Geuthner, Parigi 1929, pp. 126-136.

7. A proposito dell'obelisco unico si veda G. Lefebvre, «Sur l'obélisque du Latran», *Mélanges Charles Picard*, 1949, pp. 586-593; P. Barguet, *Le temple d'Amon-Ré à Karnak – essai d'exégèse*, IFAO, (*RAPH* 21), Il Cairo 1962, pp. 241-242; Ch. Desroches Noblecourt, «Nouveaux commentaires sur l'obélisque de Saint-Jean de Latran», *RA* 1954, pp. 5-13. È appunto questo obelisco, il più alto tra quelli conosciuti (32,18 m), che è stato riedificato sulla piazza di San Giovanni in Laterano a Roma.

8. *Beki*, diminutivo familiare di Bakenkhonsu.

9. Questi particolari sulla salute del re ci sono stati forniti da specialisti che, nel 1977, hanno studiato la sua mummia.

10. Effettivamente i medici egiziani sapevano abilmente utilizzare tutte le qualità terapeutiche delle piante e dei pigmenti che avevano a loro disposizione e i farmaci prescritti erano spesso seguiti da miglioramenti e guarigioni. Tuttavia la loro diagnosi era fortemente aiutata dall'analisi che essi avevano potuto fare sul corpo umano, grazie alla pratica della mummificazione. Eccellevano in oculistica, ginecologia e cardiologia. A proposito della medicina egiziana in generale si può consultare l'eccellente saggio di G. Lefebvre, *Essai sur la médecine égyptienne pharaonique*, Geuthner, Parigi 1956. Per quel che riguarda i rimedi contro morsi di serpenti, punture di scorpione e così via, esiste un vero e proprio manuale di ofiologia attualmente conservato al Museo di Brooklyn, pubblicato da S. Sauneron, *Un traité égyptien d'ophiologie. Papyrus du Brooklyn Museum n. 47.218.48 et 85*, Il Cairo 1989, IFAO, (*Bibliothèque Générale* 9).

11. Il titolo *dio, sovrano di Eliopoli* compare almeno a partire dall'anno 42 del regno; si veda J. Yoyotte, in R. Anthes, *Mitrahineh 1956*, Philadelphia 1965, pp. 66-70.

12. Ostracon del Museo del Louvre 2262, W. Spiegelberg, *RT* 16 (1894), p. 64.

13. Una stele a nome dell'ufficiale Ramose allude direttamente a questa razzia nel paese di Irem: cfr. J. Yoyotte, «Un document relatif aux rapports de la Libye et de la Nubie», *BSFE* 6 (1951), pp. 9-14.

14. Questo tempio, rimasto inedito fino all'epoca del salvataggio dei monumenti di Nubia, è stato studiato e pubblicato dalle squadre del Cedae (M.A.L. El Tanbouli, Ch. Kuentz e altri), Il Cairo 1974-1978, (*collezione scientifica* 4 voll.).

15. Tuttavia è ben lontano dalla purezza di tratti che si ammira nei colossi e nelle statue osiriche del re ad Abu Simbel. Ricordiamo qui che la statuaria ufficiale del tempo di Ramsete presenta talvolta un aspetto intenzionalmente compatto e quasi incompiuto, come se si volesse suggerire che le forme si staccavano a malapena dalla pietra; uno degli esempi da citare a proposito è il gruppo del gran sacerdote di Osiride ad Abido, Mery, e suo figlio Unennefer; si veda il catalogo dell'esposizione *Ramsete il Grande*, Parigi 1976, pp. 106-109. Questo stile grossolano è anche intenzionalmente usato sulla Stele dell'anno 400.

16. Il tempio di Gerf Hussein, che fu visitato nel XIX secolo, non è mai stato pubblicato *in extenso* (se ne è incaricato il Cedae, vedi n. 17). Anche le raffigurazioni che ornano le sue pareti erano conosciute soprattutto da copie e disegni dei primi egittologi e viaggiatori dell'epoca: Champollion, Lepsius, Gau e altri. Questa è la ragione per cui è stata segnalata (B. Porter e R. Moss, *Topographical Bibliography* VII, pp. 33-37) la frequente presenza dell'immagine di Ramsete I, che credevano di aver riconosciuto nell'entità *Ramsete-pa-netjer*: Ramsete-il-dio, ossia Ramsete II arrivato all'apogeo della sua divinizzazione.

Fra tutti i templi semipogei di Ramsete in Nubia, quello di Gerf Hussein, costruito e scavato nell'arenaria malata, è il solo che non ha potuto essere completamente salvato. I rilievi meglio conservati sono stati prelevati, e soprattutto si è potuto salvare il migliore dei pilastri osirici. Tutte queste reliquie sono conservate e oggi esposte nel Museo della Nubia ad Assuan.

17. Questi particolari mi sono stati riferiti dagli specialisti che al Musée de l'Homme hanno studiato la mummia. Al momento della mummificazione il corpo era ancora fortemente curvo in avanti. I sacerdoti officianti, sforzandosi di raddrizzarlo, hanno spinto all'indietro il busto e il collo e la mummia da allora ha conservato questa posizione.

18. Come la maggior parte dei monumenti di Pi-Ramses, quando la città fu abbandonata a causa dello spostamento di un braccio del fiume, la Stele dell'anno 400 fu trasportata a Tanis, dove si stabilirono i faraoni della XXI Dinastia. Per i dati generali relativi a questa stele si veda il catalogo dell'esposizione *Ramsete il Grande*, Parigi 1976, pp. 32-35.

19. La parte destra della stele è molto deteriorata e si legge a fatica il nome di Seti. La coda animale sospesa dietro il perizoma potrebbe essere quella di un toro.

20. Si veda C. Vandersleyen, *L'Égypte et la vallée du Nil, 2: De la fin de l'Ancien Empire à la fin du Nouvel Empire*, PUF (*Nouvelle Clio*), Parigi 1995, p. 166.

21. E. Hornung, *L'Un et le multiple – Les dieux de l'Égypte*, 1971 (trad. fr., Éditions du Rocher, Monaco 1986), p. 201: *...la cifra quattro, schema classificatore, nel pantheon egiziano... costituisce senza ambiguità un simbolo di completezza e di totalità*. Bisogna ricordare che nel tempio di Seth a Ombos fu rinvenuto un enorme scettro Uas. Si veda H. Te Velde, *Seth, God of Confusion. A Study of his Role in Egyptian Mythology and Religion*, Brill, Leida 1967, (*Probleme der Ägyptologie* 6), p. 90. La sua immagine, talvolta emblema del soffio, posta *quattro volte* ai punti cardinali sostiene il cielo.

22. Effettivamente su questa stele, fra gli altri titoli di Ramsete, la dizione *Ricco in giubilei* indica il periodo della fine della sua vita.

23. A proposito del gran sacerdote di Ra a Eliopoli si veda M. Moursi, *Die Hohenpriester des Sonnengottes*, Berlino 1972, pp. 64-67.

24. R. Stadelmann, *Syrisch-Palästinensische Gottheiten im Aegypten*, Brill, Leida 1967, (*Probleme der Ägyptologie* 5), pp. 76-78.

25. J. Van Dijk, «The Canaanite God Hauron and his Cult in Egypt», *Comptes rendus préliminaires du Congrès de Munich*, 1985, pp. 247-248, pubblicato inoltre in *BSAK* 4 (*Akten des vierten internationalen Ägyptologen Kongresses München* 1985), Amburgo 1991, pp. 247-256.

26. Per la vita di questo grande pioniere dell'egittologia si veda É. David, *Mariette Pacha 1821-1881*, Pygmalion/Gérard Watelet, (*Bibliothèque de l'Égypte Ancienne*), Parigi 1994.

27. Questi gioielli sono in parte conservati nel settore delle antichità egiziane del Museo del Louvre.

28. Isisnofret II, figlia di Ramsete e della grande sposa reale Isisnofret I.

29. Bentanat II (?): si può benissimo ritenere che fosse la figlia di Bentanat I. Quest'ultima, sorella maggiore di Merenptah, divenne la grande sposa reale di Ramsete intorno all'anno 20 del regno. Gli diede una figlia, che fu probabilmente chiamata anch'essa Bentanat (II) e che molto probabilmente sposò Merenptah, suo zio e fratello insieme! Si veda Ch. Desroches Noblecourt, «Abou Simbel, Ramsès et les Dames de la Couronne», *Fragments of a shattered Visage* (*Monographs of the Institute of Egyptian Art and Archaeology* I, 1991), pp. 133-134, p. 140.

30. Le xerografie fatte sulla testa della mummia hanno rivelato questi vasi sanguigni quasi completamente ostruiti da depositi.

31. Così si desume da quanto riferisce Diodoro Siculo, I, 70, a proposito di tutti gli atti della vita del faraone.

32. Secondo Giuseppe Flavio, *Contra Apionem* I, 15/16, § 97, citando Manetone. Il regno di Ramsete durò sessantasei anni e due mesi.

Abbreviazioni bibliografiche

ÄA: Ägyptologische Abhandlungen, Wiesbaden.
AJSL: American Journal of Semitic Languages and Literatures, Chicago.
Annuaire EPHE: Annuaire de l'École Pratique des Hautes Études, Parigi.
ASAE: Annales du Service des Antiquités de L'Égypte, Il Cairo.
BA: Biblical Archaeologist.
BIFAO: Bulletin de l'Institut Français d'Archéologie Orientale, Il Cairo.
BiOr: Bibliotheca Orientalis, Leida.
BKSA: Studien zur Altägyptischen Kultur, Beihefte, Amburgo.
BSEG: Bulletin de la Société d'Égyptologie de Genève, Ginevra.
BSFE: Bulletin de la Société Française d'Égyptologie, Parigi.
Cahier de Karnak: Rapporto sui lavori del Centro franco-egiziano di studi sui templi di Karnak.
CdE: Chronique d'Égypte, Bruxelles.
CGC: Catalogue Général des antiquités égyptiennes du musée du Caire, Il Cairo.
Ch. Desroches Noblecourt, *Lointaine: Amours et fureurs de la Lointaine*, Stock-Pernoud, Parigi 1995.
Eretz Israel.
GM: Göttinger Miszellen, Gottinga.
JARCE: Journal of the American Research Center in Egypt, Boston.
JEA: Journal of Egyptian Archaeology, Londra.
JNES: Journal of Near Eastern Studies, Chicago.
JSSEA: Journal. Society of the Studies of Egyptian Antiquities, Toronto.
Kêmi: Kêmi Revue de philologie et d'archéologie égyptiennes et coptes, Parigi.
Kitchen, *Ramesside Inscriptions*: K.A. Kitchen, *Ramesside Inscriptions, Historical and Biographical*, Oxford, 7 vol., dal 1968 (vol. II, 1996).
Kitchen, *Ramsès*: K.A. Kitchen, *Ramsès II, le pharaon triomphant*, Éditions du Rocher, Monaco 1985 per la trad. francese, (trad. it. *Il faraone trionfante, Ramesse II e il suo tempo*, Laterza, Roma-Bari 1987).
MDAIK: Mitteilungen des Deutschen Archäologischen Instituts, Abteilung Kairo, Il Cairo, Berlino, Wiesbaden e Magonza.
Memnonia: Memnonia. Bulletin édité par l'Association pour la Sauvegarde du Ramesséum, Parigi.
MIFAO: Mémoires publiés par les membres de l'Institut Français d'Archéologie Orientale, Il Cairo.
MIO: Mitteilungen des Instituts für Orientsforschung, Berlino.
MMAF: Mémoires publiés par les membres de la Mission Archéologique Française au Caire, Parigi.

OMRO: Oudheidkundige Mededelingen uit het Rijksmuseum van Oudheden te Leiden, Leida.
RAPH: Recherches d'Archéologie, de Philologie et d'Histoire, IFAO, Il Cairo.
RdE: Revue d'Égyptologie, Parigi.
RT: Recueil de Travaux relatifs à la philologie et à l'archéologie égyptiennes et assyriennes, Parigi.
SAK: Studien zur Altägyptischen Kultur, Amburgo.
Ugaritica III.
ZÄS: Zeitschrift für Ägyptische Sprache und Altertumskunde, Lipsia, Berlino.
ZDPV: Zeitschrift des Deutschen Palästina-Vereins, Lipsia, Wiesbaden.

Indici analitici

Nomi di persone

Nomi geografici ed etnici

Nomi di divinità e fatti religiosi

Notabilia

Finito di stampare nel settembre 1997
da Nuova Arti Grafiche Ricordi - Milano
Printed in Italy